●収録内容一覧

■2025年度中学受験用

茨城中学校

5年間スーパー過去問

入試問題と解説・解答の収録内容

2024年度　１回Ａ	算数・社会・理科・国語	実物解答用紙DL
2024年度　１回Ｂ	適性検査Ⅰ・Ⅱ （解答のみ）	実物解答用紙DL
2023年度　１回Ａ	算数・社会・理科・国語	実物解答用紙DL
2023年度　１回Ｂ	適性検査Ⅰ・Ⅱ （解答のみ）	実物解答用紙DL
2022年度　１回Ａ	算数・社会・理科・国語	実物解答用紙DL
2022年度　１回Ｂ	適性検査Ⅰ・Ⅱ （解答のみ）	実物解答用紙DL
2021年度　１回Ａ	算数・社会・理科・国語	
2021年度　１回Ｂ	適性検査Ⅰ・Ⅱ （解答のみ）	
2020年度　一般前期	算数・社会・理科・国語 （国語のみ後期）	

※著作権上の都合により国語の出題文が掲載できない試験については，国語のみ別の試験回のものに差し替えて収録している場合があります。

～本書ご利用上の注意～　以下の点について，あらかじめご了承ください。

★別冊解答用紙は巻末にございます。実物解答用紙は，弊社サイトの各校商品情報ページより，一部または全部をダウンロードできます。

★編集の都合上，学校実施のすべての試験を掲載していない場合がございます。

★当問題集のバックナンバーは，弊社には在庫がございません（ネット書店などに一部在庫あり）。

合格を勝ち取るための

『スーパー過去問』の使い方

本書に掲載されている過去問をご覧になって，「難しそう」と感じたかもしれません。でも，多くの受験生が同じように感じているはずです。なぜなら，中学入試で出題される問題は，小学校で習う内容よりも高度なものが多く，たくさんの知識や解き方のコツを身につけることも必要だからです。ですから，初めて本書に取り組むさいには，点数を気にしすぎないようにしましょう。本番でしっかり点数を取れることが大事なのです。

過去問で重要なのは「まちがえること」です。自分の弱点を知るために，過去問に取り組むのです。当然，まちがえた問題をそのままにしておいては意味がありません。

本書には，長年にわたって中学入試にたずさわっているスタッフによるていねいな解説がついています。まちがえた問題はしっかりと解説を読み，できるようになるまで何度も解き直しをしてください。理解できていないと感じた分野については，参考書や資料集などを活用し，改めて整理しておきましょう。

このページも参考にしてみましょう！

◆どの年度から解こうかな　「入試問題と解説・解答の収録内容一覧」

本書のはじめには収録内容が掲載されていますので，収録年度や収録されている入試回などを確認できます。

※著作権上の都合によって掲載できない問題が収録されている場合は，最新年度の問題の前に，ピンク色の紙を差しこんでご案内しています。

◆学校の情報を知ろう!!「学校紹介ページ」

このページのあとに，各学校の基本情報などを掲載しています。問題を解くのに疲れたら息ぬきに読んで，志望校合格への気持ちを新たにし，再び過去問に挑戦してみるのもよいでしょう。なお，最新の情報につきましては，学校のホームページなどでご確認ください。

◆入試に向けてどんな対策をしよう？「出題傾向＆対策」

「学校紹介ページ」に続いて，「出題傾向＆対策」ページがあります。過去にどのような分野の問題が出題され，どのように対策すればよいかをアドバイスしていますので，参考にしてください。

◇別冊「入試問題解答用紙編」

本書の巻末には，ぬき取って使える別冊の解答用紙が収録してあります。解答用紙が非公表の場合などを除き，（注）が記載されたページの指定倍率にしたがって拡大コピーをとれば，実際の入試問題とほぼ同じ解答欄の大きさで，何度でも過去問に取り組むことができます。このように，入試本番に近い条件で練習できるのも，本書の強みです。また，データが公表されている学校は別冊の１ページ目に過去の「入試結果表」を掲載しています。合格に必要な得点の目安として活用してください。

本書がみなさんの志望校合格の助けとなることを，心より願っています。

株式会社　声の教育社　編集部

茨城中学校

所在地 〒310-0065 茨城県水戸市八幡町16-1
電　話 029-221-4936
ホームページ https://www.ibaraki-jsh.ed.jp/
交通案内 JR常磐線「水戸駅」北口バスターミナルより栄町経由茨大行き，または渡里行きバスで15分「茨城高校入口」下車徒歩3分

くわしい情報は
ホームページへ

トピックス
★第１回入試（帰国生を除く）は，本校と日立会場で実施（参考：昨年度）。
★第１回B方式の面接は，グループ面接，面接官２人で実施（参考：昨年度）。

創立年
昭和２年

男女共学

高校募集
あり

応募状況

年度	募集数				応募数	受験数	合格数	倍率
2024	第１回	A	約110名	男	111名	111名	87名	1.3倍
				女	118名	118名	102名	1.2倍
		B	約20名	男	65名	64名	51名	1.3倍
				女	79名	78名	54名	1.4倍
	第２回	A	約30名	男	20名	16名	6名	2.7倍
				女	18名	15名	9名	1.7倍
		B		男	5名	4名	3名	1.3倍
				女	8名	8名	4名	2.0倍
2023	第１回	A	約110名	男	123名	123名	84名	1.5倍
				女	143名	142名	108名	1.3倍
		B	約20名	男	79名	79名	43名	1.8倍
				女	56名	54名	39名	1.4倍
	第２回	A	約30名	男	31名	23名	17名	1.4倍
				女	25名	18名	14名	1.3倍
		B		男	13名	10名	7名	1.4倍
				女	9名	5名	3名	1.7倍

入試情報（参考：昨年度）

【第１回入試】
Ａ方式（学力型）　＜専願／一般＞
試験日：2023年12月２日
試験科目：国語・算数・社会・理科
Ｂ方式（適性型）　＜一般＞
試験日：2023年12月３日
試験科目：適性Ⅰ・適性Ⅱ・面接
【第２回入試】
Ａ方式（学力型），Ｂ方式（適性型）　＜一般＞
試験日：2024年１月28日
試験科目：第１回とそれぞれ同じ　＊面接なし

本校の特色

全員で志望校合格を目指す：多様化している大学入試に向け，本校では一貫して「授業を第一」と考えています。さまざまな教科を学習する授業を大切にすることは，高い「志」を持つうえで必要不可欠です。「能力の差は小さく，努力の差は大きい」をモットーに，選択の幅を狭めない指導で合格へと導いていきます。
一人ひとりに対しきめ細かな指導を行う：一人ひとりの生徒の可能性を引き出すため，意識的にコース制を導入せず，平等にきめ細かく指導します。進路に応じた豊富な選択授業と課外授業，面談形式による小論文添削指導，進路指導室における個別進路指導など，本校ならではの教師と生徒たちとの真剣なかかわりがあります。
人づくりの学び舎：入学した生徒たちは，６年間の授業や行事，部活動などを通して生徒同士で切磋琢磨します。教え，教わり，互いに補完的役割を担うことで生徒は驚きと感動を覚え，自己に備わっている才能を発揮します。

2024年春の主な大学合格実績

＜国公立大学＞
東京大，京都大，東北大，北海道大，筑波大，千葉大，埼玉大，東京学芸大，電気通信大，東京農工大，茨城大，東京都立大，横浜市立大
＜私立大学＞
慶應義塾大，早稲田大，上智大，東京理科大，国際基督教大，明治大，青山学院大，立教大大
※2024年４月５日現在

編集部注―本書の内容は2024年4月現在のものであり，変更されている場合があります。正確な情報は，学校のホームページ等で必ずご確認ください。

算数 出題傾向＆対策

◆基本データ(2024年度1回A)

試験時間／満点	60分／150点
問題構成	・大問数…11題 計算1題(5問)／応用小問1題(5問)／応用問題9題 ・小問数…25問
解答形式	解答のみを記入する形式になっている。必要な単位などはあらかじめ印刷されている。
実際の問題用紙	A4サイズ，小冊子形式
実際の解答用紙	A4サイズ

◆出題傾向と内容

▶過去3年の出題率トップ3
1位：四則計算・逆算16%　2位：角度・面積・長さ13%　3位：計算のくふう11%
▶今年の出題率トップ3
1位：四則計算・逆算，角度・面積・長さ16%
3位：計算のくふうなど5%

計算問題と多くの分野の小問が取り上げられています。分数や小数をふくむ四則計算，単位の計算，数の性質，割合と比，図形，速さ，濃度など，ほぼ全分野からの出題となっています。

応用問題では，図形が数問見られます。平面図形は，長さ，面積，図形の移動などの標準的な問題です。立体図形では，立体を多角的に考える力が必要になります。ほかにも，規則性，数の性質，場合の数，約束記号などのくふうをこらした問題が，はば広く出題されています。

全体的に見ると，基礎的な考え方に重点をおき，バランスよく出題している印象を受けます。

◆対策～合格点を取るには？～

本校の算数は基本的な問題がほとんどですから，基礎力の養成に重点をおいた学習を進め，同時に計算力を高めましょう。

図形問題では，多角形や円の面積の求め方，正多角形の内角・外角の求め方，円柱・円すいの体積の求め方など，公式を正確に覚えます。おうぎ形の面積や弧の長さの求め方を基本とする，円・おうぎ形と正方形・長方形を組み合わせた問題にも取り組んでおきましょう。

相当算，仕事算，旅人算などの特殊算は解き方をノートにまとめるなどして，きちんと覚えておいてください。

分野	年度	2024	2023	2022	2021	2020
計算	四則計算・逆算	●	●	●	●	●
	計算のくふう	○	●	○	◎	○
	単位の計算		○	○		
和と差	和差算・分配算					
	消去算					
	つるかめ算					
	平均とのべ	○	○		◎	
	過不足算・差集め算			○		○
	集まり					
	年齢算					
割合と比	割合と比			○	○	
	正比例と反比例					
	還元算・相当算	○				
	比の性質					
	倍数算					
	売買損益					
	濃度	○	○	○	○	○
	仕事算					○
	ニュートン算					
速さ	速さ	○	○		○	
	旅人算			○	○	
	通過算					
	流水算					
	時計算			○		
	速さと比	○				
図形	角度・面積・長さ	●	●	●	○	
	辺の比と面積の比・相似		○	○	○	
	体積・表面積		○	◎		○
	水の深さと体積	○			○	○
	展開図	○				
	構成・分割		◎			○
	図形・点の移動	○				◎
表とグラフ		○	○		○	
数の性質	約数と倍数					
	N進数					
	約束記号・文字式	○				
	整数・小数・分数の性質	○	◎	○		○
規則性	植木算					
	周期算				○	
	数列					○
	方陣算					
	図形と規則	○		○		
場合の数		○		○		
調べ・推理・条件の整理					○	
その他						

※　○印はその分野の問題が1題，◎印は2題，●印は3題以上出題されたことをしめします。

社会　出題傾向＆対策

◆基本データ（2024年度１回Ａ）

試験時間／満点	40分／100点
問題構成	・大問数…５題 ・小問数…30問
解答形式	記号選択と適語の記入（漢字指定あり）がほとんどだが，２行程度の記述問題も見られる。
実際の問題用紙	Ａ４サイズ，小冊子形式
実際の解答用紙	Ａ４サイズ

◆出題傾向と内容

●**地理**…地形図の読み取り，山地・山脈や海流などの名称，雨温図，新聞記事といった資料の読み取りなど，国土・自然についての標準的な問題が見られます。また，統計資料における上位県の組み合わせを使ったものや，世界地理もよく出されます。そのほかに，時差の計算問題も，取り上げられることがあります。

●**歴史**…歴史上の人物やできごとについてまとめた文や写真資料を用いた総合問題，テーマ別問題などがメインです。歴史上のできごとを年代順に並べ替える問題や，資料の読み取り問題も見られます。また，写真資料を選ばせる選択問題も出題されることがあります。

●**政治**…現代社会や経済についての問題が多く取り上げられ，日本国憲法についての問題も見られます。また，国会・内閣・裁判所や地方自治，財政，国税と地方税，円安・円高，国際連合の問題も出されています。時事に関してもふれられることが多いので，注意が必要です。

分野＼年度			2024	2023	2022	2021	2020
日本の地理		地図の見方			○	○	
		国土・自然・気候	○	○	○	★	
		資源					
		農林水産業	○	○	○	○	
		工業	○		○		
		交通・通信・貿易	○			○	
		人口・生活・文化		★		○	
		各地方の特色		★	★	★	
		地理総合	★				
世界の地理				○	★		★
日本の歴史	時代	原始～古代	○	○	○	○	★
		中世～近世	○	○	○	★	○
		近代～現代	○	○	○	★	★
	テーマ	政治・法律史					
		産業・経済史					
		文化・宗教史	○				
		外交・戦争史					
		歴史総合	★	★	★	○	
世界の歴史							
政治		憲法	○	○	○		○
		国会・内閣・裁判所	○	○	○	○	○
		地方自治				○	
		経済		○		○	○
		生活と福祉					○
		国際関係・国際政治	○	○			
		政治総合	★	★	★	★	★
環境問題					○		
時事問題				○	○		★
世界遺産			○				
複数分野総合							

※　原始～古代…平安時代以前，中世～近世…鎌倉時代～江戸時代，近代～現代…明治時代以降

※　★印は大問の中心となる分野をしめします。

◆対策～合格点を取るには？～

特に難問は見られませんが，教科書の基本的な内容をしっかり理解していないと解けないような問題が多いのが特ちょうです。まず，基礎を固めることを心がけてください。

地理分野では，自然，農業などのように，テーマをしぼった勉強が効果的です。そのとき，白地図や簡単な地図に，短いことばで特ちょうを書きこみ，知識を地図と結びつけておきましょう。資料集の統計資料や世界の地理にも目を通しておく必要があります。

歴史分野では，まず，時代ごとの政治の流れと文化について，まとめておきましょう。教科書の年表を使い，ことがらや文化について，内容を説明できるようにするのもよい勉強方法です。また，教科書に出てくる写真資料は，必ず時代とその特ちょうを覚えておきましょう。

政治分野では，日本国憲法の基本的な内容を中心に勉強してください。特に，前文，天皇，平和主義などについては，条文もたんねんに読みこむ必要があります。国会・内閣・裁判所，地方自治については，それぞれの働きやしくみをきちんと覚えておくことが重要です。時事問題は，新聞やテレビのニュースに関心を持ち，わからないことは自分で調べてまとめておきましょう。

理科　出題傾向＆対策

◆基本データ（2024年度１回Ａ）

試験時間／満点	40分／100点
問題構成	・大問数…７題 ・小問数…26問
解答形式	記号選択と適語の記入が大半をしめる。作図問題は見られない。
実際の問題用紙	Ａ４サイズ，小冊子形式
実際の解答用紙	Ａ４サイズ

◆出題傾向と内容

「生命」「物質」「エネルギー」「地球」の各分野から出題されており，かたよりのない知識が必要とされます。特ちょうとしては，実験・観察を主体にして考えさせる問題が多く，丸暗記だけでは点がとれないように工夫されていることがあげられます。実験・観察の結果を示すグラフや図には，読み取りが難しいものも多く見られ，実験自体が複雑なものもあります。

●**生命**…水中の生物と水草を用いた実験，生態系，イネ（米）について，植物のしくみと成長，動物の特ちょう，カイコガの実験，食物連鎖，顕微鏡などが出題されています。

●**物質**…ものの溶け方，水溶液のこさや性質・金属との反応，水の状態変化などについて取り上げられています。

●**エネルギー**…てこ・輪軸，光の進み方，電気回路，磁石，物体の運動などの内容から出題されています。

●**地球**…月・太陽の見え方や動き，星座，台風，観天望気などが取り上げられています。

分野＼年度		2024	2023	2022	2021	2020
生命	植物		★	★		★
	動物	★	★		★	
	人体					
	生物と環境	★				○
	季節と生物					
	生命総合					
物質	物質のすがた					★
	気体の性質					
	水溶液の性質	★		★	★	★
	ものの溶け方		★	○	★	○
	金属の性質					
	ものの燃え方		★			
	物質総合					
エネルギー	てこ・滑車・輪軸	★	★	★		★
	ばねののび方					
	ふりこ・物体の運動				★	
	浮力と密度・圧力					
	光の進み方					★
	ものの温まり方					
	音の伝わり方					
	電気回路		★	★		
	磁石・電磁石	★				
	エネルギー総合					
地球	地球・月・太陽系			★		★
	星と星座		★			
	風・雲と天候	★			★	
	気温・地温・湿度					
	流水のはたらき・地層と岩石					
	火山・地震					
	地球総合					
実験器具		○				
観察						
環境問題						
時事問題						
複数分野総合						

※　★印は大問の中心となる分野をしめします。

◆対策～合格点を取るには？～

「生命」「物質」「エネルギー」「地球」の各分野から，バランスよく出題されています。また，実験・観察・観測をもとに基本的なことがらを問うものが大部分をしめます。したがって，日ごろの学習の中でそれらを着実におさえ，かたよりのない勉強を心がける必要があります。

そのためには，教科書や参考書の内容をよく理解し，整理するのが一番です。最初からよく読んで，理解したことをノートにまとめる方法が効果的です。知識事項は正確に覚えるように心がけ，実験・観察・観測の方法や結果，実験器具のあつかい方などについてまとめておくことも忘れてはなりません。結果だけでなく手順も大切です。

基礎固めができたら，知識や理解の確認のために，あまり難しくない入試問題集を解いてみてください。80～90％解けるようならば自信を持ってよいでしょう。もし解けないようなら，もう一度教科書を読みなおして，基本的なことがらをあらためて整理・確認することが大切です。

また，限られた時間に一定の問題を解かなければなりませんから，スピードと正確さをつけることが必要となります。同じ問題でもかまいませんから，何度もくり返し解いてみましょう。

国語 出題傾向&対策

◆基本データ（2024年度１回A）

試験時間／満点	60分／150点
問題構成	・大問数…５題 文章読解題３題／知識問題２題 ・小問数…36問
解答形式	適語・適文の書きぬきや記号選択などのほかに，文章中のことばを用いて書かせる記述も出題されている。
実際の問題用紙	A４サイズ，小冊子形式
実際の解答用紙	B４サイズ

◆出題傾向と内容

▶近年の出典情報（著者名）
説明文：宮下　聡　真野啓太　伊藤亜紗
小　説：佐川光晴　まはら三桃　杉みき子
随　筆：吉本ばなな　たからしげる

●読解問題…説明的文章と文学的文章の両方が出題される場合が多く，設問も多種多様です。特に読解力に重点がおかれており，説明的文章では要旨の読み取り，指示内容や文脈の把握を問うもの，文学的文章のうち，小説では，登場人物の心情・情景の読み取り，随筆では，筆者の考え方を問うものが多くなっています。

●知識問題…漢字の読みと書き取りがそれぞれ10問ずつという構成になっています。また，読解問題の課題文中の語句の意味や文法にかかわる問題なども出されています。

◆対策～合格点を取るには？～

ふだんは文章をなにげなく読んでいますが，試験では文脈をきちんととらえ，ことばの意味を正確に理解しているかがためされます。よって，正しい答えを導き出せるようになるためには，なるべく多くの読解問題にあたり，出題形式のパターンに慣れながら，正しく内容を理解する練習が必要です。

また，試験本番では制限時間があることも忘れてはいけません。文章を読むスピードはもちろんですが，解答にかける時間配分（特に記述問題）も日ごろから意識して取り組みましょう。

漢字については，毎日少しずつ練習することが大切です。問題集を１冊にしぼり，くり返し取り組むのがよいでしょう。

分野		年度	2024	2023	2022	2021	2020
読解	文章の種類	説明文・論説文	★	★	★	★	★
		小説・物語・伝記	★	★	★	★	★
		随筆・紀行・日記			★		
		会話・戯曲					
		詩					
		短歌・俳句					
	内容の分類	主題・要旨	○	○		○	○
		内容理解	○	○	○	○	○
		文脈・段落構成			○	○	○
		指示語・接続語		○	○	○	○
		その他	○	○	○		
知識	漢字	漢字の読み	★	★	★	★	★
		漢字の書き取り	★	★	★	★	★
		部首・画数・筆順					
	語句	語句の意味			○	○	○
		かなづかい					
		熟語		○			
		慣用句・ことわざ		○	○		
	文法	文の組み立て					
		品詞・用法					
		敬語					
	形式・技法						
	文学作品の知識						
	その他		○				
	知識総合						
表現	作文						
	短文記述						
	その他						
放送問題							

※　★印は大問の中心となる分野をしめします。

カコを追いかけ
ミライをつかめ
「今の説明、もう一回」を何度でも
web過去問
ストリーミング配信による入試問題の解説動画
もっと古いカコモンないの？
カコ過去問
「さらにカコの」過去問をHPに掲載（DL）
声の教育社
詳しくはこちらから

2025年度 中学受験用

茨城中学校 5年間スーパー過去問

をご購入の皆様へ

お詫び

本書、茨城中学校の入試問題につきまして、誠に申し訳ございませんが、以下の問題は著作権上の都合により掲載することができません。設問と解説、解答は掲載してございますので、ご必要とされる方は原典をご参照くださいますよう、お願い申し上げます。

記

2023年度〈第1回A試験〉
社会 3の〈A〉の文章と国語 三 の問題文
2022年度〈第1回A試験〉国語 二 の問題文

以上

株式会社　声の教育社　編集部

2024 年度 茨城中学校

【算　数】〈第１回Ａ試験〉（60分）〈満点：150点〉

【注意】定規、コンパス、分度器は使用しないでください。

1 次の計算をしなさい。

(1) $3.1 - 0.96 \div 1.5$

(2) $0.51 \div 2\frac{5}{6}$

(3) $(3 + 6 \times 9.55) \div 3$

(4) $59\frac{1}{27} - 57\frac{5}{18}$

(5) $76 + 78 + 80 + 82 - 67 - 69 - 71 - 73$

2 次の問いに答えなさい。

(1) 次の２つの数の組で，右の数の方が左の数より大きいものをすべて選び，①～④の記号で答えなさい。ただし，aは０でない数とします。

① a,　$a\times1.03$　　② a,　$a\div\frac{6}{7}$　　③ $a\times\frac{7}{9}$,　$a\times\frac{9}{11}$　　④ $a\div\frac{5}{7}$,　$a\times1.3$

(2) ある商品の１年前の値段は２年前より１割安く，現在は１年前より20％高くなりました。現在は２年前より300円高くなっています。２年前の値段はいくらでしたか。

(3) ５％の食塩水120ｇに，15％の食塩水80ｇを混ぜると，新しくできた食塩水のこさは何％になりますか。

(4) ふじいさんは，試合をして勝った割合が88％です。負けた試合の数は９です。勝った試合は何試合ですか。ただし，引き分けた試合はありません。

(5) 下の図のように，同じ長さの棒を使って正方形をつくり，それをまた全体が正方形になるように並《なら》べていきます。使う棒の本数は，正方形が１個のときは４本，正方形が４個のときは12本，正方形が９個のときは24本です。正方形が36個のとき，棒は何本使いますか。

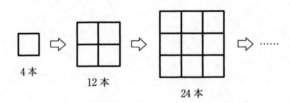

3 空らん ア ～ カ に入る最も適切な言葉を，下の ① ～ ⑤ の中から選び，記号で答えなさい。ただし，同じ記号をくり返し使ってよいものとします。

① 半径	② 直径	③ 円周	④ 円周率	⑤ 円の面積

円周率 ＝ ［ア］ ÷ ［イ］ であるので

円周 ＝ ［ウ］ × 円周率

下の図のように，円を細かく等分して並《なら》べかえると，長方形に近づいていくと考えられます。縦《たて》の長さを ［エ］，横の長さを円周の半分の長さとみると，

円の面積 ＝ 半径 × ［オ］ ÷ 2

＝ 半径 × ［カ］ × 円周率 ÷ 2

＝ 半径 × 半径 × 円周率

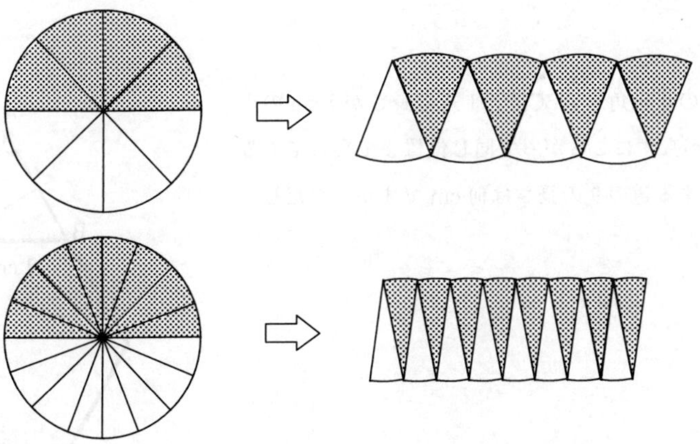

4 右の図は，立方体の展開図です。この展開図を組み立てたとき，辺 GH と重なる辺はどれですか。また，頂点 A と重なる頂点はどれですか。

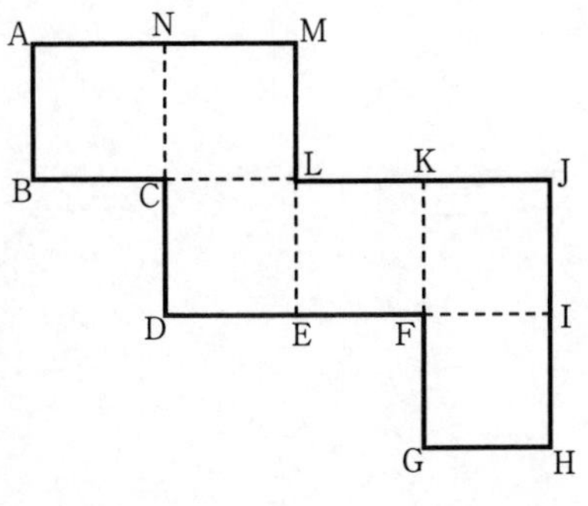

5 下の表は，ある 10 人 のチームの身長を調べたものです。このとき，次の問いに答えなさい。

番号	1	2	3	4	5	6	7	8	9	10
身長（cm）	141	143	144	146	147	150	150	150	153	158

⑴　最頻《さいひん》値《ち》と中央値は何 cm ですか。

⑵　平均値は何 cm ですか。

⑶　このあと１人加わり，チームは 11 人になりました。11 人の身長の平均値は 149 cm です。加わった人の身長は何 cm ですか。

6 １辺の長さが１cm の正三角形 ABC が，１辺の長さが１cm の正六角形のまわりをすべらずにころがって同じ位置まで戻ってくるとき，頂点Ａが通過する道のりの長さは何 cm ですか。ただし，円周率は 3.14 とします。

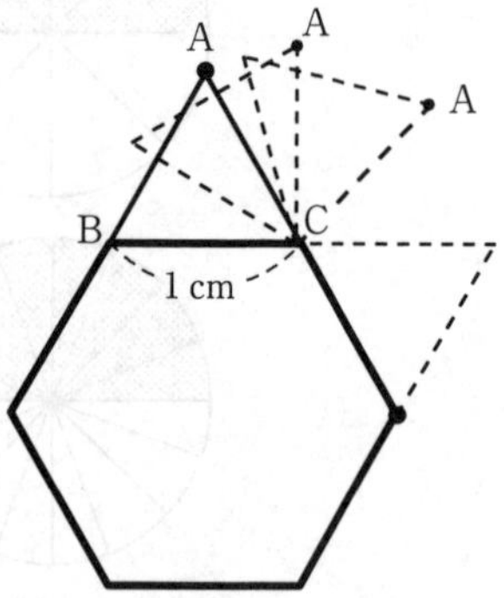

7 A，B，C，Dの４人の中から，３人を選ぶことになりました。このとき，次の問いに答えなさい。

⑴ 代表３人の選び方は何通りありますか。

⑵ 委員長１人，書記１人，会計１人の合計３人の選び方は何通りありますか。

8 次の問いに答えなさい。

⑴ 79をわると７あまる整数のうち，最も小さい整数はいくつですか。

⑵ 110をわっても，152をわっても12あまる整数はいくつですか。

9 次の問いに答えなさい。

⑴ 時速５kmで52分歩きました。同じ道を20分で帰ってくるためには時速何kmで走ればいいですか。

⑵ 24kmはなれた地点まで，行きは時速８km，帰りは時速12kmで往復しました。平均すると時速何kmですか。

10 下の図のような面 ABCD が水平であるプールがあります。最も深いところは 1.1 m です。このとき，次の問いに答えなさい。

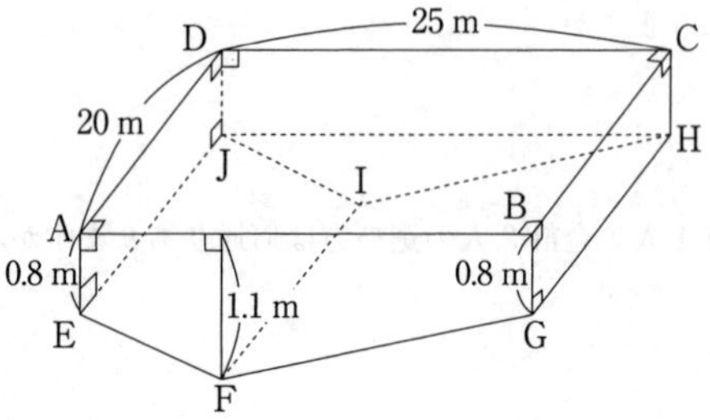

(1) このプールの容積は何 m^3 ですか。

(2) 空のプールに一定の割合で水を入れたとき，面 EGHJ まで入るのに 12 分かかりました。このまま入れ続けると，あと何分でいっぱいになりますか。

11 下のようなたくさんの円でできたデザインのハンカチがあります。色のついた部分の面積は全体の何 % ですか。ただし，円周率は 3.14 とします。

【社　会】〈第１回Ａ試験〉（40分）〈満点：100点〉

1　次の各問いに答えなさい。

問１　海に面している部分がある県として正しいものを，次のア～エから１つ選び，記号で答えなさい。

ア　秋田県　　イ　栃木県　　ウ　滋賀県　　エ　奈良県

問２　冬の積雪量が最も多い都市として正しいものを，次のア～エから１つ選び，記号で答えなさい。

ア　神奈川県小田原市　　イ　石川県金沢市　　ウ　岡山県倉敷市　　エ　宮崎県宮崎市

問３　北海道での生産が最もさかんな生産物として正しいものを，次のア～エから１つ選び，記号で答えなさい。

ア　さとうきび　　イ　じゃがいも　　ウ　ほうれんそう　　エ　らっかせい

問４　最も製造品出荷額の大きい工業地帯・地域として正しいものを，次のア～エから１つ選び，記号で答えなさい。

ア　北九州工業地帯　　イ　中京工業地帯　　ウ　瀬戸内工業地域　　エ　北関東工業地域

問５　石油化学コンビナートがある都市として正しいものを，次のア～エから１つ選び，記号で答えなさい。

ア　和歌山県新宮市　　イ　静岡県熱海市　　ウ　千葉県市原市　　エ　群馬県前橋市

2 日本の観光について，次の問いに答えなさい。

問１　次の表１は，温泉の源泉数（2020年度末現在）・海水浴場・キャンプ場・ゴルフ場・スキー場の施設数（2021年８月31日現在）を，多い順にまとめたものです。温泉の源泉数とスキー場の施設数を示すものとして正しいものを，ア～エのうちからそれぞれ１つずつ選び，記号で答えなさい。

表１

	ア	イ	キャンプ場	ウ	エ
１位	長野県	大分県	北海道	千葉県	千葉県※１
２位	北海道	鹿児島県	長野県	兵庫県	新潟県※１
３位	新潟県	北海道	山梨県	北海道	福井県※２
４位	群馬県	静岡県	岐阜県	栃木県	静岡県※２
５位	福島県	熊本県	新潟県	茨城県	長崎県※２

（環境省や日本観光振興協会の資料による。※１および※２のついた県は，それぞれ同数であることを示す）

問２　次の表２は，2019年に千葉県・大阪府・沖縄県を訪れた延べ旅行者数を，主な目的別に表したものです。沖縄県を示すものとして正しいものを，ア～ウのうちから１つ選び，記号で答えなさい。

表２

		ア	イ	ウ
宿泊旅行	観光やレクリエーション	5,446	7,769	9,907
	帰省や知人の訪問	1,127	3,929	3,508
	出張や業務	662	5,010	1,548
日帰り旅行	観光やレクリエーション	438	8,883	16,922
	帰省や知人の訪問	12	2,155	2,120
	出張や業務	100	3,165	1,073

（観光庁の資料による。単位は千人）

問３　次の表３は，2009年と2019年の，羽田空港と日本国内の４つの空港を結ぶ航空路線の旅客数を示したものです。羽田空港と小松空港を結ぶ航空路線の旅客数が大きく減少した理由を説明した文として正しいものを，ア～エのうちから１つ選び，記号で答えなさい。

表３

	2009年	2019年
羽田空港―広島空港	約203万人	約198万人
羽田空港―熊本空港	約172万人	約195万人
羽田空港―小松空港	約152万人	約109万人
羽田空港―松山空港	約136万人	約155万人

（国土交通省の発表資料による）

ア　環境問題を気にして，二酸化炭素を排出する飛行機の利用をひかえた人が増えたから。
イ　これまでにない新たな感染症が日本中に流行し，旅行をやめる人が増えたから。
ウ　新幹線が石川県の中心都市まで開業し，そちらを利用する人が増えたから。
エ　大雪が降ったことにより，飛行機が小松空港に着陸できなかったから。

問４　日本では，外国人観光客を大きく増やそうという動きがみられますが，国内では「外国人観光客を受け入れるための環境」の整備が遅れています。言語や文化，習慣の異なる外国人観光客を受け入れるための環境として当てはまらないものを，次のア～エから１つ選び，記号で答えなさい。

ア　空港やデパートなど，観光客が多く訪れる場所に礼拝室を設ける。

イ　タブレット端末やインターネットが，無料で使える施設を増やす。

ウ　複数の言語による地図を，どこの鉄道駅でも手に入るようにする。

エ　母国の通貨を引き出せるATMを，飲食施設やホテルに設置する。

問５　次の表４は，2019年の茨城県内の５つの市や町について，「入《い》れ込《こ》み客数」のようすを示したものです。入れ込み客とは，「利益を得ることを目的とせずに，普段生活を送っていない地域の観光地やお祭り・イベントに出かけた人」を指します。この表を見て，それぞれの市や町の観光のようすを推測しまとめた内容として最も適当なものを，ア～エから１つ選び，記号で答えなさい。

表４

市・町	入れ込み客数（単位：人）				
	12月～2月計	3月～5月計	6月～8月計	9月～11月計	2019年合計
大洗町	1,041,700	1,070,500	1,342,600	958,000	4,412,800
ひたちなか市	518,700	1,601,600	1,276,400	970,900	4,367,600
つくば市	1,068,100	1,056,900	1,151,800	982,300	4,259,100
水戸市	483,700	1,262,300	1,296,800	698,900	3,741,700
笠間市	1,178,400	929,300	193,300	1,255,900	3,556,900

（茨城県営業戦略部観光物産課『茨城の観光レクリエーション現況（2019）』より）

ア　ひたちなか市や水戸市は，他の市や町に比べ，１月に初日の出を見たり神社にお参りに来たりする人が多いと考えられる。

イ　笠間市やつくば市は，他の市や町に比べ，きれいに咲いた梅やネモフィラを目当てに訪れる人が多いと考えられる。

ウ　大洗町は，他の季節に比べ夏の入れ込み客数が多く，これは海水浴をはじめ海のレジャーを楽しみに来た人が多いためと考えられる。

エ　笠間市は，他の季節に比べ冬の入れ込み客数が多く，これはスキーをはじめ雪のレジャーを楽しみに来た人が多いためと考えられる。

問６　次の文章を読み，後の問いに答えなさい。

農林水産業と製造業，さらに販売業を一体化させることによって，新たな価値やより大きな利益を生み出そうとする，「〔　〕次産業化」が全国で進められている。「〔　〕次産業化」は，所得の向上や地域の活性化に効果が大きく，観光客の増加も期待できると考えられている。

(1) 〔　〕に当てはまる数字を答えなさい。

(2) あなたが考える「茨城県における〔　〕次産業化」の例を，具体的に農林水産物名を挙げながら解答らんに書きなさい。ただし，農林水産物は「日本国内での生産量で茨城県がベスト５に入っているもの」を挙げることとします。

3 この冬休み中に家族旅行を計画しているＡくんの親が，旅行会社からチラシをもらってきました。次のチラシを見て，後の問いに答えなさい。

【〇〇観光　この冬のオススメ】

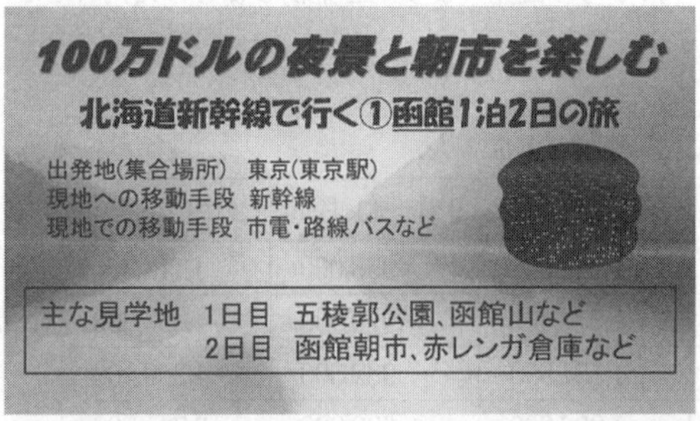

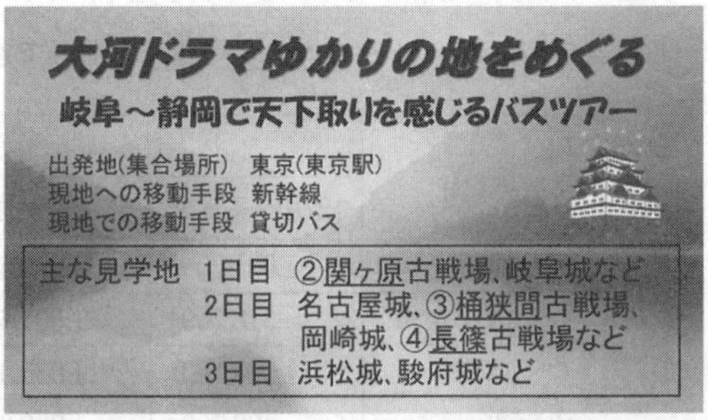

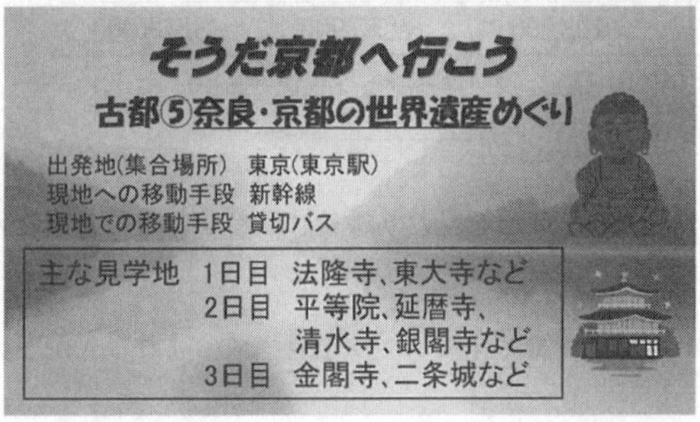

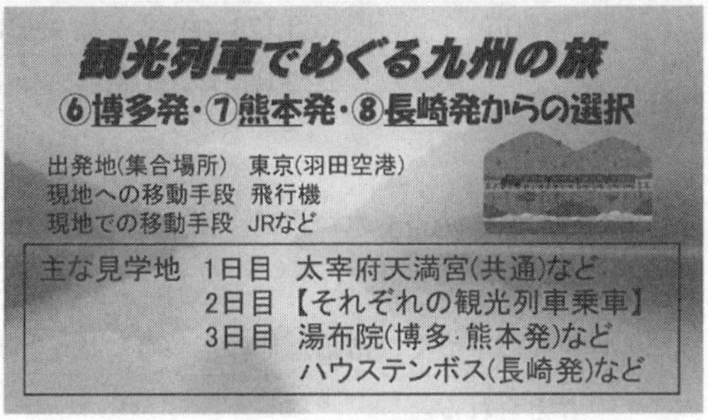

問１　下線部①などの港を開き，鎖国状態を終わりにすることを決めた条約を，幕府は最初にどの国と結びましたか。正しいものをア～エから１つ選び，記号で答えなさい。

ア　アメリカ　　イ　イギリス　　ウ　オランダ　　エ　ロシア

問２　下線部②・③・④の地で16世紀に起こった戦いについて，次の問いに答えなさい。

(1) この３つのすべてに関係した人物として正しいものを，ア～エから１人選び，記号で答えなさい。

ア　織田信長　　イ　武田信玄　　ウ　徳川家康　　エ　豊臣秀吉

(2) この３つの戦いを，起こった年が古い順に正しく並べかえ，数字で答えなさい。

問３　下線部⑤について，このツアーで訪れるのには適切でない場所を，写真ア～エから１つ選び，記号で答えなさい。

ア

イ

ウ

エ

問４　下線部⑥・⑦・⑧について，Ａ～Ｃのできごととそれが起こった場所との組み合わせとして正しいものを，ア～カから１つ選び，記号で答えなさい。

Ａ　モンゴルの軍勢がこの地に上陸し，主に九州の武士たちと戦った。

Ｂ　平戸にあったオランダ商館がこの地の出島に移され，幕府がオランダとの交易を独占した。

Ｃ　西郷隆盛を頭とする不平士族たちが，この地の城にあった軍事施設を襲撃《しゅうげき》した。

ア　Ａ－⑥　Ｂ－⑦　Ｃ－⑧　　イ　Ａ－⑥　Ｂ－⑧　Ｃ－⑦　　ウ　Ａ－⑦　Ｂ－⑥　Ｃ－⑧

エ　Ａ－⑦　Ｂ－⑧　Ｃ－⑥　　オ　Ａ－⑧　Ｂ－⑥　Ｃ－⑦　　カ　Ａ－⑧　Ｂ－⑦　Ｃ－⑥

4 次の会話文を読んで，後の問いに答えなさい。

丈くん「先生おはようございます。昨日みんなで森林公園に遊びに行った時，信号で待っていたら変な字が書いてあったのを見つけたので，思わず写真をとりました。これを印刷したものですが，分かりますか。」

先　生「どれどれ……。ああ，これは『あぼっけ』と読むんだよ。そもそも漢字の下にローマ字①があるじゃないか。」

丈くん「あっ，しまった，本当だ。……でも，この木葉下って何ですか。」

先　生「信号があった場所の地名だよ。まず読めない難読地名として有名で，クイズなどにもよく出題されるよ。そう，かつて映画でもヒットしたSF小説の『日本沈没』で，地震や火山活動②が続き各地が次々と水没する中，最後まで陸地が残った場所としてここが出てきてびっくりした記憶があるね。作者は関西を中心に活動した人だけれど，一度聞いたら忘れないくらい印象が強かったんだろうね。」

丈くん「どうしてこんな名前が付いたのですか。」

先　生「うーん，実はよく分からないんだよね。『常陸国風土記』③那賀郡の内容ともかかわる近くの朝房山《あさぼうやま》から来ているとも言われるけれど，崖を意味するアイヌ語から来たという説もあるよ。」

丈くん「あれ，アイヌ④って北海道にいる人たちですよね。ここと何か関係があるのですか。」

先　生「そうだね。アイヌの文化は稲作が広まる以前の縄文文化⑤を色濃く受けついでいるから，アイヌ語と縄文人の言語は近いとも言われるし，東北地方⑥などにはけっこうアイヌ語由来の地名が残っているよ。そう考えると，東北に近い茨城でも似た所があるのかもしれないね。」

丈くん「そんなに古くからある地名ということは，ここは特別な場所だったのですか。」

先　生「よい質問だね。名付けた頃《ころ》からかどうかは分からないけれど，ここには金の鉱脈⑦があって，戦国時代にはこの地を治めた佐竹氏⑧が金山を経営して収入を得ていたよ。」

丈くん「へえ。じゃあぼくも今度あそこで金を見つけて，新しいゲーム機を買いたいな。」

先　生「さすがにどちらも無理だと思うよ。」

問１　下線部①に関して，このローマ字の普及につとめた外国人ヘボンが，日本にいた時期（1859～1892）のできごととして適切でないものを，ア～エから１つ選び，記号で答えなさい。

ア　イギリスとの交渉で，治外法権を撤廃《てっぱい》させることに成功した。

イ　大日本帝国憲法にもとづき，初の衆議院議員選挙が行われた。

ウ　学制が公布され，６才以上の男女が小学校に通うことが定められた。

エ　明治新政府軍と旧江戸幕府軍の間で戦いが起き，新政府軍が勝利を収めた。

問２　下線部②に関して，これらの災害や天候不順によりききんが発生すると，江戸時代後期にはしばしば「打ちこわし」が起こるようになったが，その説明の組み合わせとして正しいものを，表５のア～エから１つ選び，記号で答えなさい。

表５

		ア	イ	ウ	エ
打ちこわし	起こる場所	主に農村	主に農村	主に都市	主に都市
	参加する人	主に百姓	主に町人	主に百姓	主に町人

問３　下線部③に関して，この書物に記された「那賀」という地名は，同じ時期に地方から都に運ばれた調などの税に付けられた荷札でも確認できるものがある。この荷札のことを何というか。漢字２字で答えなさい。

問４　下線部④に関して，江戸時代に幕府の許可を得てこの人たちとの交易を行った藩として正しいものを，ア～エから１つ選び，記号で答えなさい。

ア　薩摩藩　　イ　対馬藩　　ウ　松前藩　　エ　琉球藩

問５　下線部⑤の時代の遺物として正しいものを，ア～エから１つ選び，記号で答えなさい。

ア

イ

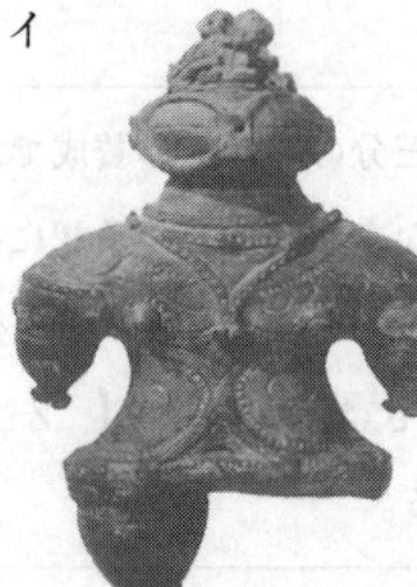

ウ

エ

問６　下線部⑥にかかわる説明として正しいものを，ア～エから１つ選び，記号で答えなさい。

ア　青森県の三内丸山遺跡からは，大規模な稲作を行っていた跡が見られる。

イ　岩手県の平泉には，平清盛が建てた厳島神社がある。

ウ　宮城県の仙台地方は，江戸時代には外様大名の伊達氏が治めた。

エ　福島県の富岡に，イギリスの技術者を招いて富岡製糸場がつくられた。

問７　下線部⑦に関して，世界遺産にも登録された島根県の石見銀山で採れた銀が，本格的にヨーロッパに輸出されるようになったのは何世紀からですか。正しいものを，ア～エから１つ選び，記号で答えなさい。

ア　７世紀　　イ　12世紀　　ウ　16世紀　　エ　19世紀

問８　下線部⑧と同じ一族で，1192年に征夷大将軍に任じられ，鎌倉に幕府を開いた人物の名前を答えなさい。

5　次の各問いに答えなさい。

問１　日本国憲法は，基本的人権の尊重を原則のひとつとし，さまざまな国民の権利を保障しています。また，国民が果たさなければならない義務についても定められています。国民の義務として適切でないものを，ア～エから１つ選び，記号で答えなさい。

ア　憲法を尊重し守る義務　　イ　子どもに教育を受けさせる義務
ウ　仕事について働く義務　　エ　税金を納める義務

問２　次の文章は日本国憲法第96条の条文です。条文中の【　X　】～【　Z　】に当てはまる語句の組み合わせとして正しいものを，ア～カから１つ選び，記号で答えなさい。

> 第九十六条　この憲法の改正は，各議院の総議員の三分の二以上の賛成で，【　X　】が，これを発議し，国民に提案してその承認を経なければならない。この承認には，特別の【　Y　】又は国会の定める選挙の際行はれる投票において，その過半数の賛成を必要とする。
> ②　憲法改正について前項の承認を経たときは，天皇は，【　Z　】の名で，この憲法と一体を成すものとして，直ちにこれを公布する。

ア　X－国会　Y－国民審査　Z－国民　　イ　X－国会　Y－国民審査　Z－内閣総理大臣
ウ　X－内閣　Y－国民投票　Z－国民　　エ　X－内閣　Y－国民投票　Z－内閣総理大臣
オ　X－国会　Y－国民投票　Z－国民　　カ　X－国会　Y－国民投票　Z－内閣総理大臣

問３　国の政治の方法を決めるのが国会の重要な仕事で，法律をつくることができるのは国会だけです。次の図と【補足説明】を参考にして，国会の働きについての説明として適切でないものを，ア～エから１つ選び，記号で答えなさい。

図　法律ができるまで

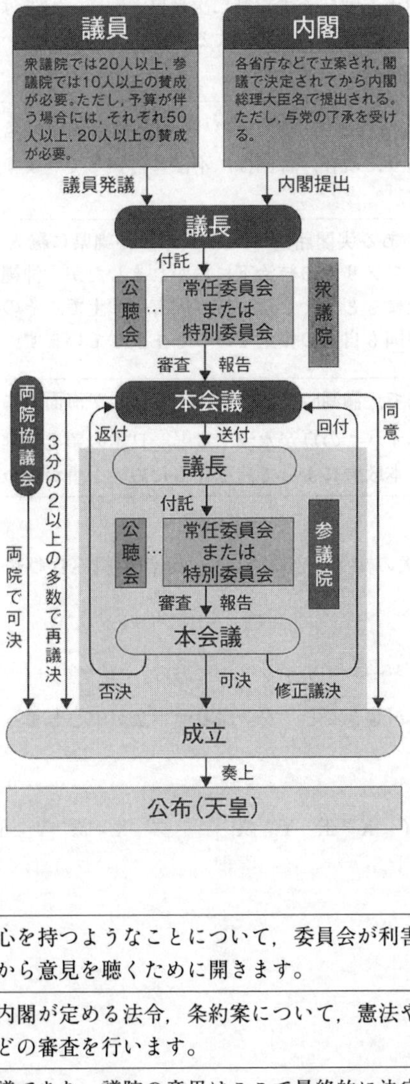

（参議院資料より）

【補足説明】

公聴会	多くの人が関心を持つようなことについて，委員会が利害関係者や特定の分野で専門知識を有する人などから意見を聴くために開きます。
内閣法制局	内閣提出案や内閣が定める法令，条約案について，憲法や他の法律との関係や解釈が間違っていないかなどの審査を行います。
本会議	議員全員の会議であり，議院の意思はここで最終的に決定されます。公開が原則です。
両院協議会	衆議院と参議院の意見が異なった場合に，意見の一致のために開かれる話し合いの場です。

ア　国会は唯一の立法機関であるため，国会での話し合いのなかで，専門家の意見を聞くことはできない。

イ　衆議院で可決され，参議院で否決された法案は，衆議院で出席議員の３分の２以上の再可決があれば成立する。

ウ　衆議院と参議院という２つの話し合いの場があることで，国の重要な問題について，より慎重に話し合うことができる。

エ　法律のもととなる法案を提出できるのは，国会議員と内閣である。

問４　次の表６は，日本の領土や国境をめぐる課題をまとめたものです。下線部ア～エのうち適切でないものを１つ選び，記号で答えなさい。

表６　日本の領土や国境をめぐる課題

北方領土	北海道の根室沖にある歯舞群島・色丹島・国後島・択捉島は，歴史的にも日本の固有の領土で，北方領土と呼びます。第二次世界大戦後，ソ連はこれらの島々を占領し，現在もソ連を引きついだロシア連邦アによる不法占拠が続いています。日本政府は北方領土を返すよう求め続けています。
竹島	竹島は，1905年に福岡県イに編入された日本の固有の領土です。しかし，韓国もその領有を主張しており，現在，韓国は，不法に占拠しています。日本政府は，韓国に抗議をし続けています。
尖閣諸島	沖縄県の西方にある尖閣諸島は，1895年に沖縄県に編入された日本の領土です。第二次世界大戦後，アメリカの統治下におかれましたが，沖縄県が日本に返還されるとともに，日本の領土にもどりました。日本固有の領土で，その領有をめぐって問題がないにも関わらず，中国ウも自国の領土であると主張しています。
沖ノ鳥島	日本最南端エの島で，満潮時には２つの小さな岩が海面上に出るだけとなるため，水没が心配されています。この島が水没すると，日本の領土と排他的経済水域が大幅に減ってしまうため，日本政府によって島を守るための工事が行われました。

問５　国際連合に関して説明した次の文Ｘ・Ｙについて，正誤の組み合わせとして正しいものを，ア～エから１つ選び，記号で答えなさい。

Ｘ　国際連合の本部は，ベルギーのブリュッセルにある。

Ｙ　国際連合では，争いごとが起きると，安全保障理事会が中心となって，停戦を働きかけたり，紛争の広がりを防いだりする。

ア　Ｘ：正　Ｙ：正　　イ　Ｘ：正　Ｙ：誤　　ウ　Ｘ：誤　Ｙ：正　　エ　Ｘ：誤　Ｙ：誤

問6　国際連合では，経済，社会，文化，環境，人権などの分野でさまざまな機関が活動しています。各機関の活動は，国連加盟国からの分担金だけでなく，人々の募金によってもまかなわれています。表7のX～Zには，国名が入ります。表8を参考にして，表7のX～Zに当てはまる国名の組み合わせとして正しいものを，ア～カから1つ選び，記号で答えなさい。

表7　主要国の国連分担率の推移

	2013～2015年		2016～2018年		2019～2021年	
	国名	分担率(%)	国名	分担率(%)	国名	分担率(%)
1位	X	22.00	X	22.00	X	22.00
2位	Y	10.83	Y	9.68	Z	12.01
3位	ドイツ	7.14	Z	7.92	Y	8.56
4位	フランス	5.59	ドイツ	6.39	ドイツ	6.09
5位	イギリス	5.18	フランス	4.86	イギリス	4.57
6位	Z	5.15	イギリス	4.46	フランス	4.43

※国連分担率は，加盟国の支払能力にもとづいて決まります。分担率を公正かつ正確なものにするために，直近3年間の世界総GNI（国民総所得）に占める比率にもとづいて見直しを行っています。(国連広報センター資料より)

表8　GNI（国民総所得）の高い国

順位	国名	国民総所得(100万米ドル)(2020年)
1	アメリカ合衆国(米国)	21,286,637
2	中華人民共和国(中国)	14,623,751
3	日本	5,156,421
4	ドイツ	3,953,466
5	イギリス	2,723,175
6	フランス	2,671,814
7	インド	2,635,927
8	イタリア	1,911,917
9	大韓民国（韓国）	1,650,493
10	カナダ	1,626,425

※GNI（国民総所得）は，経済の規模を測る指標のひとつで，各国の国民（個人，企業など）が1年間などの一定期間に新たに受け取った所得の総額を示します。(外務省資料より)

ア　X－アメリカ　Y－中国　Z－日本
イ　X－アメリカ　Y－日本　Z－中国
ウ　X－中国　Y－アメリカ　Z－日本
エ　X－中国　Y－日本　Z－アメリカ
オ　X－日本　Y－アメリカ　Z－中国
カ　X－日本　Y－中国　Z－アメリカ

問７　次の世界地図におけるＸとＹは，紛争が起こった場所を示しています。紛争が起こった場所Ｘ・Ｙと紛争について説明した文章ａ～ｄの組み合わせとして正しいものを，ア ～ エから１つ選び，記号で答えなさい。

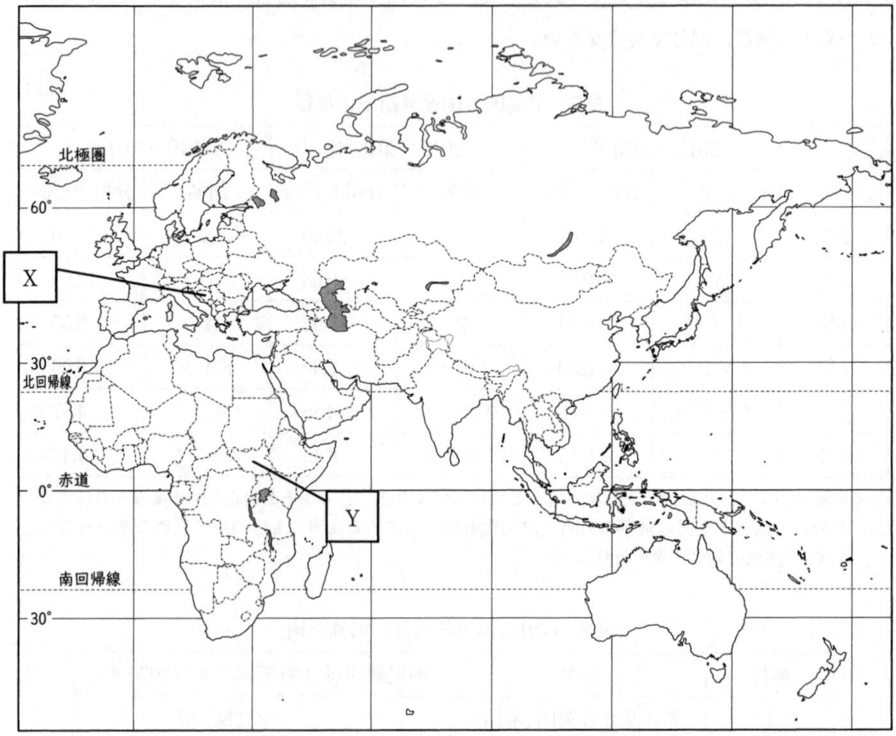

(帝国書院「世界：白地図」より)

ａ　カンボジアのポル・ポト政権は強引な政策で国民を弾圧し，アメリカ・中国・ソ連・ベトナムが介入する内戦となった。

ｂ　冷戦終結にともない，ユーゴスラビア連邦の各共和国がつぎつぎと独立を宣言し，セルビアを中心とする連邦維持派と分離派との間で紛争が激化した。

ｃ　イギリスからの独立の際，インドはヒンドゥー教徒を，パキスタンはイスラム教徒を中心に建国されたが，北部のカシミール地方はイスラム教徒が多数派であるにもかかわらず，支配層がヒンドゥー教徒だったため，その帰属をめぐり両国が激しく対立している。

ｄ　2010年末から広がった「アラブの春」の流れのなかで，シリアでも民主化の機運が高まり，独裁的なアサド政権と反政府勢力との間で内戦がぼっ発した。

ア　Ｘ―ａ　　イ　Ｘ―ｂ　　ウ　Ｙ―ｃ　　エ　Ｙ―ｄ

【理　科】〈第１回Ａ試験〉（40分）〈満点：100点〉

1　磁石や電流がつくる磁界について，(1)～(4)の問いに答えなさい。

(1)　図１のように，棒磁石のＮ極に鉄くぎがついています。図１の①の部分は何極になっていますか。ア～ウより１つ選び，記号で答えなさい。

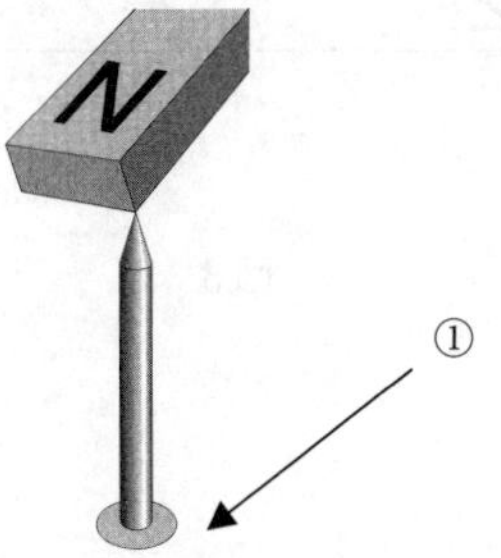

図１

ア　Ｎ極になっている。
イ　Ｓ極になっている。
ウ　何極にもなっていない。

(2)　磁石のＮ極とＳ極は，北と南を表す英語 north と south の頭文字からつけられた名前です。図２のように，方位磁針のＮ極が北を指すのは，地球が大きな磁石になっているためだと考えられています。北極付近は何極になっていますか。ア～ウより１つ選び，記号で答えなさい。

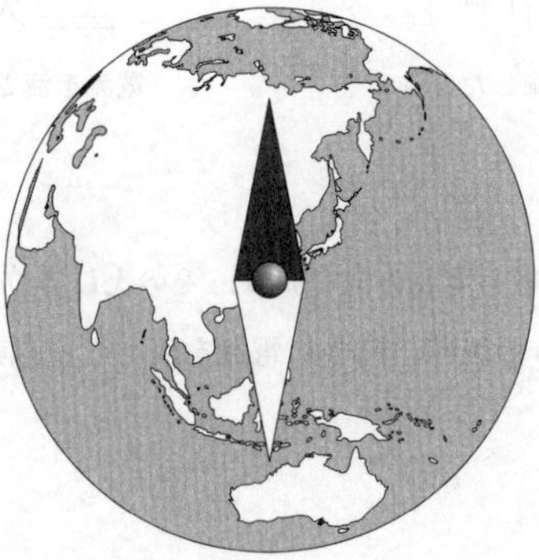

図２

ア　Ｎ極になっている。
イ　Ｓ極になっている。
ウ　何極にもなっていない。

(3) 棒磁石をうっかり落としたところ，図３のように半分に割れてしまいました。図３の②の部分は何極になりますか。ア 〜 ウより１つ選び，記号で答えなさい。

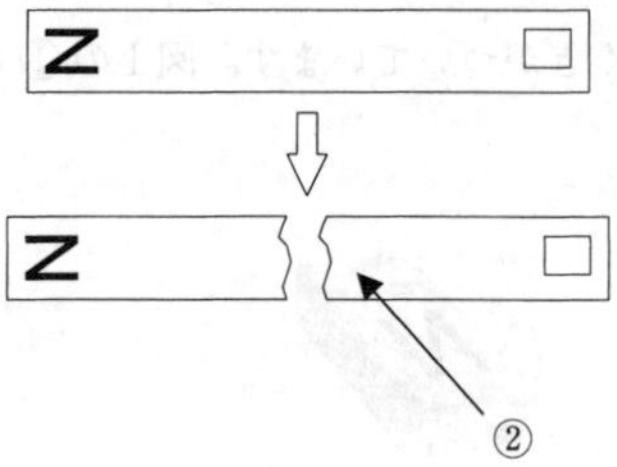

図３

ア　Ｎ極になる。

イ　Ｓ極になる。

ウ　何極にもならない。

(4) 図４のように導線を南北方向に張り，その上に方位磁針を水平に置きました。このとき，磁針のＮ極は北を指しています。図４の矢印の向きに電流を流すと，磁針のＮ極は少し東にかたむくことが分かりました。

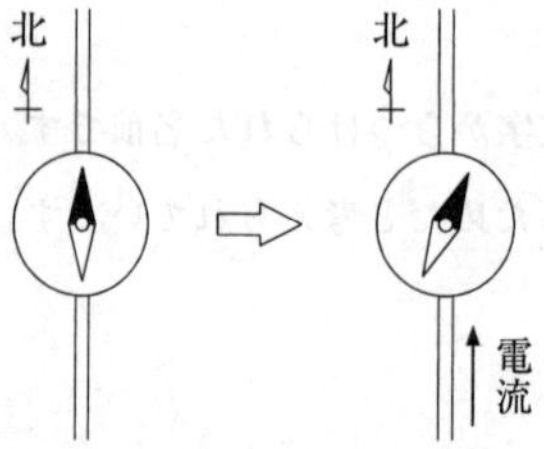

電流を流さないとき　電流を流したとき

図４

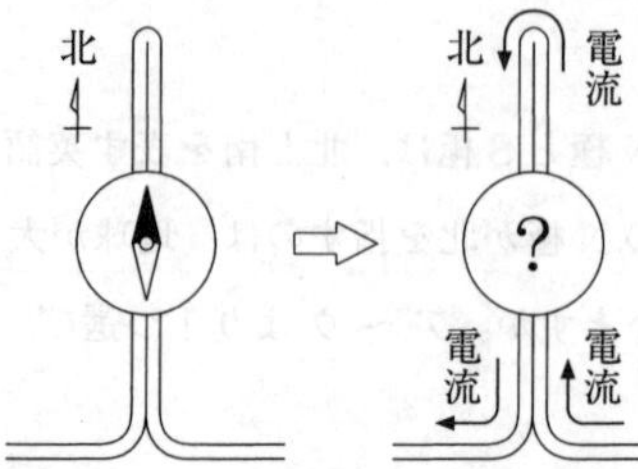

電流を流さないとき　電流を流したとき

図５

次に，図５のように折り曲げた導線を南北方向に張り，その上に方位磁針を水平に置きました。このとき，磁針のＮ極は北を指しています。図５の矢印の向きに電流を流すと，磁針のＮ極はどうなりますか。ア 〜 カより１つ選び，記号で答えなさい。

ア　大きく東にかたむく。

イ　少し東にかたむく。

ウ　北を指したまま動かない。

エ　少し西にかたむく。

オ　大きく西にかたむく。

カ　南のほうを指すようになる。

2 図のように，軽くて丈夫な棒，軽くてなめらかな滑車《かっしゃ》，軽いロープ，軽いばねでつくった装置を天井にとりつけ，滑車に12 kgの荷物をつるし，棒が水平につり合うように，滑車とは反対側の棒の端におもりをつるしました。滑車に通したロープをとりつけた棒の端からばねまでは25 cm，おもりをつるした棒の端からばねまでは75 cmあります。

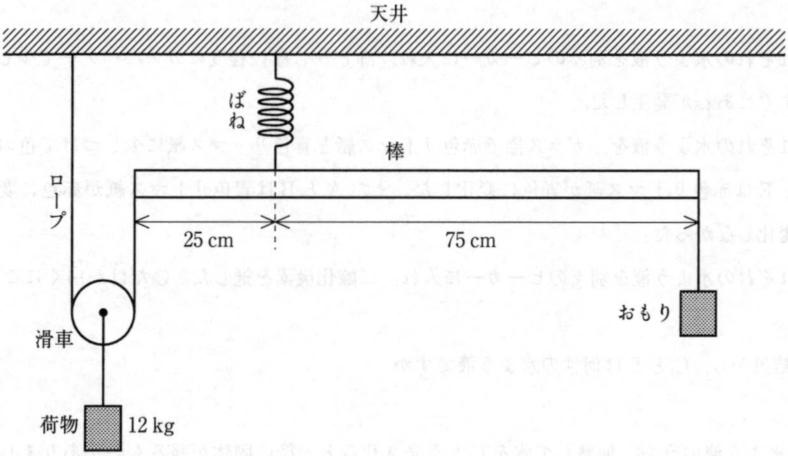

(1) ロープが棒を引っ張る力の大きさは何kgですか。

(2) おもりの重さは何kgですか。

(3) ばねが棒を引っ張る力の大きさは何kgですか。

(4) 使っているばねは，1 kgの力あたり2 cm伸びる強さのばねです。ばねは何cm伸びていますか。

3 次の文章を読み，後の(1)～(5)の問いに答えなさい。

Ａ～Ｅの５種類の水よう液があります。それぞれの水よう液は下のどれかであることが分かっています。

炭酸水　　うすい塩酸　　うすい水酸化ナトリウム水よう液　　食塩水　　石灰水

実験１　それぞれの水よう液を別々のビーカーに入れ，沸とうしない程度にガスバーナーで少し温めた。Ｂだけがすぐにあわが発生した。

実験２　それぞれの水よう液を，ガラス棒で赤色リトマス紙と青色リトマス紙に少しつけて色の変化を観察した。ＣとＥは赤色リトマス紙が青色に変化した。またＡとＢは青色リトマス紙が赤色に変化した。その他は変化しなかった。

実験３　それぞれの水よう液を別々のビーカーに入れ，二酸化炭素を通した。Ｃだけが白くにごった。

(1)　実験２の結果から，ＣとＥは何性の水よう液ですか。

(2)　Ａ～Ｅの水よう液のうち，加熱して水をじょう発させると，後に固体が残るものがありました。あてはまるものをすべて選び，Ａ～Ｅの記号で答えなさい。

(3)　Ａ～Ｅの水よう液のうち，２つの水よう液を混ぜると，すぐに白くにごりました。この２つの水よう液はどれとどれですか。Ａ～Ｅの記号で答えなさい。

(4)　Ａの水よう液にＥの水よう液を混ぜた水よう液は中性でした。加熱して水をじょう発させると，１種類の固体が残りました。この固体をとかした水よう液は，Ａ～Ｅのどの水よう液と同じですか。１つ選び，記号で答えなさい。

(5)　Ａの水よう液に，マグネシウムの粉を入れて観察したら，あわが発生しました。この気体の名前を答えなさい。

4 次の飯村くんと先生の会話文を読み，後の(1)～(4)の問いに答えなさい。

飯村くん　昨年，アルカリ性の洗剤をアルミ缶に移し替えて持ち運んでいたら，アルミ缶がはれつする事件がありました。ニュースでは，アルカリ性の液体をアルミ缶に入れないように注意を呼びかけていました。

先　生　そんな事件がありましたね。アルカリ性の水よう液は，アルミニウムをとかしてあわ（気体）を発生するのでアルミ缶に入れては危険です。

飯村くん　小学校で，アルミニウムのような金属をとかすのは酸性の水よう液だと勉強しましたが，アルカリ性の水よう液も金属をとかすのですか？

先　生　確かに，塩酸などの酸性の水よう液は多くの金属をとかします。一方で，アルミニウムなど一部の金属はアルカリ性の水よう液にもとけるのです。このとき，どちらの場合でも同じ気体が発生します。

飯村くん　なるほど，昨年の事件では発生した気体でアルミ缶の中の圧力が高まり，はれつしたのですね。アルミニウムがとけるさい，缶がはれつするほどたくさんの気体が発生するのですか？

先　生　アルミニウムを水酸化ナトリウムにとかすとどれくらい気体が発生するか実験で確かめてみましょう。

次の表１は，あるこさの水酸化ナトリウム水よう液100 cm^3 に，アルミニウムを少しずつ加えていき，とかしたアルミニウムの質量と発生した気体の体積との関係を調べたものです。

表１

とかしたアルミニウムの質量〔g〕	0.200	0.400	0.600	0.800	1.00
発生した気体の体積〔cm^3〕	248	496	744	744	744

(1)　アルミニウムに水酸化ナトリウム水よう液を加えたときに生じる気体の名前を答えなさい。

(2)　実験で使った水酸化ナトリウム水よう液100 cm^3 に，0.300 g のアルミニウムを加えてとかすと，何 cm^3 の気体が発生しますか。

(3)　実験で使った水酸化ナトリウム水よう液に比べてこさが２倍の水酸化ナトリウム水よう液100 cm^3 に，0.600 g のアルミニウムを加えてとかすと，何 cm^3 の気体が発生しますか。

(4)　実験で使った水酸化ナトリウム水よう液に比べてこさが２倍の水酸化ナトリウム水よう液100 cm^3 に，0.800 g のアルミニウムを加えてとかすと，何 cm^3 の気体が発生しますか。

5 地球上にはさまざまな生物が存在しており，その数は未発見の生物も含めると数千万種にもなるといわれています。現在発見されている種は190万種以上といわれていますが，その中にはわたしたちヒトよりもからだが大きいものもいれば，ヒトよりもはるかに小さくて，わたしたちの目では見えない生物もたくさんいます。そのような小さな生物は微生物《びせいぶつ》と呼ばれます。この微生物について，(1)～(3)の問いに答えなさい。

(1) 小さな生物を観察するときは，顕微鏡《けんびきょう》を使う必要があります。顕微鏡の使い方として間違っているものを，ア～カから２つ選び，記号で答えなさい。

ア　顕微鏡は直接日光の当たらない明るい場所へ置く。
イ　しぼりを動かして，見ている部分の全体が明るく見えるようにする。
ウ　横を見ながら調節ねじを回し，対物レンズとプレパラートの間をできる限り遠ざけてからピントを調節する。
エ　接眼レンズをのぞいたとき，視野の左側に見えたものを中央に持っていくためには，接眼レンズをのぞいたままプレパラートを左側へ動かす。
オ　より大きくして見たいときは，レボルバーを回し倍率の高い対物レンズに変える。
カ　観察し始めるときは，一番低い倍率の対物レンズを使う。

(2) 水の中の生物を観察してみたところ，右図のような生物をみつけました。

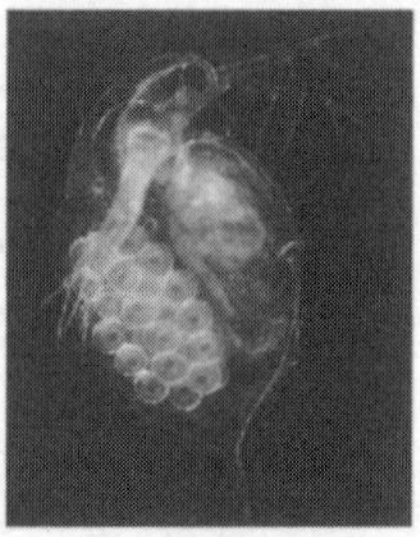

① この生物の名前を答えなさい。

② この生物の特徴《とくちょう》として，足に節があることが１つあげられます。このことから，なかまと考えられる生物を，ア～ウから１つ選び，記号で答えなさい。

ア　カブトムシ　　イ　ゾウリムシ　　ウ　ミドリムシ

③ この生物は動物プランクトンとして知られており，藻類《そうるい》を食べてその数を増やすとともに，小魚の餌《えさ》ともなっています。このような，生物の食べる・食べられるの関係を何と呼ぶか答えなさい。

(3) 地球環境を考える視点として，生態系《せいたいけい》というものがあります。生態系にはそこに住む生物のみならず，その生態系を取り巻く温度や土壌《どじょう》といったさまざまな条件が関係しています。この生態系について，次の問いに答えなさい。

① 生態系の中で，生物はそれぞれ大きな役割を持っています。それは，太陽の光を受け取りデンプンのような有機物をつくる生産者と，ほかの生物が持っている有機物を捕食することで手に入れる消費者です。以上をふまえて，ア～エの生物を生産者と消費者に分け，記号で答えなさい。

ア　ミカヅキモ（植物プランクトン）　　イ　オオカミ　　ウ　ウサギ　　エ　サクラ

② 生態系の中では，さまざまな形でエネルギーが循環《じゅんかん》しています。このエネルギーは，生産者がつくったものを食う・食われるの関係の中で，生産者から消費者，消費者から次の消費者へと受け渡していきます。一般的な生態系で，エネルギーが最初に入ってくるときの形は，ア～ウのうちどれですか。適切なものを１つ選び，記号で答えなさい。

ア　光エネルギー　　イ　化学エネルギー　　ウ　熱エネルギー

6 次の文章を読み，後の⑴～⑶の問いに答えなさい。

東京都は日本の首都ですが，都心から一番遠い東京がどこにあるか知っていますか。その場所は，東京都にありながら都心から南へ約 1000 km の位置，ほぼ沖縄と同じ緯度《いど》にあります。6日に一度運航される船でしか訪れる手段はなく，所要時間は実に 24 時間です。その場所とは，2011 年に世界自然遺産に登録された自然豊かな島々からなる小笠原《おがさわら》諸島です。2023 年 3 月末，本校の中学生と高校生 10 名が，その遠く離《はな》れた南の島へ自然観察のために訪れ，小笠原の父島で，島の森や海のさまざまな生物と触《ふ》れ合いました。

小笠原の島々は，これまで一度も大陸と陸続きになったことがありません。海のど真ん中にあるまさに絶海の孤島です。この遠く離れた小笠原の島々には，森が広がり，そこに昆《こん》虫やハ虫類，鳥類などの動物が生息している場所があります。そして，その島々の生物の中には，小笠原だけにしか見られない貴重なものがたくさんいます（生物学では，その地域だけにしか見られない生物を固有種といいます）。小笠原の固有種は，その祖先となる生物が何らかの方法で島にたどり着きA，長い時間をかけて世代を重ね，島の環境《かんきょう》に合わせて体の形や生活のし方を変え，小笠原だけにしか見られない生物へと変化し誕生したものと考えられています。小笠原諸島の固有種の割合は，本州に比べて極めて高く，根・茎《くき》・葉を持つ植物（維管束《いかんそく》植物）の約 45 %（樹木だと約 70 %），昆虫の約 30 %，カタツムリでは約 90 %に達しますB。しかし，現在，小笠原の固有種たちの多くが危機にさらされていますC。島の人たちは，この危機から固有種を救うために，さまざまな取り組みを行っています。

⑴ 下線部Ａについて，大陸から遠く離れた小笠原の島々は，海底火山の活動によって誕生したと考えられています。そして誕生したばかりの島は溶岩《ようがん》におおわれていて，生物がほとんどいない島でした。では，この島に生物は，どのようにたどり着いたのでしょうか。生物学者たちは，生物は３つの方法で運ばれてきたと考えています。この生物を運んだ３つのものとは何かを，それぞれ漢字１字で答えなさい。ただし，人は除きます。

⑵ 下線部Ｂについて，小笠原諸島に生息しているカタツムリの仲間（陸産貝類）は 100 種類以上で，その大半が固有種です。カタツムリの仲間の多くは植物食で，植物の葉や落ち葉，朽《く》ち木などを食べます。小笠原に生息するカタツムリは，長い時間の中で自分の生育場所に合わせて姿や形を変えてきました。

① カタツムリは背骨がない動物で，からだに節のない軟体《なんたい》動物というグループの生物です。ア ～ オ の中から，このグループではない動物を１つ選び，記号で答えなさい。

ア ナメクジ　　イ スルメイカ　　ウ アサリ　　エ ムカデ　　オ マダコ

② 研修に参加した丈《じょう》君と三郎《さぶろう》君は，小笠原の島々にどんなカタツムリがいるのかを調べて，ア ～ ウ の写真の

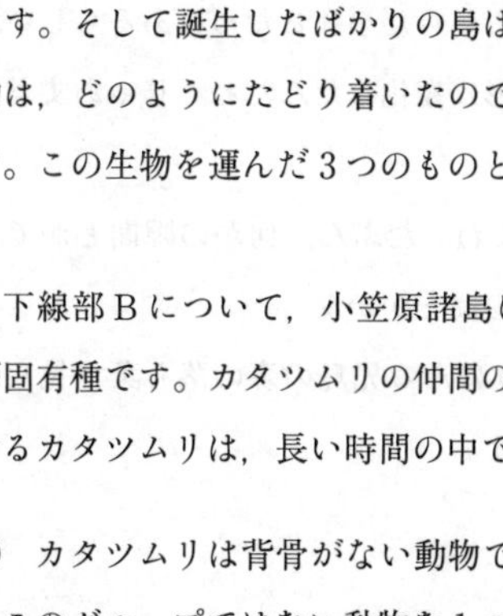
ア
ヌノメカタマイマイ

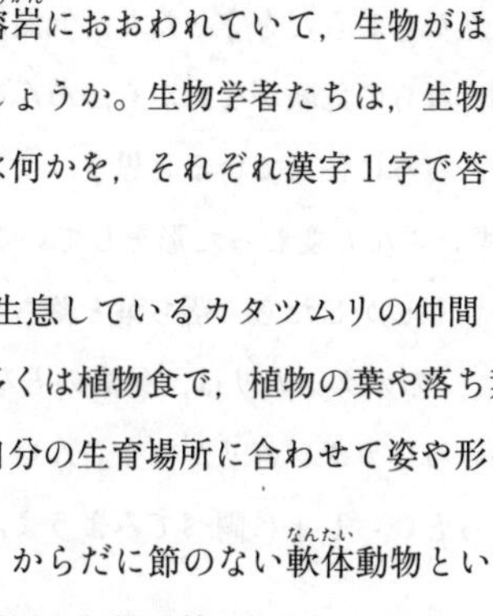
イ
ヘタナリエンザガイ

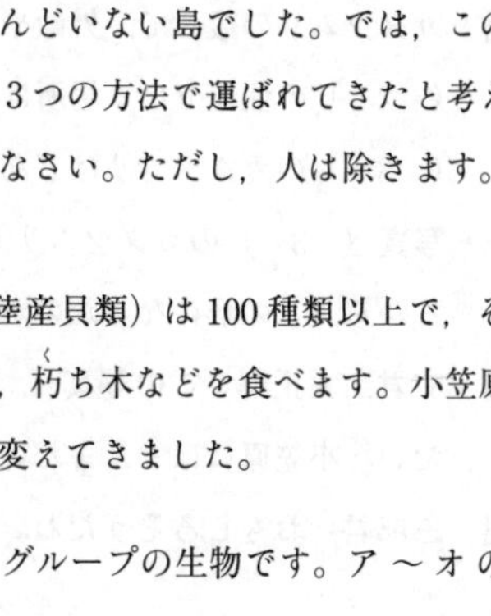
ウ
オガサワラオカモノアラガイ

カタツムリに注目しました。次の文は，これら３種類のカタツムリに関する二人の会話です。文と写真を参考にし，文中の空らん１～３にがい当するカタツムリを，ア ～ ウ より選び，記号で答えなさい。

〔会話文〕

丈　君　ねぇ三郎君，そもそも小笠原には，どうしてこんなにたくさんの種類のカタツムリがいるのかなぁ。だって偶然《ぐうぜん》に小笠原にたどり着いたカタツムリは，ごく少数のはずだよね。

三郎君　そうだよね。でも，小笠原にはもともと生物がいなかったから，カタツムリを食べる生物がいないし，競争相手もいないから，どんどん増えたはずだよね。

丈　君　どんどん増えたことと，種類の多いことには何か関係があるのかな。

三郎君　数が増えたら食べ物が足りなくなったり，住む場所が足りなくなったりするよね。だからいろいろな場所で暮らすカタツムリが出てきたと思うんだ。

丈　君　そうか，住む場所が変われば，そこに適したからだの形や色はきっとちがうはずだよ。

三郎君　そう，ぼくたちは形や色がちがうカタツムリを選んだよね。じゃあ，それぞれが住む場所を調べてみようよ。

丈　君　写真（　１　）のカタツムリは，茨城にもいそうな形だけど，ちょっと色が濃《こ》いよね。

三郎君　どうやらこの種類は，土の中に暮らしているらしく，暗い色が特徴《とくちょう》らしいよ。

丈　君　写真（　２　）のカタツムリは，とても変わった形だよね。湿度《しつど》の高い森の中で，植物の葉の裏のカビなどを食べているらしい。

三郎君　カタツムリの殻《から》って，外敵や乾燥《かんそう》からからだを守ったり，低温からからだを守るためにあるらしい。写真（　２　）の住んでいる場所は，これらの危険がないから，あんな形に変化したんだね。じゃあ丈君，写真（　３　）のカタツムリはどんなところに住んでいると思う。

丈　君　写真（　３　）のカタツムリもずいぶんと変わった形をしているよね。たぶん，何かの隙間とかで生活するから，この形になったのかな。もしかしたら，落ち葉と落ち葉の間とかかな。

三郎君　丈君，大正解。この写真（　３　）のカタツムリは，父島のとなりにある兄島の森の落ち葉で見られるみたい。小笠原にはまだまだいろいろなカタツムリがたくさんいるよ。

丈　君　三郎君，おもしろそうだね。もっといっしょに調べてみようよ。

(3)　下線部Ｃについて，残念なことに小笠原の父島では，小笠原固有のカタツムリの多くの種が絶滅《ぜつめつ》してしまったといいます。戦前はカタツムリの生活場所だった森の大規模な伐採《ばっさい》によって，戦後は外来生物（もともとその地域にいなかったのに，人間の活動によって意図的・非意図的に持ちこまれた生物のこと）の侵入《しんにゅう》などが原因となってカタツムリが姿を消してしまいました。近年では，ニューギニアヤリガタリクウズムシという外来生物が原因で，小笠原のカタツムリが大きく数を減らしています。では，この外来生物はどのような生物なのでしょうか。適当な語句を(2)の②の会話文の中からそのままぬき出し，10～15字以内で答えなさい。

7 次の文章を読み，後の(1)～(3)の問いに答えなさい。

皆さんは天気予報を何で知ることが多いでしょうか？　おそらく，近年はテレビやインターネットなどで情報を得ることが一般的だと思います。現在，天気予報は気象衛星「ひまわり」や最新のスーパーコンピュータなどを使ってさまざまな情報を分析することにより行われています。最初に「ひまわり」が本格的な観測を始めたのは昭和53年からですが，それよりもずっと前から，天気を予報することに多くの人々が関心を寄せてきました。

古くから行われていた天気予報の１つに「観天望気《かんてんぼうき》」というものがあります。これは，身近に起こっていることから天気を予想することや，天気に関する言い伝えのことを指します。天気に関する言い伝えやことわざは，日本全国にたくさん残っています。この中には迷信であるものも含まれていますが，科学的な理由にもとづいているものもあります。現在は，スマートフォンなどでいつでも天気予報を知ることができて便利な世の中ですが，もし，山登りやキャンプなどでインターネットが使えない環境にいても天気が予想できるよう，「観天望気」などの先人たちの知恵《ちえ》を知っておいてもよいかもしれません。

(1) 天気を予想するには雲の流れる方向や風の向きを知ることが重要です。そのためには，現時点の方位を知る必要があります。次の文章は，方位磁針や地図を持っていなくても方角を知る方法について書かれた文章です。空らんにあてはまる数字を答えなさい。

腕時計を水平に持って，短針を太陽の方向に向けたときに，短針から文字盤《ばん》の12までの角度を半分にしたところが南になります。太陽は１時間に（　ア　）度ずつ東から西へ移動していて，日本では太陽がおおよそ正午に真南にのぼります。もし，時刻が10時ならば，太陽が真南にくる（　イ　）時間前なので，（　イ　）時間後の太陽の位置が分かれば，その方角が南になります。時計の短針は１時間で（　ウ　）度移動するので，時刻が10時のとき，太陽の方向に向けた短針と文字盤の12までの角度の半分，つまり，11時の方向が南になるというわけです。

(2) 次の文は，観天望気の１つについて説明したものです。文章の空らんにあてはまる語句を答えなさい。

観天望気の１つに「夕焼けの次の日は（　エ　）」というものがあります。この理由は，夕焼けが見えるということは（　オ　）の空がよく晴れているためです。日本の天気はふつう（　カ　）から（　キ　）へ移り変わっていくので翌日の天気は（　エ　）になるということです。

(3) 「夕焼けの次の日は（　エ　）」と同じように，空に見える虹《にじ》をヒントに天気を予報する観天望気があります。虹は，太陽を背にしたとき，反対側の空に雲があるときに見られます。虹が見える時間帯によって，そのあとの天気を予測する次の文の空らんにあてはまる言葉を，「晴れ」，「雨」のどちらかで答えなさい。

朝虹は（　ク　），夕虹は（　ケ　）。

四

次の——線部の漢字をひらがなに直しなさい。

① 水の都、ベネチア。
② 団結の旗印。
③ 今年も豊作だ。
④ 絹織物の品評会。
⑤ 病状は小康をたもつ。
⑥ 刑務所に服役する。
⑦ ひざづめで談判する。
⑧ 赤十字憲章。
⑨ 手帳に記す。
⑩ 鏡もちを供える。

五

次の——線部のカタカナを漢字に直しなさい。

① トショケンで本を買う。
② おチャを飲む。
③ ジュンシンなこどもたち。
④ 竹ぼうきでニワをはく。
⑤ 結婚式にショウタイする。
⑥ 新しいコウシャが完成した。
⑦ 医薬品をクウユする。
⑧ キイロい月が出ている。
⑨ お山のタイショウになる。
⑩ エキタイの薬。

問一　＝＝線部「カイトウ」は漢字で書くとどのような字になりますか。次のア～オから一つ選び、記号で答えなさい。

ア　回答　　イ　解当　　ウ　快刀　　エ　怪答　　オ　解答

問二　インド政府の目的はなんですか。次の文の空らんに当てはまる言葉を、それぞれ本文中から四字以内で抜き出して答えなさい。

（　１　）をやめて、（　２　）を普及させること。

問三　――線部①「体に悪いのに、新調理が減らないのはなぜか。」とありますが、横尾英史氏は初めどのような仮説を立てましたか。本文中から三十字以内で抜き出して答えなさい。

問四　――線部②「日本でも応用可能なのか」とありますが、日本でも応用可能な例として、本文の内容に合うものはどれですか。次のア～オから一つ選び、記号で答えなさい。

ア　住人あたりの幼稚《ようち》園《えん》の数が全国平均を下回っていたため、学者の研究成果を参考に、新たに幼稚園を作ることを決定するとともに、すでにある保育園の保育士の採用を増やし、社会問題である待機児童の問題を解決しようとした。

イ　ラグビーがブームとなり、ラグビー場が必要と判断したが、住民にはサッカー場を望む声が高かったため、次の案として考えていた、古くなった野球場の整備を優先して行った。

ウ　ほとんどのコイが外来種であるとわかり、在来種保護のために駆除《くじょ》を検討したが、コイを用いた産業が盛んであり、保護を求める声が多いため、環境リスクを考えず、コイを保護する方向で方針を変えた。

エ　ある農薬は健康や環境に対して危険性があることが知られているが、使用する多くの農家は使いやすさから危険性を低く考えていたため、使いやすさを維《い》持《じ》した他の方法を提案するように方針を変えた。

オ　二酸化炭素の排出を抑えるための効果的な方法として電気自動車への置き換《か》えが重要であるとの考え方があるが、製造段階での二酸化炭素の排《はい》出量《しゅつりょう》が大きいため、ガソリンエンジンを用いた自動車の改良を進める企業を支援した。

横尾さんの専門は廃棄物《はいきぶつ》管理やエネルギー政策だ。薪調理の研究は、早稲田大学のインドからの留学生の提案で、16年に始まった。インド政府はガス調理を普及《ふきゅう》させるべく、コンロを無料で配付するなどの政策をとってきたが、コンロとかまどを併用《へいよう》する家庭も多いという。金銭的理由だけではなく、薪調理が体に悪いことを理解していないのではないか、こんな仮説を立て、調査を始めた。

インド東部のコルカタ郊外《こうがい》の17の村でインタビュー調査をした。「薪調理を1カ月続けたとき、どれくらいの確率*4で目と呼吸器に症状《しょうじょう》が出ると予想するか」といった質問をした。

調査では確率の概念*5《がいねん》がわからなくてもカイトウできるよう、あめ玉を使った。必ず症状が出ると思うならあめ玉10個を、全く症状が出ないなら0個を示してもらう。そのように把握*6《はあく》した「主観的リスク」を統計学的*7に推定する「客観的リスク」と比較《ひかく》することで、リスク認識の偏《かたよ》りを明らかにしようとした。

結果は、調査に応じた588人全員が、ガス調理よりも薪調理の方が健康に悪いと理解していた。当初の仮説は外れたが、薪調理のリスクやガス調理のメリットが過小評価される傾向《けいこう》があったという。「すでにリスクがある程度認識されていることから、リスクを啓発*8《けいはつ》する情報提供政策の効果は限定的だと予想できる」と横尾さんは分析。ガスボンベの価格や流通形態へ働きかける政策がより効果を期待できる、との結論を論考に記した。

人々のリスク認識に基づいた環境政策の立案は、②日本でも応用可能なのか。

「たとえば農作物が気候変動で受けるリスクを、農家がどう認識しているか。どんなリスク認識を持つ農家が、太陽光パネルを導入しているか。リスク認識との因果がわかれば、個人や企業《きぎょう》が気候変動対策を自らとるような政策を立てられるようになる。」

横尾さんはブドウ農家のリスク認識を調べる共同研究を進めているという。

（真野啓太「朝日新聞　2023.5.19」より）

注

＊１　シンクタンク……政治、経済、科学技術など、幅広い分野にわたる課題や事象を対象とした調査・研究を行い、結果を発表したり、解決策を提示したりする研究機関のこと。頭脳集団。

＊２　リスク……危険度。予測したようにうまくいかない可能性。「リスク認識」とは、危険を判断する心の動き。

＊３　プロセス……ものごとを進める手順や方法。

＊４　確率……ある事柄の起こりうる可能性を数値で表したもの。確かさの度合い。

＊５　概念……あるものに対するおおまかな理解。イメージ。

＊６　把握……ものごとの正確な情報をつかみ理解すること。

＊７　統計学的……そのものの性質や状態を数値で表すこと。

＊８　啓発……教えみちびいて、ものごとをわからせること。

問三　───線部③「『自由って結構大変』って感想を持った中学生もいます。」とありますが、それはなぜですか。理由として正しくないものを、次のア～オから二つ選び、記号で答えなさい。

ア　自分で決めた行動が失敗しても、誰のせいにもできないから。
イ　すべきこともしてはいけないことも、自分で考えなければいけないから。
ウ　指示の通りにしても、うまくいかなくなったから。
エ　自分が納得していない指示にも従わなければならないから。
オ　自分で決めたことの責任は、自分でとらなければならないから。

問四　═══線部ａ「～からの自由」、═══線部ｂ「～への自由」とありますが、ユウマ君が主張したのはどちらですか。空らん［Ｘ］に当てはまる方の記号を答えなさい。

問五　───線部④「先輩たちが挑戦した『自由拡大』の取り組み」とありますが、これが成功したのはなぜですか。本文中の言葉を使って、四十字以内で説明しなさい。

問六　───線部⑤「自由のために自由を制限する」とありますが、先生が「自由のために自由を制限」したのはなぜですか。本文中の言葉を使って、十五字程度で説明しなさい。

三

次の文章は、横尾《よこお》英史《ひでふみ》氏が『週刊東洋経済』４月15日号に寄稿《きこう》した「料理の煙《けむり》で健康被害も　人々のリスク認知《にんち》には歪《ゆが》み」という論考に対して書かれた文章です。これを読んで、後の問いに答えなさい。

インドでは、薪《たきぎ》を燃やして煮炊《にた》きをする家庭が少なくない。乾燥《かんそう》させた牛ふんを使うこともある。

燃焼時に発生する大量の煙が、女性や子供の呼吸器疾患《しっかん》につながるとされ、２０００年代から「家庭内大気汚染《おせん》」として社会問題化してきた。インドの環境《かんきょう》＊1シンクタンクの報告書によると、ガスコンロが１０年代に普及したものの１９年の家庭内大気汚染による死者は60万人にのぼったという。

①体に悪いのに、薪調理が減らないのはなぜか。人々の＊2リスク認識から解明しようとした＊3プロセスが、論考にはつづられている。

筆者の横尾英史・一橋大学准《じゅん》教授に取材した。かまどでカレーを作っている家庭を訪ねた時のことを振り返る。

「家の中でバーベキューやたき火をしているのと同じ状態といえば、煙のすごさが伝わるでしょうか。」

[a]「〜からの自由」と呼ぶことにしましょう。もう一つはよりよい「未来」に向かう自由です。自分の願いや自分で考え決めたことに従って歩いてゆく自由です。私はこれを[b]「〜への自由」と呼んでいます。自由には「〜からの自由（今）」と「〜への自由（未来）」があるのです。さっきのユウマ君の「何をしてもいいんだ！」という言葉は「　X　」を主張したのですね。（中略）

ヒオリさんたちが入学する前、その中学校の先輩たちは学校生活をもっとよくしたいと考え、それまで認められていなかった紙パックジュースを持ってきて飲むこと、夏服にポロシャツを着用すること、昼休みに体育館で遊べるようにすることなどを認めてもらおうと、生徒の声を集めて学校に働きかけて実現してきました。これらは生徒会活動として取り組まれましたが、自由を求めるだけでなく、紙パックのゴミ処理や体育館の後片付けなど「責任」の部分についてもしっかり話し合いみんなで守り合うことを決めました。ヒオリさんたちは④先輩たちが挑戦した「自由拡大」の取り組みを引き継《つ》いで発展させようとしたのです。しかし、このときの生徒の中に、入学のときにはすでに与えられていた自由を「勝手放題」と勘違《かんちが》いする人が出てきてしまいました。例えば、昼休み終了のチャイムが鳴っても体育館で遊び続けていたりしました。体育館使用の約束破りは次の授業にも差し障《さわ》りが出ました。先生たちも注意しましたし、生徒会役員会も＊3啓発《けいはつ》ポスターをつくって貼《は》ったのですがそれも破られるようになってしまいました。そこで、先生たちは「体育館の使用を禁止する」と発表したのです。

違反《いはん》に対する罰《ばつ》ではなく、⑤「自由のために自由を制限する」という対処でした。つまり自由というのは、自分で考えて行動するアトムのような力があれば、上手に使うことで「便利」を味わえるのですが、そうでなければ自由が暴走してしまって「不便」を生み出してしまうものです。今回の場合は、状況を見て各自が考えて行動すればすむことだったのに、一部の勝手気ままな行動によって、「不便」が作り出されコントロール不能な状態になったため、いったん自由を制限したということだったのです。その後、生徒が自由について考え始めたことによって、再び体育館は使えるようになりました。

（宮下聡『中学生になったら』より）

注

＊1　鉄人28号……横山光輝《よこやまみつてる》原作漫画《まんが》に登場するロボット。小型操縦機《そうじゅうき》（リモコン）によって操作される。

＊2　鉄腕アトム……手塚治虫《てづかおさむ》原作漫画に登場する、人と同等の感情や意思を持ったロボット。

＊3　啓発……教えみちびいて、ものごとをわからせること。

問一　――線部①「大人へと近づく」ために必要なことはなんですか。本文中から「〜こと。」に続く形で、二十字以内で抜き出して答えなさい。

問二　――線部②「何をしてもいい」ことを本文中ではなんと言っていますか。四字で抜き出して答えなさい。

ロボットだからです。反対に鉄腕アトムは自分で考えて行動しますから、悪魔の手先にはなりません。

小学校時代のうちに、もう鉄腕アトムレベルになったという人もいるかもしれませんね。でも「次何をするの？」「できないからやって」なんて誰かに言ってばかりいませんか？　自分がどうしたらいいか自分で考えることをせずに、誰かの指示を待って動いてばかりいる人は、まだまだ鉄腕アトムレベルとは言えません。それから、何かいけないことをしたり失敗したりして親や先生から「どうしてこんなことをしたんだ！」と叱《しか》られたとき、「だって○○がやろうって言ったんだもん」なんて言い訳をしている人も鉄腕アトムのレベルとは言えません。小学校までならそれも許されるかもしれません。でも中学生になったら①大人へと近づくもう一歩次の段階に入ります。ですから自分で考えて、先を見通しながら行動する力をぜひつけていきたいものです。そういう力がつけられるような自分を目指す三年間にしてほしい、私はそう思っています。

中学生になったユウマ君は、授業中に立ち歩いたり大声でおしゃべりしたりして、よくいろいろな先生から注意されています。あるとき、注意した先生にこんなことを言いました。

「人間は自由なんだからボクは②何をしてもいいんだ！」

このユウマ君の言葉、あなたはどう思いますか。彼はどうしてこんなことを言ったのでしょうか。ユウマ君のご両親は小学校の卒業式の日、彼にこんな話をしていました。

「これからはユウマ君も中学生。親にいちいち聞いてばかりいないで自分で考えて行動しなくちゃね」

これまで親や先生から「○○しなさい」「○○してはいけません」と細かく言われ続けてきたユウマ君。この言葉を聞いて「これからは何でも思いのままだ」と誤解したのでしょうか。理由はどうあれ、自分の「やりたい」放題がまじめに授業を聞きたいと思っている人の「やりたい」を邪魔《じゃま》してしまっているのでした。彼の行動は学級会で問題とされ、「自由」の意味について考えるきっかけになりました。この話し合いをとおして自分のしたことの意味を理解した彼は、しっかり反省し「ごめんなさい」とみんなに謝《あやま》ることができました。

こんなこともありました。カイト君は、朝出かけるときにお母さんから「今日は雨が降るから傘《かさ》を持っていきなさい」と言われたので、傘を持って登校しました。でも結局雨は降りませんでした。ですからせっかく持っていった傘もそのまま持ち帰ることになってしまいました。しかも運悪く、その日は学校から持ち帰らなければならないものが多かったので、傘はとても邪魔でした。大変な思いをしてやっと家にたどり着いたのです。そのときカイト君は、お母さんにこう思いをぶつけました。「まったくもう、お母さんが傘を持っていけなんていうからいけないんだよ。こんなに大変なことになっちゃったのはお母さんのせいだ！」。こんな経験はありませんか。

小さいときには親や大人がいつもそばにいて、すべきことやしてはいけないことについて指示を出し、子どもはその通りにしていればだいたいうまくいっていたし、もしそれで困ったことがあればいつも誰かが助けてくれました。うまくいかなかった不満は指示を出している人にぶつければよかったのです。誰かの指示で動いていたとき、失敗はその誰かのせいにすることができました。でも、自分で決めた行動の場合は誰のせいにもできません。結果はすべて自分が引き受けなければなりません。ですから「自分で決めていいよ」って言われたとき、③「自由って結構大変」って感想を持った中学生もいます。

実は「自由」と言ってもいくつかの意味があります。一つはよりよい「今」を求める自由、自分を縛《しば》っている不自由さから解《と》き放たれることです。これを

問六　本文には、「武藤の言いなり」という言葉が＝＝線部ａ、ｂの二カ所で出てきます。これについて、Ａさん、Ｂさん、Ｃさん、Ｄさんの四人が会話をしています。次の会話を読んで、後の問いに答えなさい。

Ａ：「ぼく」は二回、「武藤の言いなり」になったことについて考えているね。どうして二回も同じことを考えるんだろう。
Ｂ：それだけ「武藤の言いなり」になったことを［Ｘ］してるんじゃないの？　だから二度も考えているんだよ。
Ｃ：うーん。一回目の「武藤の言いなり」と、二回目の「武藤の言いなり」には、違う気持ちが込められているように思うな。
Ａ：一回目の「武藤の言いなり」は、Ｂさんが言うように［Ｘ］の気持ちが表れているよね。
Ｃ：わたしもそれは同じ意見だよ。でも、二回目も同じ気持ちなのかなあ……。
Ｂ：「昼休みのグーパーじゃんけんがあるかぎり、こうした問題はくりかえされる」とあるし、アそもそもグーパーじゃんけんをやらなければ怒られなくて良いと思っているんじゃない？
Ｄ：「情けなかった」って言ってるし、イ色々考えても結果的には自分の身を守るために加わったことを恥じているんじゃないかな。
Ａ：そうかなあ。「言いなり」って言葉にはあまりいいイメージがないし、ウ武藤との力関係が逆転してしまったのがいやなんだと思う。
四人：うーん……。

(1)　＝＝線部ａ「武藤の言いなりになるんじゃなかった」には、「ぼく」のどのような気持ちが込められていますか。会話中の空らん［Ｘ］に当てはまる言葉を、本文中から抜き出して答えなさい。

(2)　＝＝線部ｂ「武藤の言いなりになってしまった」には、「ぼく」のどのような気持ちが込められていますか。会話中の――線部ア～ウのうち、最も適切なものを一つ選び、記号で答えなさい。

二　次の文章を読んで、後の問いに答えなさい。

「あなたが目指すのは＊1鉄人《てつじん》28号ですか？　それとも＊2鉄腕《てつわん》アトムですか？」

私は新入生に出会うといつもこう問いかけ、「鉄腕アトムみたいになろう」と呼びかけています。「鉄腕アトムを目指せってどういうこと？」「ロボットになる気なんてありません」って思った人、ごめんなさい。ロボットになれってことじゃないんです。昔々、「鉄腕アトム」と「鉄人28号」という大人気のロボットマンガがありました。もちろん少年であった私もこのマンガに夢中になっていました。どちらもとても強いヒーローロボットなのですが、大きな違いがあります。それは鉄人28号が人間の操作するリモコンで動くのに対して、鉄腕アトムは自分で考えて働き、喜んだり悲しんだりという感情も恐怖《きょうふ》心もある人間のようなロボットだということです。「鉄人28号」はリモコンを持つ人によって正義の味方にも悪魔《あくま》の手先にもなります。それは自分の意志を持たず誰かの言うとおりに動く末永は放課後の練習にいつもどおり参加したので、ぼくは胸をなでおろした。⑤今回は大ごとにならずにすんだが、昼休みのグーパーじゃんけんがあるかぎり、こうした問題はくりかえされるのだと思うと気が重かった。なにより、b武藤の言いなりになってしまった自分が情けなかった。練習にも集中できず、ぼくはどうすればいいのかを考えながら家までの帰り道を歩いた。

（佐川光晴「四本のラケット」より）

注

＊1　懸念……どうなるかと不安に思うこと。気がかりなこと。案じること。

＊2　フォロー……他の足りないところや仕損じたところなどを補うこと。

問一　――線部①「中田さんが言ったとおり」とはどういうことですか。「〜ということ。」に続く形で、十字以内で抜き出して答えなさい。

問二　――線部②「ぼくは残って末永と一緒にブラシをかけようかとおもった」とありますが、これはなぜですか。「ぼく（太二）」が以前に経験したことを踏まえて三十字以内で答えなさい。

問三　――線部③「あらかじめ注意されていた」とありますが、どう注意されていましたか。本文中から二十字以内で抜き出して答えなさい。

問四　――線部④「久保ならこういうときは絶対にとめるだろうとおもっていた」とありますが、なぜですか。「〜から。」に続く形で、十五字以内で抜き出して答えなさい。

問五　――線部⑤「今回は大ごとにならずにすんだ」とありますが、「大ごと」とはどのようなことですか。次のア〜エから一つ選び、記号で答えなさい。

ア　末永が昼休み中に整備が終わらずに、素振りのノルマが増やされてしまうこと。

イ　末永が昼休み中の整備に疲れ果てて、体調を崩してしまうこと。

ウ　末永が昼休み中の整備をきっかけに、退部してしまうこと。

エ　末永が昼休み中の整備を一人でやることで、終わらなくなってしまうこと。

「太二《たいじ》、パーな」

武藤は小声で言うと、そっぽを向いた。いままで一度もなかったことだが、みんながなにをしようとしているのかはわかった。やめたほうがいいよ、という言葉が口から出かかったときに末永が到着した。

「あっ」

「悪い悪い。給食のあと、腹が痛くなってさ」とおくれた言いわけをする末永を尻目《しりめ》に、「グーパー、じゃん」とみんなが声をだした。

自分だけがグーだとわかり、末永がしゃがみこんだ。うなだれた顔にかかった髪《かみ》のすきまから、とがらせた口が見えた。

「すげえ偶然《ぐうぜん》だな。おい、末永。手伝ってやりたいのは山々だけど、よけいなことをしたら先輩《せんぱい》たちに怒られるからよ」

武藤は早口で言うと、さあ行こうぜというように右腕《うで》をふった。②ぼくは残って末永と一緒にブラシをかけようかとおもったが、久保《くぼ》に肩《かた》をたたかれて、みんなにまざって小走りで校舎にもどった。

たまたま末永がおくれたのにかこつけて、武藤がワナをしかけたのだ。もしも末永と同時に到着《とうちゃく》していたら、ぼくもグーをだしていたかもしれない。ぎりぎりセーフと安堵《あんど》するのと同時に、末永がキャプテンの中田さんか顧問《こもん》の浅井先生にこのことを訴《うった》えたらたいへんだと不安がよぎった。

中田さんはふだんはおだやかだが、一度怒ると簡単には相手を許さなかった。夏休みの練習で、数人の二年生が日かげでサボっていたときには、自分も一緒にやるからと二年生全員で二百回素振りをした。③あらかじめ注意されていたのに、末永ひとりをハメたことがばれたら、どんな罰《ばつ》を与えられるかわからない。

こんなことならa武藤の言いなりになるんじゃなかったと、ぼくは後悔《こうかい》していた。でも、聞こえなかったふりをしてグーをだしていたとしても、自分だけいい子になりやがってと、みんなの反感を買っていただろう。

久保が武藤についたのも、ぼくにはショックだった。久保は小学一年生からの友だちで、超《ちょう》がつくほどまじめなやつだ。そのぶんかけひきがへたで、肝心《かんじん》なところで相手に裏をつかれる。グーパーじゃんけんでもよく負けて、三回に二回はコート整備をしていた。だから、というわけでもないが、ぼくは④久保ならこういうときは絶対にとめるだろうとおもっていた。

武藤と末永はプレースタイルがよく似ていた。二人とも百七十五センチをこえる長身で、威力《いりょく》のあるサーブ&ボレーを武器にしている。ツボにはまると手がつけられないが、ベースラインでの打ちあいをやや苦手にしていて、自分のイージーミスから崩《くず》れることが多いところまでそっくりだった。

ただし、武藤が練習熱心なのに対して、末永はすぐ手をぬこうとする。筋トレのときに、末永がまじめにやらなかったせいで、スクワットや腕立て伏《ふ》せの回数を増やされたことも一度や二度ではなかった。だから、武藤が中心になってハメたのはたしかに行きすぎだが、末永にまったく非がないわけではなかった。

そうはいっても、ひとりで四面のコートにブラシをかけるのはたいへんだ。末永の性格からすると、途中で投げださないともかぎらない。それをきっかけに末永が退部したら、後味の悪いことになってしまう。

昼休みのおわり近くに、四階の教室の窓からグラウンドに目をやると、末永はまだブラシをかけていた。かなりがんばったようで、残りは半面だったが、そこで昼休みの終了をしらせるチャイムが鳴りだした。両手にブラシを持った末永は前かがみになって最後の力をふりしぼり、コートの端《はし》にたどり着くなり地面にひざをついた。

2024年度

茨城中学校

【国語】〈第一回Ａ試験〉（六〇分）〈満点：一五〇点〉

【注意】解答に字数制限がある場合は、すべて句読点を含めた字数で答えてください。

一　次の文章を読んで、後の問いに答えなさい。

テニス部では、昼休みのコート整備の当番を当日のグーパーじゃんけんで決めています。

四月半ばに二年生の中田さんから言われたときに、グーパーじゃんけんだと結果がかたよって不公平になるのではと、ぼくは心配になった。

「まあ、やってみな。おもしろいもんで、あんがい公平にいくから。いろんなメンバーでコート整備をするようになって、自然にチームワークもよくなるしな。毎日自分がやるものだとおもって、助かったらラッキーくらいに考えておくのが無難だけど、本気で読みを入れて勝負するのもおもしろいぜ。ただし、かげで相談をして、誰かひとりをハメるのは絶対になしだぞ。わかったな」

いまはキャプテンになっている中田さんは、いかつい顔に似合わず気がきくひとらしく、こちらの*1懸念《けねん》をあらかじめうち消してくれたのはありがたかった。さらに、いくら伝統だといっても、じゃんけんのせいで人間関係が悪くなっては意味がない。そのときは当番制に切りかえてやるから、遠慮《えんりょ》なく言いに来いと*2フォローまでしてくれたが、ぼくは翌日から昼休みのじゃんけんが気になってしかたがなかった。

もっとも、①中田さんが言ったとおり、たいていは十四人対十人くらいの結果におちついて、自分が少ないほうにはいったときでも余裕《よゆう》をもってコート整備をすることができた。一度だけ、グーが二人になったことがあり、ぼくもそのうちのひとりだった。勝負の結果を嘆《なげ》いているひまなどなく、二人ともが左右の手に一本ずつブラシを持ち、無言でコートを掃《は》いてまわった。どうにかやりおえたときに昼休みの終了を告げるチャイムが鳴りだして、大急ぎでブラシをかたづけて教室にかけこんだあとはしばらく汗がひかなかった。

ひとりになったら、絶対に時間内にはおわらない。そのときそうおもったが、さいわい十月半ばの今日まで、二十二人対二人というのが最大のかたよりだった。でも、そろそろ、グーかパーがひとりだけということになるかもしれない。

「おい、末永《すえなが》。早く来いよ」

ぼくがみんなの輪にはいりかけたときに武藤がどなって、ふりかえると末永が昇降口から出てきたところだった。長髪《ちょうはつ》を、トレードマークのヘアーバンドでまとめた末永が、長い手足をふって一気に迫《せま》ってくる。

2024年度 茨 城 中 学 校 ▶解説と解答

算 数 ＜第１回Ａ試験＞（60分）＜満点：150点＞

解 答

[1] (1) 2.46 (2) $\frac{9}{50}$ (3) 20.1 (4) $1\frac{41}{54}$ (5) 36 [2] (1) ①，②，③ (2) 3750円 (3) 9％ (4) 66試合 (5) 84本 [3] ア ③ イ ② ウ ② エ ① オ ③ カ ② [4] 辺ED，頂点Ｉ [5] (1) **最頻値**…150cm，**中央値**…148.5cm (2) 148.2cm (3) 157cm [6] 12.56cm [7] (1) 4通り (2) 24通り [8] (1) 8 (2) 14 [9] (1) 時速13km (2) 時速9.6km [10] (1) 475 m^3 (2) 64分 [11] 57％

解 説

[1] 四則計算，計算のくふう

(1) $3.1-0.96\div1.5=3.1-0.64=2.46$

(2) $0.51\div2\frac{5}{6}=\frac{51}{100}\div\frac{17}{6}=\frac{51}{100}\times\frac{6}{17}=\frac{9}{50}$

(3) $(3+6\times9.55)\div3=(3+57.3)\div3=60.3\div3=20.1$

(4) $59\frac{1}{27}-57\frac{5}{18}=58\frac{28}{27}-57\frac{5}{18}=58\frac{56}{54}-57\frac{15}{54}=1\frac{41}{54}$

(5) $76+78+80+82-67-69-71-73=(76-67)+(78-69)+(80-71)+(82-73)=9+9+9+9=9\times4=36$

[2] 文字式，相当算，濃度《のうど》，図形と規則

(1) かける数が大きくなるほど，積も大きくなる。それぞれの式は右の図１のように変形することができるから，右の数の方が左の数より大きいものは，①，②，③とわかる。

図１

① $a\times1$ $a\times1.03$ ② $a\times1$ $a\times\frac{7}{6}$

③ $a\times\frac{77}{99}$ $a\times\frac{81}{99}$ ④ $a\times\frac{7}{5}=a\times1.4$ $a\times1.3$

(2) 2年前の値段を1とすると，1年前の値段は，$1\times(1-0.1)=0.9$，現在の値段は，$0.9\times(1+0.2)=1.08$となるので，現在の値段は2年前の値段よりも，$1.08-1=0.08$高くなる。これが300円にあたるから，(2年前の値段)×0.08＝300(円)と表すことができる。よって，2年前の値段は，$300\div0.08=3750$(円)と求められる。

(3) (食塩の重さ)＝(食塩水の重さ)×(こさ)より，5％の食塩水120ｇに含《ふく》まれている食塩の重さは，$120\times0.05=6$(ｇ)，15％の食塩水80ｇに含まれている食塩の重さは，$80\times0.15=12$(ｇ)とわかる。よって，これらの食塩水を混ぜると，食塩の重さの合計は，$6+12=18$(ｇ)，食塩水の重さの合計は，$120+80=200$(ｇ)になる。したがって，できた食塩水のこさは，$18\div200\times100=9$(％)と求められる。

(4) 負けた試合の割合は，$100-88=12$(％)なので，(全体の試合数)×0.12＝9(試合)と表すことができる。よって，全体の試合数は，$9\div0.12=75$(試合)だから，勝った試合数は，$75-9=66$

(試合)である。

⑸　右の図２のように，１辺に並ぶ正方形の数が３個(全体の正方形の数が９個)の場合，横方向に使う実線の棒の数は，３×(３＋１)＝12(本)である。同様に，縦方向に使う点線の棒の数も12本なので，全体の棒の数は，12×２＝24(本)と求めることができる。同様に考えると，全体の正方形の数が36個のとき，６×６＝36より，１辺に並ぶ正方形の数は６個だから，横方向に使う棒の数は，６×(６＋１)＝42(本)とわかる。縦方向に使う棒の数も42本なので，全部で，42×２＝84(本)と求められる。

図２

3　平面図形―面積

円周率とは，円周の長さが直径の長さの何倍にあたるかを表す数のことである。つまり，(円周率)＝(円周)÷(直径)と表すことができるから，この式を変形すると，(円周)＝(直径)×(円周率)となる。次に，右の図のように，円を細かく等分して並べかえると，長方形に近づいていく。このとき，長方形の縦の長さは半径，横の長さは円周の半分とみることができる。すると，長方形の面積(もとの円の面積)は，(半径)×(円周)÷２という式で求めることができる。この式の円周の部分に上の＿＿をあてはめると，(半径)×(直径)×(円周率)÷２となる。さらに，(直径)÷２の部分は半径と等しいので，(円の面積)＝(半径)×(半径)×(円周率)となることがわかる。よって，アは③，イは②，ウは②，エは①，オは③，カは②である。

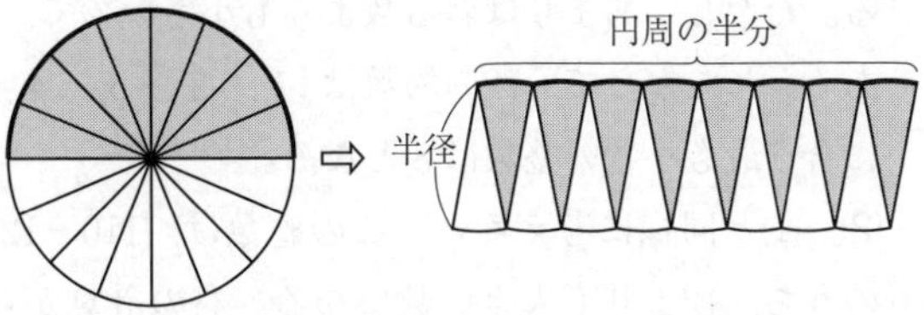

4　立体図形―展開図

右の図１の展開図を組み立てると，ＧとＥ，ＨとＤがそれぞれ重なる。よって，辺GHと重なるのは辺EDである。また，右の図２のように，ＡとＬ，ＬとＩは，どちらも組み立てたときに最も遠い位置にある頂点である。したがって，頂点Ａと重なるのは頂点Ｉとわかる。

図１

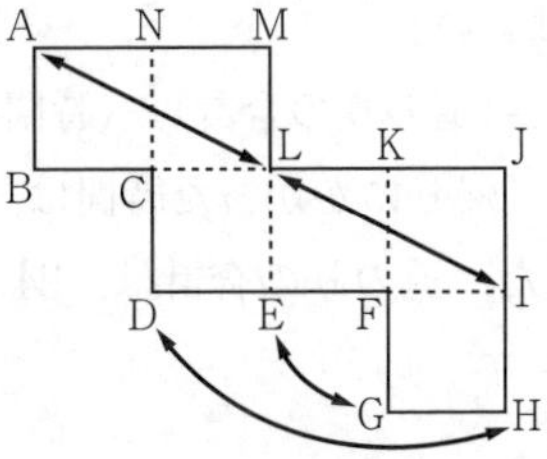

図２

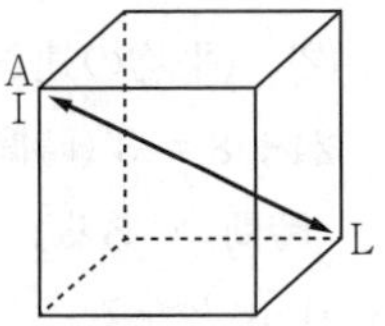

5　表―平均とのべ

⑴　最頻値《さいひんち》(最も多い値)は３人いる150cmである。また，全体の人数が10人だから，小さい方から５番目の人と６番目の人の平均が中央値になる。５番目の人は147cm，６番目の人は150cmなので，中央値は，(147＋150)÷２＝148.5(cm)と求められる。

⑵　140cmよりも高い分だけを計算すると，10人の合計は，１＋３＋４＋６＋７＋10＋10＋10＋13＋18＝82(cm)になる。よって，10人の平均値は140cmよりも，82÷10＝8.2(cm)高いから，140＋8.2＝148.2(cm)とわかる。

⑶　(平均値)＝(合計)÷(人数)より，(合計)＝(平均値)×(人数)となるので，11人の合計は，149×11＝1639(cm)とわかる。また，１人加わる前の10人の合計は，148.2×10＝1482(cm)だから，加わった人の身長は，1639－1482＝157(cm)と求められる。

6　平面図形―図形の移動，長さ

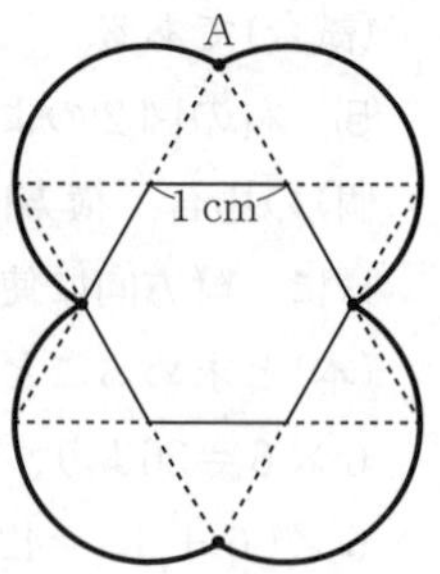

頂点Ａが通過するのは右の図の太線部分である。これは，半径が１cmの半円の弧《こ》４つ分だから，その長さは，１×２×3.14÷２×４＝４×3.14＝12.56(cm)となる。

7 場合の数

⑴　４人から代表３人を選ぶことは，代表にならない１人を選ぶのと同じことである。また，代表にならない１人の選び方は{Ａ，Ｂ，Ｃ，Ｄ}の４通りあるから，代表３人の選び方も４通りである。

⑵　委員長の選び方は{Ａ，Ｂ，Ｃ，Ｄ}の４通りある。どの場合も，書記の選び方は残りの３通り，会計の選び方は残りの２通りあるので，全部で，４×３×２＝24(通り)となる。

8 整数の性質

⑴　79をわると７あまるから，79－７＝72をわるとわり切れる。よって，この整数は72の約数である。ただし，あまりはわる数よりも小さいので，この整数は，72の約数のうち７よりも大きい数である。したがって，72の約数は{１，２，３，４，６，８，９，12，18，24，36，72}だから，条件に合う最も小さい整数は８となる。

⑵　⑴と同様に考えると，この整数は，110－12＝98と，152－12＝140の公約数のうち，12よりも大きい数になる。右の計算から，98と140の最大公約数は，２×７＝14と求められる。また，14の約数は{１，２，７，14}なので，求める整数は14である。

```
2 ) 98  140
7 ) 49   70
     7   10
```

9 速さと比，速さ

⑴　行きと帰りの時間の比を，52：20＝13：５にするためには，行きと帰りの速さの比を，$\frac{1}{13}$：$\frac{1}{5}$＝５：13にすればよい。したがって，行きの速さは時速５kmだから，帰りの速さを時速，$5\times\frac{13}{5}$＝13(km)にすればよい。

⑵　(平均の速さ)＝(道のりの合計)÷(時間の合計)で求める。はじめに，行きにかかった時間は，24÷８＝３(時間)，帰りにかかった時間は，24÷12＝２(時間)なので，時間の合計は，３＋２＝５(時間)である。また，道のりの合計は，24×２＝48(km)だから，平均の速さは時速，48÷５＝9.6(km)となる。

10 水の深さと体積

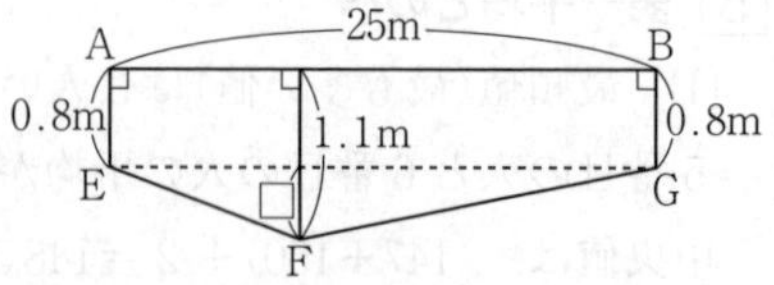

⑴　このプールは，右の図の五角形AEFGBを底面とし，高さが20mの五角柱と考えることができる。はじめに，長方形AEGBの面積は，0.8×25＝20(m^2)である。また，□の長さは，1.1－0.8＝0.3(m)だから，三角形EFGの面積は，25×0.3÷２＝3.75(m^2)とわかる。よって，五角形AEFGBの面積は，20＋3.75＝23.75(m^2)なので，このプールの容積は，23.75×20＝475(m^3)と求められる。

⑵　長方形AEGBの面積は三角形EFGの面積の，20÷3.75＝$\frac{16}{3}$(倍)だから，長方形AEGBの部分に水を入れるのにかかる時間は，三角形EFGの部分に入れるのにかかる時間の$\frac{16}{3}$倍である。よって，いっぱいになるまでにあと，$12\times\frac{16}{3}$＝64(分)かかる。

11 平面図形―面積

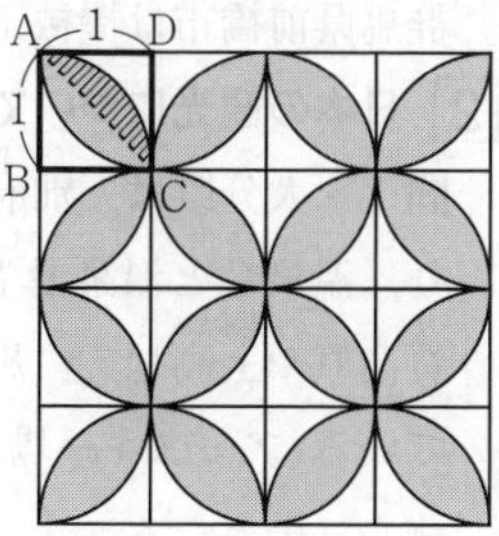

右の図の太線で囲んだ正方形ABCDを縦横に並べたものだから，この正方形だけで考えればよい。この正方形の１辺の長さを１とすると，四分円ABCの面積は，１×１×3.14÷４＝0.785，三角形ABCの面積は，１×１÷２＝0.5になる。よって，斜線《しゃせん》部分の面積は，0.785－0.5＝0.285なので，色のついた部分の面積は，0.285×２＝0.57とわかる。また，正方形ABCDの面積は，１×１＝１だから，色のついた部分の面積は正方形ABCDの面積の，0.57÷１×100＝57(％)である。したがって，ハンカチ全体でも57％になる。

社　会　＜第１回Ａ試験＞（40分）＜満点：100点＞

解　答

1 **問１**　ア　**問２**　イ　**問３**　イ　**問４**　イ　**問５**　ウ　**2** **問１**　**温泉の源泉数**…イ　**スキー場の施設数**…ア　**問２**　ア　**問３**　ウ　**問４**　エ　**問５**　ウ　**問６** (1)　６(六)　(2)　(例)　栗農家がマロンケーキをつくって販売する。　**3** **問１**　ア　**問２** (1)　ウ　(2)　③→④→②　**問３**　エ　**問４**　イ　**4** **問１**　ア　**問２**　エ　**問３**　木簡　**問４**　ウ　**問５**　イ　**問６**　ウ　**問７**　ウ　**問８**　源頼朝　**5** **問１**　ア　**問２**　オ　**問３**　ア　**問４**　イ　**問５**　ウ　**問６**　イ　**問７**　イ

解　説

1　日本の自然や産業についての問題

問１　秋田県は東北地方の北西部に位置し，日本海に面している(ア…○)。なお，海に面していない内陸県は全国に８つあり，関東地方の埼玉県，群馬県，栃木県(イ…×)，中部地方の山梨県，長野県，岐阜県，近畿地方の滋賀県，奈良県(ウ，エ…×)である。

問２　石川県金沢市は日本海側の気候で，冬は北西の季節風の影響《えいきょう》により積雪量が多い(イ…○)。なお，神奈川県小田原市，宮崎県宮崎市は太平洋側の気候で，夏の降水量が多い(ア，エ…×)。岡山県倉敷市は瀬戸内の気候で，年間降水量が少ない(ウ…×)。

問３　北海道は畑作や酪農《らくのう》がさかんで，畑作ではじゃがいものほか，小麦や大豆，たまねぎなどの収穫《しゅうかく》量が全国第１位である(イ…○)。なお，さとうきびは沖縄県(ア…×)，ほうれんそうは群馬県(ウ…×)，らっかせいは千葉県(エ…×)が全国第１位となっている(2022年)。

問４　中京工業地帯は愛知県や三重県に発達した工業地帯で，世界的に有名な自動車会社の本社があることから機械工業がさかんであり，製造品出荷額等が全国第１位(2020年)となっている(イ…○)。なお，北九州工業地帯は福岡県に発達した工業地帯で，近年は生産額が減少している(ア…×)。瀬戸内工業地域は化学工業や金属工業がさかんで，岡山県，広島県，山口県，香川県，愛媛県の沿岸部に(ウ…×)，北関東工業地域は機械工業がさかんで，茨城県，栃木県，群馬県の３県にまたがっている(エ…×)。

問５　千葉県市原市は京葉工業地域の中心都市の１つで，大規模な石油化学コンビナートが造成されている(ウ…○)。なお，和歌山県新宮《しんぐう》市は製材業(ア…×)，静岡県熱海《あたみ》市は温泉観光業(イ…×)，

群馬県前橋市は機械工業がさかんである(エ…×)。

2　日本の観光についての問題

問１　大分県は，別府《べっぷ》や由布院など全国的に知られた温泉地があることから「温泉県」を掲《かか》げており，温泉数と温泉湧出《ゆうしゅつ》量が全国第１位(2020年)である(イ…温泉の源泉数)。また，長野県には志賀高原や上高地《かみこうち》，白馬など全国的に知られたスキー場があり，施設数は全国第１位(2021年)となっている(ア…スキー場の施設数)。なお，海水浴場は内陸の栃木県にはないことからエ，残ったウがゴルフ場となる。

問２　表２において，沖縄県は本土からは距離《きょり》があるため飛行機による移動が一般《いっぱん》的で，日帰り旅行客は少ない(ア…○)。なお，他の県に比べて「出張や業務」が多いことからイが大阪府，「観光やレクリエーション」を目的とした日帰り旅行客が多いことからウが千葉県だと判断できる。

問３　表３において，羽田空港(東京都)と小松空港(石川県)を結ぶ航空路線の旅客数が，2009年と比べて2019年はほぼ３分の２に減っていることがわかる。これは，従来の長野新幹線を延伸《えんしん》する形で，2015年に北陸新幹線の長野駅から金沢駅(石川県)を結ぶ区間が開業し，東京駅と直結したことが影響したと考えられる(ウ…○)。

問４　日本を訪れる外国人観光客が，ホテルや旅館に泊まったり買い物をしたりする場合，現金での支払いは日本の通貨である円を使う。したがって，母国の通貨をATMで引き出す必要は少ないと考えられる(エ…×)。

問５　表４において，大洗《おおあらい》町には海水浴場があるため，夏の入れ込《こ》み客数が多くなると考えられる(ウ…○)。なお，ひたちなか市と水戸市は，冬の入れ込み客数が少ない(ア…×)。笠間《かさま》市とつくば市は，春の入れ込み客数が多いとはいえない(イ…×)。笠間市は，秋の入れ込み客数が多い(エ…×)。

問６　(1)　第一次産業の農林水産業を営《いとな》む人が，第二次産業の製造業と第三次産業の販売業もあわせて営むことを６次産業化という。　(2)　茨城県は栗《くり》やメロン，れんこんの収穫量が全国第１位，日本なしやさつまいもが第２位である(2022年)。茨城県における６次産業化としては，農家がそれらの農産品を使った菓子やジュースなどの食品をつくり，インターネットや道の駅で自ら販売するといった方法が考えられる。

3　観光用チラシをもとにした歴史についての問題

問１　1853年，アメリカ使節のペリーが浦賀《うらが》(神奈川県)に来航し，日本に開国を求めた。江戸幕府は翌54年に，アメリカと日米和親条約を結んで函館《はこだて》(北海道)と下田(静岡県)の２港を開き，鎖国状態を終わらせた(ア…○)。なお，その後，イギリス，オランダ，ロシアとも同様の条約を結んでいる(イ，ウ，エ…×)。

問２　(1)　②の関ヶ原の戦い(1600年)は，徳川家康が豊臣方の石田三成《みつなり》を破った戦い。③の桶狭間《おけはざま》の戦い(1560年)は，織田信長が今川義元を破った戦い(このとき家康は今川方であった)。④の長篠の戦い(1575年)は，信長と家康の連合軍が武田勝頼を破った戦いである。よって，３つのすべてに関係したのは家康である(ウ…○)。なお，イの武田信玄はいずれの戦いにも関係していない。

(2)　(1)の解説より，年代の古い順に③→④→②となる。

問３　エは栃木県にある日光東照宮陽明門《ようめいもん》なので，奈良県と京都府をまわる世界遺産めぐりには関係しない。なお，アは東大寺正倉院(奈良県)，イは平等院鳳凰《ほうおう》堂(京都府)，ウは慈照《じしょう》寺銀閣(京都府)である。

問４　Ａは鎌倉時代の元寇《げんこう》(元軍の襲来《しゅうらい》)における博多湾(福岡県)での攻防戦，Ｂは江戸時代の長崎の出島におけるオランダとの貿易，Ｃは明治時代の西南戦争(1877年)における熊本城の攻防戦。

４　アイヌ語の地名をもとにした歴史についての問題

問１　アの治外法権(領事裁判権)の撤廃《てっぱい》は1894年，イの初の衆議院議員選挙は1890年，ウの学制の公布は1872年，エの戊辰《ぼしん》戦争は1868～69年である。よって，アメリカ人ヘボンが日本にいた時期(1859～92年)に当てはまらないのはアである。

問２　打ちこわしとは，江戸時代に人々が集団で米屋などを襲《おそ》い，家などをこわした出来事である。江戸時代後半には災害やききんなどが起こり，人々の生活が苦しくなると，江戸や大阪をはじめ，全国各地で打ちこわしが発生した。

問３　律令制度の下で，地方から都に運ばれる税の荷札には，主に木簡が使われた。木簡は短冊《たんざく》状の木札で，荷札のほかに官庁間の連絡にも使われた。また，使用後は表面をカンナでけずることで，繰《く》り返し用いられた。

問４　江戸時代，北海道は蝦夷《えぞ》地と呼ばれ，松前藩が先住民であるアイヌの人々と交易を行っていた(ウ…○)。なお，薩摩《さつま》藩は現在の鹿児島県で，琉球王国を支配した(ア…×)。対馬《つしま》藩は現在の長崎県で，李氏朝鮮(韓国)との外交交渉《こうしょう》や交易を行った(イ…×)。琉球藩は明治時代の一時期，現在の沖縄県に置かれた藩である(エ…×)。

問５　イは，縄文時代につくられた土偶と呼ばれる土人形で，まじないなどに用いられたと考えられている。なお，アは埴輪《はにわ》と呼ばれる素焼きの土器で古墳時代に，ウの銅鐸《どうたく》とエの石包丁は弥生時代に用いられたものである。

問６　宮城県仙台市は江戸時代，外様大名であった伊達《だて》氏の城下町として栄えた(ウ…○)。なお，三内丸山遺跡(青森県)は縄文時代の大規模集落の跡で，稲作は行われていない(ア…×)。平泉は平安時代後半，東北地方一帯を支配した奥州藤原氏の根拠《こんきょ》地であり，平清盛が厚く信仰《しんこう》した厳島神社は広島県にある(イ…×)。富岡製糸場が建設されたのは群馬県で，フランス人の技術者を招いた(エ…×)。

問７　島根県の石見《いわみ》銀山は16世紀ごろから本格的に開発され，江戸時代には天領(幕府直轄《ちょっかつ》地)として多くの銀を産出した。石見の銀は，戦国時代の南蛮《なんばん》貿易や江戸時代の長崎における貿易により，ヨーロッパなどにもたらされた(ウ…○)。

問８　源頼朝は，平治の乱(1159年)で平清盛に敗れた源義朝の子である。平治の乱後，伊豆(静岡県)に流されたが，地元の豪族である北条氏の援助で兵をあげ，弟の義経らのはたらきにより壇《だん》ノ浦《うら》の戦い(1185年)で平氏をほろぼした。その後，鎌倉幕府を開くと，1192年には征夷大将軍に任命され，本格的な武家政治を始めた。

５　日本の政治や国際社会についての問題

問１　日本国憲法が定める国民の義務は，子どもに普通教育を受けさせる義務(第26条２項)，勤労の義務(第27条１項)，納税の義務(第30条)の３つである(ア…×)。

問２　日本国憲法第96条は，憲法の改正について定めた条文である。改正の手続きは，衆参各議院でそれぞれ総議員の３分の２以上の賛成で国会が発議(国民に提案)する。その後，国民投票により過半数の賛成を得ると改正案が成立し，天皇が国民の名で公布する。

問３　図において，「常任委員会または特別委員会」の横に「公聴会《こうちょう》」とあり，【補足説明】に，公聴会とは「委員会が利害関係者や特定の分野で専門知識を有する人などから意見を聴《き》くため」に開くとある（ア…×）。

問４　2023年末現在，韓国が不法に占拠《せんきょ》している竹島は，福岡県ではなく島根県に属する。

問５　国際連合の本部があるのは，アメリカ合衆国のニューヨークで，ベルギーのブリュッセルにあるのはEU（ヨーロッパ連合）の本部である（X…誤）。安全保障理事会は，世界の平和と安全を守る国際連合の中心機関である（Y…正）。

問６　表７の国連分担率について，脚注《きゃくちゅう》に「直近３年間の世界総GNI（国民総所得）に占《し》める比率」に基づくとしている。そこで，表８を見ると，GNIは世界第１位がアメリカ合衆国，第２位が中華人民共和国（中国），第３位が日本となっているので，表７の2019～21年の分担率もこの順位になる。

問７　世界地図のXは東ヨーロッパの旧ユーゴスラビアにあたるボスニア・ヘルツェゴヴィナ周辺を，Yは中央アフリカの南スーダンを表している。また，文章について，ａのカンボジア紛争は東南アジア，ｂのユーゴスラビア紛争は旧ユーゴスラビア（X－ｂ），ｃのインドとパキスタンの国境紛争は南アジア，ｄのシリア内戦は中東（西アジア）に属する地域について説明している。

理　科　＜第１回Ａ試験＞（40分）＜満点：100点＞

解　答

1　(1)　ア　(2)　イ　(3)　ア　(4)　ウ　2　(1)　6kg　(2)　2kg　(3)　8kg　(4)　16cm　3　(1)　アルカリ（性）　(2)　C，D，E　(3)　B（と）C　(4)　D　(5)　水素　4　(1)　水素　(2)　$372cm^3$　(3)　$744cm^3$　(4)　$992cm^3$　5　(1)　イ，ウ　(2)　①　ミジンコ　②　ア　③　食物連さ　(3)　①　**生産者**…ア，エ　**消費者**…イ，ウ　②　ア　6　(1)　（例）　風，波，鳥　(2)　①　エ　②　**1**　ア　**2**　ウ　**3**　イ　(3)　カタツムリを食べる生物　7　(1)　**ア**　15　**イ**　2　**ウ**　30　(2)　**エ**　晴れ　**オ**　西　**カ**　西　**キ**　東　(3)　**ク**　雨　**ケ**　晴れ

解　説

1　磁石や電流がつくる磁界についての問題

(1)　磁石についたくぎは磁石になる。このとき，Ｎ極とくっついていた側はＳ極になり，①の側はＮ極となる。

(2)　地球は巨大な磁石のようになっており，方位磁針のＮ極が引きつけられる北極付近にはＳ極，南極付近にはＮ極があると考えられている。

(3)　１個の磁石には必ずＮ極とＳ極があり，磁石が割れてしまっても，それぞれが１個の磁石となり，もとのＮ極に近かった側にＮ極，Ｓ極に近かった側にＳ極ができる。よって，②の部分はＮ極になる。

(4)　導線に電流が流れるとそのまわりには磁界ができ，図４のように導線の近くに置いた方位磁針は力を受けてかたむく。磁界の向きは電流の向きによって決まり，電流の向きが反対になると，磁

界の向きも反対になる。図５のように，同じ大きさの電流が，方位磁針の下を北向きと南向きに流れるとき，方位磁針が受ける力は打ち消しあうため，方位磁針は北を指したまま動かない。

2 てこと滑《かっ》車についての問題

⑴　12kgの荷物がつるされた滑車は，左右のはしでロープに支えられている。よって，滑車の重さはないものと考えると，ロープが棒を引っ張る力の大きさは，$12\times\frac{1}{2}=6$ (kg)と求められる。

⑵　棒のつりあいは，棒を回転させようとするはたらき(以下，モーメントという)で考えられ，(おもりの重さ)×(支点からの距離《きょり》)で求められるモーメントが，右回りと左回りで等しいときに棒がつり合って水平になる。よって，おもりの重さを□kgとしたとき，棒の重さはないと考えると，６×25＝□×75が成り立ち，□＝２(kg)となる。

⑶　棒の重さがないとき，ばねが棒を上向きに引っ張る力は，ロープが棒を引く力とおもりの重さの和となる。よって，ばねが棒を引っ張る力の大きさは，$6+2=8$ (kg)である。

⑷　ばねは１kgの力あたり２cm伸《の》び，ばねには８kgの力が加わっているので，その伸びは，$2\times\frac{8}{1}=16$(cm)となる。

3 水よう液の判別についての問題

⑴　赤色リトマス紙の色を青色に変えるのはアルカリ性の水よう液なので，ＣとＥはうすい水酸化ナトリウム水よう液または石灰水である。このうち，石灰水は二酸化炭素を通すと白くにごるので，Ｃが石灰水，Ｅがうすい水酸化ナトリウム水よう液とわかる。また，ＡとＢは青色リトマス紙の色を赤色に変える酸性の水よう液なので，炭酸水またはうすい塩酸で，温めるとすぐにあわが発生するＢは炭酸水，Ａはうすい塩酸である。なお，リトマス紙の色が変化しないＤは中性の水よう液で，食塩水となる。

⑵　Ｃの石灰水やＤの食塩水，Ｅのうすい水酸化ナトリウム水よう液は，いずれも固体がとけているので，加熱して水をじょう発させると，後に固体が残る。

⑶　Ｂの炭酸水は二酸化炭素がとけた水よう液のため，石灰水と混ぜると水よう液が白くにごる。

⑷　Ａのうすい塩酸，Ｅのうすい水酸化ナトリウム水よう液をちょうど混ぜ合わせて中性になったとき，食塩水ができる。

⑸　Ａのうすい塩酸にマグネシウムの粉を入れると水素が発生する。また，うすい塩酸に鉄やアルミニウムを入れたときにも水素が発生する。

4 水酸化ナトリウム水よう液とアルミニウムの反応についての問題

⑴　アルミニウムは，塩酸に加えたときも水酸化ナトリウム水よう液に加えたときも，とけて気体の水素が生じる。

⑵　表１より，実験で使った水酸化ナトリウム水よう液100cm^{3}にアルミニウムを0.600ｇ加えるまで，加えたアルミニウムの質量と発生した気体の体積は比例している。よって，0.300ｇのアルミニウムを加えたときに発生する気体の体積は，$248\times\frac{0.300}{0.200}=372$(cm^3)である。

⑶　もとの水酸化ナトリウム水よう液100cm^{3}と，過不足なく反応するアルミニウムは0.600ｇである。こさが２倍の水酸化ナトリウム水よう液を用いた場合は，アルミニウム0.600ｇと過不足なく反応する水酸化ナトリウム水よう液の体積は，$100\times\frac{1}{2}=50$(cm^3)で，このとき気体が744cm^{3}発生する。

⑷　こさが２倍の水酸化ナトリウム水よう液100cm^{3}と反応するアルミニウムの最大量は，0.600×

２＝1.200(ｇ)である。よって，アルミニウム0.800ｇはこさが２倍の水酸化ナトリウム水よう液とすべて反応し，気体が，$744\times\frac{0.800}{0.600}=992(\text{cm}^3)$発生する。

5 微生物《びせいぶつ》についての問題

⑴ 顕微《けんび》鏡は，直接日光の当たらない明るいところにおき，接眼レンズをのぞきながら反射鏡を動かして明るさを調整する。その後，ステージにプレパラートを置き，横からのぞきながら調節ねじを回して対物レンズとプレパラートをできるだけ近づけたあと，調節ねじを回して対物レンズとプレパラートの距離を離《はな》しながらピントを調節する。このときはじめはできるだけ見える範囲《はんい》が広くなるように，一番倍率の低いレンズから使うようにする。また，より大きくして見るときには対物レンズや接眼レンズの倍率を高いものに変える。なお，しぼりはおもに反射鏡からの光が明るすぎたときなどに明るさを調節するのに用いる。

⑵ ①，② 図の生物はミジンコである。ミジンコはカブトムシと同じ，足に節がある節足動物で，そのうちの甲殻《こうかく》類に分類される。 ③ 植物は草食動物に食べられ，草食動物は肉食動物に食べられる。このような食べる・食べられるの関係を食物連さという。

⑶ ① ミカヅキモやサクラは，光合成をおこなってデンプンなどの有機物をつくる生産者，植物を食べるウサギや動物を食べるオオカミは消費者である。 ② 生産者である植物は，水と二酸化炭素からデンプンをつくる光合成を行うときに，光のエネルギーを利用している。

6 小笠原《おがさわら》諸島の動植物についての問題

⑴ 海底火山の活動によって誕生し，一度も大陸と陸続きになったことのない小笠原の島々の生物は，押《お》し寄せる波(海水)や吹《ふ》き寄せる風によって運ばれた種子や生物，海を渡《わた》る鳥の翼《つばさ》についたり糞《ふん》に混じったりしていた種子や生物が定着し，進化したものだと考えられている。

⑵ ① ナメクジ，スルメイカ，アサリ，マダコは，筋肉でできた膜《まく》で内臓が保護されていて，からだに節をもたない軟体《なんたい》動物である。ムカデはからだに節がある節足動物のうちの，多足類に分類される。 ② **1** 茨城にもいそうなカタツムリと形が似ているが，色が少しこいとあることからヌノメカタマイマイが選べる。 **2** このカタツムリはとても変わった形をしており，外敵や乾燥《かんそう》・低温からからだを守るための殻《から》を必要としないとあることから，殻が小さく，内臓が透《す》けて見えているオガサワラオカモノアラガイとわかる。 **3** 落ち葉と落ち葉の間のような隙間《すきま》にすむことのできる形のカタツムリだと述べられているので，平べったい形をしたヘタナリエンザガイである。

⑶ 小笠原にはもともとカタツムリを食べる生物がおらず，競争相手がいなかったためにカタツムリはどんどん増えたと述べられている。さらに，カタツムリの数が減った原因が外来生物のニューギニアヤリガタリクウズムシの侵入《しんにゅう》とあることから，この生物はカタツムリを食べる生物だと考えることができる。

7 観天望気についての問題

⑴ **ア** 地球は24時間かけて西から東の向きに１回転しているため，太陽は１時間に，360÷24＝15(度)ずつ東から西へ移動して見える。 **イ** 10時は正午の２時間前である。 **ウ** 時計の短針は１時間に，360÷12＝30(度)動くので，太陽の動きは短針の動きの，30÷15＝２(倍)になる。そのため，短針が２時間進む間に，太陽は短針１時間分の角度を進むことになるので，10時に太陽の方角に短針を向けると，10時と12時の間の11時の方角が南になる。

⑵　日本付近の天気は，上空を吹くへん西風の影響《えいきょう》により，ふつう西から東に移り変わる。夕焼けは，西の空に雲がないときに見られるものだから，翌日に西からやってくる雲がなく，夕焼けの次の日は晴れとなることが多い。

⑶　虹《にじ》は太陽の光が空気中の水分に反射して見られる現象である。そのため，虹は観察者に対して太陽と反対側に見られ，虹が見られる方向には雲ができやすい。朝は太陽が東の空にあるので虹は西の空に見え，西に雲があることを示している。この雲は，しだいに東に移ってくるので，その後の天気が雨になりやすい。また，夕方は太陽が西の空にあり，虹は東の空に見える。雨雲が東に移ったことから，その後の天気は晴れると考えられる。

国　語　＜第１回Ａ試験＞（60分）＜満点：150点＞

解　答

一　**問１**　あんがい公平にいく（ということ。）　**問２**　（例）　ひとりになったら，絶対に時間内にはおわらないと思ったから。　**問３**　誰かひとりをハメるのは絶対になしだぞ。　**問４**　超がつくほどまじめなやつだ（から。）　**問５**　ウ　**問６**　⑴　後悔　⑵　イ　二　**問１**　自分で考えて，先を見通しながら行動する（こと。）　**問２**　勝手放題　**問３**　ウ，エ　**問４**　a　**問５**　（例）「責任」の部分についてもしっかり話し合い，みんなで守り合うことを決めたから。　**問６**　（例）　生徒に自由について考えさせるため。　三　**問１**　ア　**問２**　**１**　薪調理　**２**　ガス調理　**問３**　薪調理が体に悪いことを理解していないのではないか　**問４**　エ　四　①　みやこ　②　はたじるし　③　ほうさく　④　きぬおりもの　⑤　しょうこう　⑥　ふくえき　⑦　だんぱん　⑧　けんしょう　⑨　しる（す）　⑩　そな（える）　五　下記を参照のこと。

●漢字の書き取り

五　①　図書券　②　茶　③　純真　④　庭　⑤　招待　⑥　校舎　⑦　空輪　⑧　黄色　⑨　大将　⑩　液体

解　説

一　**出典は佐川光晴《さがわみつはる》：「四本のラケット」（『大きくなる日』所収）**。コート整備の当番をグーパーじゃんけんで決めていた「ぼく」（太二《たいじ》）たちは，ある日末永《すえなが》だけが当番にあたるようにしくんでしまう。

問１　はじめ，「ぼく」はコート整備の当番をグーパーじゃんけんで決めると結果がかたよって不公平になるのではないかと心配していたが，実際にその方法を試してみると「たいていは十四人対十人くらいの結果におちついて」いたのである。これは，「あんがい公平にいく」という中田さんの言葉どおりだったのだから，この部分がぬき出せる。

問２　以前，二人で当番になったことのある「ぼく」は，二人でもコート整備を昼休みの時間内に終わらせるのが大変だった経験から，「ひとりになったら，絶対に時間内にはおわらない」と思い，ひとりで当番になった末永を手伝おうかと考えたのである。

問３　前もって「誰《だれ》かひとりをハメるのは絶対になしだぞ」と注意をされていたのにもかかわらず，末永だけをおとしいれたことがばれたら，中田さんに「どんな罰《ばつ》を与《あた》えられるかわからない」と

「ぼく」は思ったのである。

問４　ぼう線部④の「こういうとき」とは，誰かが別の誰かをおとしいれようとするようなときを指す。「超《ちょう》がつくほどまじめな」久保ならば，末永をハメようとする武藤の暴走をとめるだろうと思っていただけに，久保が武藤の味方についたことに「ぼく」はショックを受けたのである。

問５　ひとりでコート整備をすることになった末永が，それをきっかけに「退部したら，後味の悪いことになってしまう」と「ぼく」は考えていたが，放課後の練習に末永が現れたので「大ごとにならずにすんだ」とほっとしている。よって，ウが選べる。

問６　⑴　二重ぼう線部ａの直後で，「ぼく」は「武藤の言いなりになるんじゃなかった」と「後《こう》悔《かい》」している。　⑵　ひとりでコート整備をするのは大変だと実感していたにもかかわらず，武藤の言いなりになり，中田さんにも禁じられていた「誰かひとりをハメる」ことに加担してしまった「ぼく」は，自分が正義より自らの保身を優先したと痛感して「情けなかった」のである。よって，イが合う。

二　**出典は宮下《みやした》 聡《さとし》：『中学生になったら』**。小学生よりも大人に近づく中学生は自分で考え，先を見通しながら行動する力をつける必要があるが，自由と勝手放題はちがうと述べられている。

問１　続く部分で筆者は，中学生になったら大人へと近づくのだから，「自分で考えて，先を見通しながら行動する力をぜひつけて」もらいたいと述べている。

問２　「人間は自由なんだからボクは何をしてもいいんだ！」と言ったユウマ君のとらえかたについて，筆者は「何でも思いのまま」（「『やりたい』放題」）になると誤解したのだろうかと述べている。このことは，最後から二つ目の段落で，「勝手放題」と表現されている。

問３　すぐ前に，「自分で決めた行動の場合は誰のせいにもでき」ず，「結果はすべて自分が引き受けなければ」ならないと説明されているので，アとオは正しい。また，同じ段落の最初にあるとおり，小さいときには親や大人の指示にしたがっていればよかったが，自由を与《あた》えられる年齢《ねんれい》になったらすべきことやしてはいけないことは自分で考えねばならなくなるのだから，イもよい。

問４　中学生になるまで，すべきことやしてはいけないことを親や先生から細かく指示されてきたユウマ君は，中学生になり，自分で考えて行動することを求められるようになったものの，自由を得たのだから，「自分を縛《しば》っている不自由さから解き放たれること」を意味する「～からの自由」を主張したといえる。

問５　「先輩たちが挑戦《ちょうせん》した『自由拡大』の取り組み」とは，具体的には紙パックジュースの持参と飲用や，昼休みの体育館利用を可能にしたことなどを指す。これらを学校に認めてもらう一方で，紙パックのゴミ処理や体育館の後片付けなど「『責任』の部分についてもしっかり話し合いみんなで守り合うことを決め」たため，自由を味わえたといえる。

問６　一部の勝手気ままな行動がもとで「不便」が生み出されたことを問題視した先生は，いったん生徒の自由を制限したが，生徒があらためて自由について考え始めたので再び自由を与えたと続く部分で説明されている。つまり先生は，生徒に「自由」とは何かをよく考えさせるために，こうした手段を取ったのである。

三　**出典：真野啓太《まのけいた》の文章（「朝日新聞」2023年５月19日）**。インドでの「家庭内大気汚染《おせん》」に対する調査を受け，人々のリスク認識《にんしき》にもとづいた環境《かんきょう》政策の立案が日本でも応用可能かどうか，述べられている。

問１　質問に対して答えを返すことを「回答」という。なお，ウの「快刀」は，切れ味がすばらしい刀のこと。オの「解答」は，問題を解いて答えを出すこと。イ，エのような熟語はない。

問２　１，２　薪《たきぎ》を燃やして煮炊《にた》きをする方法が，インドでは「家庭内大気汚染」として社会問題化してきた点をおさえる。そのため，インド政府は「薪調理」の代わりに「ガス調理」を普及《ふきゅう》させようとしたのである。

問３　ガス調理を普及させる政策をインド政府がとっても薪調理が減らないため，横尾《よこお》氏は「薪調理が体に悪いことを理解していないのではないか」という仮説を立てたと，本文のなかほどで説明されている。

問４　薪調理のリスクはある程度認識されていたものの，過小評価されていたことを調査から知った横尾氏は，ガス調理を導入しやすくする政策をとることが効果的だと結論づけている。よって，農薬のリスクを知りながら過小評価しているケースで，ほかの方法を提案したとあるエが選べる。

四　漢字の読み

①　音読みは「ト」「ツ」で，「都会」「都合」などの熟語がある。　②　標語。目標にかかげる主張。　③　米などの作物のできがよいこと。　④　絹糸で織った布地。　⑤　病気などの悪い状態が，一時的におさまっていること。　⑥　罪をおかした人が一定の期間，刑務所で決められた仕事をすること。　⑦　あるものごとについて，決着をつけるため両方が話し合うこと。⑧　国などが定めたおおもとになるきまり。　⑨　音読みは「キ」で，「記録」などの熟語がある。　⑩　音読みは「キョウ」「ク」で，「供給」「供物」などの熟語がある。訓読みにはほかに「とも」がある。

五　漢字の書き取り

①　本や雑誌が買える商品券。　②　茶の木の若葉からつくった飲み物。　③　気持ちや考えにけがれがないようす。　④　音読みは「テイ」で，「庭園」などの熟語がある。　⑤　客として来てもらい，もてなすこと。　⑥　学校の建物。　⑦　航空機で人や荷物を運ぶこと。⑧「黄」の音読みは「コウ」「オウ」で，「黄葉」「黄銅」などの熟語がある。「色」の音読みは「ショク」「シキ」で，「原色」「色彩」などの熟語がある。　⑨「お山の大将」は，せまいはんいの中で自分が一番だといばっている人のこと。　⑩　水のように，決まった形がなく，流れる状態のもの。

2024 年度　茨 城 中 学 校

【適性検査Ⅰ】〈第１回Ｂ試験〉（45分）〈満点：100点〉

【注意】定規、コンパス、分度器は使用しないでください。

1　はるとさんとひなたさんは，植物の芽の伸《の》び方と光の関係について話しています。

はると：ぼくの家でカイワレ大根を育てているんだけど，昨日見たら芽が窓《まど》の方向に曲がって伸びていたの。

ひなた：光のほうに伸びたのかな。植物の芽はまっすぐに伸びると思っていたよ。

はると：カイワレ大根の芽の伸び方に光が関係しているかを実験で確かめられるかな。

(1)　下線部について確かめるため，無色透明《とうめい》のプラスチックの箱の内側を一つの面だけ残して黒い紙でおおいました。その中にまっすぐ上に伸びたカイワレ大根の芽を入れ，黒い紙でおおっていない面から光を当てました。**図１**は，数時間後のようすを，前面の黒い紙をはずして表したものです。下線部について確かめるために，さらに必要な実験として正しいものを，次の**ア**～**ウ**のうちから１つ選び，記号を書きなさい。

図１　実験装置《そうち》

ア　黒い紙でおおわず，右側から光を当てる

イ　箱の内側をすべて黒い紙でおおう

ウ　黒い紙でおおわず，上側から光を当てる

(2)　カイワレ大根などの植物が光に向かって伸びる利点として正しいものを，次の**ア**～**エ**のうちから１つ選び，記号を書きなさい。

ア　光に向かって伸びることで植物の体から水分が蒸発《じょうはつ》し，より多くの水を吸収《きゅうしゅう》できる点。

イ　光に向かって伸びることで植物の体の温度が上がり，成長しやすくなる点。

ウ　光に向かって伸びることで，より効率よく光合成を行うことができる点。

エ　光に向かって伸びることで，より効率よく呼吸を行うことができる点。

ひなた：植物の芽が曲がって伸びることに光が関係していることがわかったね。

はると：太陽の光は，いろいろな光が混ざっていると聞いたことがあるけど，どの色の光でも曲がるのかな。

(3) 二人は，植物が赤，緑，青のどの色の光に反応して曲がって伸びるのかを確かめるために，**図１**で黒い紙でおおっていない面に，それぞれの色のセロハンを１枚《まい》ずつかぶせ，その面に光を当てました。光を当て始めてから１時間後，前面の黒い紙をはずしたところ，**図２**のようになっていました。この結果から，光の色と植物の曲がり方についてどのようなことが考えられますか。説明しなさい。

赤のセロハン　　緑のセロハン　　青のセロハン

図２　赤・緑・青のセロハンをかぶせて光を当てた結果

2 はるとさんとひなたさんは，先生からおもりの重さを調べるようにたのまれ，どのようにして調べるかについて，話しています。

ひなた：Ａ，Ｂ，Ｃ，Ｄ，Ｅの５個のおもりがあるね。

はると：おもりの重さは，２g，３g，７gのどれかであることはわかっているけれど，どの重さのおもりが何個あるかはわかっていないそうだよ。

ひなた：重さはわからなくても，それぞれの重さのおもりが何個あるかを調べることはできないかな。

はると：てんびんがあるから，これを使ってみるのはどう？　きっと，おもりの重さを調べられると思うよ。

ひなた：なるほど！　まず，てんびんでつり合うおもりの組み合わせを見つけよう。それをもとにして，それぞれのおもりの重さを考えてみようよ。

はると：いいね！　その方法で調べてみよう。

ひなた：てんびんでつり合うおもりの組み合わせが２通り見つかったよ（**図１**）。

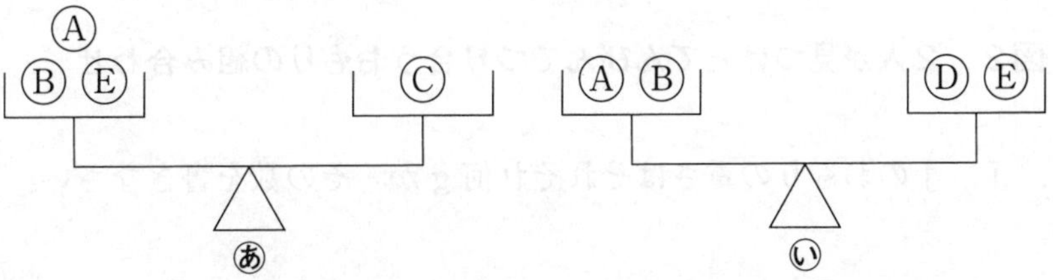

図１　ひなたさんが見つけたてんびんでつり合うおもりの組み合わせ

はると：㋐のてんびんと㋑のてんびんを比べると，どんなことがわかるかな。

ひなた：㋑のてんびんのおもりの関係を式に表すと，Ａ＋Ｂ＝Ｄ＋Ｅとなるから，㋐のてんびんのＡのおもりとＢのおもりを，ＤのおもりとＥのおもりに入れかえてみてもつり合うね。

はると：入れかえたと仮定して，(あ)のてんびんのおもりの関係を式に表すと，D＋E＋E＝Cとなるから，Cのおもりの重さは7g，Dのおもりの重さは［ ア ］g，Eのおもりの重さは［ イ ］gとわかったよ。

ひなた：そうすると，A＋B＝5gと表すことができるから，AのおもりとBのおもりの重さの組み合わせがわかるね。

はると：それぞれの重さのおもりの個数がわかったよ！ 2gのおもりは［ ウ ］個，3gのおもりは［ エ ］個，7gのおもりは［ オ ］個だよ。

(1) 会話文中の［ ア ］～［ オ ］にあてはまる数を書きなさい。

ひなた：先生から，重さがわからないおもりをもう1組わたされたの。F，G，H，I，Jの5個のおもりで，そのうちHのおもりの重さは2gだとわかっているそうよ。あとの4個のおもりは，1g，4g，5g，8gの重さが1個ずつあることも教えてもらったよ。

はると：またてんびんを使って，つり合うおもりの組み合わせを見つけよう。

ひなた：うん！ やってみよう。

はると：てんびんでつり合うおもりの組み合わせが3通り見つかったね（**図2**）。

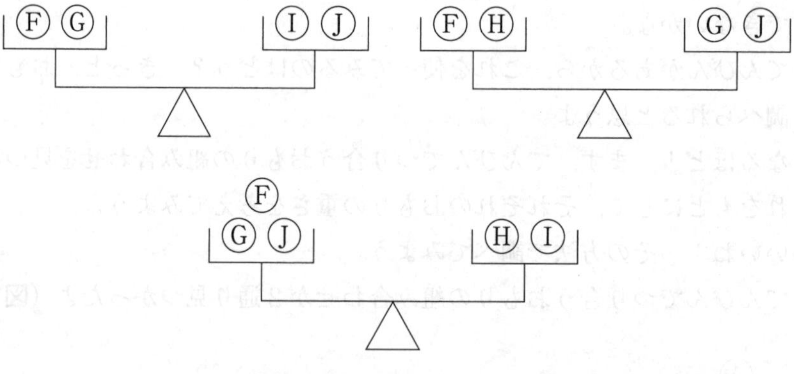

図2　2人が見つけたてんびんでつり合うおもりの組み合わせ

(2) F，G，I，Jのおもりの重さはそれぞれ何gか。その数を書きなさい。

3 だいきさんとななみさんのクラスでは，「茨城県の地形」について，チームごとに調べ学習をすることになりました。

だいき：茨城県の面積は6097 km^2 で，そのうち26.8％が農地に利用されていることがわかったよ（**図１**）。

ななみ：宅地《たくち》の利用割合《わりあい》は12.5％だから，宅地の２倍以上が農地に利用されているのね。

だいき：いちばん大きい割合は，森林の31.0％だね。

ななみ：茨城県内には筑波山《つくばさん》など，多くの自然があるよね。

だいき：でも，全国の森林の割合は約66％と先生が言っていたから，それと比べると割合は小さいね。

ななみ：そうなのね！　では，茨城県の実際の森林の面積を計算してみようよ。

だいき：そうしよう！　計算した答えの小数第１位を四捨五入《ししゃごにゅう》すると，[ア] km^2 になったよ。

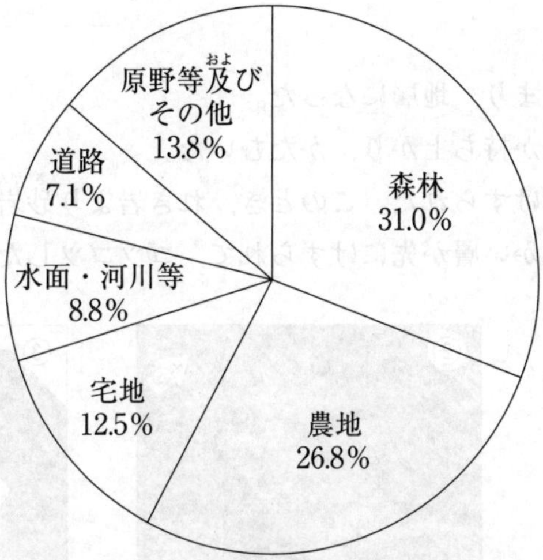

図１　茨城県の土地利用の割合
（茨城県「いばらきの土地（令和５年）」より作成）

(1) 会話文中の [ア] にあてはまる数を書きなさい。

だいきさんとななみさんは，海岸の地形について調べています。

だいき：この前の休みの日，平磯《ひらいそ》海岸に行ったんだけど，平たんなところと，岩が飛び出たり，へこんだりしているゴツゴツしたところがあったよ。
ななみ：へえ，おもしろいね。どうしてそういう地形なのかな。
だいき：インターネットで調べてみよう。
ななみ：平磯海岸の南のほうで，潮《しお》が引いたら平たんなところが現れるみたい。
だいき：このような地形は波食棚《はしょくだな》って呼《よ》ばれているんだね。そこはでい岩が多く，アンモナイトの化石も見つかるみたいだよ。
ななみ：アンモナイトが見つかるってことは，波食棚をつくっている地層《ちそう》は□にたい積したことがわかるね。
だいき：そうだね。北のほうでは，ゴツゴツした地形になっているけれど，そのでき方が書いてあるよ。

〔地形の成り立ち〕
① 海にれきや砂《すな》，どろがたまり，地層になった。
② 大地の動きによって土地が持ち上がり，かたむいた。
③ 波の力によって，地層がけずられた。このとき，れき岩より砂岩《さがん》，砂岩よりでい岩のほうがやわらかく，やわらかい層が先にけずられて，ゴツゴツした地形になった。

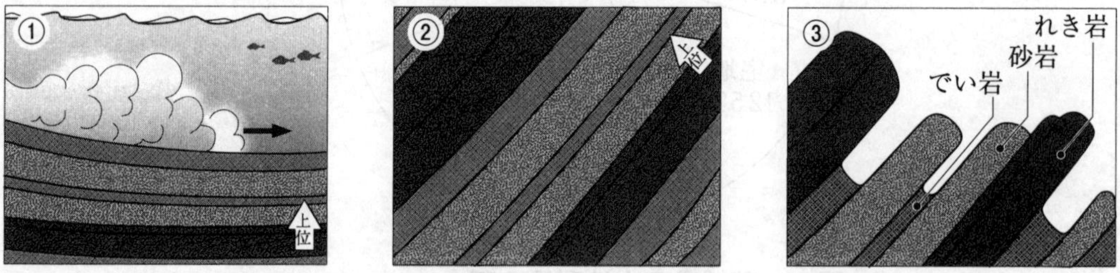

(2) 会話文中の□に入る時代を書きなさい。

(3) 平磯海岸の南のほうでは，でい岩の多い波食棚が多く見られることから，北のほうと比べてたい積した年代の水深にどのようなちがいがあったことがわかりますか。説明しなさい。

だいき：水戸《みと》市の地形図を見つけたよ。この地形図（**資料**）をもとに，水戸市の土地利用について調べてみよう。

ななみ：地形図を見るといろいろなことがわかるね。

資料

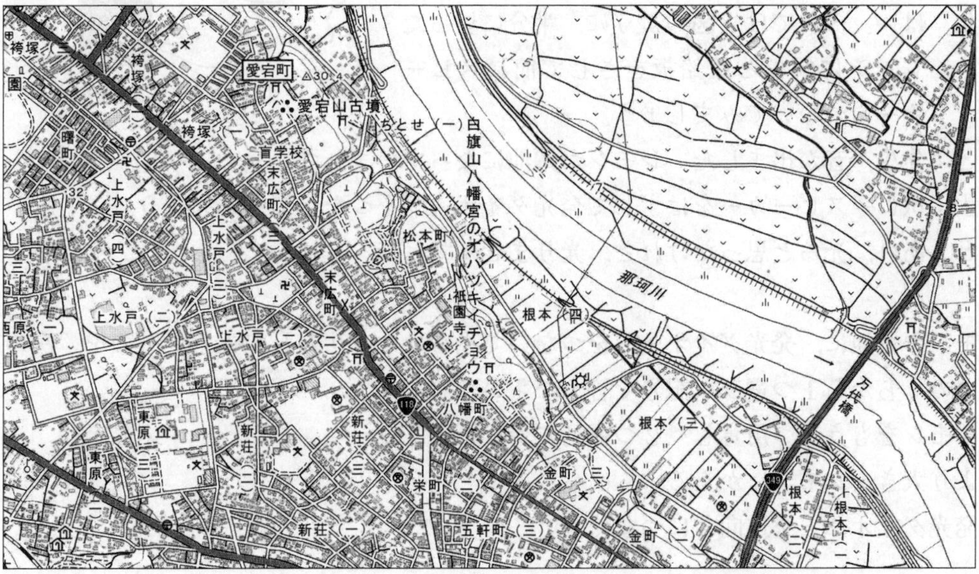

（国土地理院２万５千分の１地形図「水戸」により作成）

(4)　だいきさんたちは，**資料**から読み取れることをまとめました。**資料**から読み取れることとして**適切ではないもの**を，次の**ア**～**エ**のうちから１つ選び，記号を書きなさい。

ア　地形図で示した範囲《はんい》の南西部には老人ホームが３つ建てられている。

イ　那珂川《なかがわ》の南西に広がる畑の中には，発電所が建てられている。

ウ　愛宕《あたご》町には愛宕山古墳《やまこふん》があり，その北西には神社が位置している。

エ　大きな道路の周りには住宅などの建物が多く建てられている。

4 はるとさんは，果物を使った電池について学習しています。

先　生：今日はレモンを使った電池の実験をしてみましょう。

はると：レモンが電池になるのですか。

先　生：はい。それでは，図のように，半分に切ったレモンに銅板と亜鉛《あえん》板をさして簡易《かんい》スピーカーにつないでみましょう。

図　レモンを使った電池

はると：先生，音が出ました。レモンが電池になっていました。

先　生：次に，スピーカーをはずして発光ダイオードをつないでみましょう。

はると：あれ，光ると思ったけれど，光りませんでした。

(1)　レモンの電池に，発光ダイオードをつないで光らせる方法として正しいものを，次の**ア**～**ウ**のうちから１つ選び，記号で答えなさい。

ア　レモンをもう１つ用意し，２つ並列《へいれつ》につなぐ。

イ　より大きなレモンにかえる。

ウ　発光ダイオードを逆向きにつなぐ。

(2)　レモンを２つ使って，より大きな音が出るようにするには，導線をどのようにつないだらよいですか。解答用紙の図に導線を実線でかきなさい。

はると：先生，レモンにさす金属は，銅板と亜鉛板しかだめなのでしょうか？

先　生：とてもいい質問ですね。他の金属でも実験してみましょう。

はると：他の金属でも音は出ましたが，検流計を使って調べてみたところ，金属の組み合わせで，どちらの金属板が＋極になるかが変わっていました。（**表**）

表　金属の組み合わせと右側の金属板の極

		右側の金属板		
		マグネシウム板	亜鉛板	銅板
左側の金属板	銅板	－極	**ア**	
	亜鉛板	－極		＋極
	マグネシウム板		**イ**	＋極

(3)　**表**の結果から，**ア**，**イ**には＋極，－極のどちらがあてはまりますか。それぞれ答えなさい。ただし，**表**はレモンにさす金属板の組み合わせを変えたときに，右側の金属板が何極になるかを示しています。

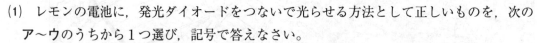

5 ななみさんとお母さんは，公園のウォーキングコースの地図を見て話しています。

ななみ：公園に新しくウォーキングコースができたみたいだよ。行ってみたいな。
母　：いいわね。次の週末に行ってみましょう。
ななみ：地図を見ながら，どのようなルートを歩くか考えようよ（**図**）。

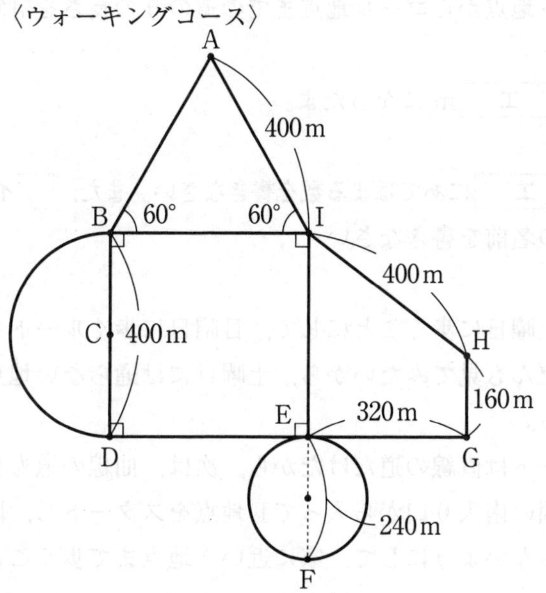

・Ａ地点の近くに公園の北入り口があります。
・Ｆ地点の近くに公園の南入り口があります。
・Ａ地点からＩ地点までの９地点には，それぞれちがう種類の花が植えられた花だんがあります。
・左の図の太線部分が道を表しています。
・Ｅ地点とＦ地点の間の点線部分に道はありません。
・曲線部分は円周や円周の一部になっています。

図　ウォーキングコースの地図

母　：コースの各地点に花だんがあるのね。いろいろな種類の花が見られるといいな。
ななみ：それなら，効率的にたくさんの花だんを見るために，それぞれの道とスタート地点以外の地点は一度しか通らないようにして歩くのはどうかな。
母　：そうしましょう。家から近い公園の入り口は北入り口だから，スタート地点とゴール地点がＡ地点で，なるべく道のりが長くなるようなルートを考えてみて。
ななみ：いいよ！　直線の道だけを歩くルートを考えてみるね。Ａ地点→Ｂ地点→Ｃ地点→Ｄ地点→Ｅ地点→Ｇ地点→Ｈ地点→Ｉ地点→Ａ地点と歩くのがいちばん道のりが長くなると思うよ。
母　：そうね。歩く道のりはどれくらいの長さになるかわかるかな。
ななみ：Ａ地点とＢ地点の間の長さと，Ｄ地点とＥ地点の間の長さが書いてないから計算できないよ。
母　：三角形ＡＢＩがどのような特ちょうをもつ三角形なのかを考えてみるとわかると思うわ。

ななみ：なるほど！　三角形ＡＢＩは，Ｂの角の大きさとＩの角の大きさが60度だから，Ａの角の大きさは［ア］度だね。そうすると，三角形ＡＢＩは，［イ］だから，辺ＡＢと辺ＢＩの長さは，［ウ］ｍだとわかったよ。

母　：それから，四角形ＢＤＥＩは，すべての角が直角の四角形だから，辺ＢＩと辺ＤＥの長さが等しいことがわかるわね。

ななみ：Ｄ地点とＥ地点の間の長さも［ウ］ｍになるんだね。

母　：あたり！　これで，スタート地点からゴール地点までの道のりの長さを計算できるね。

ななみ：全部の長さを合計すると，［エ］ｍになったよ。

⑴　会話文中の［ア］，［ウ］，［エ］にあてはまる数を書きなさい。また，［イ］にあてはまる最もふさわしい三角形の名前を書きなさい。

母　：いま考えてくれたルートは土曜日に歩くことにして，日曜日に歩くルートも考えてみましょう。べつの花だんも見てみたいから，土曜日には通らない地点や道を歩くルートはどうかしら。

ななみ：いいね！　土曜日に歩くルートは直線の道だけだから，次は，曲線の道も歩くルートを考えてみるね。公園の南入り口から入ってＦ地点をスタートし，同じ道と同じ地点は一度しか通らないようにして，家に近いＡ地点まで歩くことにしよう。

母　：健康のために，30分以上歩くことができるといいね。

ななみ：30分以上歩くには，どれくらいの長さの道のりを歩けばいいのかな。

母　：歩く速さを分速70ｍとして考えてみるといいよ。

⑵　Ｆ地点をスタート地点，Ａ地点をゴール地点として，分速70ｍで歩くとき，30分以上歩くことができるルートを，Ｆ地点の次に通る地点から順に，左から地点の記号を書きなさい。また，その道のりの長さを書きなさい。ただし，円周率は3.14とします。

【適性検査Ⅱ】〈第１回Ｂ試験〉（45分）〈満点：100点〉

【注意】解答に字数制限がある場合は、すべて句読点を含めた字数で答えなさい。

1 あゆむさんのクラスでは，日本の食文化について調べ学習を行っています。あゆむさんの班《はん》では，各自がインターネットを利用しながら話し合いを行っています。

あゆむ：ぼくは文化庁《ちょう》が行っている「100年フード」という取り組みについて調べてみるよ。文化庁は日本の多様な食文化を受けついでいくために，地域《ちいき》で世代をこえて受けつがれてきた食文化を「100年フード」と名付けて，各地のさまざまな食文化を認定《にんてい》しているんだって。ぼくの好物である焼きそばはたくさんの都道府県で認定されていて，どれもおいしそうなんだ。

ここね：へえ，おもしろいね。わたしのおばあちゃんが住んでいる埼玉県では「草加《そうか》せんべい」や「狭山《さやま》茶」が「100年フード」として認定されているみたい。

えいと：茨城県では，ほしいもが「100年フード」として認定されているね。茨城県のほしいも生産に関する資料（**資料１**）が見つかったよ。

資料１　茨城県のほしいもの生産について

茨城県では，左の地図中のひたちなか市，東海《とうかい》村，那《な》珂《か》市でほしいもがさかんに生産されています。

これら３つの市や村は，[あ]からふくミネラル豊富な潮風《しおかぜ》や，火山灰《ばい》由来の[い]土など，ほしいもの生産に適した環境《かんきょう》にあります。

質の高い茨城県産のほしいもは，さつまいものみを原料に使っているので，自然の甘《あま》さが楽しめます。

(1) **資料１**中の[あ]，[い]に入る語句の組み合せとして正しいものを，次の**ア**～**エ**のうちから１つ選び，記号を書きなさい。

ア　**あ**－太平洋《たいへいよう》　**い**－水はけのよい　　**イ**　**あ**－太平洋　**い**－水もちのよい

ウ　**あ**－日本海《にほんかい》　**い**－水はけのよい　　**エ**　**あ**－日本海　**い**－水もちのよい

あゆむ：「100年フード」を調べてみたら，日本にはさまざまな食文化があることがわかりました。

先　生：そうですね。日本の食文化は，各地で生産されている食材によって支えられています。

あゆむ：日本で生産されている食材についても調べてみたいです。

ここね：茨城県ではおもにどのようなものが生産されているのか気になりますね。

先　生：それでは，今日の給食に使われていた食材や茨城県の農業について調べてみるのはどうですか？

(2)　あゆむさんの班は，給食に使われていたおもな食材や茨城県の農業に関する**資料２**，**資料３**を集め，これらの資料に基《もと》づいて，わかったことをまとめました。後の**まとめ①**～**まとめ③**のうち，**資料２**，**資料３**から読み取れる内容や考えられる内容として，正しいものには○を，誤《あやま》っているものには×を書きなさい。

資料２　給食に使われていたおもな野菜の収《しゅう》かく量上位５道県（2021年）

	たまねぎ（t）	
1位	北海道	662800
2位	佐賀県	100800
3位	兵庫県	100200
4位	長崎県	32600
5位	愛知県	26900

	ほうれんそう（t）	
1位	埼玉県	22800
2位	群馬県	21500
3位	千葉県	18500
4位	茨城県	17800
5位	宮崎県	13100

（「データでみる県勢 2023 年版」より作成）

資料３　茨城県の農業産出額内訳《うちわけ》（2020年）

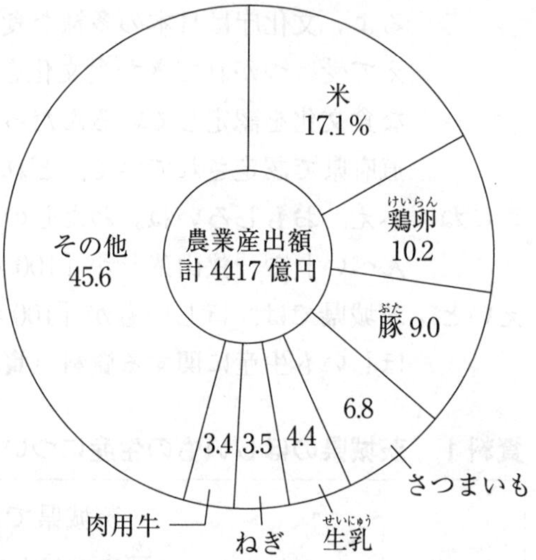

（「生産農業所得統計」より作成）

まとめ①

　たまねぎは日本各地で収かくされる野菜であり，日本を７つの地方に分けたとき，上位５道県はそれぞれ３つの地方に分類される。

まとめ②

　ほうれんそうの収かく量上位４県はすべて関東《かんとう》地方に属しており，これは新せんなうちに東京都に出荷《しゅっか》できるからだと考えられる。

まとめ③

　茨城県は野菜の生産もさかんであるが，畜産《ちくさん》もさかんであり，農業産出額のうち畜産の産出額が４分の１以上をしめている。

ここね：日本の食文化というと，特別な日に食べる食事も特徴《とくちょう》的ですよね。

えいと：おせちなど，行事やお祝いのときに特別な料理を用意するイメージがあります。

先　生：季節ごとの行事やお祝いの日に食べる料理のことを行事食といいます。行事食には，それぞれ由来や意味があるんですよ。

あゆむ：行事食について調べてみるのもおもしろそうですね。

⑶　日本の行事食とその由来や意味をまとめた次の**資料４**～**資料６**を，１年を１月から数え始めるときに食べる順番に正しく並べたものを，後の**ア**～**カ**のうちから１つ選び，記号を書きなさい。

資料４　柏《かしわ》もち	**資料５　かぼちゃ**	**資料６　恵方《えほう》巻《ま》き**

柏の木の特性から，新芽を子，古い葉を親に見立ててこどもの日に食べるようになった。	かぜを予防するために，１年で夜が最も長い冬至《とうじ》に食べるとよいといわれている。	節分《せつぶん》の日に，その年の年《とし》神様《がみさま》がいる方位（恵方）を向いて巻きずしを食べる習慣が広まった。

ア　［４→５→６］　　**イ**　［４→６→５］　　**ウ**　［５→４→６］
エ　［５→６→４］　　**オ**　［６→４→５］　　**カ**　［６→５→４］

先　生：日本にはすばらしい食文化がありますが，食文化に関する課題もあって，その課題を解決するための取り組みもあるんですよ。

ここね：どのような取り組みなのか気になります。

あゆむ：まとめをつくるときに，その取り組みについても調べてみようよ。

⑷　次の**資料７**は，あゆむさんの班が作成したまとめの一部です。まとめの内容を参考にして，**資料７**中の［　　　　］に入る内容を，日本の食文化の課題と食文化ミュージアムの関連性を明らかにして書きなさい。

資料７

おいでよ！　食文化ミュージアム

食文化ミュージアムとは？

日本の食文化に関する学びや体験の提供《ていきょう》に取り組む施設《しせつ》などの情報を集め，ウェブサイト上の仮想のミュージアムで発信する取り組み。

食文化に関するアンケート結果

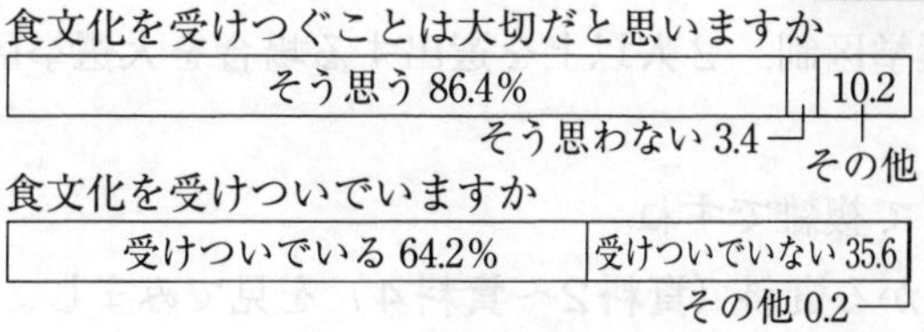

（農林水産省資料より作成）

食文化ミュージアムはウェブサイト上のミュージアムなので，どこでも簡《かん》単《たん》に日本各地の食文化について知ることができます。２つのアンケート結果を比べると，［　　　　］

※こちらの取り組みは2021年に開始。2023年９月現在継続中。

2 あゆむさんのクラスでは，社会科の授業で選挙の歴史について学んでいます。

先　生：現在は，日本国憲法《にほんこくけんぽう》で国民主権《こくみんしゅけん》が定められていますが（**資料１**），国民が選挙によって政治に参加できるようになったのは，明治《めいじ》時代の1890年です。初めての選挙はどのようなものだったと思いますか？

資料１　日本国憲法の三原則

○国民主権
○基本的人権の尊重《そんちょう》
○平和主義

あゆむ：国民の関心はとても高かったのではないでしょうか。投票率は高かったと思います。

ここね：初めて投票した人は緊張《きんちょう》したと思います。1890年には，どのくらいの人が選挙に参加できたのでしょうか。

(1)　次の文章は，あゆむさんが先生の話を聞きながら書いた**メモ**の一部です。**メモ**中の［**あ**］，［**い**］に入る数字の組み合せとして正しいものを，後の**ア**～**エ**のうちから１つ選び，記号を書きなさい。

メモ

日本で初めて行われた選挙は，国民の関心がとても高かったようで，投票率が［**あ**］%だった。また，全国民にしめる有権者の割合《わりあい》は［**い**］%だった。国民の意見が政治に反映《はんえい》されるようにするために，たくさんの努力があったのだと思う。

ア　**あ**－71.8　**い**－1.1　　**イ**　**あ**－71.8　**い**－48.7
ウ　**あ**－93.9　**い**－1.1　　**エ**　**あ**－93.9　**い**－48.7

先　生：それでは，現在の選挙制度について学んでいきましょう。みなさんは選挙について，どのようなことを知っていますか？

えいと：ぼくたちの小学校も投票所になっていますよね。前に市長を選ぶ選挙が行われたときに，両親といっしょに来たことがあります。

あゆむ：国会議員は衆議院《しゅうぎいん》と参議院《さんぎいん》のどちらも選挙で選ばれています。選挙運動が行われている期間は，よく駅前で車に乗ってあいさつをしている候補者《こうほしゃ》を見かけます。

ここね：ニュースを見ていたら，選挙区という言葉が使われていて疑問《ぎもん》に思いましたが，選挙の種類によって都道府県ごとに代表を選ぶ場合と，選挙区から代表を選ぶ場合があると教えてもらいました。

先　生：そうですね。選挙にはさまざまな種類があります。ここねさんが言ってくれた選挙区とは，議員などの代表者を選出するさいの区域《くいき》のことで，１つの選挙区から１人を選出する場合を小選挙区制，２人以上を選出する場合を大選挙区制といいます。

あゆむ：いろいろな制度やきまりがあって複雑ですね。

先　生：では，選挙のしくみや制度がわかる資料（**資料２～資料４**）を見てみましょう。資料からわかることは何ですか？

ここね：はい，［**う**］ということがわかります。

(2)　次の**資料２**～**資料４**から読み取れる内容として，会話文の［う］に入る正しいものを，後のア～ウのうちから１つ選び，記号を書きなさい。

資料２　2000 年以降《いこう》に衆議院議員総選挙と参議院議員選挙が行われた年

衆議院議員総選挙	参議院議員選挙
2000 年	2001 年
2003 年	2004 年
2005 年	2007 年
2009 年	2010 年
2012 年	2013 年
2014 年	2016 年
2017 年	2019 年
2021 年	2022 年

資料３　選挙に立候補できる年齢《ねんれい》

衆議院議員	25 歳《さい》以上の日本国民
参議院議員	30 歳以上の日本国民
都道府県知事	30 歳以上の日本国民
県議会・市議会議員	25 歳以上の日本国民

資料４　衆議院議員総選挙における小選挙区の区割《くわ》り（2023年６月現在）

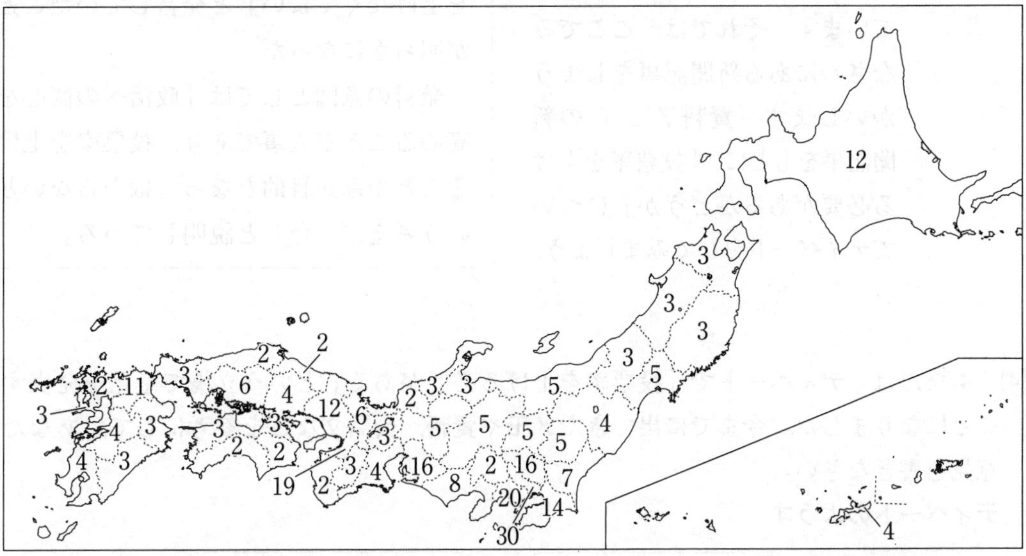

ア　衆議院議員総選挙が３年に１度必ず行われているのに対して，参議院議員選挙が行われる周期はばらばらになっている

イ　衆議院議員や県議会・市議会議員になれる年齢が，参議院議員や都道府県知事になれる年齢に比べて高くなっている

ウ　衆議院議員総選挙における小選挙区の区割りが最も多いのは，最も人口が多い都道府県である

(3)　あゆむさんのクラスでは，選挙のしくみのうち比例代表制について理解するために次の資料（**資料５**，**資料６**）を用意しました。**資料５**はある選挙の結果，**資料６**は比例代表制のしくみについての説明を示しています。この選挙で４人を選出する場合，それぞれの政党《せいとう》の当選者数は何人になりますか。**算用数字**で書きなさい。

資料５　ある選挙の結果

政党名	得票数	÷１	÷２	÷３
春党	150			
夏党	90			
秋党	120			
冬党	30			

資料６　比例代表制のしくみ

比例代表制は，各政党の得票数に応じて政党の議席を配分するものである。現在，日本の比例代表制ではドント式という計算方法を用いている。

ドント式では，各政党の得票数を１，２，３…の順で割り，全体の中で商が大きい順に，決められた数の議席を配分する（今回は４人とする）。

先　生：茨城県は，衆議院議員総選挙や参議院議員選挙の投票率が，ほかの都道府県に比べて低くなっています。それでは，ここでみなさんにある新聞記事をしょうかいします（**資料７**）。この新聞記事をもとに，「投票率を上げる必要があるかどうか」についてディベートをしてみましょう。

資料７　新聞記事の一部

茨城県外のある県議会議員が「投票率を上げなくてよい」と発言していたことが明らかになった。

発言の意図としては「政治への関心を高めることが大事であり，投票率を上げることのみが目的となってはならないという考えだった」と説明している。

(4)　あなたは，ディベートで「投票率を上げる必要がある」という立場で意見を発表することになりました。今までに出てきた**メモ**や**資料**，会話文などを参考にして，あなたの意見を書きなさい。

ディベートのようす

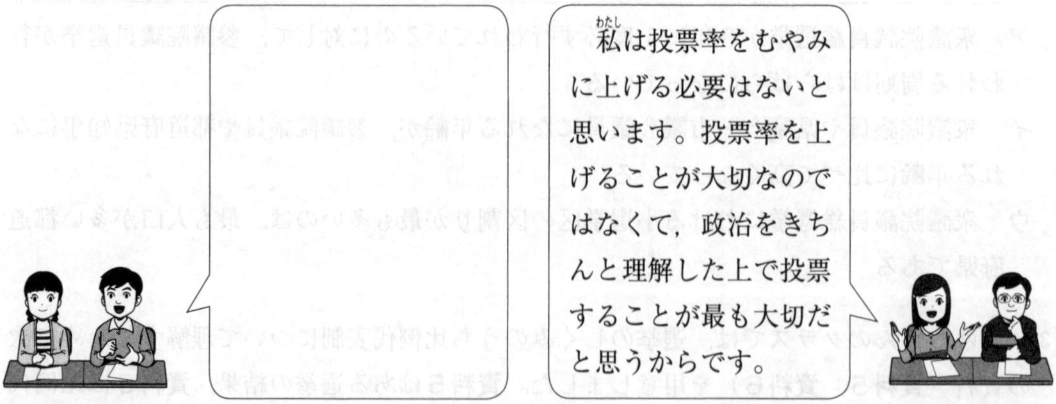
私《わたし》は投票率をむやみに上げる必要はないと思います。投票率を上げることが大切なのではなくて，政治をきちんと理解した上で投票することが最も大切だと思うからです。

「投票率を上げる必要がある」という立場のグループ

「投票率を上げる必要はない」という立場のグループ

3　あゆむさんのクラスでは，「動物愛護」をテーマに調べ学習をして，発表することになりました。あゆむさんたちのグループは，「保護犬」に興味をもち，話し合いを進めています。次の**資料１**～**資料４**は，発表会に向けて集めたものです。

資料１　犬猫《いぬねこ》の殺処分《さつしょぶん》の件数

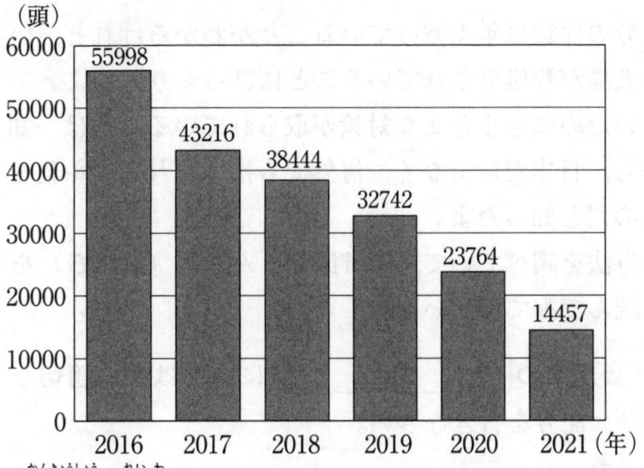

(環境省《かんきょうしょう》「令和《れいわ》３年動物愛護管理行政事務提要」より作成)

資料２　犬猫の引き取りの実態

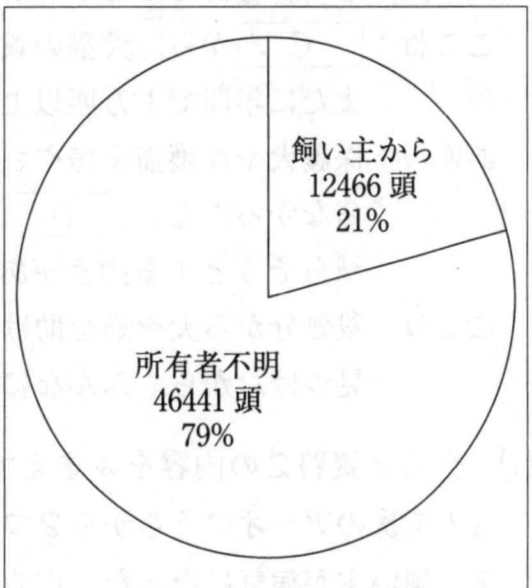

【飼い主からの引き取り理由】

・飼い主が病気になった，亡《な》くなった
・引っこし先で飼えない
・しつけがうまくいかず，問題行動が多い
・子犬や子猫が生まれて数が増え，飼いきれなくなった
・経済《けいざい》的に飼えなくなった

(環境省「令和３年動物愛護管理行政事務提要」より作成)

資料３　保護犬や保護猫を増やさないために

◇マイクロチップの装着《そうちゃく》を義務化
　飼い主の氏名や住所，電話番号などを登録したマイクロチップをペットの体に埋《う》め込《こ》む
↓
◎ペットが迷子になったり，災害等ではぐれたりしても，飼い主を見つけやすくなる
◎安易にペットを捨《す》てることの防止につながる

資料４　外国の動物愛護に関する法改正についての記事の一部

フランス　店頭での犬猫の販売《はんばい》を禁止へ

2021 年 11 月，フランスで動物の扱《あつか》いに関する法律《ほうりつ》の改正案が可決されました。これによりフランスでは，2024 年から，ペットショップなどでの犬猫の販売や動物のショーケースでの展示《てんじ》，一般《いっぱん》の人のインターネットでの犬猫の販売などが禁止されます。このような取り組みはイギリスやドイツでも行われています。

この法律改正の背景《はいけい》には，捨てられる犬や猫が多いという現状があります。フランスでは，「夏のバカンスにペットを連れて行きにくい」などの理由で，毎年 10 万匹《びき》もの犬や猫が捨てられているといわれています。

あゆむ：発表会に向けて，みんなが調べてきたことを教えて。

えいと：ぼくは，引き取られた犬猫の21％が，飼い主から引き取られているということにおどろいたな。引き取りの理由の中には仕方のないものもあるけれど，「 A 」や「 B 」のように，飼い主の世話や管理の仕方に問題がある場合もあることがわかったよ。

ここね： C から，犬猫の殺処分の件数は年々減っていることがわかるけれど，いまだに年間で１万匹以上の犬猫が殺処分されていることにびっくりしたよ。

あゆむ：保護犬や保護猫を増やさないためにさまざまな対策《たいさく》が取られていることは，知らなかったな。 D から，日本だけでなく，海外でも捨てられる犬や猫を減らそうとする動きがあるのだと知ったよ。

ここね：殺処分から犬や猫を助ける方法を調べていて，図書館でこんな本（**資料５**）を見つけたから，みんなにも読んでみてほしいな。

(1) 会話と**資料２**の内容をふまえて，会話文の A ， B にあてはまる適切なものを次の**ア**～**オ**のうちから**２つ**選び，記号を書きなさい。

ア 飼い主が病気になった，亡くなった

イ 引っこし先で飼えない

ウ しつけがうまくいかず，問題行動が多い

エ 子犬や子猫が生まれて数が増え，飼いきれなくなった

オ 経済的に飼えなくなった

(2) 会話と**資料１**～**資料４**の内容をふまえて，会話文の C ， D にあてはまる最も適切なものを次の**ア**～**エ**のうちからそれぞれ１つ選び，記号を書きなさい。

ア 資料１　**イ 資料２**　**ウ 資料３**　**エ 資料４**

資料５　ここねさんが図書館で見つけた本の一部

「保護」とはいっても，無期限に保護されているのではありません。決まった日数が過ぎても飼い主が見つからなかったら，その犬たちは「殺処分」されてしまいます。
(中略)

そんなふうに殺される犬たちを少しでも減らそうと，センターから犬を引き取って新しい家族を見つける活動をしているボランティアの人たちもいます。

センターに収容《しゅうよう》されているのは，若《わか》く健康な犬ばかりではありません。なかには年老いたり，病気になったから，うちでは飼えないといって，飼い主がセンターに持ち込んだり捨てたりすることがあるからです。あまりに辛《つら》い経験をして，人間を信じられなくなって攻撃《こうげき》的になる犬もいます。

ボランティアの中には，そんな問題を抱《かか》えた犬たちを，できるだけ殺処分しないですむように，引き取ってなんとか助けたいと努力する人がいます。

ボランティアの仕事は，ただセンターから犬を引き取るだけでは終わりません。毛が伸《の》びてもつれ，ぞうきんのようになった汚《よご》れた体を洗《あら》い，獣医《じゅうい》さんに連れていき，

健康を回復するまでやさしく接していきます。そしてそのあいだに，新しい家族のもとでうまく暮《く》らすことができるように必要なしつけもします。

活動に協力してくれる獣医さんやトリミングサロン（犬の美容院）もあります。保護犬をセンターから引き取って車で搬送《はんそう》する人，新しい家族が見つかるまで一時的に預《あず》かる家庭，たくさんの人に見てもらうためにインターネットなどで情報を発信する人……１匹の犬を助けるためには，さまざまな人たちが自分にできる方法で関わっているのです。

そうして，たくさんの人の手を経て元気を取り戻《もど》した犬たちが「里親会」などで新しい家族を見つけます。

新しい家族の中で幸せをつかんだ犬たちは表情も明るくなり，まるで別の犬のようになっていきます。生き延《の》びることはとても無理だろうと思えるほどひどい状態だった犬が引き取られ，元気に過ごしているのを見ると，そのいのちに関わったすべての人が自分のことのようにうれしくなるといいます。

だれかを思いやる心がボランティアの原点です。ボランティアを通じて生まれる新しい人々やいのちとの出会いから，さまざまなことを学び合うことができるでしょう。だれかのために使った時間が，実は自分自身に人間としての成長をもたらしているのです。

さて，ペットの先進国としては，イギリスとドイツがあげられます。イギリスでは１８２２年に動物虐待《ぎゃくたい》を防止する法律が成立し，ドイツでは１８８１年に動物保護連《れん》盟《めい》が創設《そうせつ》され，１９９０年には民法で「動物は物ではない」と規定しています。（中略）

日本でも２０１２年９月に「改正動物愛護管理法」が議会で承認《しょうにん》されました。ペット先進国と呼《よ》ばれる国々の歴史を見ると，動物愛護は市民活動として年々盛《さか》んになりつつありますが，日本ではドイツのような「殺処分ゼロ」には程《ほど》遠い現状です。

自分の都合で犬を捨てる人もまだまだ多く，捨てられた犬を迎《むか》えて里親になる方法もあまり知られていません。

（日《ひ》野《の》原重明《はらしげあき》「いのちのギフト　犬たちと私《わたし》から送る勇気のエール」）

ここね：この本は，特に保護犬について書かれているのだけれど，みんなはどう思ったかな。

あゆむ：人間を信じられずに攻撃的になっていたり，体がぞうきんのように汚れてしまっていたりしていると書いてあって，保護犬がとてもかわいそうに思ったよ。多くの保護犬が[　E　]のところで幸せになれるといいな。

えいと：ぼくは，保護犬を助けるために，たくさんの人がボランティアとして活動しているのがすごいと思ったよ。保護犬の[　E　]を探《さが》すのは簡単《かんたん》ではなさそうだけれど，見つかったときにはとてもうれしくなるだろうな。

あゆむ：困《こま》っているだれかのためを思って行動したことが，自分の喜びや成長につながるのは，とてもすてきなことだよね。

ここね：だから，まずは自分にできることを考えることが大切だと思うな。そのためにも，保護犬の現状や，助けるために何ができるかをみんなに知ってほしいな。

あゆむ：では，これまでの話し合いをもとに，発表の準備を進めよう。

(3)　会話と**資料５**の内容をふまえて，会話文の［　Ｅ　］にあてはまる最も適切な言葉を，**資料５**から**５字**でぬき出して書きなさい。

(4)　あゆむさんたちは，これまでに集めた資料や話し合ったことから**資料６**の構成メモを作成しました。

この構成メモ（**資料６**）③をもとに，発表原稿《げんこう》（**資料７**）の［　Ｆ　］にあてはまる内容を，**「方法」「思いやる」**という言葉を必ず使い，**20字以上30字以内**で書いて，原稿を完成させなさい。

資料６　あゆむさんのグループの構成メモ

番号	スライド	発表原稿のためのメモ
①	日本の保護犬や保護猫の現状	・犬や猫の引き取りの数 ・飼い主からの引き取り理由 ・保護犬，保護猫の殺処分の件数
②	保護犬や保護猫を増やさないために	・マイクロチップ装着の義務化 ・フランスでの法改正
③	今，私たちができること	・ボランティアは自分の喜びや成長につながる ・だれかを思いやる心を持つこと ・自分にできることが何かを考えること

資料７　スライド③の発表原稿

スライド③	保護犬や保護猫を助ける活動は，たくさんのボランティアによって行われています。ボランティア活動を行うことは，困っているだれかを助けられるだけでなく，自分の喜びや成長にもつながります。 ボランティアとして，今の私たちが，すぐに行動できることはそれほど多くないかもしれません。だから，まずは［　Ｆ　］ことが大切だと考えます。 少しずつでも，生き物を大切にできるように心がけていくことが必要だと思います。

4　あゆむさんのクラスでは，社会の授業で「権利《けんり》」について学習しています。あゆむさんたちは，「著作権《ちょさくけん》」について，集めた資料をもとに話し合っています。

資料１　違法《いほう》アップロードについて

近年の急速なデジタル化・ネットワーク化にともない，インターネット上ではさまざまな作品が公開されています。しかし，なかには著作者に無断で作品が使用され，著作権の侵害《しんがい》として問題になっているものもあります。

具体的な問題としては，マンガやアニメ，映画《えいが》の無断転載《てんさい》などがあげられます。これらは違法アップロードと呼《よ》ばれ，その被害《ひがい》額は年間で２兆円にもなるといわれています。

2021年には，映画を編集して10分程度の動画にし，インターネットで公開したとして，逮捕《たいほ》者も出ています。

資料２　著作権法の改正

□違法にアップロードされた「海賊版《かいぞくばん》」と知りながらダウンロードをすると違法に

→海賊版かどうかわからない場合や，正規版だと誤解《ごかい》した場合は違法になりませんが，著作権を侵害していることに変わりはありません。

□罪に問われる場合もある

→正規版が有償《ゆうしょう》で提供《ていきょう》されている著作物の海賊版を反復・継続《けいぞく》してダウンロードした場合，権利者が訴《うった》えれば，罪に問われる可能性があります。（２年以下の懲役《ちょうえき》または200万円以下の罰金《ばっきん》）

先　生：**資料１**と**資料２**から，今どのようなことが問題になっているか考えてみましょう。

あゆむ：**資料１**からは，著作者に許可を取らないまま作品が使われていることが問題になっているとわかります。

えいと：だから，**資料２**のように法律《ほうりつ》が改正されたのですね。**資料１**と**資料２**を合わせて考えると，［　A　］ことや［　B　］ことがわかります。

ここね：では，著作者が受ける具体的な被害はどのようなものなのでしょうか。

先　生：例えば，書店で売られているマンガがインターネット上に無料で公開された場合，正規品のマンガが売れなくなってしまいます。

ここね：なるほど。アニメや映画などでも同じことが言えそうです。一生けん命作品を作っても対価が得られないとなると，著作者が作品を作り続けることができなくなりそうですね。

先　生：そのとおりです。すでに作られた作品だけでなく，将来《しょうらい》作られるかもしれない作品も守るために，著作権が定められているのです。**資料３**には，よりくわしく著作権についてまとめられています。

えいと：「著作物」にあてはまるものがたくさんあって，おどろきました。授業で絵をかいたり，作文を書いたりすることがありますが，それらも著作物になるのですね。

あゆむ：身近な人や，自分自身にも著作権があたえられることがあることを意識して，その権利を守っていくことが大切だと思いました。

資料３　著作権の概要《がいよう》

◎著作権法の目的

・著作物を創作《そうさく》した人に「著作権」という権利を与《あた》える。

・著作権は，著作物の無許諾《きょだく》利用などを防止して，権利を保護するとともに，公益性の高い場合等には，権利を制限することで著作物の公正な利用を図《はか》るものである。

・著作権法は，文化の発展《はってん》に寄与《きよ》することを目的としている。

◎「著作物」とは

・著作物とは，思想・感情を創作的に表現したものである。

・著作物は人間の知的・精神的活動の所産であり，文化の形成とその発展の基盤《きばん》をなすものである。

著作物の種類

言語	講演，論文《ろんぶん》，レポート，作文，小説，脚本《きゃくほん》，詩歌《しいか》，俳句《はいく》など
音楽	楽曲，楽曲をともなう歌詞など
舞踊《ぶよう》・無言劇《げき》	日本舞踊，バレエ，ダンス，舞踏《ぶとう》，パントマイムの振《ふ》り付け
美術	絵画，彫刻《ちょうこく》，漫画《まんが》，書，舞台装置《ぶたいそうち》，茶碗《ちゃわん》，美術工芸品など
建築	芸術的な建築物
地図・図形	地図，学術的な図面，図表，設計図，立体模型《もけい》，地球儀《ぎ》など
映画	劇場用映画，アニメ，ビデオ，ゲームソフトの映像部分など
写真	肖像《しょうぞう》写真，風景写真，記録写真など
プログラム	コンピュータ・プログラム

※著作物に当てはまらないもの

・単なる事実やデータなど，人の思想や感情をともなわないもの

・創作的でないもの（他人の作品の「模倣《もほう》品」やありふれたもの）

・「表現」されていないもの（アイデアの段階《だんかい》のもの）

・文芸，学術，美術，音楽の範囲《はんい》に属さないもの（工業製品など）

◎著作者の権利

・著作者の権利（著作権）は，他人が「無断で◯◯する」を止められる権利である。

・著作権は「著作者人格権」と「著作権（財産権）」に大きく分けられ，それぞれ著作者の精神的利益と財産的利益を守る。

・著作物を創作した時点で自動的に付与される。

（文化庁《ちょう》「みんなで考えよう！著作権と海賊版」より作成）

⑴　会話と**資料１**，**資料２**の内容をふまえて，会話文の［　Ａ　］，［　Ｂ　］にあてはまる適切なものを次の**ア**～**オ**のうちから**２つ**選び，記号を書きなさい。

ア　知らないうちに著作権を侵害してしまうことがある
イ　著作権の侵害による被害はだんだん減ってきている
ウ　インターネット上にある作品はすべて海賊版と呼ばれている
エ　もともと無料の作品であれば著作者に無断で使用しても問題ない
オ　著作権法違反で逮捕されたり罰金が科されたりすることがある

⑵　次の**ア**～**カ**のうち，**資料３**から読み取れる内容として，正しいものには〇を，誤《あやま》っているものには×を書きなさい。

ア　著作権法は，文化の発展を目的として定められている。
イ　有名な絵画を模写した場合，その絵は著作物になる。
ウ　著作権を得るためには，申請《しんせい》の手続きが必要である。
エ　自分の考えは，文章や図表などに表現すると著作物になる。
オ　著作権法は，著作者の権利を守るとともに制限もする。
カ　著作権によって守られるのは，財産的利益に限られる。

⑶　会話と資料の内容をふまえて，あなたは「著作権」をどのようにあつかいたいと考えますか。あなたの考えを**100字以上120字以内**で書きなさい。

2024年度
茨 城 中 学 校　▶解　答

※　編集上の都合により，第１回Ｂ試験の解説は省略させていただきました。

適性検査Ⅰ　＜第１回Ｂ試験＞（45分）＜満点：100点＞

解　答

1 (1) イ　(2) ウ　(3) （例） 植物の曲がり方は，青色の光によって大きくなる。
2 (1) **ア** 3　**イ** 2　**ウ** 2　**エ** 2　**オ** 1　(2) **F** 4g　**G** 5g　**I** 8g　**J** 1g　3 (1) 1890　(2) 中生代　(3) （例） 南のほうが北のほうより水深が深かった。　(4) イ　4 (1) ウ　(2) （例） 右の図　(3) **ア** －極　**イ** ＋極　5 (1) **ア** 60　**イ** 正三角形　**ウ** 400　**エ** 2480　(2) **ルート**…（F→）E→D→B→I（→A）／**長さ**…2204.8m

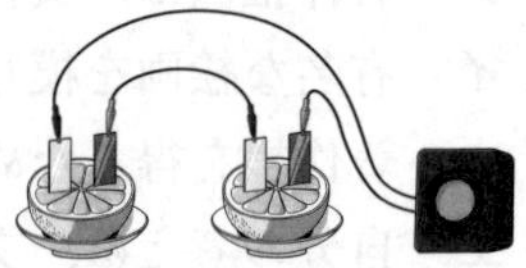

適性検査Ⅱ　＜第１回Ｂ試験＞（45分）＜満点：100点＞

解　答

1 (1) ア　(2) **まとめ①**…×　**まとめ②**…○　**まとめ③**…○　(3) オ　(4) （例） 日本の食文化を受けつぐことが大切だと思っている人に対して，食文化を受けついでいる人の割合が少ないという課題があります。そのため，食文化ミュージアムで簡単に日本の食文化に関する情報を入手できるようにし，これからも食文化が受けつがれていくように取り組んでいます。
2 (1) ウ　(2) ウ　(3) **春党**…２人　**夏党**…１人　**秋党**…１人　**冬党**…０人　(4) （例） 私は，投票率を上げる必要があると思います。日本国憲法の三原則にもある通り，国の主権者は国民であるため，政治には多くの国民の意見が反映されるべきだと思うからです。
3 (1) ウ，エ　(2) **C** ア　**D** エ　(3) 新しい家族　(4) （例） だれかを思いやる心を持って，自分にできる方法を考える　4 (1) ア，オ　(2) **ア** ○　**イ** ×　**ウ** ×　**エ** ○　**オ** ○　**カ** ×　(3) （例） 私は，著作権をしっかり守れるようにしたいと考える。著作権を守ることは，自分が楽しめる作品が生まれることにつながると思うからだ。気づかないうちに著作権を侵害してしまうこともあるので，自分が目にするものが正規のものか確かめることを心がけたい。

2023 年度　茨城中学校

【算　数】〈第１回Ａ試験〉（60分）〈満点：150点〉

【注意】定規、コンパス、分度器は使用しないでください。

1　次の計算をしなさい。

(1)　$(20.23-12.03)\times1.1$

(2)　$1\frac{1}{11}\div\frac{21}{44}\times8\frac{3}{4}$

(3)　$\frac{1}{2}+\left\{\left(\frac{2}{3}-\frac{1}{6}\right)\div\frac{3}{4}+\frac{2}{3}\right\}\times\frac{3}{8}$

(4)　$1.2\times\left(2.3+\frac{1}{20}\right)-1.2\times\left(1.5-\frac{1}{20}\right)$

(5)　$2027+2026+2025+2024-1930-1929-1928-1927$

(6)　$1.1\times1.1+2.2\times2.2+3.3\times3.3+4.4\times4.4$

2 次の問いに答えなさい。

(1) 100 から 400 までの整数から 100 から 298 までのぐう数をのぞいたとき，残りの整数の個数を求めなさい。

(2) 水戸から東京までの道のりを調べたところ 110 km でした。分速 80 m で水戸から東京まで移動すると何時間何分かかりますか。

(3) １ドルが 129 円で，１ユーロが 135 円とします。１ドルを日本円にかえ，その後，ユーロにかえたとき，１ドルは何ユーロとなりますか。小数第３位を四捨五入して答えなさい。

(4) 10 g の食塩がとけている 80 g の食塩水が入った容器があります。この容器から 20 g の食塩水をとりのぞいたあと，20 g の水を入れます。このときの容器に入っている食塩水のこさは何 % となりますか。小数第２位を四捨五入して答えなさい。

(5) 右の図は半径が 10 cm の３つの円がそれぞれの円の中心を通っています。このとき，図のしゃ線部分の周の長さを求めなさい。ただし，円周率を 3.14 とします。

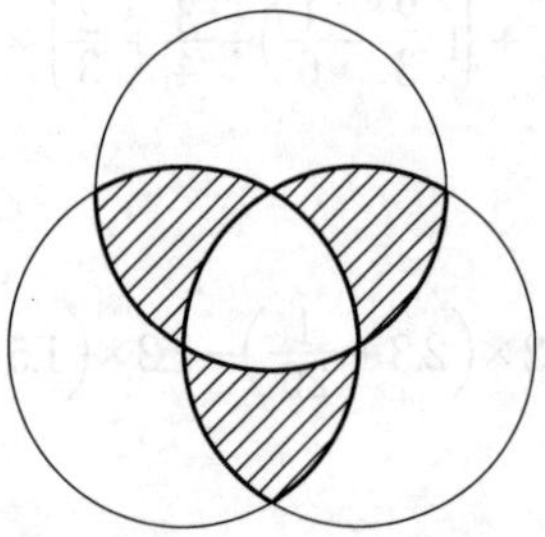

(6) 右の図は正八角形です。このとき，ぬりつぶした部分の角の大きさを求めなさい。

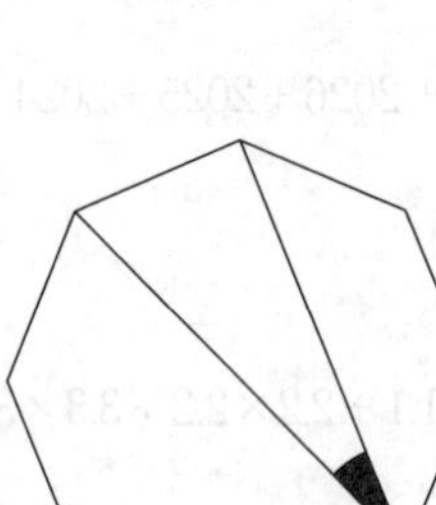

(7) 右の図は，中心が O，半径が 9 cm の半円で，直径と円周をそれぞれ６等分しています。このとき，しゃ線部分の面積を求めなさい。ただし，円周率を 3.14 とします。

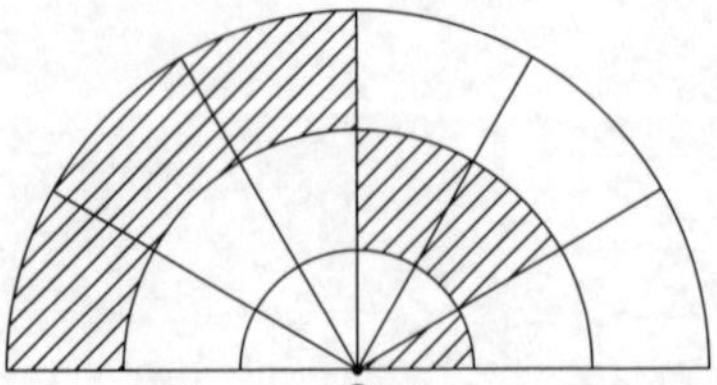

3 ある35人のクラスで国語と算数の10点満点のテストを実施しました。結果は下の表のような点数の分布になりました。このとき，次の問いに答えなさい。

		算数の点数							
		0	2	4	5	6	8	10	合計
国語の点数	0								0
	1	1			1		1		3
	3		2	1		1	3		7
	5		1		3	2	2		8
	7				4	4	4		12
	10		1	1			1	2	5
	合計	1	4	2	8	7	11	2	35

(1) 算数の平均点は何点ですか。小数第２位を四捨五入して答えなさい。

(2) 算数より国語の点数が高い人は何人ですか。

(3) 算数が国語の点数以上の人の算数の平均点は何点ですか。小数第２位を四捨五入して答えなさい。

4 ジョーとサブローは，素数について話し合っています。次のア～オにあてはまる数を答えなさい。ただし，イとウ，エとオに入れる数の順番はどちらでもよいものとします。

ジョー　：１以外の数で，約数が１とその数自身だけの数のことを素数って言うんだって。例えば，２の約数は１と２だけだから素数だね。

サブロー：３も素数だね。４は約数が１，２，４だから素数じゃなくて，５は素数で，……素数を探すのは大変だね。素数を探すよい方法はあるのかな。

ジョー　：素数の倍数は素数じゃないから，それらを順番にのぞけばいいんじゃないかな。例えば，１からの数字の表をつくって，素数を○，素数じゃないものは×を書くとするね。１は×，２は○だから，２よりうしろの２の倍数はすべて×になるよね。次が３で○になるから３よりうしろの３の倍数はすべて×。次の４はすでに×になっているから，次の５が○になり，５よりうしろの５の倍数は×。これをくり返せば素数が残るんじゃないかな。

~~1~~	②	③	~~4~~	⑤	~~6~~	7	~~8~~	~~9~~	~~10~~
11	~~12~~	13	~~14~~	~~15~~	~~16~~	17	~~18~~	19	~~20~~
~~21~~	…							…	~~30~~
31	…							…	~~40~~
41	…							…	~~50~~
~~51~~	…								

サブロー：この方法を使うと数を１つ１つ調べなくてよいから素数を見つけやすくなるね。

ジョー　：せっかくだから１から50までの素数の個数を調べてみようか。

サブロー：ええと，[ア]個だ。この方法だと，素数を全部見つけられそうだ。でも数が大きくなるとやっぱり大変だよ。もっといい方法はないかな。

ジョー　：ではこんなのはどうだろう。例えば，391が素数かどうかを判断するために391を図形の面積として考えてみよう。

$$391 = 400 - 9 = 20 \times 20 - 3 \times 3$$

とすれば，１辺の長さが20の正方形から１辺の長さが３の正方形を取りのぞいた図形となるよね。その図形を長方形に変形すれば面積は，[イ]×[ウ]となるから素数じゃないとわかるよ。

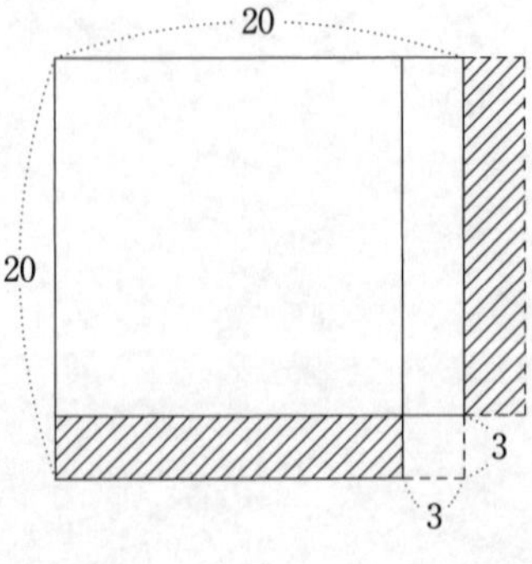

サブロー：なるほど！　すると，9991は[エ]×[オ]となるから素数じゃないね。

5 １辺の長さが 16 cm の折り紙があり，下の図のように矢印の方向に４回折りました。このとき，次の問いに答えなさい。

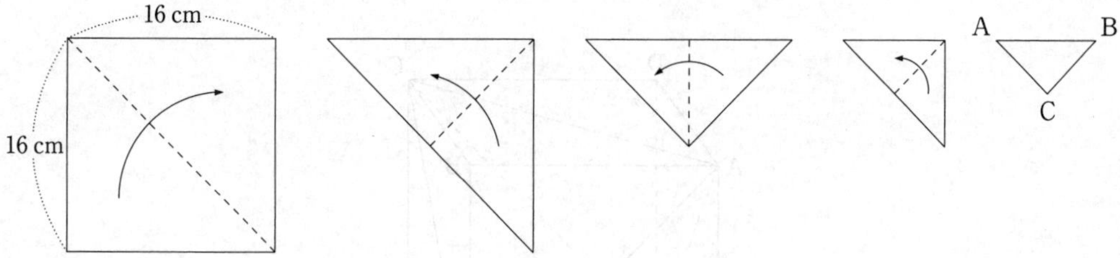

⑴ 折ってできた三角形 ABC の面積を求めなさい。

⑵ 折ってできた三角形 ABC から折り紙をもとの正方形の形に広げると，折り紙に三角形 ABC と同じ大きさの三角形が折り目としてあらわれます。折り目としてあらわれた三角形は何個できますか。

⑶ 下の図のように，折ってできた三角形 ABC のぬりつぶした部分を切り取ります。残った部分を広げると，折り紙はどのような図形となりますか。下の ①～④ から選びなさい。

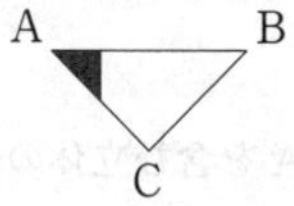

①
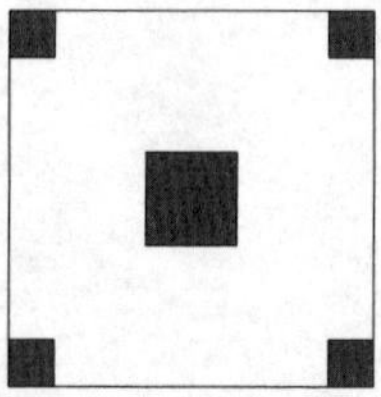

②
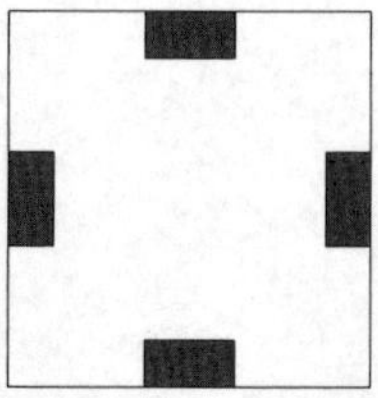

③

④

6 １辺の長さが 12 cm の立方体があります。この立方体を４つの面 ACF，ACH，FHA，FHC で切り，残った立体 ACFH について考えます。このとき，次の問いに答えなさい。ただし，角すいの体積は，（底面の面積）×（高さ）÷3 で求めることができます。

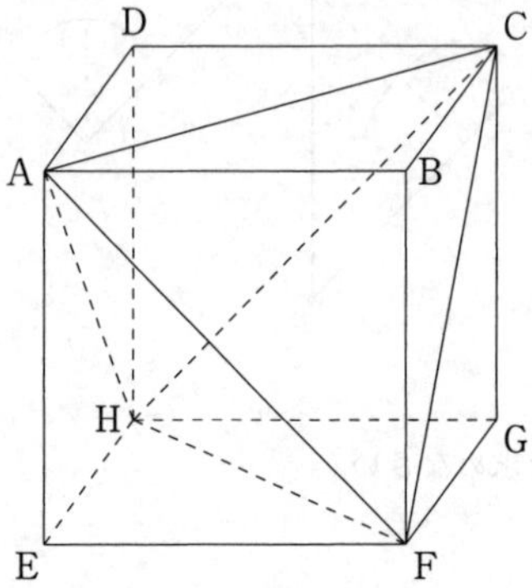

⑴ 立体 ACFH の体積を求めなさい。

⑵ 辺 AE，BF，CG，DH の中央の点を通る面で立体 ACFH を切ったときにできる切り口の図形の面積を求めなさい。

⑶ 立体 ACFH を面 BDE で切ったとき，頂点 A を含む立体の体積を求めなさい。

【社　会】〈第１回Ａ試験〉（40分）〈満点：100点〉

1　次の各問いに答えなさい。

問１　茨城県を通るものとほぼ同じくらいの緯線が通る国を，次のア～エから１つ選び，記号で答えなさい。

ア　アイスランド　　　イ　インドネシア　　　ウ　大韓民国　　　エ　ブラジル

問２　茨城県の多くの地域に当てはまるものとほぼ同じような気候を示す地域の雨温図を，次のア～エから１つ選び，記号で答えなさい。

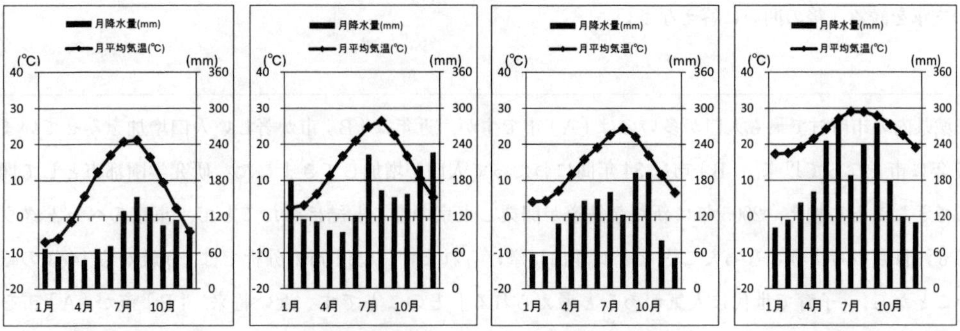

ア	イ	ウ	エ
年平均気温　7.2℃ 年降水量　1104.4 mm	年平均気温　13.9℃ 年降水量　1845.9 mm	年平均気温　13.8℃ 年降水量　1440.7 mm	年平均気温　23.3℃ 年降水量　2161.0 mm

問３　茨城県は，さまざまな果物の栽培がさかんです。下の表１は，３つの果物について，都道府県別収穫量の上位をまとめたものです。また，表２は，３つの果物の茨城県内の主な産地を示したものです。３つの果物に当てはまるものを，次のア～オからそれぞれ１つずつ選び，記号で答えなさい。

ア　なし　　　イ　ブルーベリー　　　ウ　みかん　　　エ　もも　　　オ　りんご

表１

品目	果物１	果物２	果物３
全国収穫量	765,800トン	690,500トン	2,394トン
１位	和歌山県	青森県	東京都
２位	静岡県	長野県	長野県
３位	愛媛県	岩手県	群馬県
４位	熊本県	山形県	茨城県
５位	長崎県	秋田県	千葉県

（農林水産省の統計による）

表２

果物１	桜川市，つくば市，石岡市
果物２	大子町，日立市，常陸大宮市
果物３	かすみがうら市，つくば市，小美玉市

（果物１・果物２は令和２年産，果物３は令和元年産）

問4　『水戸の柔甘《やわらか》ねぎ』や『奥久慈しゃも』など，各地に存在する農産物のうち，地域の風土に根付いた独自の環境や古くから伝わる製法でつくられるものは，法律によって「知的財産」として保護されています。このような保護制度の目的を説明した文として誤っているものを，次のア～エから1つ選び，記号で答えなさい。

ア　多くの時間と労力をかけて生産された質の高い農産物を，正当に評価するため。

イ　苦労してつくり上げた特産品を，他人が無断でまねをして生産することを規制するため。

ウ　高い価値を維持するための管理体制が，きちんと整っていることを保証するため。

エ　絶滅が心配される農産物の栽培方法を世界中に知らせ，生産者の数を増やすため。

2　次の文章を読み，後の問いに答えなさい。

茨城県内の市町村で最も人口が多いのは〔A〕市ですが，近年は〔B〕市が著しい人口増加をみせています。1987年に市となって以来，〔B〕市は34年間にわたって人口が増加してきました。研究学園都市として開発が進んできたことに加え，2005年に新たな鉄道が開業し東京の都心と結ばれたことで，東京のベッドタウンとしても注目されるようになったことなどが理由に挙げられます。〔B〕市の分析では，0歳から14歳の転入が多いことから，「子育て世代に人気があると考えられる」とのことです。近い将来，〔B〕市が〔A〕市をぬいて茨城県で最も人口の多い都市になるともいわれています。

日本全体では，今後人口が減少していくと考えられており，茨城県内でも最も北西にある〔C〕町など，人口の減少に歯止めがかからない地域があります。そのような中，人口の増加は地域の活性化につながりますが，急激な人口増加が進むことによって，新たな問題も発生すると予測されます。

問1　〔A〕〔B〕〔C〕に当てはまる市名・町名をそれぞれ答えなさい。

問2　「〔B〕市が，現在にかけてどのように発展してきたか」を調査する方法として最も適切なものを，次のア～エから1つ選び，記号で答えなさい。

ア　駅にある地図を画用紙にかき写す。　　イ　昔と現在の地形図の違いを比べる。

ウ　小学校の屋上から田畑を観察する。　　エ　交差点を通行する自転車の数を記録する。

問3　〔A〕市・〔B〕市・〔C〕町にはそれぞれ鉄道の駅があります。次ページの表は，〔A〕〔B〕〔C〕の市内・町内で中心となる駅の時刻表(上り線)の一部です。このうち，〔B〕市で中心となる駅の時刻表を表しているものを，表中の①～③から1つ選び，番号で答えなさい。

	①	②	③
6時	02　12　23　33　41　49　55	23	02　10　26　29　41　52
7時	02　09　15　22　29　36　43　52	00	02　05　21　33　35　49
8時	00　07　17　27　36　46　57	23	10　13　35　39　48
18時	02　10　18　28　32　41　51		00　15　27　30　38　53
19時	00　02　11　19　30　32　41　49	18	10　27　30　40　53
20時	01　03　11　21　32　38　50	25	11　16　27　53

（単位は分，有料特急の時刻には下線が引いてある）

問４　現在の〔Ｂ〕市が抱えている社会問題には，どのようなものが考えられますか。次のア～エから１つ選び，記号で答えなさい。

ア　市全体で人口の過疎化が進み，市内中心部では公共交通機関が廃止されてしまう。

イ　市街地の商店街に人が集まらず，古くからの地域のお祭りがなくなってしまう。

ウ　東京へ転出する人が多く，漁師のあとつぎがいなくなって漁業がおとろえてしまう。

エ　児童や生徒の数が大幅に増加し，学校の教室を増築してもすぐに不足してしまう。

問５　問４で答えた社会問題を解決しようとすると，新しい問題が将来的に発生するかもしれないことを気にかける必要があるといわれています。ここでいう新しい問題とは，どのようなものでしょうか。前のページの文章や，以下の新聞記事（一部）を参考にして，あなたの考えを書きなさい。

日本経済新聞　2021年５月26日付（一部）

保育所に迫る過剰《かじょう》時代，利用児童25年ピーク　厚労省試算

待機児童問題を受けて開設が相次いだ保育所が一転，過剰時代に突入する。厚生労働省は26日，2025年に保育所の利用児童がピークに達するとの初の試算を公表した。想定以上に早い少子化で，地方だけでなく都市部でも定員割れが出る。

1～2歳児の保育所利用率は20年に50.4％と５割を超えた。施設数は2020年に３万7652施設と2015年から３割増えたが，希望しても入れない待機児童は2020年に１万2439人いる。都市部を中心に待機児童解消はなお課題だ。

ただ足元で少子化は急加速している。2021年の出生数は，現行の統計をさかのぼれる1899年以降で初めて80万人を割る可能性が高い。これは国立社会保障・人口問題研究所の推計よりおよそ10年早い。

もともと人口減少が進む地方では，すでに利用者減による運営難に直面する保育所が出ている。保育所が過剰となった地域では，既存《きそん》施設をどう整理・縮小し，機能を転換していくかが課題だ。

東京23区内の自治体の担当者は「コロナ禍《か》の影響もあるが，０歳児枠《わく》や4～5歳児枠に空きが出ている。待機児童はまだ残るが，一部地域の１歳児の問題になりつつある」と説明する。「保育所をどんどん増やす局面ではないが，不足すれば批判を受けかねない。整備計画が難しい」と悩む。

（注）「過剰」とは，「必要な程度や数量をこえて多いこと」を表す。
「既存」とは，「以前から存在すること」を表す。

3 次の〈Ａ〉・〈Ｂ〉の文章を読み，後の問いに答えなさい。

〈Ａ〉

〔編集部注…ここには，平安時代～室町時代について説明した文章がありましたが，著作権上の都合により掲載《けいさい》できません。なお，文章では以下の部分に下線が引かれていました。〕

① 貴族
② 貴族中心の政治
③ 仏教
④ 遣唐使
⑤ 対外関係
⑥ 日宋貿易
⑦ 鎌倉幕府
⑧ 能

※当箇所につきましては次の書籍を参考にしてください。
・高橋慎一朗，高橋典幸，末柄豊『ジュニア　日本の歴史３　武士の世の幕あけ』
（小学館　二〇一〇年十二月発行）
一ページ～三ページ「はじめに」

（小学館『ジュニア　日本の歴史３　武士の世の幕あけ』より）

問１　下線部①に関連して，貴族中心の政治が行われていた平安時代には，国風文化が生まれました。『枕草子』という随筆を書いた人物を，漢字で答えなさい。

問２　下線部②に関連して，貴族中心の政治が行われ始めたころに，紙の代わりに用いられたとされるものが，当時の役所と考えられる場所から発見されています。そのものとして正しいものを，次のア～エから１つ選び，記号で答えなさい。

ア　はにわ　　イ　木簡　　ウ　鉄剣　　エ　銅鐸

問３　下線部③に関連して，政治に仏教を取り入れた聖徳太子が行ったこととして正しいものを，次のア～エから１つ選び，記号で答えなさい。

ア　新しい都である平城京を奈良につくった。
イ　国を治めるための法律である律令を完成させ，税の制度を整えた。
ウ　従えた武士とご恩と奉公の関係を結んだ。
エ　家柄に関係なく能力や功績で役人を取り立てるために，冠位十二階を定めた。

問4　下線部④に関連して，遣唐使を送って積極的に大陸の文化を吸収した人物として聖武天皇が知られています。聖武天皇のころの時代のできごとについて述べた文として誤っているものを，次のア～エから1つ選び，記号で答えなさい。

ア　鑑真が来日し，日本で大いに活やくした。

イ　日本にもたらされた大陸の文物の一部は，東大寺の正倉院に収められている。

ウ　天皇との結びつきを強めた蘇我氏が大きな力を持った。

エ　仏教の力で社会の不安をしずめようとした。

問5　下線部⑤に関連して，次の弥生時代のころの資料1・資料2から考えられることを述べたA～Dの組み合わせとして正しいものを，下のア～エから1つ選び，記号で答えなさい。

資料1
1～2世紀ころの
東アジア

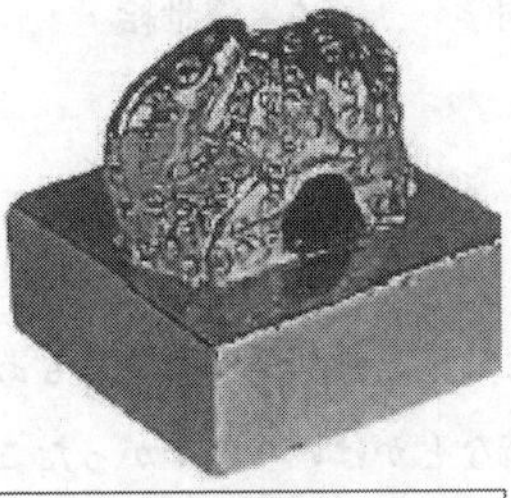

資料2
「漢」の文字が刻まれた
志賀島から出土した金印

A　倭の国には，当時の中国と関係を持った国が存在していた。

B　倭の国には，対外関係を持った国はなく，独自にさかえていた。

C　金印が出土された志賀島の場所は，現在の九州地方にあたる。

D　金印が出土された志賀島の場所は，朝鮮半島にあたる。

ア　A・C　　イ　A・D　　ウ　B・C　　エ　B・D

問6　下線部⑥に関連して，日宋貿易をすすめた人物について述べた文として正しいものを，次のア～エから1つ選び，記号で答えなさい。

ア　朝廷から，幕府をたおせという命令が出た際に，「頼朝どのが幕府を開いてから，そのご恩は，山よりも高く，海よりも深い」と集まった武士たちに話した。

イ　この人物は太政大臣の地位につき，「わが一族にあらずんば，人にあらず」という言葉が残されるほどに，この一族は大いに栄えた。

ウ　「この世をば　わが世とぞ思うもち月の　かけたることも　なしと思えば」という歌を詠んだとされ，大きな力を持っていた。

エ　「鳴かぬなら　鳴くまで待とう　ホトトギス」という歌でその性格を表現されるこの人物は，のちに朝廷から征夷大将軍に任じられ，幕府を開いた。

問７　下線部⑦に関連して，鎌倉時代のことについて述べた文として正しいものを，次のア～エから１つ選び，記号で答えなさい。

ア　源氏の将軍は３代で途絶え，その後の幕府の政治は執権の地位についた北条氏を中心に進められた。

イ　武士の裁判の基準となる法律である，武家諸法度が制定された。

ウ　元の大軍が九州北部に攻めてきたため，幕府は２度目の戦いにそなえたが，元が再び攻めてくることはなかった。

エ　元が攻めてきた後，生活に困ったり，幕府に不満を持つ者が増えたりしたため，幕府は徴兵令を出した。

問８　下線部⑧に関連して，室町時代に発達した文化や学問として正しいものを，次のア～エから１つ選び，記号で答えなさい。

ア　国学　　イ　浮世絵　　ウ　水墨画　　エ　十二単

〈Ｂ〉

江戸時代には，さまざまな問題点もありました。鎖国体制のもと，外国との自由な交際⑨が制限され，世界の文化や情報，技術などがはいりにくかったこと，士農工商（武士・農民・職人・商人）という身分制の制約があり，自由な結婚や職業の選択にかぎりがあったこと，幕府や藩の利害がからみ，ききん⑩，災害への対応がおくれぎみだったこと，などです。

しかし，やはり泰平の達成は，大きなものでした。戦国時代の戦乱⑪を克服して成立した江戸幕府は，二度と戦争⑫社会にもどらないように，幕府と藩によるがんじょうな「しくみ」をつくりあげました。そして，泰平を持続するために武士や庶民に儒学という共通の教育⑬を普及させ，価値観の統一をはかりました。泰平のもとで，人々の暮らしをゆたかにする産業や経済の発達もみられました。

（小学館『ジュニア　日本の歴史５　天下泰平のしくみ』より）

問９　下線部⑨に関連して，日本がペリーの来航によって開国した後のできごとを述べた文として正しいものを，次のア～エから１つ選び，記号で答えなさい。

ア　大名や商人に許可状である朱印状をあたえて，外国との貿易を保護した。

イ　オランダと中国に限り，貿易船の出入りを，長崎に限って認めた。

ウ　貿易に反対した長州藩や薩摩藩は外国との力の差を実感し，新しい政府をつくる動きを進めた。

エ　江戸幕府15代将軍は，政治の方針である五箇条の御誓文を定めた。

問10　下線部⑩に関連して，江戸時代の後半に天保の大ききんが起こった際に，元大阪の幕府の役人であった人物が反乱を起こしました。この人物の名前を漢字で答えなさい。

問11　下線部⑪に関連して，次の年表1・年表2は，それぞれ織田信長・豊臣秀吉のどちらかが行ったことを示したものです。年表中の【あ】・【い】には下の A～D のうちいずれか1つのできごとが入ります。そのできごとの組み合わせとして正しいものを，後のア～オから1つ選び，記号で答えなさい。

年表1

	できごと
1575年	長篠の戦い
1582年	検地を始める
1585年	関白となる
1588年	【　あ　】
1590年	全国を統一する
1598年	病死する

年表2

	できごと
1560年	今川氏を破る(桶狭間の戦い)
1569年	堺を支配する
1571年	延暦寺を焼く
1573年	【　い　】
1575年	長篠の戦い
1582年	明智光秀におそわれ自害する

A　関ヶ原の戦いが起こる　　B　刀狩令を出す
C　征夷大将軍に任じられる　　D　室町幕府をほろぼす

ア　【あ】－A　【い】－B　　イ　【あ】－A　【い】－C　　ウ　【あ】－A　【い】－D
エ　【あ】－B　【い】－C　　オ　【あ】－B　【い】－D

問12　下線部⑫に関連して，西南戦争についての説明として正しいものを，次のア～エから1つ選び，記号で答えなさい。

ア　生活に不満を持つ士族による反乱であったが，政府の軍隊によってしずめられた。
イ　明治維新政府軍と旧江戸幕府軍の間に起こった戦いで，新政府軍が勝利を収めた。
ウ　朝鮮に内乱が起きると，日本と清がそれぞれ軍隊を送り，両国の間で戦争となった。
エ　当時の中国である明を征服しようと，2度にわたって朝鮮に大軍を送った。

問13　下線部⑬に関連して，教育と学問の発達に関して述べた次の文[A]～[C]について，年代の古い順に並べたものとして正しいものを，後のア～カから1つ選び，記号で答えなさい。

[A]　学制が公布され，6歳以上の男女が小学校に通うことが定められた。
[B]　ポルトガルなどから宣教師や貿易船がやってきて，キリスト教の学校をつくった。
[C]　寺子屋では，子どもたちが「読み・書き・そろばん」を学んだ。

ア　[A]→[B]→[C]　　イ　[A]→[C]→[B]　　ウ　[B]→[A]→[C]
エ　[B]→[C]→[A]　　オ　[C]→[A]→[B]　　カ　[C]→[B]→[A]

4 次の各問いに答えなさい。

問１　次の文章は日本国憲法の条文です。このように憲法に規定されている天皇が行わなければならない行為を何といいますか。漢字４字で答えなさい。

> 第４条　天皇は，この憲法の定める国事に関する行為のみを行い，国政に関する権能を有しない。
> 　２　天皇は，法律の定めるところにより，その国事に関する行為を委任することができる。

問２　次の文章の（ あ ）～（ う ）に入る語句の組み合わせとして正しいものを，後のア～カから１つ選び，記号で答えなさい。

> 令和４年７月10日に第26回（　あ　）議員選挙が行われました。日本の内閣は，国会議員から選ばれた内閣総理大臣が各大臣を任命し，内閣は（　い　）に対して責任を負います。また，内閣は，行政の仕事を行いますが，裁判をしたり，法律を制定したりすることはできません。裁判をするのは裁判所の仕事で，法律を制定するのは国会の仕事です。このように内閣・裁判所・国会と分かれていることを（　う　）といいます。

ア　あ 参議院　い 国会　う 独裁政治
イ　あ 参議院　い 国会　う 三権分立
ウ　あ 参議院　い 国民　う 独裁政治
エ　あ 衆議院　い 国民　う 三権分立
オ　あ 衆議院　い 国会　う 独裁政治
カ　あ 衆議院　い 国会　う 三権分立

問３　日本における裁判について述べた文として正しいものを，次のア～エから１つ選び，記号で答えなさい。

ア　日本では三審制がとられており，最初の判決に不満があれば同じ裁判所に３回まで訴えることができる。
イ　日本では裁判員制度がとられており，国民が裁判に関心を持ってもらうために，刑事事件の裁判でのみ実施されている。
ウ　日本では「裁判を受ける権利」が保障されているが，一部の凶悪犯においてはこの権利が停止されている。
エ　日本では裁判所以外で有罪や無罪の判断はできないので，裁判所の令状なしで逮捕することはできない。

問４　次の文章を読み，後の問いに答えなさい。

> 2022年２月にロシアがウクライナへ侵攻したことで，世界各地で支援の動きが活発化している。国連①やNPO，ボランティアなどが，ウクライナや世界中に避難しているウクライナの人々を支援している。またウクライナの大統領②もオンラインで演説を行い，各国の指導者に支援を呼びかけている。

(1)　下線部①に関連して，国連の組織の１つに「すべての子どもたち，最も脆弱で，最も不利な立場に置かれた子どもたちが，生き延び，健やかに成長するための平等な機会を得られる世界を目指して活動します。」という目標を立てて，特に子どもたちへの支援を中心に活動している団体があります。この団体名をカタカナで答えなさい。

(2)　下線部②に関連して，2022年２月時点でのウクライナの大統領を，次のア～エから１人選び，記号で答えなさい。

ア　ゼレンスキー　　イ　プーチン　　ウ　ジョンソン　　エ　バイデン

問５　次の文章を読み，後の問いに答えなさい。

原材料の高騰《こうとう》に耐えきれず，ここ１年あまりのうちに何回も製品の値上げを繰り返さざるを得ない企業も相次いでいる。

Ａ社は昨年４月以降，サラダ油などの食用油の出荷価格を５回値上げした。バイオ燃料向けの需要の高まりや，産地の不作が理由だったが，そこにウクライナ情勢の緊迫化でさらに相場が上昇。円安も重なって，輸入コストが大きく膨らんだ。７月１日には６回目の値上げに踏み切り，昨年４月からの値上げ幅は１キロあたり240円以上になる。

食用油の値上がりは，それを仕入れて加工するメーカーにも広がる。Ｂ社はマヨネーズの参考小売価格を昨年７月と今年３月に２回引き上げ，450グラムで403円（税抜き）と過去半世紀で最も高い価格にした。Ｃ社もマヨネーズを同じ時期に２回，値上げしている。

政府が製粉業者に輸入小麦を売る価格も半年ごとに上昇し，小麦粉の価格も高くなってきた。Ｄ社は薄力粉１キロの参考小売価格（税抜き）を昨年７月と今年１月に計21円引き上げ，今年７月にはさらに15円高くする。小麦粉を使うＥ社も今年１月に３年半ぶりに食パンや菓子パンの出荷価格を上げ，７月にはさらに値上げする予定だ。

（2022年５月20日　朝日新聞夕刊　一部改変）

(1)　「円安・円高」の説明として正しいものを，次のア～エから１つ選び，記号で答えなさい。

ア　円安とは，１ドル＝100円から１ドル＝120円のように，円の価値が上がること。
イ　円安とは，１ドル＝100円から１ドル＝120円のように，円の価値が下がること。
ウ　円高とは，１ドル＝100円から１ドル＝120円のように，円の価値が下がること。
エ　円高とは，１ドル＝100円から１ドル＝120円のように，円の価値が上がること。

(2)　この文章から読み取れることとして正しいものを，次のア～エから１つ選び，記号で答えなさい。

ア　食用油の値上げによって，唐揚げや天ぷらなどが値上がりする。
イ　小麦粉の値上げによって，食パンは値上がりするが，菓子パンは薄力粉を使うので値段はそのままである。
ウ　輸入コストが上がっても，輸出で売り上げをアップすれば値上げの必要はない。
エ　油や小麦粉が値上がる原因は，ウクライナ情勢による不作が原因である。

【理　科】〈第１回Ａ試験〉（40分）〈満点：100点〉

1 次の文章は，ある２階建ての家に住むＡさんと，そのお父さん（電気工事士）の会話です。Ａさんのお父さんは，Ａさんがリビング（１階）から自分の部屋（２階）に行った後，階段の電気を消さないことについて，Ａさんと話をしています。２人の会話の内容から，後の問いに答えなさい。

父：Ａ，お前はなぜいつも階段の電気を消さないんだ。

Ａ：ごめん父さん。でも，リビングに戻るまでつけたままにしちゃうのは仕方ないとは思わない？

父：お前は何を言っているんだ。

Ａ：だって１階で電気をつけたんだから，１階で同じスイッチを押さないと消えないでしょう？

父：……そういうことか。いいかＡ，階段の電気は２階のスイッチでもつけたり消したりできるんだ。

Ａ：え，そうなの？　なんで？

父：階段についているスイッチは「切りかえスイッチ」と呼ばれるもので，オン・オフの代わりに２つの電気の道すじを切りかえるものなんだ。これを使うと……

(1) 輪になっている電気の通り道を何といいますか。正しい漢字で書きなさい。

(2) 次のア～エの図のなかで，電球がついているものが１つだけあります。それはどれですか。記号で答えなさい。

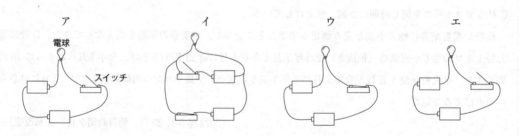

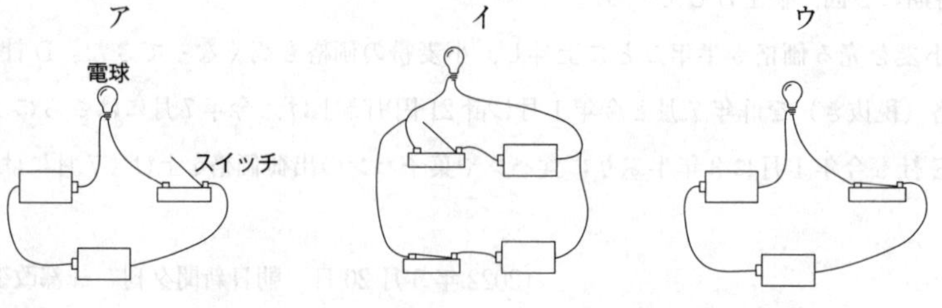

(3) 家の中のコンセントは，それぞれのコンセントにかかる電圧を同じにするために，図１のようなつなぎ方になっています。このように枝分かれをして２つの部品につなぐつなぎ方のことを何つなぎと呼びますか。正しい漢字で書きなさい。

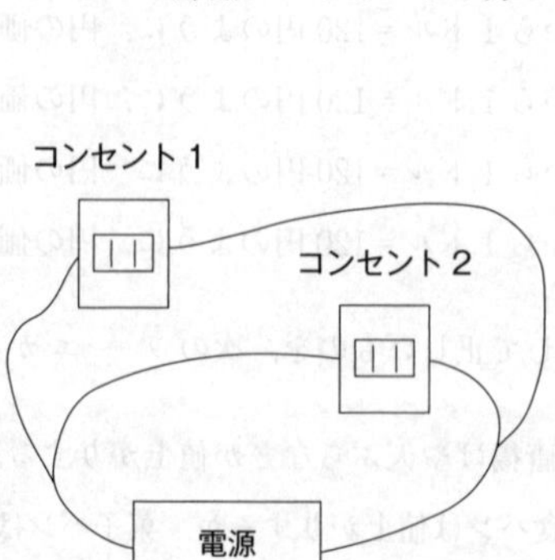

図１

(4)　文章のなかの波線部「切りかえスイッチ」とは，図２のように操作するたびに電気の道すじが切りかえられるもののことを言います。例えば図２では，左に倒すと電球１がつき，右に倒すと電球２がつきます。このことから，後のア～エのうち，電球がつくものをすべて選び，記号で答えなさい。

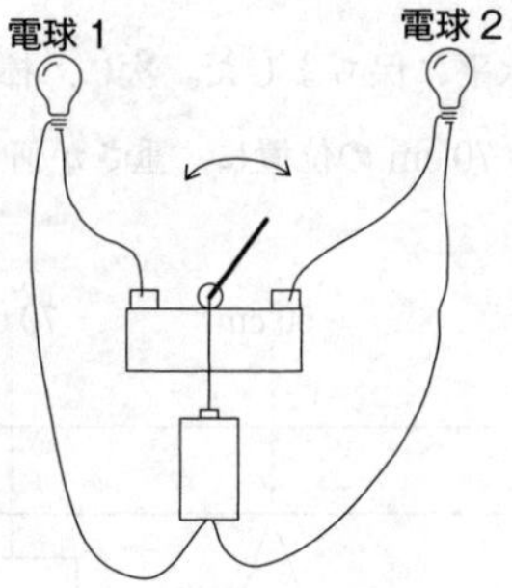

図２

ア

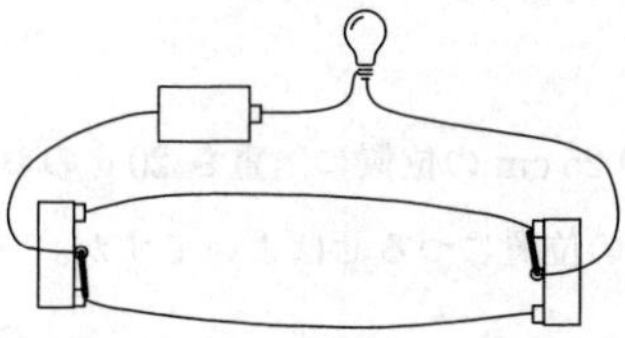

イ

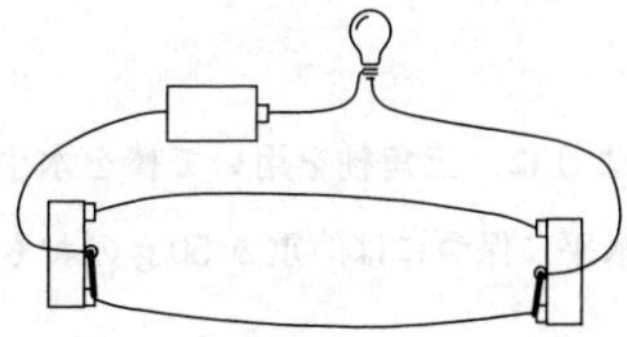

ウ

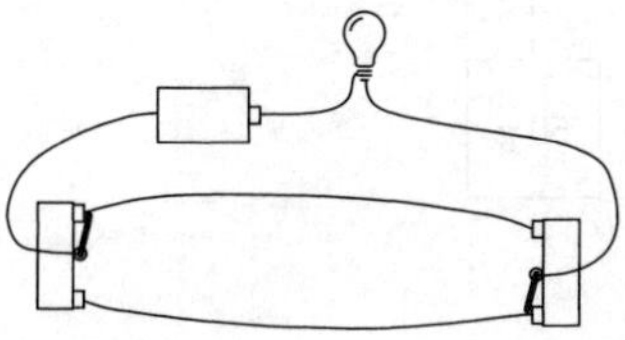

エ

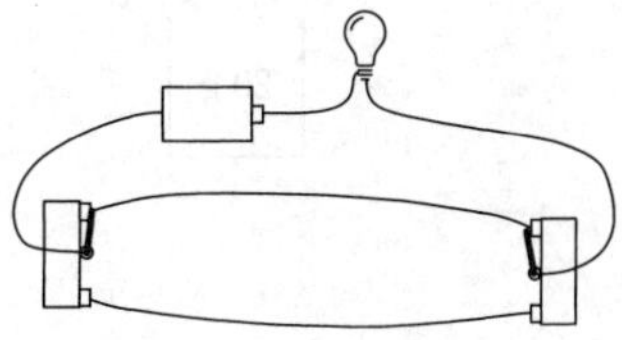

2 じょうぶでまっすぐな，重さが200 g，長さが100 cmの，均一な棒を用いて実験を行いました。実験では，棒の左端を0 cmの位置，右端を100 cmの位置とします（棒の中央であれば，50 cmの位置）。

(1) 棒の中央を，三角柱の１辺で支えて水平に保ちました。次に，棒の10 cmの位置に，重さ40 gのおもりをつるしました。棒を水平に保つには，棒の70 cmの位置に，重さが何gのおもりをつるせばよいですか。

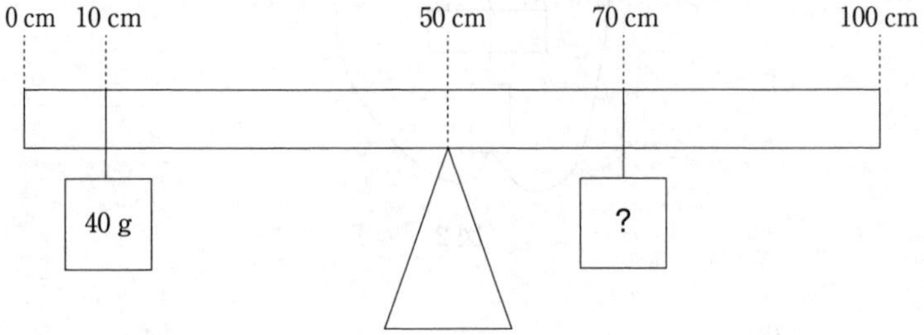

(2) (1)と同じように，三角柱を用いて棒を水平に保った後，棒の25 cmの位置に，重さ20 gのおもりをつるしました。棒を水平に保つには，重さ50 gのおもりを，棒の何cmの位置につるせばよいですか。

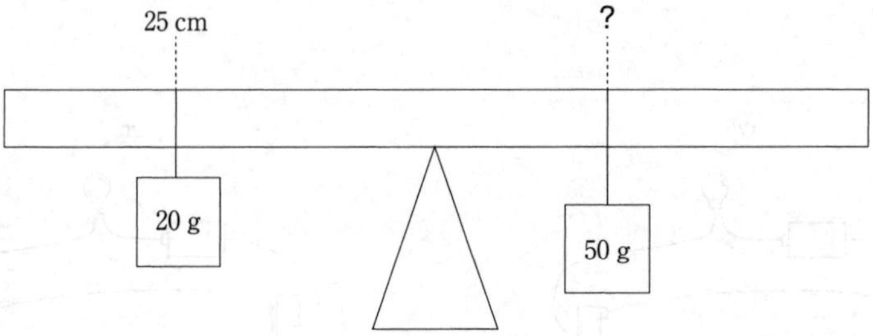

(3) 三角柱を，棒の40 cmの位置に移動し，重さ100 gのおもりを，棒の20 cmの位置につるしたところ，棒は水平を保ちました。このとき，棒の重さが，ある一点に集まっていると考えることができます。その点は棒の何cmの位置ですか。

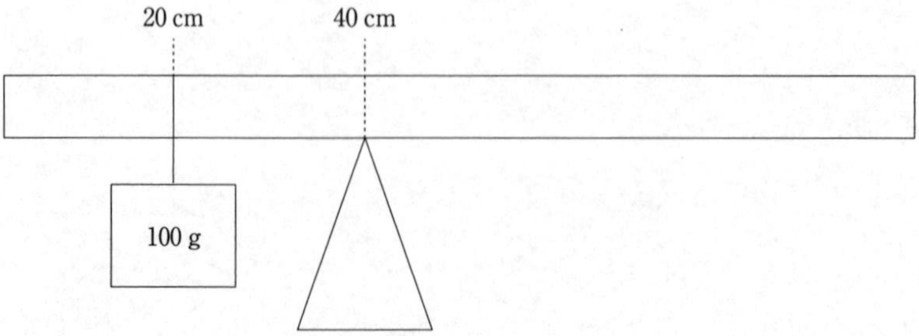

(4)　三角柱の代わりに，１辺の長さが20 cmの立方体を使い，その上に中央が同じ位置になるように棒を置いて，水平にしました。次に，棒の100 cmの位置に，軽い糸をくくりつけて，棒をわずかに持ち上げて静止させました。このとき，糸が棒を引く力の大きさは何ｇですか。小数第１位を四捨五入して整数で答えなさい。ただし，棒はほぼ水平と考えてよいとします。

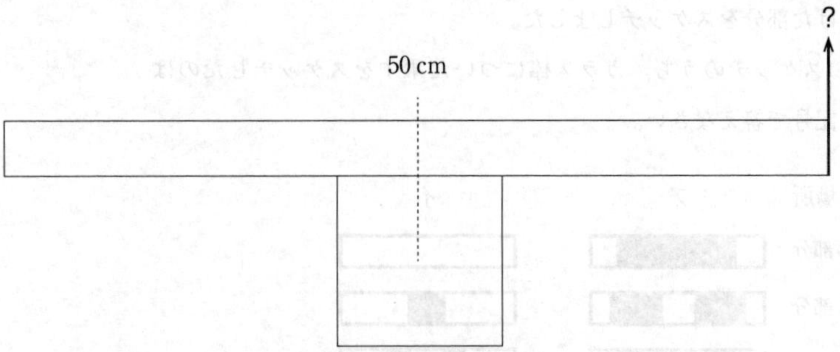

3　ものが燃えるときのようすについて，次の各問いに答えなさい。

(1)　ものが燃えるには，次の３つの条件が必要です。この条件が１つでもそろわないと消えてしまいます。

「燃えるもの」　「空気中の酸素」　「温度(発火点)」

次の操作において，「燃えるもの」が大きく関係しているものを，ア ～ エより１つ選び，記号で答えなさい。

ア　外出するとき，ガスこんろの元せんを閉める。

イ　アルコールランプを消すときには，ふたをする。

ウ　キャンプファイヤーの火を，水をかけて消した。

エ　図書館などには，二酸化炭素を発生させる設備がある。

(2)　下線部の気体について，ろうそくが燃えた後に発生する気体と同じ気体が発生する操作はどれですか。ア ～ オより１つ選び，記号で答えなさい。

ア　塩酸に石灰石を入れると，気体が発生した。

イ　りゅう酸に鉄くぎを入れると，気体が発生した。

ウ　空気にふれないようにして，木の枝をむし焼きにすると，気体が発生した。

エ　水酸化ナトリウム水よう液にアルミニウムを入れると，気体が発生した。

オ　二酸化マンガンに過酸化水素水(オキシドール)を加えると，気体が発生した。

(3) 右の図で，ろうそくの炎の温度が最も高いのは，①～③のどの部分ですか。番号で答えなさい。

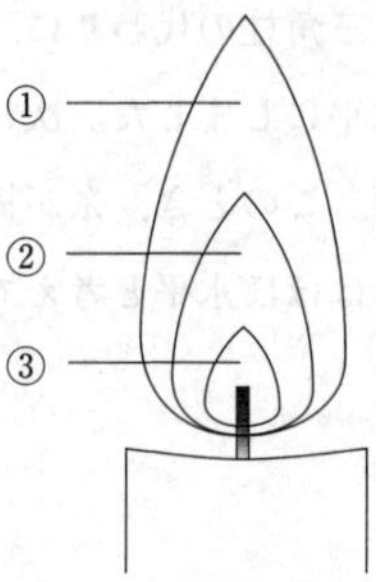

図

(4) 右の図の①～③の場所にそれぞれガラス棒《ぼう》を入れて，すすのついた部分をスケッチしました。同じように，①～③の場所にそれぞれしめらせた割りばしを入れて，こげた部分をスケッチしました。

下のア，イのスケッチのうち，ガラス棒についたすすをスケッチしたのはどちらですか。記号で答えなさい。

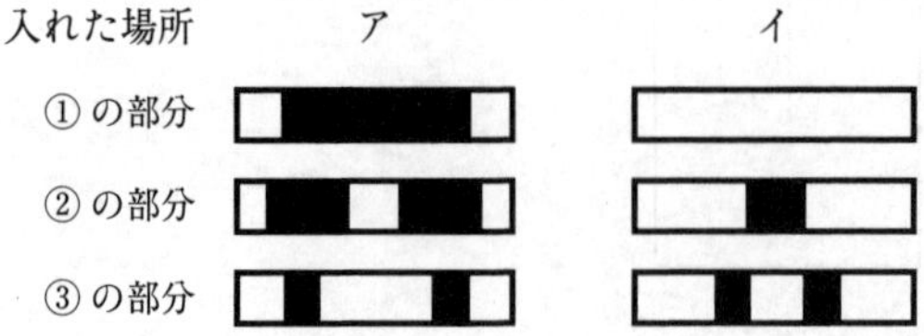

(5) 次に，円筒《えんとう》形のガラスのつつにろうそくを入れて，燃えやすさを調べました。最も長く燃え続けるのは下のア～エのどのときですか。記号で答えなさい。

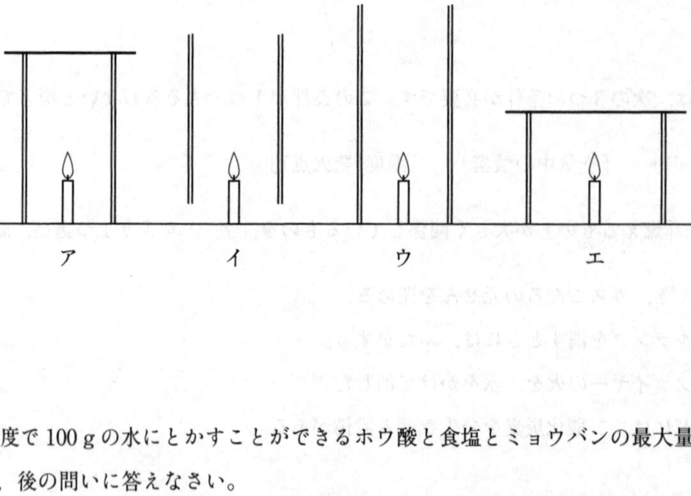

4 次の表は，各温度で100ｇの水にとかすことができるホウ酸と食塩とミョウバンの最大量をあらわしたものです。これをもとにして，後の問いに答えなさい。

	20℃	40℃	60℃	80℃
ホウ酸(g)	4.9	8.9	14.9	23.5
食　塩(g)	35.8	36.3	37.1	38.0
ミョウバン(g)	11.4	23.8	57.3	321.1

(1) 40℃の水1kgをビーカーに入れ，これにミョウバンをとけるだけとかしました。できた水よう液は何ｇですか。

(2) (1)の水よう液で，ビーカーの上の方と下の方のこさを比べました。上の方と下の方のこさについて，ア ～ ウより正しいものを１つ選び，記号で答えなさい。

ア　上の方がこい　　　イ　下の方がこい　　　ウ　上も下もこさは同じ

(3) 60 ℃ で 50 g の水が入っているビーカーに，ホウ酸・食塩・ミョウバンをそれぞれ 25 g ずつとかしました。このとき，全部とけないものはどれですか。次のア ～ ウよりすべて選び，記号で答えなさい。

ア　ホウ酸　　　イ　食塩　　　ウ　ミョウバン

(4) 20 ℃ の水 300 g にホウ酸をとけるだけとかし，温度を 40 ℃ に上げました。ホウ酸はあと何 g とけますか。

(5) 80 ℃ の水 200 g をビーカーに入れ，これにホウ酸を 60 g 入れてよくかき混ぜましたが，とけ残りました。この後にさらに 80 ℃ の水 100 g を加えてよくかき混ぜ，すべてとかしてから 20 ℃ まで冷やしました。出てきたホウ酸は何 g ですか。

5 星・地球・太陽に関する次の各問いに答えなさい。

(1) ある晴れた日の午後７時ごろに空を観測したところ，オリオン座が見られました。この観測を行った季節はいつですか。ア ～ エより１つ選び，記号で答えなさい。

ア 春　　イ 夏　　ウ 秋　　エ 冬

(2) 星とその星をふくむ星座の組み合わせとして正しくないものを，ア ～ エより１つ選び，記号で答えなさい。

ア　デネブ ― さそり座　　　イ　シリウス ― おおいぬ座
ウ　スピカ ― おとめ座　　　エ　リゲル ― オリオン座

(3) 次の文章の空欄□に適する色を，後のア ～ ウより１つ選び，記号で答えなさい。

> オリオン座で２番目に明るいベテルギウスは，古代ローマ時代から□色の１等星として有名でした。ところが，一昨年から星の光が弱まり(減光)，近年では２等星ほどの明るさになりました。星が爆発するのではないかと世界中で話題になっています。

ア 白　　イ 青　　ウ 赤

(4) 図1のような星Aと星座Bを観測しました。時間がたっても星Aの位置は変わりませんでしたが，星座Bの位置は変わりました。星Aの名称を答えなさい。また，星座Bが星Aの真上にあるときの図を，後のア～エより1つ選び，記号で答えなさい。

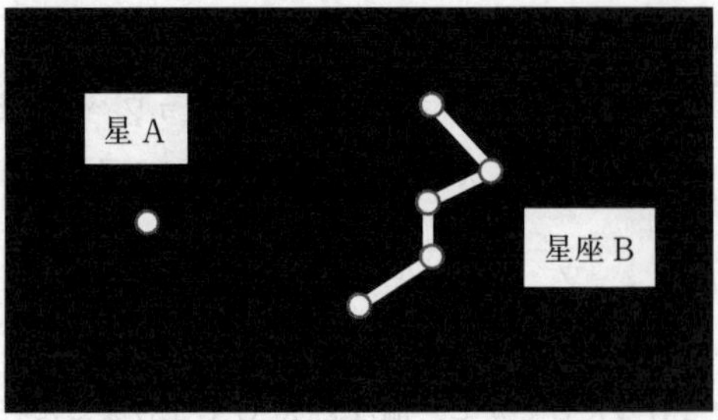

図1

ア
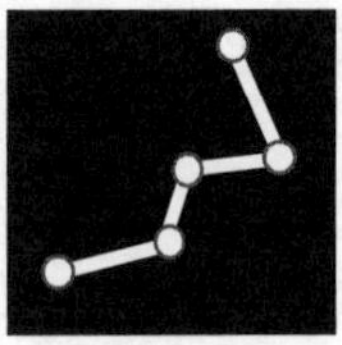

イ
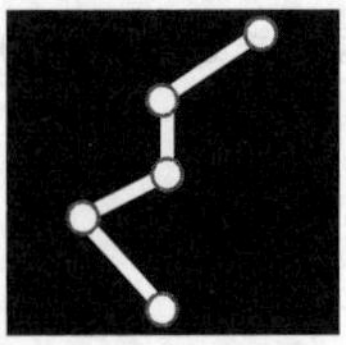

ウ
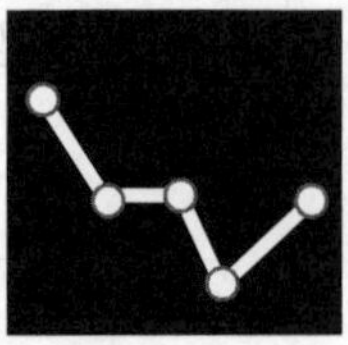

エ
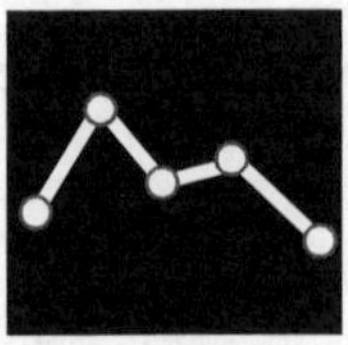

6 動物がどのようにして自分の子どもを産むかは，動物によって違っています。たとえば人間では，母親のおなかの中でゆっくりと子どもを成長させて，その後に母親から成体《せいたい》と同じような体の形の子どもが生まれてきます。このような子どもの産み方を胎生《たいせい》と呼びます。一方で，メダカなどでは子どもを卵で産み落とし，そこからち魚がふ化します。このような子どもの産み方を卵生《らんせい》と呼びます。子どもの産み方の違いは，親と子のかかわり方や子どもの生存率といったものに大きく関係しています。また，卵生の動物が産み落とす卵は，その動物の生活環境によってその形は異なっています。なお，生存率とは生まれてきた子どもの数のうち，大人になるまで成長することができた数の割合を示しています。つまり，100個体の子どもが生まれてきて，40個体が大人になるまで生き残ることができたとすると，生存率は40％ということになります。

(1) 下線部について，このように人間の母親のおなかの中にいる子どものことを何と呼ぶか答えなさい。

(2) 次の文章は胎生の動物と卵生の動物を比較したものです。空欄（ 1 ）～（ 3 ）に，「卵生」または「胎生」のうちあてはまる語を答えなさい。

卵生の動物と胎生の動物を比較すると，その子どもの死亡率(生まれてきた子どもの数のうち，大人になるまで成長できずに死んでしまった数の割合)は（ 1 ）の動物の方が高いことが知られています。子どもの死亡率は，親がどれくらい子どもの保護をするかという程度の違いが大きく関わっています。この保護の程度は，子どもの死亡率から考えて（ 2 ）の動物の方が高いとされます。また，（ 3 ）の動物では一度にたくさんの子どもが産み落とされますが，これは生まれた子の死亡率が高いためだと考えられます。

(3) 卵生の動物を次の ア ～ ク より４つ選び，記号で答えなさい。

ア クジラ　　イ コウモリ　　ウ イモリ　　エ カラス

オ イヌ　　カ ネコザメ　　キ ネコ　　ク カモノハシ

(4) 次の卵は，(3)の ア ～ ク のどの生物の卵にあたりますか。それぞれ記号で答えなさい。

1

2

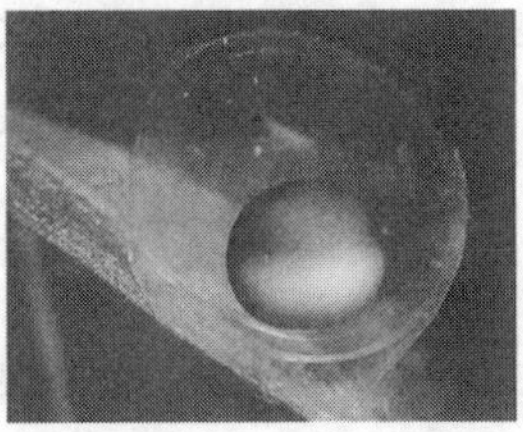

3

7 茨城中学校にはサイエンス研修というしくみがあって，科学に関するテーマで様々な場所に出かけて体験的な学習に取り組む機会があります。2022年の３月には，中学生４名と高校生11名が，７日間の日程で，水戸から約1600 km もはなれた沖縄県の西表島《いりおもてじま》で「自然探究活動」に取り組みました。西表島には，豊かな自然が多く残されており，イリオモテヤマネコを代表とするめずらしい生き物がたくさんいます。また，茨城県と比べて，気温が高く雨も多いため，島には関東地方には見られない動植物が生育しています。

その１つがマングローブ林です。西表島の大きな川の河口には，少し変わった性質を持つマングローブ林が発達します。そして，そこには，特別な能力を持った純マングローブ植物しか生育できません。実習を行ったヨナダ川には，純マングローブ植物が５種類もあります。

次の会話文は，５種類の純マングローブ植物を探し出す実習に参加した中学３年生の丈《じょう》君と三郎《さぶろう》君の実習中の会話です。この会話文を読み，後の問いに答えなさい。

〔会話文１〕

三郎：純マングローブ植物の特別な能力って何だろう。「植物が生えている周りをよく観察して考えてごらん」って先生は言っていたけど，見当がつかないよ。丈君どう？

丈　：ぼくの家は那珂湊《なかみなと》で，お父さんとよく那珂川《なかがわ》の河口に釣りにいくけど，（　ア　）にひたる場所には木は生えていないよ。でも，この森の木は（　ア　）にひたっているから，それが大きなちがいだね。

三郎：へーそうなんだ。田んぼのイネは（　ア　）にひたって生えているし，植物の成長には（　ア　）が絶対に必要だから，別に（　ア　）にひたる場所に木が生えていてもよさそうなのにね。そういえば，この実習ではなぞを解くために「五感を使おう」って先生が言っていたよね。

丈　：そうそう，さっき先生が川の（　ア　）をなめて何かを確かめていたよ。ぼくたちもちょっとやってみようよ。

三郎：うん，じゃあ指につけてなめてみよう。うっ，何これ。

丈　：そうだね，しょっぱいね。海の（　ア　）より，［ 1 ］感じだね。

三郎：たぶん，すぐそこが海だから，海と川の（　ア　）が混じっているんじゃないかな。

丈　：さっき，三郎君，植物の成長には（　ア　）が必要って言ったけど，（　イ　）じゃダメなんじゃないかな。（　イ　）って（　ア　）に（　ウ　）分がたくさんとけているんだよね。

三郎：あっ，思い出したよ！
前に探究の時間で霞ケ《かすみが》浦《うら》について調べたとき，霞ケ浦と海とをつなぐ川に水門を作った理由の１つに，「（　イ　）の逆流を防ぐ」っていうのがあったよ。田んぼに（　イ　）が混じると，イネが［ 2 ］しまうらしい。

丈　：植物にとって（　ウ　）分は毒ってことだね。じゃあ，どうして純マングローブ植物は，（　イ　）が混じった場所でも大丈夫なんだろう？

三郎：それがこの植物の秘密なんだね。どんな特別な能力があるのか，がんばって，いまから実習で確かめようよ。

(1)〔会話文１〕の下線部について，ヒトの五感の１つに味覚があり，ヒトが感じることができる味覚には５つの種類があるといわれています。次の①～⑥の中から味覚とはいえないものを１つ選び，番号で答えなさい。

①　あま味　　②　塩味　　③　辛味　　④　苦味　　⑤　うま味　　⑥　酸味

(2)〔会話文１〕の空らんア～ウにあてはまる語句を漢字で答えなさい。

(3)〔会話文１〕の空らん［ 1 ］にあてはまるものを次の①～③より１つ選び，番号で答えなさい。

①　かなりしょっぱい　　②　ちょっとしょっぱい　　③　ちょっとうすい

(4)〔会話文１〕の空らん［ 2 ］にあてはまる短文を次の①～③より１つ選び，番号で答えなさい。

①　異常に成長して　　②　しょっぱくなって　　③　かれて

(5)　植物は日光を使って，葉で成長に必要な養分であるデンプンを合成しています。このために植物が葉から取り入れている気体の名称を，漢字で答えなさい。

〔会話文２〕

丈　：さっき高校２年生の先ぱいに，「何かヒントをお願いします」ってたのんだら，「植物の葉を食べてみて」って言われたよ。

三郎：じゃあ，葉の形のちがう植物を見つけて，それぞれで味がどうちがうのか確かめてみようよ。

丈　：りょう解！　じゃあ初めに，この丸い葉っぱのＡ植物から試してみようか。緑色の葉と黄色の葉があるから，両方かじってみようよ。

三郎：うん，あれ？　どっちの葉もしょっぱいね。

丈　：でもどちらかというと黄色い葉の方がしょっぱくない？

三郎：そうだね，びみょうな差だけど，確かに黄色い方がしょっぱいと思う。ふつうの植物の葉って，しょっぱくないよね？

丈　：うん，しょっぱくないと思うよ。じゃあ，次に，このふつうに見えるＢ植物の葉っぱはどうだろう。

三郎：Ｂ植物をかじってみたけど，ぼくは苦みだけでしょっぱさは感じないよ。

丈　：ぼくも同じだな。では，この葉に虫食いのあとが多いＣ植物はどうかな。葉の裏側がざらついていて，白く粉がふいたようになっているよね。

三郎：うん，これはかじるとしょっぱいね。でもＡ植物とは何かちがう感じがするよ。

丈　：じゃあ，Ｃ植物の葉っぱをなめてみるよ。あれ？　葉の表側はなめてもしょっぱくないけど，葉の裏側をなめるとしょっぱいよ。

三郎：あっ本当だ。そうか。かじってしょっぱかったけれど，Ａ植物とは何かちがう感じで不思議に思っていたんだよね。葉の裏側がしょっぱいんだね。

(6)〔会話文２〕に出てくるＡ植物～Ｃ植物は，純マングローブ植物です。〔会話文１〕の（ウ）分に対して，Ａ～Ｃの植物が持つと考えられる特ちょうを，次の①～④よりそれぞれ１つずつ選び，番号で答えなさい。

① （ウ）分に対して，ふつうの陸上の植物と同じ性質を持つ。
② （ウ）分を根でろ過し，体内にしん入させないしくみを持っている。
③ 体内に入った（ウ）分を葉からはい出するしくみを持っている。
④ 体内に入った（ウ）分を葉の内部にたくわえるしくみを持っている。

四

次の――線部の漢字をひらがなに直しなさい。

① 手にかばんを提げる。
② この海岸は遠浅だ。
③ 日本列島を縦断する。
④ 生地をはさみで裁つ。
⑤ 鋼材を加工する。
⑥ 実力を発揮する。
⑦ 干満の差が激しい。
⑧ 屋内の駐車場。
⑨ かすかな笛の音色。
⑩ ニュースを気に留める。

五

次の――線部のカタカナを漢字に直しなさい。

① 世界イサンに登録する。
② 新しいレイゾウコを買う。
③ カイダンをかけのぼる。
④ 日本はコウブツ資源が少ない。
⑤ 曲のカシを書く。
⑥ カンゼイを引き下げる。
⑦ スイジョウキが立ちこめる。
⑧ エンギのうまい役者。
⑨ 季節外れのカンパが訪れる。
⑩ 薬がキいて体調が良くなる。

問四　――線部③「これだけの短期間に五〇〇万人を超える人々が押し寄せても、周辺国が今のところパンクしていない理由」とありますが、なぜ「パンクしていない」のですか。次の書き出しに続けて、四十字以内で説明しなさい。

ロシアの侵攻前から、欧州各国には一五〇万人くらいのウクライナ人が……

問五　――線部④「日本の受け入れ態勢」とありますが、筆者は日本の抱える問題点をどう説明していますか。その内容が書いてあるところを、本文中から三十五字以内で探し、最初の九字を書きなさい。

問六　波線部ⓐ～ⓒは次のアかイのうちどちらに当てはまりますか。それぞれ最もふさわしいものを一つずつ選び、記号で答えなさい。

ア　事実を述べている文
イ　意見を述べている文

問七　本文の内容としてふさわしいものを、次のア～オのうちから一つ選び、記号で答えなさい。

ア　約二カ月で約五二〇万人もの人が難民となるのは、歴史上初めてである。
イ　欧州各国では、ウクライナからの難民も中東からの避難民も積極的に受け入れた。
ウ　日本に受け入れられたウクライナからの避難民は、三年間働く権利がある。
エ　「難民」と「避難民」は、制度のうえで意味が異なる。
オ　祖国を追われた難民がたくさんいるので、彼らを全員速《すみ》やかに救出すべきである。

問六　――線部④「彼らは『道』から自由だ」について、それぞれ次の問いに答えなさい。

（一）　どのような意味ですか。それを説明したひと続きの二文を探し、最初の七字を答えなさい。

（二）　なぜ「自由」なのですか。次の書き出しに続け、本文二十六行目までの言葉を用いて三十字程度で説明しなさい。

見えない人は物理的な空間を歩きながら、……

問七　――線部⑤「そこ」の指示内容を十字以内で答えなさい。

問八　空らん［C］に当てはまる語として最もふさわしいものを、次のア～エのうちから一つ選び、記号で答えなさい。

ア　一時　　イ　感情　　ウ　人工　　エ　形式

三　次の文章を読んで、後の問いに答えなさい。

〔編集部注…課題文は著作権上の問題により掲載しておりません。作品の該当箇所につきましては次の書籍を参考にしてください〕

・『ジュニアエラ　6月号』（朝日新聞出版　二〇二二年六月発行）
六ページ一行目～七ページ最終行

問一　空らん（　A　）に入る最もふさわしいものを、次のア～エのうちから一つ選び、記号で答えなさい。

ア　二　　イ　三　　ウ　四　　エ　五

問二　――線部①「積極的」の対義語を漢字で書きなさい。

問三　――線部②「緊急保護策」とありますが、具体的にどのような政策ですか。本文中から六つ、それぞれを「～を……すること」のかたちでわかりやすく書きなさい。

注

＊１　分節　一連のものに区切りをつけること。

＊２　俯瞰　高いところから見下ろすこと。

問一　――線部①「そこ」の指示内容を本文中から七字で抜き出して答えなさい。

問二　空らん［Ａ］に当てはまる、「部分」の対義語を漢字二字で答えなさい。

問三　――線部②「見える人にとって、そのような俯瞰的で三次元的なイメージを持つことはきわめて難しいことです」とありますが、なぜですか。その理由として最もふさわしいものを、次のア～エのうちから一つ選び、記号で答えなさい。

ア　さまざまな情報が目に飛び込んでくるので、どこを見て良いか分からなくなるから。

イ　現代では道を通行するすべての人がスマホの画面に視線を落として歩いているから。

ウ　学校なので知った顔とすれ違い、そこに気を取られてしまうから。

エ　目に入る情報が多いので、そこにあるものを想像する余裕がないから。

問四　空らん［Ｂ］に当てはまる語として最もふさわしいものを、次のア～エのうちから一つ選び、記号で答えなさい。

ア　そして　　イ　しかし　　ウ　あるいは　　エ　つまり

問五　――線部③「全く違う世界」とありますが、「見えない人」が見た大岡山は、さし絵のアかイのどちらですか。記号で答えなさい。

ア

イ

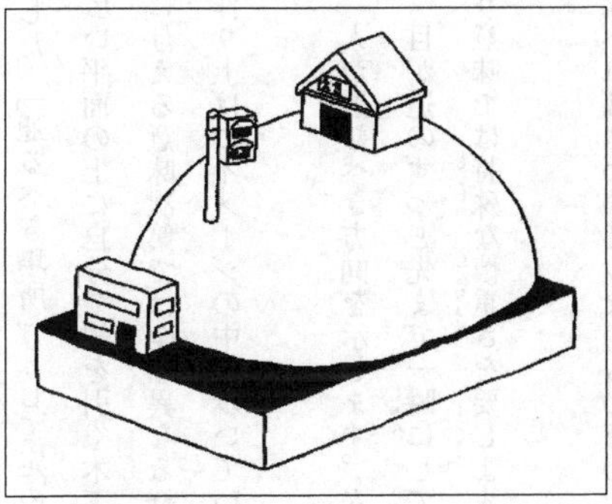

そう、私たちはまさに「通行人」なのだとそのとき思いました。「通るべき場所」として定められ、方向性を持つ「道」に、いわばベルトコンベアのように運ばれている存在。それに比べて、まるでスキーヤーのように広い平面の上に自分で線を引く木下さんのイメージは、より開放的なものに思えます。

物理的には同じ場所に立っていたのだとしても、その場所に与える意味次第では全く異なる経験をしていることになる。それが、木下さんの一言が私に与えた驚《おどろ》きでした。人は、物理的な空間を歩きながら、実は脳《のう》内に作り上げたイメージの中を歩いている。私と木下さんは、同じ坂を並んで下りながら、実は③全く違う世界を歩いていたわけです。

④彼らは「道」から自由だと言えるのかもしれません。道は、人が進むべき方向を示します。もちろん視覚障害者だって、個人差はあるとしても、音の反響《はんきょう》や白《はく》杖《じょう》の感触《かんしょく》を利用して道の幅《はば》や向きを把握《はあく》しています。しかし、目が道のずっと先まで一瞬《いっしゅん》にして見通すことができるのに対し、音や反響で把握できる範囲は限定されている。道から自由であるとは、予測が立ちにくいという意味では特殊《とくしゅ》な慎重《しんちょう》さを要しますが、だからこそ、道だけを特別視しない俯瞰的なビジョンを持つことができたのでしょう。

全盲《ぜんもう》の木下さんがそのとき手にしていた「情報」は、私に比べればきわめて少ないものでした。少ないどころか、たぶん二つの情報しかなかったはずです。つまり「大岡山という地名」と「足で感じる傾《かたむ》き」の二つです。しかし情報が少ないからこそ、それを解釈《かいしゃく》することによって、見える人では持ち得ないような空間が、頭の中に作り出されました。

木下さんはそのことについてこう語っています。「たぶん脳の中にはスペースがありますよね。見える人だと、そこがスーパーや通る人だとかで埋《う》まっているんだけど、ぼくらの場合は⑤そこが空いていて、見える人のようには使っていない。でもそのスペースを何とか使おうとして、情報と情報を結びつけていくので、そういったイメージができてくるんでしょうね。さっきなら、足で感じる『斜面を下っている』という情報しかないので、これはどういうことだ？　と考えていくわけです。だから、見えない人はある意味で余裕があるのかもしれないね。見えると、坂だ、ということで気が奪われちゃうんでしょうね。きっと、まわりの風景、空が青いだとか、スカイツリーが見えるとか、そういうので忙《いそが》しいわけだよね」。

まさに情報の少なさが特有の意味を生み出している実例です。都市で生活していると、目がとらえる情報の多くは、［Ｃ］的なものです。大型スクリーンに映し出されるアイドルの顔、新商品を宣伝する看板、電車の中吊《なかづ》り広告……。見られるために設《しつら》えられたもの、本当は自分にはあまり関係のない＝「意味」を持たないかもしれない、純粋《じゅんすい》な「情報」もたくさんあふれています。視覚的な注意をさらっていくめまぐるしい情報の洪水《こうずい》。確かに見える人の頭の中には、木下さんの言う「脳の中のスペース」がほとんどありません。

それに比べて見えない人は、こうした洪水とは無縁《むえん》です。もちろん音や匂《にお》いも都市には氾濫《はんらん》していますが、それでも木下さんに言わせれば「脳の中に余裕がある」。さきほど、見えない人は道から自由なのではないか、と述べました。この「道」は、物理的な道、つまりコンクリートや土を固めて作られた文字通りの道であると同時に、比喩《ひゆ》的な道でもあります。つまり、「こっちにおいで」と人の進むべき方向を示すもの、という意味です。

（伊藤亜紗『目の見えない人は世界をどう見ているのか』より）

問六　――線部③「落花生でいっぱいになった胸」から――線部④「ふいに視界が開けた」までの場面におけるチャオミンの心情の変化を表したときに、次の空らん（　ア　）にはどのような心情が入りますか。漢字二字で書きなさい。

期待　→　（　ア　）　→　勇気　→　おどろき

問七　――線部⑤「そういうわけだから、悪いね」とありますが、おばさんは、どのようなことを言いたかったのですか。最もふさわしい一文を、本文から抜き出して書きなさい。

二　次の文章を読んで、後の問いに答えなさい。（行頭の数字は行数を表します。）

見えない人が「見て」いる空間と、見える人が目でとらえている空間。それがどのように違うのかは、一緒《いっしょ》に時間を過ごす中で、ふとした瞬間《しゅんかん》に明らかになるものです。

たとえば、先ほども登場していただいた木下路徳さんと一緒に歩いているとき。その日、私と木下さんは私の勤務先である東京工業大学大岡山キャンパスの私の研究室でインタビューを行うことになっていました。

私と木下さんはまず大岡山駅の改札で待ち合わせて、交差点をわたってすぐの大学正門を抜《ぬ》け、私の研究室がある西9号館に向かって歩きはじめました。その途中《とちゅう》、一五メートルほどのゆるやかな坂道を下っていたときです。木下さんが言いました。「大岡山はやっぱり山で、いまその斜面《しゃめん》をおりているんですね」。

私はそれを聞いて、かなりびっくりしてしまいました。なぜなら木下さんが、①そこを「山の斜面」だと言ったからです。毎日のようにそこを行き来していましたが、私にとってはそれはただの「坂道」でしかありませんでした。

つまり私にとってそれは、大岡山という「出発点」と、西9号館という「目的地」をつなぐ道順の一部でしかなく、曲がってしまえばもう忘れてしまうような、空間的にも意味的にも他の空間や道から*1分節化された「部分」でしかなかった。それに対して木下さんが口にしたのは、もっと*2俯《ふ》瞰《かん》的で空間［Ａ］をとらえるイメージでした。

確かに言われてみれば、木下さんの言う通り、大岡山の南半分は駅の改札を「頂上」とするお椀《わん》をふせたような地形をしており、西9号館はその「ふもと」に位置しています。その頂上からふもとに向かう斜面を、私たちは下っていました。

けれども、②見える人にとって、そのような俯瞰的で三次元的なイメージを持つことはきわめて難しいことです。坂道の両側には、サークル勧誘《かんゆう》の立て看板が立ち並んでいます。学校だから、知った顔とすれ違うかもしれません。前方には混雑した学食の入り口が見えます。目に飛び込んでくるさまざまな情報が、見える人の意識を奪《うば》っていくのです。［Ｂ］それらをすべてシャットアウトしてスマホの画面に視線を落とすか。そこを通る通行人には、自分がどんな地形のどのあたりを歩いているかなんて、想像する余裕《よゆう》はありません。

体の底から、元気が湧《わ》いてきた。

（まはら三桃『思いはいのり、言葉はつばさ』より）

注

＊1　ニュウシュ　　女文字。

＊2　結交姉妹　　女の人達の集まりで仲良くなった人とは姉妹の関係を結べる。

問一　———線部①「なんとなく浮かない顔をしている」とありますが、なぜですか。その理由について説明をした次の文を完成させるのに、空らん（　１　）（　２　）に最もふさわしい語句を本文から抜き出して入れなさい。また、空らん（　３　）は考えて書きなさい。

（　１　）の父さんは（　２　）ために、（　３　）ことを心配しているから。

問二　二か所の空らん（　Ａ　）には、「納得ができない」という意味の慣用句が入ります。空らんに入る最もふさわしいものを、次のア～オのうちから一つ選び、記号で答えなさい。

ア　鼻にかけない
イ　足がつかない
ウ　らちが明かない
エ　ふに落ちない
オ　取るに足りない

問三　空らん（　Ｂ　）に最もふさわしい漢字を、次のア～オのうちから一つ選び、記号で答えなさい。

ア　耳　　イ　手　　ウ　水　　エ　息　　オ　油

問四　———線部②「胸が重たかった」とありますが、その理由として、一つは「チャオミンの父さん」を心配しています。さらに、もう一つの理由について、本文から当てはまる部分を抜き出して、解答らんにつながるように答えなさい。

問五　———線部③「落花生でいっぱいになった胸」とありますが、どのような気持ちですか。五十字以内で説明しなさい。

息苦しいほどの思いでやっと言うと、

「はい、いらっしゃい。どれくらいあげようか」

店のおばさんは、歯切れ良く言った。チャオミンをお客とまちがえたようだ。

「ち、ちがうんです」と、チャオミンが思い切って手のひらを広げて見せると、おばさんは合点したように言った。

「ああ、売るほうかい。落花生なら買ってあげるよ。この村じゃあ貴重なものだからね。出してごらん」

そううながされて、チャオミンは広げた手をおばさんに近づけた。

「これです」

「はあ？」

おばさんは一瞬、（　Ａ　）ような顔をしたが、すぐに眉を寄せた。

「これっぽっちかい？」

「はい」

「あー、だめだめ。いくら落花生でもこのくらいじゃお金にはならないよ。麻袋《あさぶくろ》に半分くらいはなくっちゃ。それなら、銭貨《せんか》一枚にはなるよ」

「ええーっ」

チャオミンは絶望的な声をあげて、両肩をがっくりと落とした。

⑤「そういうわけだから、悪いね」

おばさんはちょっと気の毒そうに言うと、そばにあったビンの中から、金平糖《こんぺいとう》をひとつまみ取りだした。

「これとなら変えとくよ。こっちは損《そん》してしまうんだけどね」

そう言いながら、チャオミンの手のひらの落花生と金平糖を取りかえた。

「はい。ありがとうございます」

チャオミンは少し元気になってお礼を言った。落花生も好きだけれど、金平糖も大好きだ。それに、落花生はゆでたり炒《いた》めたりしなくては食べられないから、母さんにお願いしなくてはいけない。どこで拾ったの？　ときかれれば、またうそをつくことになる。

「さようなら」

チャオミンは取りかえた金平糖をお弁当の袋《ふくろ》の中に入れ、市場をあとにした。歩きながら、袋の中から金平糖をひと粒《つぶ》だけ取りだして、口の中に放りこんだ。

うわ、おいしい。

とがったような甘《あま》さが舌を刺《さ》したかと思うと、すぐに全体に広がって、口の中がしびれたようになる。うっとりして歌のひとつも出かかるが、金平糖が飛びだしては大変だと一生懸命《けんめい》がまんした。すぐにとけてしまわないように、チャオミンはなるべく口を動かさず、少しずつ味わった。おいしくて足取りが軽くなる。

今度はもっと、拾ってこよう。

物にならなくなっては大変だ。

「ほ、ほんとうだよ」

「父さんならさっき帰ってきたところよ。今日はジュアヌの父さんと二人だったから、仕事がはかどったって言ってたよ」

「ジュアヌの父さんは元気になった？」

「元気？」

一瞬《いっしゅん》母さんは（　Ａ　）ような顔をしたが、すぐに何かに思い当たったようにうなずくと、（　Ｂ　）をのみこんだ。

「ジュアヌからきいたんだね。だいじょうぶ。ちょっと体がだるかっただけらしいから。それよりチャオミン、その足」

「あ」

チャオミンは自分の足を見ると声をあげた。靴の先が黒く汚《よご》れて、土ぼこりがべったりとついている。かわいた土がへばりつくのは、水分があるせいだろう。その水分の正体をあらわすような痛みを、チャオミンは足に感じた。

きっと足から血が出ているんだ。

そう思ったとたん、足がナイフで切りつけられたように痛みだした。

「痛いよう」

チャオミンが涙《なみだ》を浮かべると、母さんも両方の眉毛を思い切りさげた。

「これは痛いね。洗ってあげよう」

「え、洗ってくれるの？」

そうきいて、痛みも忘れてチャオミンはしゃんと背すじをのばした。靴を脱いで足を洗ってもらうのは、それほど気持ちのいいことなのだ。

（中略）

落花生は次に市が立った日、ユンエイの家の帰りに売りにいった。ちょうどジュアヌがお休みだったのは、都合がよかった。ジュアヌは結交姉妹[*2]のチャオチャオに三朝書《さんちょうしょ》を届けにいったのだ。

隠《かく》し立てすることではないけれど、「拾ったものを売るなんて」と言われるかもしれないのが、心づまりだったのだ。とはいえ、ひとりで売りにいくのはとても勇気がいった。

買ってくれるかな、叱《しか》られたらどうしよう。

不安ばかりが胸にこみあげ、家を出たときからチャオミンの胸はどきどきしていた。

なんとか落花生の屋台の前までたどりついたときには、足もがくがくしていた。

「落花生を」

チャオミンはあたりを見回した。風が少し強くなって、雲の流れも速くなっていた。そろそろ日が陰《かげ》ってくるのだろうか。そうなったら大変だ。山にいる動物の中でも、夜に起きてくるのは危ないものが多いのだ。

足も痛かった。血が出ているかもしれない。

帰ろうかな。

土ぼこりですっかり汚れた紅色の靴を見ながら、目の奥がつんと熱くなるのを感じた。

そのとき、チャオミンのその目が思いがけないものを見つけた。

足跡《あしあと》だ。

自分の足のすぐそばに、足跡があったのだ。少年のものだとわかるのに時間はかからなかった。今にも出そうだった涙《なみだ》が引っこんだ。

これをたどっていけば着く。

たくましい足跡に励《はげ》まされ、チャオミンは歩きだした。痛かった足がすっかり元気を取り戻《もど》した。安心しただけではなく、道も良くなったのだ。曲がりくねってはいるが、砂利が少なく、平らな道が続いている。

「――歩こう、歩こう、歩いていけば、落花生が待っている」

つい歌が口から飛びだして、歌いながら大きな岩の角を曲がったときだった。

「あっ」

④ふいに視界が開けた。そして開けた先にあったのは、広い畑だった。

「チャオミン！」

家に戻ると、表に立っていた母さんがかけ寄ってきた。

「こんなに遅くまでどこに行っていたの？」

母さんはチャオミンの腕《うで》を両手でつかみ、とがめるように大きな声を出した。

「ごめんなさい」

さっきまでの晴れやかな気分はすっかり吹き飛んで、チャオミンは体をかたくした。

「と、父さんを迎えにいこうと思って……」

とっさに、うそをついた。

本当は、母さんに話したいことがたくさんあったのだ。たどり着いた山の畑で、思ってもみない不思議なことがあったのだけど。

チャオミンは胸のあたりをそっと押《お》さえた。胸元には、落花生が入っている。

「本当に？」と母さんから顔をのぞきこまれて、チャオミンはますます体をかたくした。手に入る力をなんとかとどめる。せっかく拾った落花生がつぶれて売り

「働きすぎは良くないよ。体でも壊《こわ》したら大変だ」

ジュアヌの父さんは、慣れない薬草採《と》りで具合が悪くなったのかもしれない。

さらに続いたおばあさんの言葉がよみがえった。

「家族をもっと楽にさせたいとひとりで頑張《がんば》っているんだろう」

このままだと父さんも体を壊してしまうかもしれない。

先を歩き始めたジュアヌを追いかけながら、チャオミンは父さんの疲れた顔を思いださずにはいられなかった。

自分の月謝くらい自分でなんとかしたい。

思っていると、坂道の向こうからあの少年がのぼってきた。いつものように天秤棒《てんびんぼう》を担いでいる。少年は朝は水を、市場が立つときは落花生を、町に売りにいっているようだった。

少年を、チャオミンは思わず目で追ってしまう。自分とあまり変わらない年ごろだが、ちゃんと仕事をしている。この間までは何とも感じなかったことがとても気になった。

②胸が重たかった。水がいっぱい入った桶《おけ》を、抱えたみたいだった。

その日家に帰ったチャオミンは、荷物を置くとそっと家を出た。

あの少年の畑に行ってみようと思ったのだ。村には落花生を作っている畑はほとんどないが、前に見た少年の桶にはいっぱい入っていた。あんなにたくさん採れるなら、きっとひとつやふたつの採り残しがあるはずだ。それを市へ持っていったら、少しはお金になるかもしれない……。そう思ったら、いてもたってもいられなくなった。苦手なお裁縫《さいほう》をしている間も、ニュウシュ*1を書いている間も、落花生のことばかり考えていた。もしも、らっかせい、という文字が書ければ、まちがいなく書いていたと思う。

③チャオミンは落花生でいっぱいになった胸を弾《はず》ませて、坂道をのぼった。村の人たちの噂《うわさ》では、少年はおじいさんと一緒に山の入り口に住んでいるという。チャオミンの家から二十分くらいのところだ。

坂道をのぼるのは、きゅうくつな足では辛《つら》いけれど、チャオミンは懸命《けんめい》に両足を動かした。何度もつまずいたり、よろけたりしながらのぼっているうちに道がせまくなってきて、いよいよ歩きづらくなった。岩も増えてきて、その影《かげ》からウサギが飛びだしてきたりした。

「動物にしょっちゅう会うようなところまでは行ってはいけないよ」

母さんからかねがね言われているチャオミンは、少し心細くなってきた。

どうしようかな……。

チャオミンは足を止めた。途中《とちゅう》、いくつかに分かれていた道の、いちばん広い道を歩いてきたつもりだったが、もしかしたらまちがえてしまったのかもしれない。そして、危ないところに来てしまったのかもしれない。

2023年度 茨城中学校

【国語】〈第一回Ａ試験〉（六〇分）〈満点：一五〇点〉

【注意】解答に字数制限がある場合は、すべて句読点を含めた字数で答えてください。

一 チャオミンが住む中国の集落では、男たちが野や山で働いているときに、女たちがだれかの家に集まって、いっしょに手仕事をします。チャオミンも十歳《さい》の誕生日《たんじょうび》からユンエイという人の家へ行き、楽しくおしゃべりをしながら糸をつむぎ、布をおり、作った布で衣服や靴《くつ》などをぬいます。「ニュウシュ」という女の人だけの文字も習っています。それに続く次の文章を読んで、後の問いに答えなさい。

このところ雨が続いたり、遠くから親戚《しんせき》の人が来たりして出かけられなかったので、久しぶりの外出だ。

「おはよう。ジュアヌ」

家の前で待ちかねていたチャオミンは、やってくるジュアヌに向かって大きく手を振《ふ》った。けれどもジュアヌはあいさつをかえしてこなかった。①なんとなく浮《う》かない顔をしている。

「おはよう、ジュアヌ」

もう一度チャオミンが言うと、ジュアヌはそれには答えずに、こんな質問をした。

「あんたの父さん、昨日は山に行った？」

「うん。日が暮れて帰ってきたよ」

昨日も父さんは疲《つか》れた顔で家に帰ってきた。何も言わなかったけれど、山の奥《おく》まで分け入ったのだろう。

するとジュアヌは眉毛《まゆげ》をぴくんとあげた。

「行ったの？」

「ジュアヌの父さんは行かなかったの？」

「う、うん。ちょっと体の調子が悪いみたいだったから」

ジュアヌは目をふせて言葉をにごした。

その暗い顔つきを見ながらチャオミンは、はっとした。イーレイおばあさんの言ったことを思いだしたのだ。

2023年度 茨城中学校 ▶解説と解答

算数 ＜第１回Ａ試験＞（60分）＜満点：150点＞

解答

1 (1) 9.02 (2) 20 (3) 1 (4) 1.08 (5) 388 (6) 36.3 **2** (1) 201個 (2) 22時間55分 (3) 0.96ユーロ (4) 9.4％ (5) 94.2cm (6) 22.5度 (7) 51.81 cm^2 **3** (1) 5.9点 (2) 15人 (3) 7.1点 **4** ア 15 イ，ウ 17，23 エ，オ 97，103 **5** (1) $16cm^2$ (2) 16個 (3) ① **6** (1) $576cm^3$ (2) $72cm^2$ (3) $72cm^3$

解説

1 四則計算，計算のくふう

(1) $(20.23-12.03)\times1.1=8.2\times1.1=9.02$

(2) $1\frac{1}{11}\div\frac{21}{44}\times8\frac{3}{4}=\frac{12}{11}\times\frac{44}{21}\times\frac{35}{4}=20$

(3) $\frac{1}{2}+\left\{\left(\frac{2}{3}-\frac{1}{6}\right)\div\frac{3}{4}+\frac{2}{3}\right\}\times\frac{3}{8}=\frac{1}{2}+\left\{\left(\frac{4}{6}-\frac{1}{6}\right)\div\frac{3}{4}+\frac{2}{3}\right\}\times\frac{3}{8}=\frac{1}{2}+\left(\frac{3}{6}\times\frac{4}{3}+\frac{2}{3}\right)\times\frac{3}{8}=\frac{1}{2}+\left(\frac{2}{3}+\frac{2}{3}\right)\times\frac{3}{8}=\frac{1}{2}+\frac{4}{3}\times\frac{3}{8}=\frac{1}{2}+\frac{1}{2}=\frac{2}{2}=1$

(4) $A\times C-B\times C=(A-B)\times C$となることを利用すると，$1.2\times\left(2.3+\frac{1}{20}\right)-1.2\times\left(1.5-\frac{1}{20}\right)=1.2\times(2.3+0.05)-1.2\times(1.5-0.05)=1.2\times2.35-1.2\times1.45=1.2\times(2.35-1.45)=1.2\times0.9=1.08$

(5) $2027+2026+2025+2024-1930-1929-1928-1927=(2027-1930)+(2026-1929)+(2025-1928)+(2024-1927)=97+97+97+97=97\times4=388$

(6) $1.1\times1.1+2.2\times2.2+3.3\times3.3+4.4\times4.4=1.1\times1.1+(1.1\times2)\times(1.1\times2)+(1.1\times3)\times(1.1\times3)+(1.1\times4)\times(1.1\times4)=1.1\times1.1+1.1\times1.1\times4+1.1\times1.1\times9+1.1\times1.1\times16=1.1\times1.1\times(1+4+9+16)=1.21\times30=36.3$

2 整数の性質，速さ，単位の計算，濃《のう》度《ど》，長さ，角度，相似，面積

(1) 100から400までの整数の個数は，400－100＋１＝301(個)である。そのうち，100(＝２×50)から298(＝２×149)までのぐう数の個数は，149－50＋１＝100(個)とわかる。よって，残りの整数の個数は，301－100＝201(個)と求められる。

(2) １kmは1000mだから，110kmは，110×1000＝110000(m)である。また，(時間)＝(道のり)÷(速さ)なので，分速80mで移動するときにかかる時間は，110000÷80＝1375(分)とわかる。1375÷60＝22余り55より，これは22時間55分となる。

(3) １ドルを日本円にかえると129円になる。これは１ユーロ(＝135円)の$\frac{129}{135}$倍にあたるから，１ドルをユーロにかえると，$1\times\frac{129}{135}=\frac{129}{135}$＝129÷135＝0.955…(ユーロ)になることがわかる。よって，小数第３位を四捨五入すると0.96ユーロになる。

(4) (こさ)＝(食塩の重さ)÷(食塩水の重さ)より，最初の食塩水のこさは，10÷80＝0.125，0.125

×100＝12.5(％)とわかる。よって，この食塩水を20ｇとりのぞくと，こさが12.5％の食塩水が，80－20＝60(ｇ)残る。また，(食塩の重さ)＝(食塩水の重さ)×(こさ)より，この食塩水にとけている食塩の重さは，60×0.125＝7.5(ｇ)と求められる。さらに，この食塩水に20ｇの水を入れると，食塩の重さは変わらずに食塩水の重さが80ｇになるので，最後にできる食塩水のこさは，7.5÷80＝0.09375，0.09375×100＝9.375(％)とわかる。これは，小数第２位を四捨五入すると9.4％になる。

(5)　下の図１で，直線部分はすべて円の半径にあたるから，長さはすべて10cmである。よって，直線で囲まれた三角形は正三角形なので，かげをつけたおうぎ形の中心角は60度とわかる。したがって，太線部分の長さは，10×２×3.14×$\frac{60}{360}$＝$\frac{10}{3}$×3.14(cm)と求められる。これと同じものが全部で，３×３＝９(か所)あるから，しゃ線部分の周の長さは，$\frac{10}{3}$×3.14×９＝30×3.14＝94.2(cm)となる。

図１

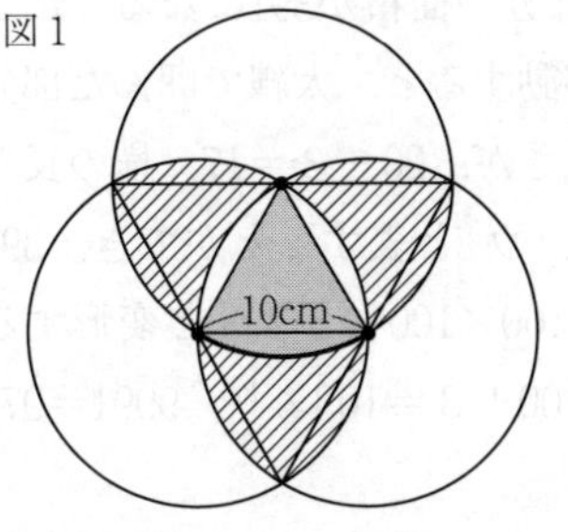

図２

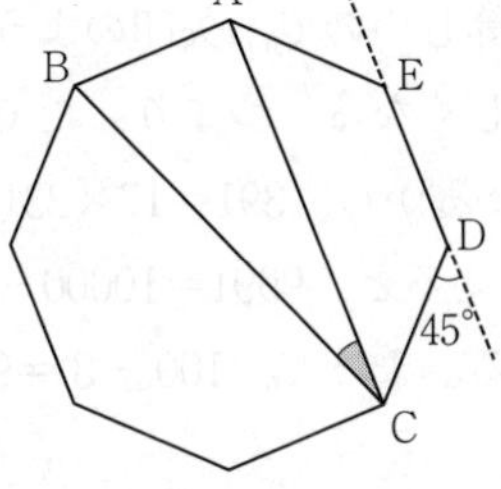

図３

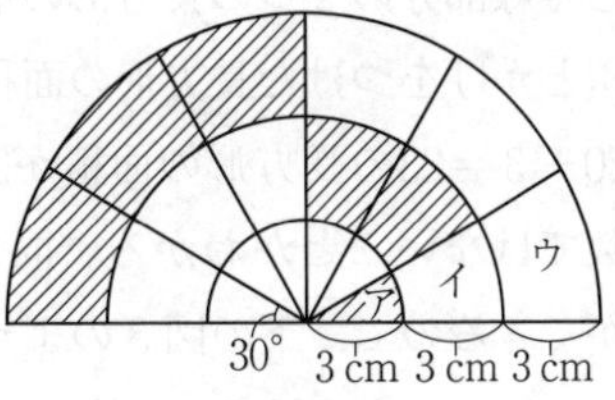

(6)　多角形の外角の和は360度なので，正八角形の１つの外角は，360÷８＝45(度)であり，上の図２のようになる。図２で，ACとEDは平行だから，角ACDの大きさも45度とわかる。また，正八角形の１つの内角は，180－45＝135(度)なので，角BCDの大きさは，135÷２＝67.5(度)である。よって，ぬりつぶした部分の角の大きさは，67.5－45＝22.5(度)と求められる。

(7)　９÷３＝３(cm)，180÷６＝30(度)より，上の図３のようになる。図３で，ア，(ア＋イ)，(ア＋イ＋ウ)の３つのおうぎ形は相似であり，相似比は１：２：３だから，面積の比は，(１×１)：(２×２)：(３×３)＝１：４：９となる。よって，ア，イ，ウの部分の面積の比は，１：(４－１)：(９－４)＝１：３：５とわかる。また，図３のしゃ線部分には，アの部分と同じ図形が１個，イの部分と同じ図形が２個，ウの部分と同じ図形が３個あるので，しゃ線部分の面積はアの部分の面積の，１×１＋３×２＋５×３＝22(倍)にあたることがわかる。さらに，アの部分の面積は，３×３×3.14×$\frac{30}{360}$＝0.75×3.14(cm^2)だから，しゃ線部分の面積は，0.75×3.14×22＝16.5×3.14＝51.81(cm^2)と求められる。

3 表—平均とのべ

(1)　算数は，０点の人が１人，２点の人が４人，４点の人が２人，５点の人が８人，６点の人が７人，８点の人が11人，10点の人が２人いる。よって，算数の合計点は，０×１＋２×４＋４×２＋５×８＋６×７＋８×11＋10×２＝206(点)だから，算数の平均点は，206÷35＝5.88…(点)と求められる。これは，小数第２位を四捨五入すると5.9点になる。

		算数の点数							
		0	2	4	5	6	8	10	合計
国語の点数	0								0
	1	1			1		1		3
	3		2	1		1	3		7
	5		1		3	2	2		8
	7				4	4	4		12
	10		1	1			1	2	5
	合計	1	4	2	8	7	11	2	35

(2)　算数より国語の点数が高い人は，上の表のかげをつけた部分である。よって，全部で，１＋４＋１＋４＋４＋１＝15(人)いる。

(3)　算数が国語の点数以上の人は，太線で囲んだ部分である。この部分の算数は，４点の人が１人，５点の人が４人，６点の人が３人，８点の人が10人，10点の人が２人いるので，合計点は，４×１＋５×４＋６×３＋８×10＋10×２＝142(点)とわかる。また，この部分の人数は，35－15＝20(人)だから，平均点は，142÷20＝7.1(点)と求められる。

4 素数の性質

１から50までの整数について調べると，下の図１のようになる。よって，○の個数をかぞえると，全部で15個(…ア)あることがわかる。次に，391＝400－９＝20×20－３×３と変形することができ，これを図形の面積で表すと，下の図２のようになる。図２で，20×20は正方形ABCDの面積を表し，３×３は★印の正方形の面積を表しているから，太線で囲んだ部分の面積が391になる。ここで，しゃ線部分の２つの長方形の面積は等しいので，矢印のように移動すると，太線で囲んだ部分の面積とかげをつけた長方形の面積も等しくなる。つまり，たての長さが，20－３＝17，横の長さが，20＋３＝23の長方形の面積が391になるから，391＝17×23(…イ，ウ)と表すことができ，391は素数ではないことがわかる。同様に考えると，9991＝10000－９＝100×100－３×３と変形することができるので，下の図３のようになる。よって，100－３＝97，100＋３＝103より，9991＝97×103(…エ，オ)と表せることがわかる。

図１
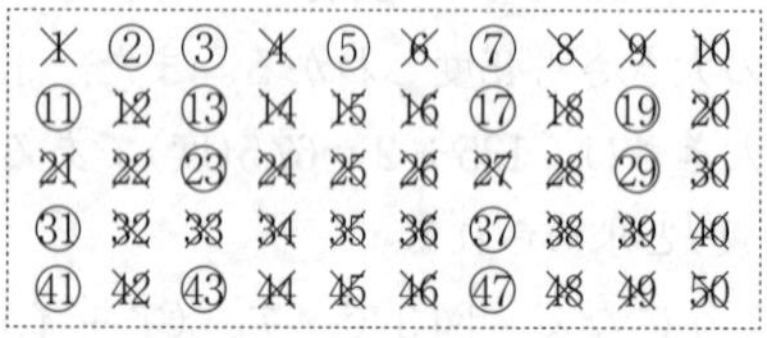

図２
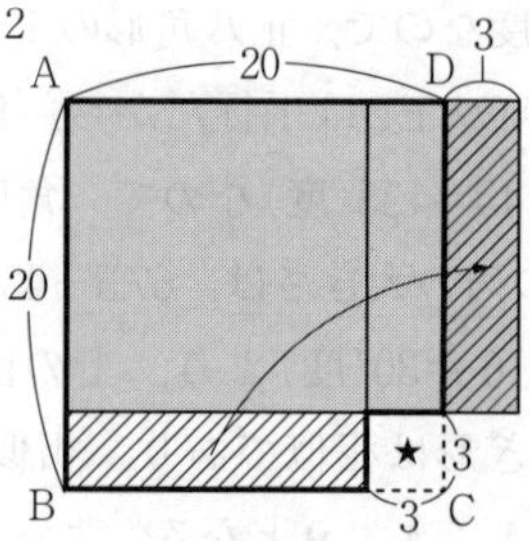

図３
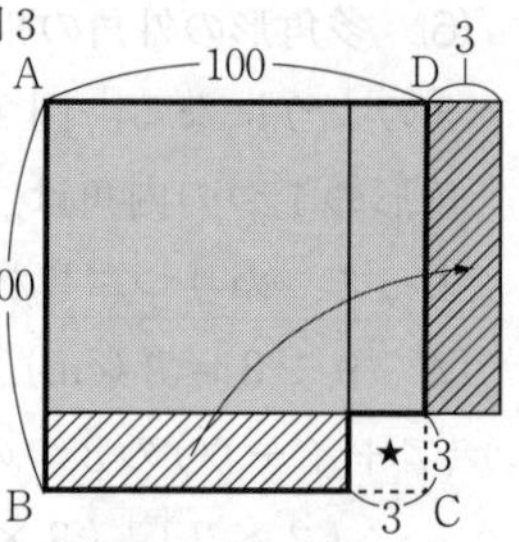

5 平面図形―構成

(1)　はじめの正方形の面積は，16×16＝256(cm^2)であり，１回折るごとに面積は$\frac{1}{2}$倍になる。よって，４回折った後の三角形ABCの面積は，$256\times\frac{1}{2}\times\frac{1}{2}\times\frac{1}{2}\times\frac{1}{2}=16$($cm^2$)と求められる。

(2)　１回広げるごとに三角形の個数は２倍になる。よって，４回折った後の三角形の個数は，１×２×２×２×２＝16(個)とわかる。

(3)　折ったのとは逆の順番に広げると，下の図のようになる。よって，正しい図形は①である。

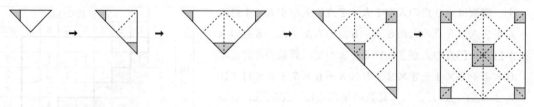

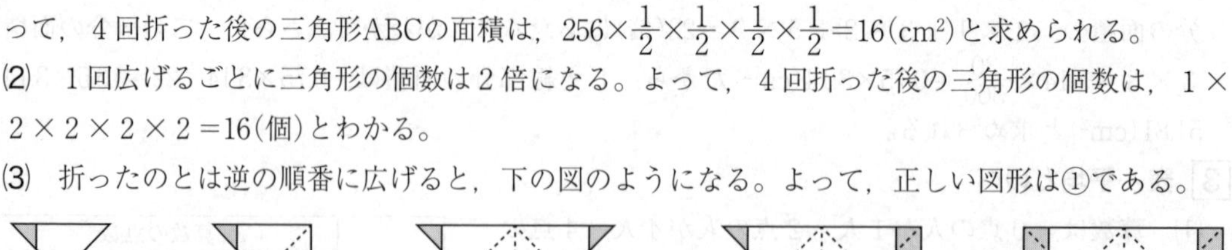

6 立体図形―体積，分割

(1)　もとの立方体の体積は，12×12×12＝1728(cm^3)である。また，面ACFで切ると，立方体から三角すいF－ABCが切り取られ，ほかの面からも，これと合同な三角すいが切り取られる。切り取られる三角すい１個の体積は，12×12÷２×12÷３＝288(cm^3)だから，残った立体ACFHの体積は，1728－288×４＝576(cm^3)と求められる。

⑵　右の図１のように，辺AEの真ん中の点をＩ，辺BFの真ん中の点をＪとし，IJとAFが交わる点をＰとする。同様に考えると，切り口は四角形PQRSになる。これは対角線の長さが12cmの正方形なので，面積は，12×12÷２＝72(cm^2)である。

図１

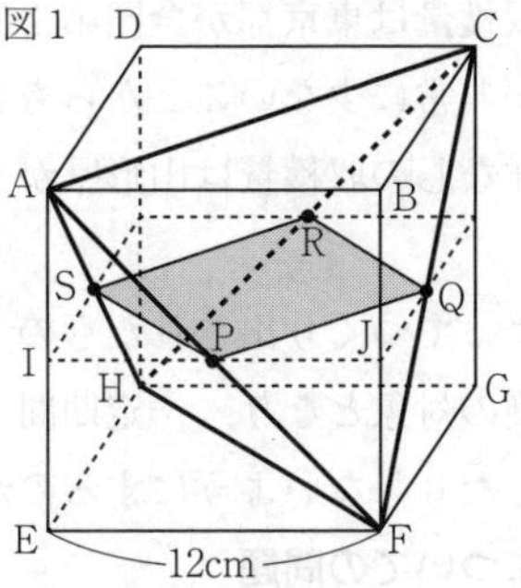

図２

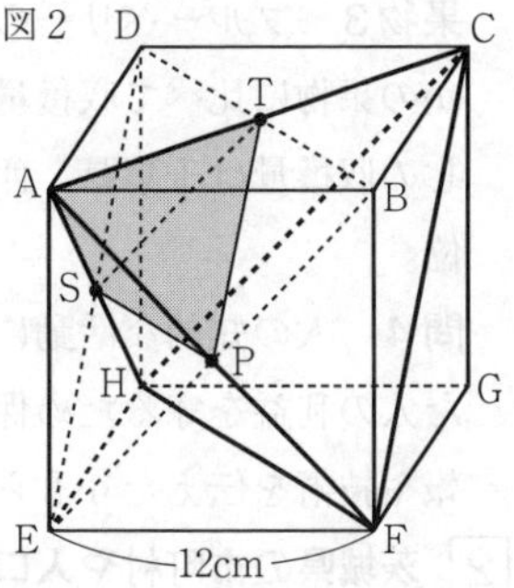

⑶　右の図２のように，ACとBDが交わる点をＴとすると，切り口は三角形PTSであり，頂点Ａを含《ふく》む立体はかげをつけた三角すいになる。ここで，立体ACFHを，頂点がＡ，底面が三角形FCHの三角すいと考えると，三角すいA－PTSと三角すいA－FCHは相似になる。このとき，相似比は１：２だから，体積の比は，(１×１×１)：(２×２×２)＝１：８とわかる。よって，頂点Ａを含む立体の体積は立体ACFHの体積の$\frac{1}{8}$倍なので，576×$\frac{1}{8}$＝72(cm^3)と求められる。

社　会　＜第１回Ａ試験＞（40分）＜満点：100点＞

解　答

1　**問１**　ウ　**問２**　ウ　**問３**　**果物１**…ウ　**果物２**…オ　**果物３**…イ　**問４**　エ
2　**問１**　**A**　水戸　**B**　つくば　**C**　大子　**問２**　イ　**問３**　①　**問４**　エ　**問５**　(例)　教室や校舎を新たに建てすぎると，少子化が進んだ将来，通学する児童や生徒が少なくなり，教室や校舎が余ってしまう。
3　**問１**　清少納言　**問２**　イ　**問３**　エ　**問４**　ウ　**問５**　ア　**問６**　イ　**問７**　ア　**問８**　ウ　**問９**　ウ　**問10**　大塩平八郎　**問11**　オ　**問12**　ア　**問13**　エ
4　**問１**　国事行為　**問２**　イ　**問３**　イ　**問４**　⑴　ユニセフ　⑵　ア　**問５**　⑴　イ　⑵　ア

解　説

1　茨城県の気候や日本の農業などについての問題

問１　茨城県は，おおむね北緯36～37度に位置している。北緯36度の緯線を西へたどると，大韓民国(韓国)のほぼ中央を通る。なお，アイスランドは北緯65度付近にある。インドネシアとブラジルは，国土を０度の緯線である赤道が通っている。

問２　茨城県は太平洋側の気候に属しており，梅雨どきや台風の時期は降水量が多いが，冬は少雨となる。年平均気温は13～15度の地域が多く，南部は冬でも比較《ひかく》的温暖である。なお，アは北海道(亜《あ》寒帯)の気候に属する旭川《あさひかわ》市(北海道)，イは日本海側の気候に属する新潟市，エは南西諸島(亜熱帯)の気候に属する那覇《なは》市(沖縄県)の雨温図。

問３　**果物１**　みかんは温暖な気候の地域での収穫《しゅうかく》量が多く，収穫量は和歌山県が全国第１位，静岡県が第２位，愛媛県が第３位となっている。統計資料は『日本国勢図会』2022／23年版，『データでみる県勢』2023年版による(以下同じ)。　**果物２**　りんごはすずしい気候の地域での収穫量が多く，収穫量全国第１位の青森県と第２位の長野県のほか，東北地方の各県が上位に入る。

果物３　ブルーベリーの収穫量は東京都が全国第１位で，関東地方の各県が上位に入る。また，ほかの果物に比べて収穫量が非常に少ないことからも判断できる。　なお，なしについて，日本なしの収穫量は千葉県，西洋なしの収穫量は山形県が全国第１位。ももの収穫量は山梨県が全国第１位。

問４　人の知的な活動によってつくり出されたものを，知的財産という。知的財産は，つくり出した人の利益を守るため保護の対象となり，一定期間，つくり出した人やその人が認めた人以外に情報や技術を伝えたりもらしたりしないようにするのが一般的である。

２ 茨城県の市町村や人口についての問題

問１　**Ａ**　水戸市は茨城県中央部に位置する同県の県庁所在地で，江戸時代に水戸藩の城下町となったことから発展してきた。2020年の人口は約27万人で，県内で最も多い。　**Ｂ**　つくば市は茨城県南部に位置し，筑波《つくば》研究学園都市として開発が進められた。2005年に「つくばエクスプレス」が開通し，東京都心と直接結ばれたことで，東京のベッドタウンとしても注目されるようになった。

Ｃ　大子《だいご》町は，茨城県の最も北西に位置している。袋田《ふくろだ》の滝という観光名所で知られるが，日本の多くの農山村同様，過疎《かそ》化が進んでいる。

問２　「現在にかけてどのように発展してきたか」という，地域の歴史にかかわることがらなので，過去の資料と現在の資料を比べることが有効な調査方法となる。

問３　つくば市が「東京のベッドタウン」であることから，朝，通勤や通学で東京に向かう人が多く，そのため，この時間帯に多くの列車が運行されていると判断できる。また，夕方から夜の時間帯にも，帰宅する乗客を運ぶために列車の運行本数が多くなる。なお，②は大子町，③は水戸市の駅を表している。

問４　文章から，〔Ｂ市〕(つくば市)は著しく人口が増加しており，「０歳から14歳の転入が多い」ことがわかる。この年代の子どもは保育所や幼稚園，小・中学校に通うため，急激にこの年代の人口が増えると，教育施設や職員の不足が問題となることが考えられる。

問５　新聞記事では，保育所が過剰《かじょう》時代に突入《とつにゅう》し，定員割れが出る可能性があることや，人口減少が進む地域では，すでに利用者減による運営難に直面する保育所があることが指摘《してき》されている。現在，都市部では，保育所への入所を希望しても入れない待機児童がいるが，これに対応して保育所を増やすと，少子化が進行したとき，保育所が余ることになる。学校も同じで，急激な生徒増に対応して校舎の増改築をしても，将来的には少子化が進んで生徒が減り，校舎や教室が余るという問題が生じる。

３ 各時代の歴史的なことがらについての問題

問１　清少納言は一条天皇のきさきの定子につかえた宮廷女官で，随筆『枕草子《まくらのそうし》』を著した。『枕草子』は，平安時代前半に栄えた国風文化を代表する文学作品として知られており，四季の移り変わりや宮廷生活のようすなどがするどい感性でつづられている。

問２　飛鳥時代から奈良時代には貴族中心の政治が行われるようになり，役所間などで情報を伝達する必要性が高まった。当時は紙が貴重品であったため，役所間の連絡や，地方から都へおさめられる税の荷札などには，木簡《もっかん》という短冊《たんざく》状の木札が用いられた。木簡は一度使ったあとも，表面を削《けず》ってくり返し使われた。なお，はにわは古墳時代につくられた素焼きの土製品で，古墳の頂上や周囲に並べられた。鉄剣と銅鐸《どうたく》は弥生時代から使用されている道具で，鉄剣は武器，銅鐸は祭器として用いられたと考えられている。

問３　ア　平城京は８世紀初めにつくられ，710年に元明天皇が都を移した。　イ　日本で最初につくられた律令である大宝律令は，文武《もんむ》天皇のときの701年に出された。　ウ　鎌倉幕府では，将軍とこれに従う武士(御家人)が，土地を仲立ちとしたご恩と奉公の関係で結ばれていた。　エ　聖徳太子(厩戸《うまやと》皇子)は，おばにあたる推古天皇の摂政《せっしょう》として政治を助け，603年には家柄《いえがら》に関係なく有能な人材を役人に登用するため，冠位十二階の制を定めた。よって，正しい。

問４　蘇我《そが》氏は仏教導入をめぐって対立していた物部《もののべ》氏をほろぼし，飛鳥時代初めに大きな力をふるった。蘇我蝦夷《えみし》・入鹿《いるか》父子のときには皇族をしのぐほどの勢いとなったが，彼らが中大兄《なかのおおえの》皇子や中臣鎌足《なかとみのかまたり》らにたおされると，勢いを失った。聖武天皇のころには，中臣(藤原)鎌足を祖とする藤原氏が，大きな力を持っていた。

問５　資料１中で中国にある「漢(後漢)」の文字が，資料２の金印に刻まれた「漢」にあたるとすれば，このとき倭《わ》の国(日本)と中国には交流があったことになる。また，資料１から，志賀《しかの》島は九州地方の北部にあることがわかる。なお，中国の古い歴史書『後漢書』東夷《とうい》伝には，57年に倭の国の小国の１つであった奴国《なこく》の王が漢に使いを送り，漢の皇帝から金印を授《さず》かったと記録されている。このときのものと考えられる金印が資料２のもので，江戸時代に福岡県の志賀島で発見された。

問６　日宋貿易をすすめたのは平清盛で，清盛は1167年に武士として初めて太政《だいじょう》大臣になり，平氏一族は朝廷の高位・高官を独占して政治の実権をにぎった。なお，アは北条政子，ウは藤原道長，エは徳川家康について述べた文。

問７　ア　鎌倉時代初め，源氏の将軍が３代で途絶《とだ》えると，北条氏は将軍を補佐する執権《しっけん》として政治の実権をにぎった。この政治は，執権政治とよばれる。　イ　1232年，鎌倉幕府の第３代執権北条泰時《やすとき》は，武士の裁判の基準などを示した御成敗《ごせいばい》式目(貞永《じょうえい》式目)を出した。武家諸法度《しょはっと》は，江戸幕府が大名統制策として出した法令である。　ウ　1274年，元(中国)の大軍が九州北部に襲《しゅう》来《らい》した(文永の役)。武士たちの活やくと暴風雨の発生などでこれを撃退《げきたい》した鎌倉幕府は，２度目の襲来に備えて九州北部の沿岸に石塁《せきるい》とよばれる石の壁《かべ》を築いた。1281年，再び元の大軍が襲来した(弘安の役)ときには，この石塁が元軍の上陸をさまたげた。　エ「徴兵《ちょうへい》令」ではなく「永仁の徳政令」が正しい。徴兵令は明治政府が1873年に出した法令で，永仁の徳政令は1297年に出された。

問８　室町時代には，明(中国)に渡って水墨画《すいぼくが》を学んだ雪舟《せっしゅう》により，日本の水墨画が大成された。なお，国学が示すものには古代の地方における学校と，江戸時代に大成した日本についての学問の２つがある。浮世絵《うきよえ》は江戸時代に発達した。十二単《ひとえ》は，平安時代の宮廷女官の正装である。

問９　1854年に日米和親条約を結んで開国した日本は，1858年に欧米五か国と修好通商条約を結び，貿易を始めることにした。これによって国内が混乱するなかで，長州藩(山口県)や薩摩藩(鹿児島県)は攘夷《じょうい》(外国人を追い出そうとすること)を実行したが失敗し，外国との力の差を実感した。そこで両藩は薩長同盟を結び，外国の力も借りながら，江戸幕府をたおして新しい政府をつくる動きを進めた。なお，アとイは江戸時代初めのできごとで，イは鎖国体制下での貿易について説明した文。エについて，五箇条の御誓文《ごせいもん》は明治政府によって定められ，明治天皇が神に誓《ちか》うという形で示された。

問10　大塩平八郎は大阪町奉行《ぶぎょう》所の元役人で，天保の大ききんにおける幕府の対応を不満として大阪で反乱を起こした。反乱は半日で平定され，大塩もその後に自害したが，幕府の元役人が起こした反乱が幕府にあたえた衝撃《しょうげき》は大きかった。

問11　年表１は豊臣秀吉，年表２は織田信長が行ったことを示している。1588年，秀吉は一揆《いっき》を防ぎ，農民を耕作に専念させるため，刀狩《かたながり》令を出した。また，1573年，信長は第15代将軍の足利義昭を京都から追放し，室町幕府をほろぼした。なお，ＡとＣは徳川家康にかかわることがらで，1600年に起こった関ヶ原の戦いに勝利した家康は1603年に征夷《せいい》大将軍に任じられ，江戸幕府を開いた。

問12　西南戦争(1877年)は士族が起こした反乱では最大のもので，鹿児島の不平士族が西郷隆盛をおし立てて起こした。しかし，西郷軍は近代的な装備を備えた政府軍に敗れ，隆盛は自害した。なお，イは戊辰《ぼしん》戦争(1868～69年)，ウは日清戦争(1894～95年)，エは豊臣秀吉による朝鮮出兵(1592～93年の文禄の役と1597～98年の慶長の役)についての説明。

問13　［Ａ］は明治時代，［Ｂ］は戦国時代から安土桃山時代にかけて，［Ｃ］は江戸時代にあてはまるので，年代の古い順に［Ｂ］→［Ｃ］→［Ａ］となる。

4　日本の政治や国際社会についての問題

問１　日本国憲法第４条にある「国事に関する行為」は，一般に「国事行為」とよばれる。日本国憲法では，天皇は日本国と日本国民統合の象徴とされ，内閣の助言と承認により，憲法に規定された国事行為(国事に関する行為)を行うと定められている。

問２　あ　2022(令和４)年７月，３年に１度の参議院議員選挙が行われ，定数の半分と補欠分の合わせて125議席が改選された。　い　日本では，内閣は国会の信任にもとづいて成立し，国会に対し連帯して責任を負うという議院内閣制をとっている。　う　立法・行政・司法の３つに権力を分散し，たがいにおさえあうしくみを三権分立という。日本では，国会が立法権を，内閣が行政権を，裁判所が司法権を持っている。

問３　ア　三審制において最初の判決に不満があった場合，同じ裁判所ではなく，より上級の裁判所に訴《うった》えを起こすことになる。　イ　裁判員裁判の説明として正しい。　ウ　裁判を受ける権利は日本国憲法で保障されており，すべての国民に認められている。エ　現行犯の場合は，裁判官の発行する令状なしで逮捕《たいほ》できる。

問４　(1)　ユニセフ(国連児童基金，UNICEF)は，飢《う》えや紛争などで苦しむ世界の子どもたちを救済するための基金で，各国が出し合ったお金や世界の人々の募金によって活動している。　(2)　2022年２月，ロシアがウクライナ東部に侵攻《しんこう》を始めると，ウクライナのゼレンスキー大統領は国民に抗戦《こうせん》をよびかけるとともに，国際社会に協力を求めた。なお，プーチンはロシアの大統領，ジョンソンはイギリスの首相，バイデンはアメリカ合衆国の大統領(いずれも2022年２月時点)。

問５　(1)　１ドル＝100円から１ドル＝120円になると，１ドルのものを買うのにそれまでより20円多く払《はら》うことになる。これは，ドルに対する円の価値が下がったためで，この状態を円安という。

(2)　ア「食用油の値上がりは，それを仕入れて加工するメーカーにも広がる」とあり，食用油を使う唐揚《からあ》げや天ぷらなどの揚げ物の値上がりにもつながる。よって，正しい。　イ　小麦粉を使うＥ社が「食パンや菓子パンの出荷価格を上げ」るとあるので，菓子パンも値上がりすることになる。　ウ　文章からは，輸出に関する内容は読み取れない。　エ　値上げの原因として「バイオ燃料向けの需要の高まり」と「産地の不作」はあげられているが，ウクライナ情勢と不作の関係については述べられていない。

理科　＜第１回Ａ試験＞（40分）＜満点：100点＞

解答

1 ⑴　回路　⑵　イ　⑶　並列つなぎ　⑷　イ，エ　2 ⑴　80ｇ　⑵　60cm　⑶　50cm　⑷　33ｇ　3 ⑴　ア　⑵　ア　⑶　①　⑷　イ　⑸　イ　4 ⑴　1238ｇ　⑵　ウ　⑶　ア，イ　⑷　12ｇ　⑸　45.3ｇ　5 ⑴　エ　⑵　ア　⑶　ウ　⑷　**名称**…北極星　**記号**…エ　6 ⑴　胎児　⑵　**1**　卵生　**2**　胎生　**3**　卵生　⑶　ウ，エ，カ，ク　⑷　**1**　エ　**2**　ウ　**3**　カ　7 ⑴　③　⑵　**ア**　水　**イ**　海水　**ウ**　塩　⑶　③　⑷　③　⑸　二酸化炭素　⑹　**A植物**…④　**B植物**…②　**C植物**…③

解説

1　電流回路についての問題

⑴　電源(かん電池など)に電球やモーターなどをつないでつくった電気の通り道を回路という。

⑵　アやエのようにスイッチが開いていて回路がと切れている場合や，ウやエのようにかん電池のつなぎ方が正しくない場合は，回路に電流が流れない。イでは，閉じたスイッチとつながる下側のかん電池から電流が流れ出て，電球がつく。

⑶　複数の部品(ここではコンセント)を枝分かれするようにつなぐつなぎ方を，並列つなぎという。

⑷　イとエでは，かん電池の＋極から流れ出た電流が電球や切りかえスイッチを通ってかん電池の－極にもどる流れができるので，電球がついている。一方，アとウでは，切りかえスイッチのところで電気の通り道がと切れるため，電球が消えている。

2　てこのつり合いについての問題

⑴　三角柱で支えている棒の中央を支点として考えると，支点から棒の10cmの位置までの距離《きょり》は，50－10＝40(cm)，支点から棒の70cmの位置までの距離は，70－50＝20(cm)なので，棒の70cmの位置につるすおもりの重さを□ｇとしたとき，つり合いの式は，40×40＝□×20となる。よって，□＝1600÷20＝80(ｇ)とわかる。

⑵　支点(三角柱の位置)から重さ50ｇのおもりまでの距離を□cmとすると，つり合いの式は，20×(50－25)＝50×□となるので，□＝500÷50＝10(cm)である。したがって，棒の，50＋10＝60(cm)の位置につるせばよい。

⑶　棒の重さがある一点に集まっていると考えるとき，その点を重心という。支点(三角柱の位置)から棒の重心までの距離を□cmとすると，つり合いの式は，100×(40－20)＝200×□となり，□＝2000÷200＝10(cm)と求められる。よって，棒の重心は棒の，40＋10＝50(cm)の位置にある。

⑷　棒の100cmの位置にくくりつけた糸を持ち上げたとき，支点は立方体の左上の辺となる。すると，支点から棒の重心までの距離は，20÷２＝10(cm)，支点から棒の100cmの位置までの距離は，

10＋(100−50)＝60(cm)なので，糸が棒を引く力の大きさを□ｇとすると，つり合いの式は，200×10＝□×60になる。これを解くと，□＝2000÷60＝33.3…より，33ｇと求められる。

3 ものの燃え方についての問題

(1)　ア　ガスこんろの元せんを閉めるのは，ガス(燃えるもの)がもれ出て引火することがないようにするためである。　イ　ふたをして空気(酸素)を断つことにより，アルコールランプの火を消す。　ウ　キャンプファイヤーで，木が燃えているところに水をかけると，燃えている部分の温度が下がるので，火が消える。　エ　図書館内で火事が発生したときに水を使って消化すると，多くの本が水びたしになってしまう。そのため，室内を二酸化炭素で満たし，酸素を断つことで火を消す装置を備えていることがある。

(2)　ろうそくが燃えると，二酸化炭素(や水蒸気)が発生する。塩酸に石灰石や貝がらなどを入れたときにも二酸化炭素が発生する。なお，イとエでは水素，ウでは木ガス，オでは酸素が発生する。

(3)　ろうそくの炎《ほのお》は，①の外炎《えん》，②の内炎，③の炎心の３つの部分からできている。外炎は，新《しん》鮮《せん》な空気によくふれて完全燃焼しているため，最も温度が高い。

(4)　②の内炎は不完全燃焼している部分で，発生したすす(炭素のつぶ)が熱せられてかがやくため，最も明るい。そのため，ろうそくの炎にガラス棒を入れると，②の内炎にふれた部分にすすがついて黒くなり，イのようになる。なお，しめらせた割りばしを入れたときは，温度の高い①の外炎にふれた部分が最も強く熱せられるため，アのようになる。

(5)　イのように，ろうそくの炎より上のほうと下のほうにそれぞれ空気の出入り口があると，炎のまわりには下から上への空気の流れができて，ろうそくが最後まで燃え続ける。

4 もののとけ方についての問題

(1)　ミョウバンは40℃の水１kg(＝1000ｇ)に，$23.8\times\frac{1000}{100}=238$(ｇ)とける。よって，できた水よう液は，1000＋238＝1238(ｇ)になる。

(2)　水よう液のこさは均一で，どの部分のこさも同じになる。

(3)　60℃の水50ｇにとける重さは，ホウ酸が，$14.9\times\frac{50}{100}=7.45$(ｇ)，食塩が，$37.1\times\frac{50}{100}=18.55$(ｇ)，ミョウバンは，$57.3\times\frac{50}{100}=28.65$(ｇ)である。したがって，60℃の水50ｇにそれぞれを25ｇ加えたとき，ホウ酸と食塩は一部がとけ残る。

(4)　20℃の水100ｇにホウ酸は4.9ｇとけ，温度を40℃に上げると，あと，8.9−4.9＝４(ｇ)とけるから，20℃の水300ｇにホウ酸をとけるだけとかして，温度を40℃まで上げると，あと，$4\times\frac{300}{100}=12$(ｇ)とける。

(5)　20℃まで冷やしたとき，ビーカーに水は，200＋100＝300(ｇ)入っている。この水にホウ酸は，$4.9\times\frac{300}{100}=14.7$(ｇ)までとけるので，出てくるホウ酸は，60−14.7＝45.3(ｇ)である。

5 星・地球・太陽についての問題

(1)　オリオン座は冬の代表的な星座で，２月の午後７時ごろには南の空に観察できる。

(2)　デネブをふくむ星座ははくちょう座で，さそり座は赤色の１等星アンタレスをふくむ。

(3)　ベテルギウスはオリオン座にふくまれる赤色の１等星で，おおいぬ座のシリウス，こいぬ座のプロキオンとともに冬の大三角をつくる。

(4)　星Ａは北極星で，北側の地じくを延長した先にあるため，地球が自転してもいつも同じ位置にあって動かない。また，星座ＢはＷ字型をしたカシオペヤ座で，北極星を中心に反時計回りに回転移動して見えるため，北極星の真上にあるときはエのように見える。

6 動物の子どもの産み方についての問題

⑴ 人間の母親のおなかの中にいる子どものことを胎児《たいじ》という。

⑵ 卵生の動物は，多くの卵を産むが，親が子どもを保護しないことが多いので，子どもの死亡率が高い。一方，胎生の動物は，一度に産む子どもの数は少ないが，子どもを保護して育てるため，死亡率が非常に低い。

⑶ イモリは両生類，ネコザメは魚類，カラスは鳥類で，これらの仲間は卵生である。ほかの５つの動物はほ乳類で，この仲間はふつう胎生だが，カモノハシだけは卵を産む。

⑷ **1** カラスは春になると高い木の上などに巣をつくり，その中に３～５個の卵を産む。 **2** イモリは池や水田などに，寒天状のふくろに入った卵を産みつける。 **3** ネコザメは浅い海の底付近にすみ，貝などを食べる。卵にはらせん状のひだがあり，まるでドリルのような姿をしている。

7 純マングローブ植物の特ちょうについての問題

⑴ 味覚にはあま味，塩味，苦味，うま味，酸味の５種類があり，これらは舌の上にある味を感じる細胞《さいぼう》が刺激《しげき》されることで認識される。辛味はあたたかさや痛さの感覚が合わさったものである。

⑵ **ア** 会話文中に，植物の成長には絶対に必要であることや，田んぼのイネがこれにひたっているとあることなどから，「水」があてはまる。 **イ** 霞《かすみ》ケ《が》浦《うら》と海とをつなぐ川で起こる逆流とは，海水が川をさかのぼって霞ケ浦に入ることなので，この川にある水門の役割は「海水」の逆流を防ぐことである。 **ウ** 海水には「塩」分がたくさんとけている。

⑶ ２人がなめてみたのは，海と川の水が混じったものと考えられる。よって，海水よりはしょっぱさがちょっとうすい。

⑷ イネは真水で育つ植物なので，田んぼに塩分をふくむ海水が混じると，成長に必要な水分を吸い上げることができなかったり，イネの水分がうばわれたりして，かれてしまうことがある。

⑸ 植物は，葉から取り入れた二酸化炭素と根から吸い上げた水を材料に，太陽の光を用いて，葉の緑色の部分でデンプンを合成している。このはたらきを光合成という。

⑹ Ａ植物は，葉をかじったらしょっぱかったことから，体内に入った塩分を葉の内部にたくわえるしくみを持っていると考えられる。Ｂ植物は，葉をかじってみたら苦みだけでしょっぱさは感じなかったので，塩分を体内にしん入させないしくみを持っていると推測される。Ｃ植物は，葉の裏側がざらついていて，白く粉がふいたようになっていることや，葉の表側をなめてもしょっぱくなく，葉の裏側をなめるとしょっぱいことから，体内に入った塩分を葉（の裏側）からはい出するしくみを持っているといえる。なお，どの植物も海水の混じったところに生えているため，ふつうの陸上の植物とは異なる性質をもっている。

国　語　＜第１回Ａ試験＞（60分）＜満点：150点＞

解　答

一　問１　⑴　ジュアヌ　⑵　体の調子が悪い　⑶　（例）　仕事に行けなかった　問２　エ　問３　エ　問４　自分の月謝くらい自分でなんとかしたい（ということ。）　問５　（例）　少年の畑で採り残しの落花生を採って市で売ろうと考え，いてもたってもいられない気持ち。　問６　不安（心配）　問７　いくら落花生でもこのくらいじゃお金にはならないよ。

二　問１　ゆるやかな坂道　問２　全体　問３　エ　問４　ウ　問５　イ　問６　㈠　この「道」は，　㈡　（例）　脳内に道だけを特別視しない俯瞰的なビジョンを持って歩いているから。　問７　（例）　脳の中にあるスペース　問８　ウ

三　問１　イ　問２　消極的　問３　滞在を認めること／住居を提供すること／医療を提供すること／福祉を提供すること／働くことを支援すること／子どもたちが教育を受けることを支援すること　問４　（例）　移民や出稼ぎで暮らしており，その親類や知人を頼ってさらに移動しているから。　問５　ウクライナに平和が　問６　ⓐ　ア　ⓑ　イ　ⓒ　イ　問７　エ

四　①　さ（げる）　②　とおあさ　③　じゅうだん　④　た（つ）　⑤　こうざい　⑥　はっき　⑦　かんまん　⑧　おくない　⑨　ねいろ　⑩　と（める）

五　下記を参照のこと。

●漢字の書き取り

五　①　遺産　②　冷蔵庫　③　階段　④　鉱物　⑤　歌詞　⑥　関税　⑦　水蒸気　⑧　演技　⑨　寒波　⑩　効（いて）

解　説

一　**出典はまはら三桃《みと》の『思いはいのり，言葉はつばさ』による。**仕事で疲《つか》れている父さんを心配したチャオミンは，同じ年ごろの少年が働く姿を見て，自分も落花生を採って市で売ろうと思いつく。

問１　⑴　「浮《う》かない顔」とは，心配ごとがあるために，はればれしていない表情のこと。続く部分から，ジュアヌは浮かない顔をして，自分の父さんを心配していることがわかる。　⑵，⑶　チャオミンとの会話からわかるように，ジュアヌの父さんは「体の調子が悪い」ために，昨日は仕事に行けなかったのであり，ジュアヌはそのことが原因で暗い顔つきになっている。

問２　「ふに落ちない」は，“納得《なっとく》できない”という意味。「鼻にかけない」は“自慢《じまん》しない”，「（地に）足がつかない」で“落ち着かない”，「らちが明かない」は“事態が進展しない”，「取るに足りない」は“ささいなことだ”という意味。

問３　「息をのみこむ」で，驚《おどろ》きなどで一瞬《いっしゅん》息を止めることを表す。続く部分から，チャオミンの母さんは，チャオミンの足を見て痛そうだと気づいたことがわかる。

問４　「胸が重い」は，心配やなやみが胸をふさぐようす。ジュアヌの父さんの具合が悪いと聞いたチャオミンは，家族のために同じ仕事をする自分の父さんの体が心配になった。そんなとき，自分と同じ年ごろの少年が働く姿を見て，「自分の月謝くらい自分でなんとかしたい」と切実に思ったのである。

問５　直前の段落にあるように，少年がたくさん落花生を採り，市で売っているらしいと知ったチャオミンは，父を助けるために自分も落花生でお金をかせぐことを思いついた。少年の畑で採り残

しの落花生を採って市で売ろうと考えついて気がせいて，チャオミンは，いてもたってもいられない気持ちになっている。

問６　落花生を採って市で売ろうと，期待を胸にチャオミンは少年の畑をめざすが，道は歩きづらくなり，母さんから行くことを止められている「動物にしょっちゅう会うようなところ」にまで来てしまった。チャオミンは，心細くなり，帰ろうかと考え始めたのだから，「不安」や「心配」といった言葉が入る。だがこの後チャオミンは，少年の足跡《あしあと》を見つけ勇気づけられる。

問７「そういうわけ」とは，おばさんがこの直前で言っている「いくら落花生でもこのくらいじゃお金にはならないよ」ということを指している。落花生は「この村じゃあ貴重なもの」ではあるが，チャオミンが採ってきた落花生の量は少なすぎるために買い取れないことを説明し，がっかりしたチャオミンにおばさんは「悪いね」と言っている。

二　**出典は伊藤亜紗《いとうあさ》の『目の見えない人は世界をどう見ているのか』による。**見えない人と見える人との空間のとらえ方のちがいを，筆者自身の体験にもとづき，理由とともに説明している。

問１「そこ」とは，目の見えない木下さんが「山の斜面《しゃめん》」だと感じた場所であり，目の見える筆者にとっては，毎日行き来する「坂道」にあたる。よって，このとき二人が下っていた，筆者の研究室へと続く「ゆるやかな坂道」がぬき出せる。

問２「部分」の対義語は，すべてを表す「全体」である。

問３　同じ段落にあるように，見える人にはさまざまな情報が目に飛びこんでくるため，自分が今三次元的にはどんなところを歩いているかを想像する余裕《よゆう》がない。よって，エが合う。

問４　前には，坂道を下るとき，目の見える人にはたくさんの情報が飛びこんできて意識を奪《うば》うとある。後には，それらの情報をすべて無視してスマホの画面を見るという別の可能性が示されている。目の見える人は，前後いずれかを選ぶことになるので，選択を表す「あるいは」が入る。

問５「見えない人」である木下さんが見た大岡山は，「俯瞰的《ふかんてき》で空間全体をとらえるイメージ」「俯瞰的で三次元的なイメージ」なのだから，イが選べる。

問６　㈠　見えない人は「『道』から自由だ」という言葉は，見えるゆえに視覚が一定の方向に誘《ゆう》導《どう》されてしまう人たちとちがい，見えない人は見えないゆえに俯瞰的なビジョンを持てるということを表しているのである。それは，「この『道』は」で始まる最後の二文で述べられているようなことである。　㈡　ぼう線部③の直前の一文に，「人は，物理的な空間を歩きながら，実は脳内に作り上げたイメージの中を歩いている」とある。道は「人が進むべき方向」を示すものだが，道からの自由を手に入れている見えない人は，脳内に「道だけを特別視しない俯瞰的なビジョン」を持って歩いているといえる。

問７「そこ」は，見える人だとスーパーや通る人などで埋《う》まっているが，見えない人だと空いているスペースのことである。よって，脳の中にあるスペースのことになる。

問８　都市生活の中で「目がとらえる情報」の例としてあげられているのは，スクリーンに映るアイドルの顔，新商品の宣伝の看板，電車の中吊《なかづ》り広告など「見られるために設《しつら》えられたもの」である。これらは，見られるために人がつくり出した「人工」的なものといえる。

三　**出典は朝日新聞出版の『月間ジュニアエラ　二〇二二年六月号』による。**ロシアによる侵攻《しんこう》で発生したウクライナ避難《ひなん》民に対する各国の受け入れ状況《じょうきょう》を述べ，日本の受け入れ態勢にも言及している。

問１　ロシア侵攻前のウクライナの人口約四一〇〇万人のうち，約一三〇〇万人が国内外に避難しているのだから，国民のおよそ三人に一人が避難している計算になる。

問２　進んで物事にあたるようすをいう「積極的」の対義語は，自分からは進んで物事をしないようすをいう「消極的」である。

問３　保護策の具体的な内容としては，次の段落の最初の二文に，「滞在《たいざい》を認め，住居や医療《いりょう》，福《ふく》祉《し》などの支援《しえん》を提供する。働いたり，子どもたちが教育を受けたりすることもできる」とある。

問４　同じ段落にあるように，以前から欧州《おうしゅう》各国にウクライナ人は移民や出稼《でかせ》ぎとして暮らしており，その親類や知人を頼《たよ》って，流入したウクライナ難民はさらに移動しているので，周辺国はパンクしないのである。

問５　最後から二番目の段落に，ウクライナの復興への道のりは長いため，「ウクライナに平和が戻《もど》るまで，安定した支援を行うことができるかが課題だ」と書かれている。

問６　ⓐ　四月五日に二〇人のウクライナ避難民が日本に到着《とうちゃく》した事実を述べている。ⓑ　政府専用機を使って避難者を輸送した事実の持つ意味合いについて，筆者が意見を述べている。ⓒ　ウクライナ避難民に対する日本の支援の形について，筆者が考える問題点が述べられているので，意見にあたる。

問７　ぼう線部④の二文後に，日本政府はウクライナ避難民を「避難民」と表現し，難民条約に基《もと》づく「難民」とは違《ちが》う枠《わく》組《ぐ》みで受け入れているとある。したがって，エがふさわしい。

四　漢字の読み

①　音読みは「テイ」で，「提示」などの熟語がある。　②　海や川などが，岸から遠くのおきのほうまで浅くなっていること。　③　南北方向に通りぬけること。　④　音読みは「サイ」で，「裁断」などの熟語がある。訓読みにはほかに「さば(く)」がある。　⑤　機械や車などの材料となる鉄の一種。　⑥　持っている力を表に出すこと。　⑦　海水が引いたり満ちたりすること。　⑧　家屋の中。　⑨　その音の持つ感じ。　⑩　音読みは「リュウ」「ル」で，「留学」「留守」などの熟語がある。

五　漢字の書き取り

①　前代の人がのこした財産，業績。　②　食べ物などを低温で保存しておくための入れ物。　③　上ったり下りたりするための段になった通路。　④　地中でできた金・銀・石炭など。　⑤　歌の言葉。　⑥　品物が外国から入ってくるときにかけられる税金。　⑦　水が蒸発して気体になったもの。　⑧　舞台《ぶたい》などで役者が演じてみせる技。　⑨　冷たい空気のかたまりがおしよせ，厳しい寒さになること。　⑩　音読みは「コウ」で，「効果」などの熟語がある。

2023年度 茨城中学校

【適性検査Ⅰ】〈第１回Ｂ試験〉（45分）〈満点：100点〉

【注意】定規、コンパス、分度器は使用しないでください。

1 たくまさんとゆいなさんは，厚紙を使って箱をつくる方法について話しています。

たくま：今日は部屋の片付《かたづ》けをする予定だよ。片付けるものを大きさごとに箱に入れたいから，何種類かの大きさの箱が必要なんだ。

ゆいな：長方形の形をした厚紙を何枚《なんまい》か持っているから，これを使ってふたのない箱をつくるのはどうかな。１枚の長方形の形をした厚紙をあまりがないように５枚に切り分けて，それを直方体の形をした箱になるように組み立てるの。

たくま：いいね！　縦《たて》の長さが16cm，横の長さが32cmの厚紙を使って，箱をつくってみるね。まず，厚紙に切り分ける線をかいてみたよ（**図１**）。次に，この線にそって切り分けて，５枚の厚紙を組み立てると，**図２**のような箱ができるね。

ゆいな：私《わたし》は，縦の長さが20cm，横の長さが44cmの厚紙（**図３**）を使って，箱をつくったよ。底の面ができるだけ大きな正方形の形になるようにしたの。

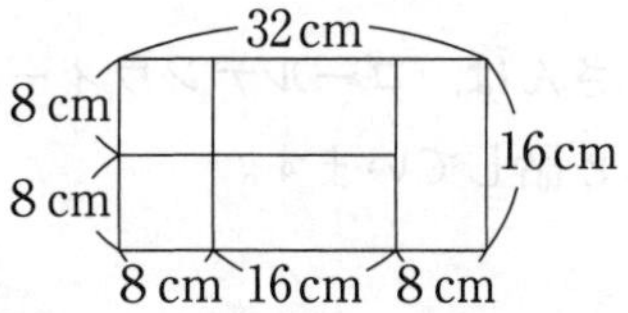

図１　切り分ける線をかいた厚紙

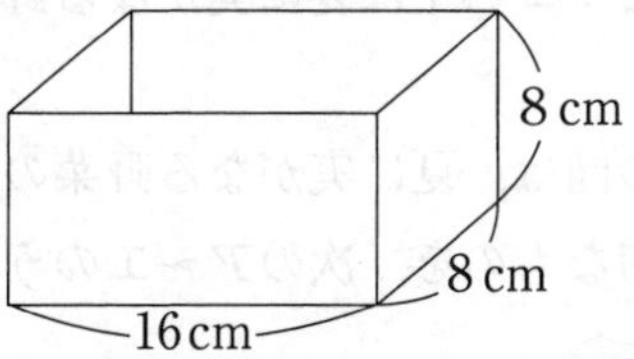

図２　図１を組み立ててできた箱

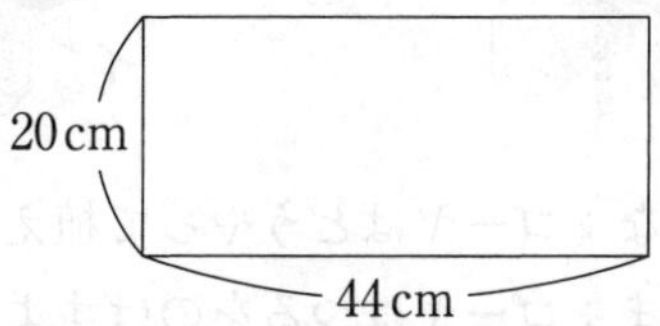

図３　ゆいなさんが使った厚紙

(1)　**図３**の厚紙を使って，ゆいなさんがつくった箱の容積は何cm^3かを求めなさい。また，どのように求めたのか，言葉や数，式，図，表などを使って説明しなさい。ただし，厚紙の厚みやのりしろは考えないものとします。

ゆいな：箱が２つできたね。厚紙がもう１枚（**図４**）あるから，さっきと同じように，厚紙をあまりがないように５枚に切り分けて，箱をつくろうよ。

たくま：同じ大きさの球の形をしたボールがいっぱいあるから，このボールを入れる箱にしたいな。

ゆいな：そうしよう。厚紙の大きさは，縦の長さが40cm，横の長さが25cmだよ。

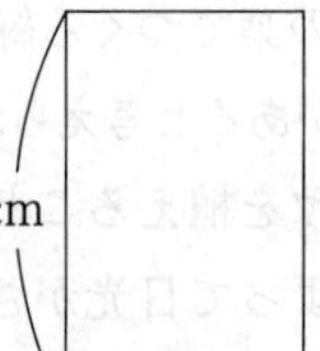

図４　ボールを入れる箱をつくるための厚紙

たくま：ボールの直径は5cmだから，箱の高さを10cmにするとよさそうだね。

⑵　**図４**の厚紙を使って，２人がつくった高さが10cmの箱にボールをできるだけ多く，ぴったり入れると，ボールは全部で何個入るかを求めなさい。ただし，ボールは積み重ねてもよいですが，箱の高さをこえてはいけないものとし，厚紙の厚みやのりしろは考えないものとします。

2　たくまさんは，ゴールデンウィーク明けのある日，庭にゴーヤを植える計画についてゆいなさんと話しています。

たくま：今年，うちの庭にゴーヤを植えるよ。
ゆいな：ゴーヤは夏に実がなる野菜だね（**図１**）。

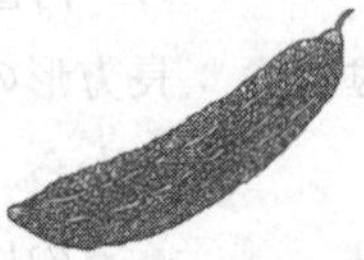
図１　ゴーヤの実

⑴　次の図は，夏に実がなる野菜の花です。このうち，ゴーヤのめしべはどれですか。最も適切なものを，次の**ア**～**エ**のうちから１つ選び，記号で答えなさい。

ゆいな：ゴーヤはどうやって植えるの？
たくま：ゴーヤはつるをのばすようにして上へ上へ育っていくんだ。だから，庭に広いネットを立てて，なえをいくつか並《なら》べて植えて，緑のカーテン（**図２**）をつくろうって話してるよ。
ゆいな：緑のカーテン？
たくま：ゴーヤの葉っぱがネットに沿《そ》ってたくさん広がって，まるでカーテンみたいになるんだ。窓《まど》のそばに植えると，部屋の温度が上がるのをおさえてくれるよ。

図２　ゴーヤの緑のカーテン

⑵　ゴーヤの葉でつくる緑のカーテンに，下線部のようなはたらきがあるのはなぜですか。最も効果があると考えられるものを，次の**ア**～**エ**のうちから１つ選び，記号で答えなさい。

ア　ゴーヤを植えることで，地面の温度が下がるから。
イ　葉によって日光がさえぎられるから。
ウ　風が葉にあたることで，葉の温度が下がるから。
エ　葉の蒸散《じょうさん》のはたらきによって，まわりの空気の温度が下がるから。

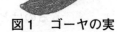

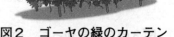

(3)　**図３**は，たくまさんの家を上からみたようすを模《も》式的《しきてき》に表したものです。家のまわりにある**ア～エ**の庭のうち，ゴーヤを植えて緑のカーテンをつくるのに最も適しているのはどれですか。１つ選び，記号で答えなさい。また，選んだ理由を書きなさい。

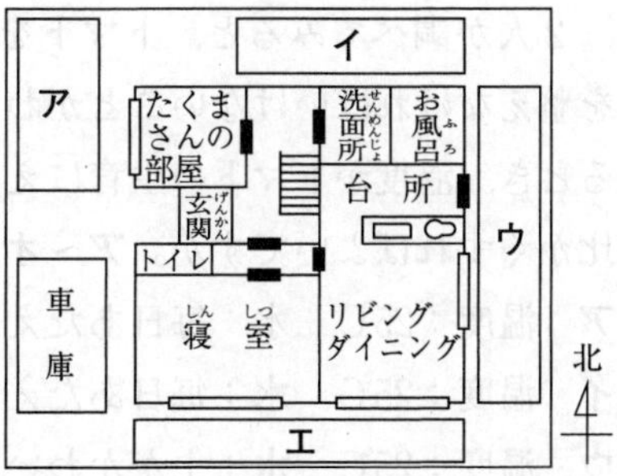

図３　たくまさんの家を上からみたようす

3　たくまさんとゆいなさんのクラスでは，「野菜」について，チームごとに調べ学習をすることになりました。

たくま：野菜の収《しゅう》かく量を調べていたら，茨城県はピーマンの収かく量が全国でいちばん多いことがわかったよ（**表１**）。

表１　ピーマンの収かく量

	収かく量（t）
茨城県	32500
宮崎県	26800
高知県	13000
鹿児島県	11800
全国	142800

（「データでみる県勢 2022 年版」より作成）

ゆいな：そうなんだ。ピーマンが好きだから，うれしいな。茨城県のピーマンの収かく量は，全国のピーマンの収かく量のうち，どれくらいの割合《わりあい》を占《し》めることになるのかな。

たくま：さっそく計算してみようよ。

ゆいな：うん。計算した答えの小数第１位を四捨五入《ししゃごにゅう》すると，茨城県のピーマンの収かく量は，全国のピーマンの収かく量の［　ア　］％になるね。

たくま：そうだね！　同じ答えになったよ。

(1)　会話文中の［　ア　］にあてはまる数を書きなさい。

ゆいな：私は毎年プランターでトマトを育てているけど，実は夏に多くとれるよ。

たくま：でもスーパーでは，一年中トマトを買うことができるね。農家の人は，夏以外の季節にもトマトをつくっているのかな。

ゆいな：条件をちゃんと整えれば，夏でなくてもトマトを収かくすることができるのかもしれないね。

⑵　２人が調べてみると，トマトを育てるときには，『温度』『水』『日光』といった条件を整えなければいけないことがわかりました。次の**ア**～**オ**のような条件でトマトを育てるとき，温度がトマトの生育にえいきょうするかを調べるには，どのなえとどのなえを比かくすればよいですか。**ア**～**オ**のうちから**２つ**選び，記号で答えなさい。

ア　温度：25℃　水：毎日あたえる　日光：よく当てる
イ　温度：25℃　水：毎日あたえる　日光：あまり当てない
ウ　温度：25℃　水：土がかわいたらあたえる　日光：よく当てる
エ　温度：５℃　水：土がかわいたらあたえる　日光：あまり当てない
オ　温度：５℃　水：土がかわいたらあたえる　日光：よく当てる

⑶　たくまさんとゆいなさんがさらに調べた結果，トマトの生育には日光をよく当てることが重要であることがわかりました。そこで２人は，夏と冬の昼の長さがどのくらいちがうのかを調べることにしました。

表２　夏と冬の日の出，日の入りの時刻

日付	夏（6/15）	冬（12/15）
日の出	4：20	6：42
日の入り	18：57	16：24

表２は，茨城県のある地点における，夏（6/15）と冬（12/15）の日の出，日の入りの時刻《じこく》です。夏の昼の長さは冬の昼の長さの何倍ですか。小数第２位を四捨五入して答えなさい。

ゆいな：そういえば，ジャガイモはもともと「ジャガタラいも」とよばれていたと聞いたことがあるよ。ジャガタラとは東南アジアのインドネシアにある都市の「ジャカルタ」のことなんだって。
たくま：どうしてジャカルタという都市名がついているのだろうね。

⑷　ジャガイモの名前の由来として最も関係の深い資料を，次の**ア**～**エ**のうちから１つ選び，記号で答えなさい。

ア

○ジャガイモの歴史
ジャガイモはアメリカ大陸原産の農作物である。さいばいされるようになったのは紀元後500年ごろと考えられており，世界遺《い》産であるマチュピチュの段々畑《だんだんばたけ》でさいばいされて，インカてい国の重要な食料とされていた。

イ

○ジャガイモが日本に伝わった経路

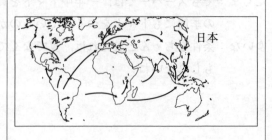

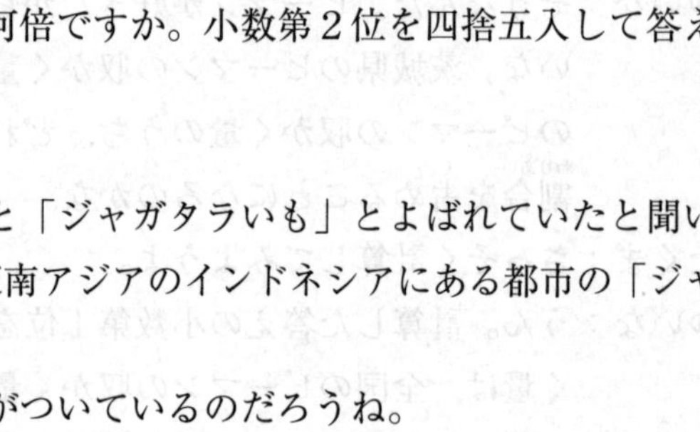

ウ

○ジャガイモの育て方

・平均気温が10℃の時期に植え付けを行うとよい。

・４～５月ごろに発芽して，６～８月ごろから収かくができる。

・気温差が大きく，雨量の少ない地《ち》域《いき》でのさいばいが適している。

エ

○世界と日本のジャガイモの生産量上位３位（万ｔ）

中国	9182	北海道	173.2
インド	5019	鹿児島県	8.5
ロシア	2208	長崎県	8.5

※世界は2019年，日本は2020年。
（「世界国勢図会 2021/22 年版」他より作成）

4 たくまさんは，授業で習った電気回路について，先生と復習しています。

たくま：電気回路を作るとき，豆電球やかん電池の数とつなぎ方によって，豆電球の明るさが変わることを勉強しました。

先　生：そうでしたね。

(1)　次のア～エの回路の中で，最も明るく光る豆電球をふくんでいる回路はどれですか。記号で答えなさい。ただし，回路の豆電球とかん電池はすべて同じ種類のものとします。

ア　イ　ウ　エ

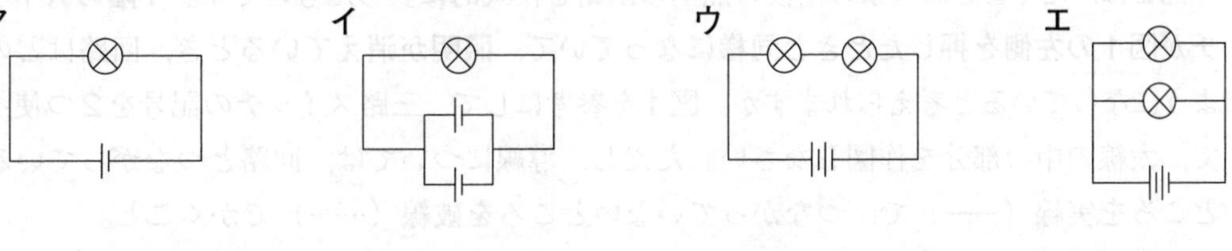

先　生：電気回路にはさまざまなものがあります。授業中はあつかいませんでしたが，たとえば(a)スイッチを２つ使うと，とても便利な回路を作ることができます。日常生活でもそういった回路が使われています。たくまさんの家は，二階建てですか？

たくま：はい，二階建てです。

先　生：では，家の階段《かいだん》の照明を思いうかべてみてください。(b)階段の１階と２階の部分にそれぞれスイッチがあって，どちらからでも階段の照明をつけたり消したりできるようになっているのではないでしょうか？

たくま：本当だ！　１つの照明に，２つのスイッチが使われているんですね。あれ，でも，階段の照明って，どんな回路になっているのかな……？

(2)　下線部(a)について，右の図のような回路があります。スイッチＡを入れてスイッチＢを切ったとき，点灯する豆電球はどれですか。①～③のうちから正しいものを**すべて**選び，番号で答えなさい。

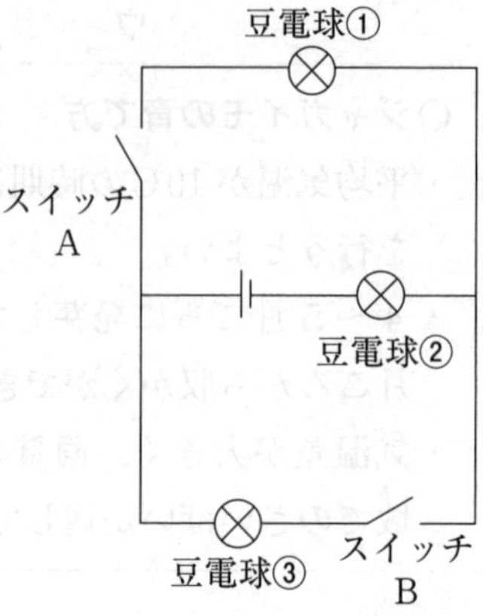

(3)　下線部(b)のような回路には，「三路《さんろ》スイッチ」とよばれる，電流が流れる道を切りかえることができるスイッチ（**図１**）が使われています。階段の照明の回路には，電流が流れる道が２つある部分があり，１階と２階にそれぞれある三路スイッチを使って，２つの道をつなぎかえることで，どちらの階からも電気をつけたり消したりすることができます。

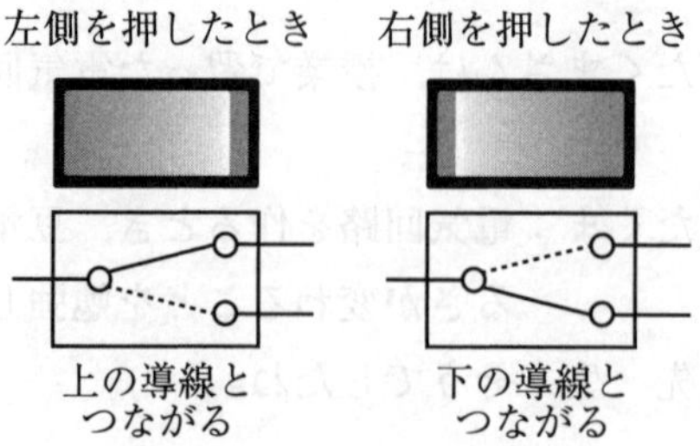

図１　三路スイッチ

図２は，たくまさんの家の階段の照明の回路を模式《もしき》的に表したものです。**１階のスイッチが図１の左側を押《お》したときと同様になっていて，照明が消えている**とき，回路はどのようになっていると考えられますか。**図１**を参考にして，三路スイッチの記号を**２つ**使って，太線の中の部分を作図しなさい。ただし，導線については，回路とつながっているところを実線（――）で，つながっていないところを破線（……）でかくこと。

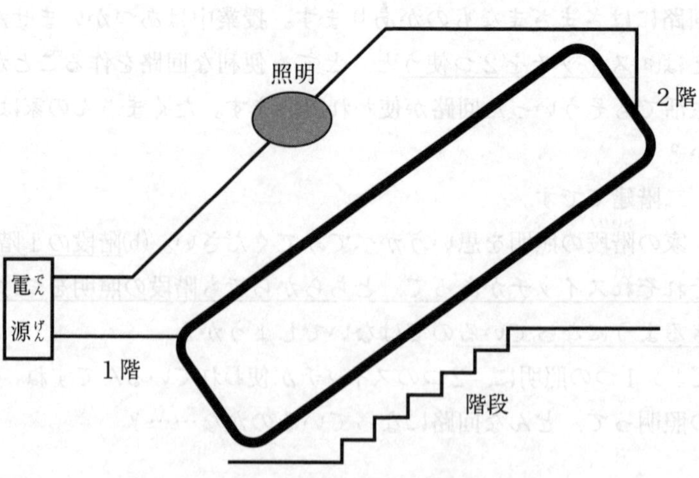

図２　たくまさんの家の階段の照明の回路

5 たくまさんとお父さんは，「干支《えと》」について話しています。

父　：「干支」を知っているかな。

たくま：知っているよ。「ね・うし・とら・う・たつ・み・うま・ひつじ・さる・とり・いぬ・い」のことでしょ。1年ごとにくり返して，12年で1周するんだよね。

父　：それを「干支」だと思っている人が多いね。でも，正確にいうと，「干支」は「十干《じっかん》」（**図1**）と「十二支《じゅうにし》」（**図2**）を1つずつ組み合わせて「干支」になるんだよ。

（音読み）		こう		おつ		へい		てい		ぼ
（訓読み）		きのえ		きのと		ひのえ		ひのと		つちのえ
		甲	→	乙	→	丙	→	丁	→	戊
（音読み）		き		こう		しん		じん		き
（訓読み）		つちのと		かのえ		かのと		みずのえ		みずのと
	→	己	→	庚	→	辛	→	壬	→	癸

図1　十干

（音読み）		し		ちゅう		いん		ぼう		しん		し
（訓読み）		ね		うし		とら		う		たつ		み
		子	→	丑	→	寅	→	卯	→	辰	→	巳
（音読み）		ご		び		しん		ゆう		じゅつ		がい
（訓読み）		うま		ひつじ		さる		とり		いぬ		い
	→	午	→	未	→	申	→	酉	→	戌	→	亥

図2　十二支

父　：たとえば，1924年にできた「阪神甲子園《はんしんこうしえん》球場」という野球場は，1924年の十干が「甲」，十二支が「子」だったことから，「甲子園」と名付けられたんだ。

たくま：なるほど！　おもしろいね。ところで，今年や来年の十二支はよく聞くから知っているけれど，十干は調べないとわからないね。

父　：そうかな。1924年の十干が甲だとわかっているから，それをもとにして考えるとわかりそうだよ。

たくま：そうか！　1924年の十干は10年ごとにくり返されるから，1924年が甲だったということは，次に十干が甲になる年は［ア］年だね。

父　：そうだね。他にも西れきの一の位の数字に注目する方法があるよ。たとえば，西れきの一の位の数字が5のとき，その年の十干は乙になるんだ。

たくま：そうすると，2023年の一の位の数字は3だから，十干は［イ］になるね。

父　：よくわかったね。日本では，歴史上の出来事の名前に干支がたびたび使われているんだよ。壬申《じんしん》の乱《らん》や戊辰《ぼしん》戦争があるね。

たくま：古くから日本人の生活に密着《みっちゃく》しているんだね。

父　：そうだね。生まれた年の干支が1周して再びめぐってきた年に，お祝いをする習慣もあるよ。

たくま：干支が1周するには，いったい何年かかるのかな。

(1)　会話文中の［ア］にあてはまる数を書きなさい。また，［イ］にあてはまることばを**図1**の中の漢字を使って書きなさい。

(2)　実際にある十干と十二支の組み合わせは全部で何通りあるかを求めなさい。

【適性検査Ⅱ】〈第１回Ｂ試験〉（45分）〈満点：100点〉

【注意】 解答に字数制限がある場合は，すべて句読点を含めた字数で答えなさい。

1 ひろとさんのクラスでは，「おかしについて」というテーマで，調べ学習をしています。

ひろと：ぼくは洋がしの原料や，洋がしと和がしのちがいについて調べてきました。

先　生：それでは，まずはひろとさんが調べた「洋がしの原料」について，資料を見てみましょう。

ひろと：はい。洋がしの原料について**資料１**から**資料４**を集めました。これらの資料からは，［　Ａ　］ことが読み取れます。

(1) 「洋がしの原料」について，ひろとさんは**資料１**～**資料４**から読み取れることを発表しました。［　Ａ　］に入るひろとさんの説明の内容として最も適切なものを，後の**ア**～**エ**のうちから１つ選び，記号で答えなさい。

資料１　小麦の生産量上位５国と生産量（2019年）

	国	生産量（万 t）
１位	中国	13360
２位	インド	10360
３位	ロシア	7445
４位	アメリカ合衆国《がっしゅうこく》	5226
５位	フランス	4060

資料２　カカオ豆の生産量とその内訳《うちわけ》（2019年）

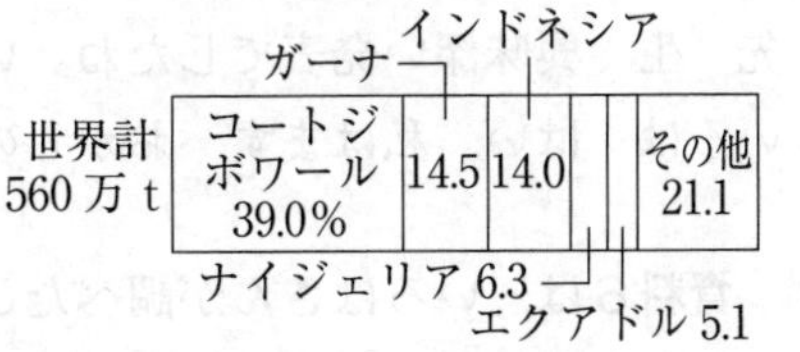

資料３　牛乳《ぎゅうにゅう》（2019年）とバター（2018年）の生産量上位５国

	牛乳	バター
１位	アメリカ合衆国	インド
２位	インド	パキスタン
３位	ブラジル	アメリカ合衆国
４位	ドイツ	ニュージーランド
５位	中国	ドイツ

資料４　砂糖《さとう》の一人あたりの消費量の変化

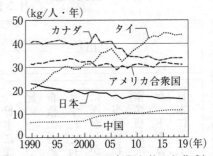

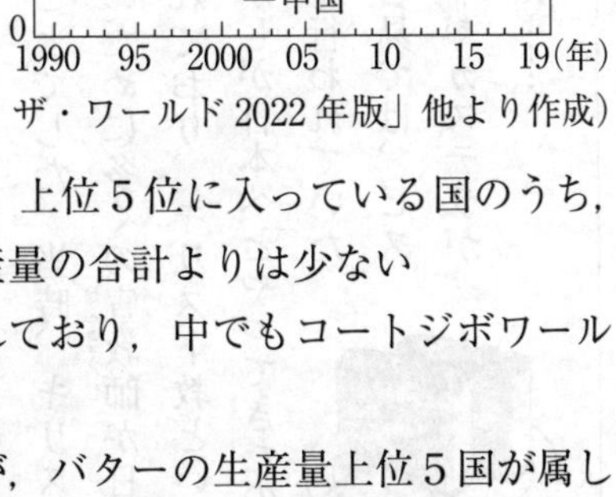

（**資料１**～**４**は「データブック オブ・ザ・ワールド2022年版」他より作成）

ア　小麦はアジア州を中心に生産されているものの，上位５位に入っている国のうち，アジア州の国の生産量の合計は，その他の州の生産量の合計よりは少ない

イ　カカオ豆の生産はおもにアフリカ州の国で行われており，中でもコートジボワールの生産量は200万 t をこえている

ウ　牛乳の生産量上位５国が属している州は４つだが，バターの生産量上位５国が属しているのは３つの州であり，その中ではアジア州の国の生産量が多い

エ　日本の砂糖の一人あたりの消費量は減少しており，2019年の砂糖の一人あたりの消費量は，北アメリカ州に属する国の合計のおよそ10分の１である

いろは：私《わたし》は「洋がしと和がしのちがい」について，とても気になります。洋がしと和がしは，何がちがうのですか？

ひろと：はい。洋がしと和がしのちがいについて，ぼくは材料が関係しているのではないかと考えました。それでは，**資料５**を見てください。

(2)　**資料５**は，洋がしと和がしのおもな材料を示した表です。また，右の**メモ**は，**資料５**をもとにひろとさんが考えたことをまとめたものです。**資料５**を参考にして，**メモ**中の［　①　］，［　②　］にあてはまる語句を，それぞれ**漢字２字**で答えなさい。

資料５　洋がしと和がしのおもな材料

洋がし	和がし
・小麦 ・卵《たまご》 ・バター ・牛乳　など	・麦 ・豆類 ・でんぷん ・米　　など

メモ

資料５から，洋がしの材料には小麦に加えて［　①　］性のものが多く，一方で，和がしの材料には［　②　］性のものが多く使われていることがわかります。洋がしと和がしのちがいは，ここにあると思います。

先　生：興味深い発表でしたね。いろはさんは何について調べてきましたか？

いろは：はい。私はまず，おかしの歴史について調べて，新聞記事にまとめました。

(3)　**資料６**は，いろはさんが調べたことについてまとめた新聞記事の一部です。**資料６**の内容を参考にして，新聞記事の見出しとして最も適切なものを，次の**ア**～**エ**のうちから１つ選び，記号で答えなさい。

資料６

○月△日

見出し

日本に洋がしが伝わったのは、16世紀のことでした。当時、キリスト教の布教のために多くの宣教師《せんきょうし》が日本をおとずれており、キリスト教といっしょに洋がしが日本へとやってきたのです。

当時行われていた南蛮《なんばん》貿易では、ビスケットやカステラが日本に……

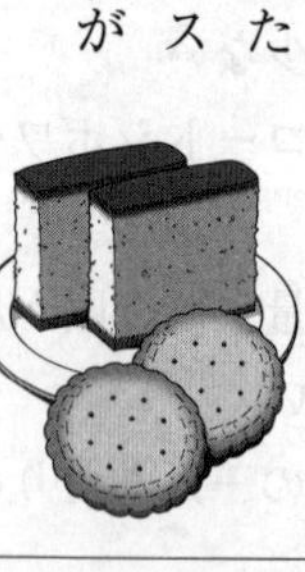

ア　**聖徳太子《しょうとくたいし》が飛鳥《あすか》で食べたおかしとは……！？**

イ　**聖武天皇《しょうむてんのう》は洋がしが好きだったかも……？**

ウ　**藤原道長《ふじわらのみちなが》が愛した洋がしは？**

エ　**織田信長《おだのぶなが》が出会った洋がしとは？**

先　生：すてきな新聞記事ですね。

いろは：ありがとうございます。次に，私は最近増えている「米粉を利用したおかしやパン」についてもまとめました。米粉とは，お米を細かくくだいて，粉状にしたものです。原材料やつぶの細かさによって，いろいろな種類にわけられます。そして，その米粉が，最近はおかしやパンの材料としても使われているのです。

(4) いろはさんは，**資料７～資料９**を使って「米粉を利用したおかしやパン」について発表しました。**資料７～資料９**から読み取れることにふれて，**いろはさんの発表原こう**中の[　B　]にあてはまる内容を書きなさい。

資料７　おもな国の食料自給率の変化

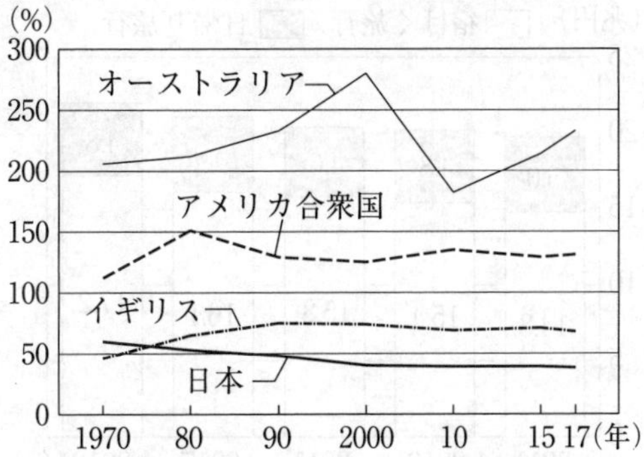

※日本は年度。
(「世界国勢図会 2021/22 年版」より作成)

資料８　日本の小麦と米の輸入の割合《わりあい》(2020 年度)

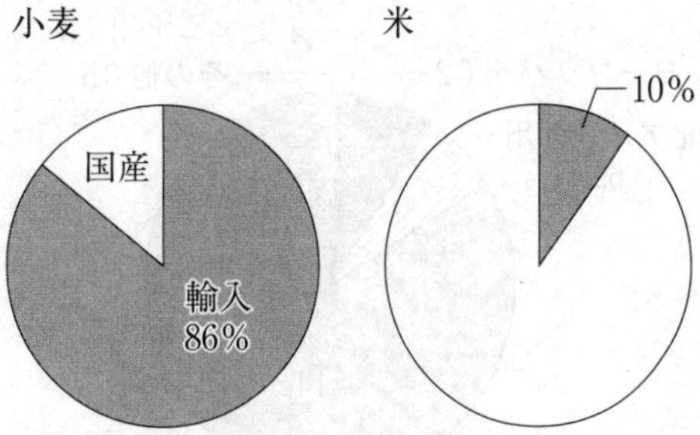

(「日本国勢図会 2022/23 年版」より作成)

資料９　米粉のみ力を広める活動を行っている人のお話

日本に住んでいる全国民が，輸入した小麦でできたパンを毎月３個食べているとします。それを米粉パンに変えることで，日本の食料自給率が１％上がるという試算があるんですよ。

いろはさんの発表原こう

みなさんは，米を使ったおかしというとお団子などを想像するのではないでしょうか。しかし，現在はケーキやパンなど，さまざまな食べ物の原料として使われています。

資料７～資料９を見てください。私は，米粉を利用したおかしやパンが増えることで，[　B　]が期待できるのではないかと考えています。また，それによって米をつくっている農家さんの収入《しゅうにゅう》が増えるなどのえいきょうもあると思います。

みなさんも，パン屋さんやおかし屋さんで米粉を使った商品を見つけたら，ぜひ食べてみてください。

米粉を利用したケーキやパン

2 ひろとさんのクラスでは，グループごとに「日本の観光について」というテーマで調べ学習を行い，発表をすることになりました。

ひろと：茨城県の観光について調べてみるのはどうかな。
いろは：いいね。日本全体の観光と比べてみると，おもしろそう！

(1) ひろとさんといろはさんは，次の**資料１**～**資料４**を集めて，**メモ**にまとめました。**資料１**～**資料４**を参考にして，**メモ**中の［ A ］～［ D ］にあてはまる語句を，後のア～クのうちからそれぞれ１つずつ選び，記号で答えなさい。

資料１　日本をおとずれた外国人観光客の総数とその内訳（2019 年）

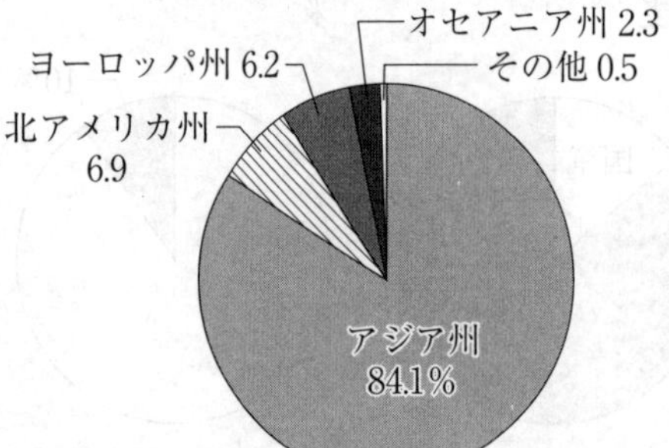

（日本政府観光局（JNTO）資料より作成）

資料２　日本人国内旅行消費額の変化

（観光庁《ちょう》資料より作成）

資料３　茨城県の居住地別観光客数内訳（県内をのぞく）（2019 年）

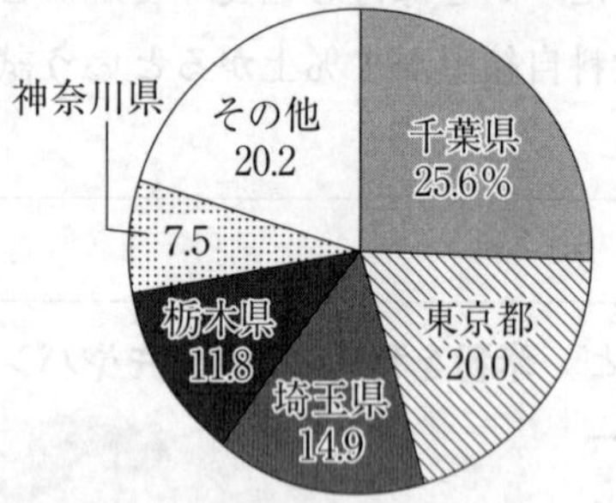

資料４　茨城県をおとずれた観光客数の変化

（**資料３**，**資料４**は茨城県営業戦略部観光物産課資料より作成）

メモ

○日本全体の観光
・［ A ］からの観光客がほとんど。
・国内旅行の消費額は［ B ］している。
○茨城県の観光
・［ C ］からおとずれる観光客が多い。
・［ D ］の観光客が多い。

ア　アジア州　　　**イ**　関東《かんとう》地方
ウ　増加　　　　　**エ**　宿はく
オ　減少　　　　　**カ**　北アメリカ州
キ　関東地方以外　**ク**　日帰り

ひろと：観光客が増えるのはうれしいけれど，観光客が増えることで起こる問題もあるよね。観光客が多い京都府などは，いろいろと大変なんじゃないかな。

いろは：確かに，そこに住んでいる人たちの生活もあるからね。実際に起こっている問題と行われている対策《たいさく》について調べてみようか。

(2)　ひろとさんといろはさんは，観光客の増加によって起こる問題とその対策について，**資料５**と**資料６**を集めました。①京都市で起こっている問題として最も適切なものを，**資料５**と**資料６**を参考にして，後の**ア**～**エ**のうちから，また，②その対策として最も適切なものを，後の**カ**～**ケ**のうちからそれぞれ１つずつ選び，記号で答えなさい。

資料５　京都市のホームページのお知らせ

京都市では，秋の紅葉《こうよう》シーズンに交通対策を実ししています。

令和３年度は，11月下じゅんに交通対策を下記の通り実ししますので，お知らせします。

１　嵐山《あらしやま》地域《ちいき》の交通対策

嵯峨《さが》かい道

一方通行（車両の進行を，１つの方向に限定すること）【午前10時～午後５時】

※長辻《ながつじ》通では，年間を通じて土・日・祝日に一方通行規制【午前10時～午後５時】が実しされていますのでご注意ください。……

資料６　「パーク＆《アンド》ライドちゅう車場」の案内

京都市では，電車やバスを組み合わせてご利用いただける「パーク＆ライド駐車《ちゅうしゃ》場」をご案内しております。

混雑を避《さ》け，彩《いろど》り豊かな京都のまちをゆっくりとお楽しみください。

「京都市パークアンドライド登録駐車場」はこちら

（**資料５**，**資料６**は京都市ホームページより作成。一部内容を変更）

①　京都市で起こっている問題

ア　道路の老きゅう化が進んでいる。　　**イ**　自動車の交通量が増えている。

ウ　京都市に通勤《つうきん》・通学する人が減っている。　　**エ**　はい線になるバスが増えている。

②　対策

カ　自動車を使わない観光をすすめている。

キ　交通規制を行って道路工事を進めている。

ク　レンタカーの利用をすすめている。

ケ　電車料金を割引《わりびき》するサービスを行っている。

ひろとさんといろはさんは，調べ学習の間に，先生から「いばらき観光おもてなし推進《すいしん》条例」について教えてもらいました。

先　生：この条例では，県民の役割《やくわり》も定められており，県民には，観光客を心のこもったおもてなしでむかえることや，観光をさかんにする取り組みに積極的に努めることが求められています。

ひろと：県全体で観光を盛《も》り上げるということですね。ぼくたちにも何かできるでしょうか。

先　生：茨城県のみ力を外国の人にも伝えるというのはどうですか？

(3)　次の**ポスター**は，ひろとさんといろはさんが，外国人観光客に茨城県の「観光のしやすさ」を伝えるためにつくったものです。**資料７〜資料９**から読み取れることにふれて，**ポスター**中の［　Ｅ　］にあてはまる内容を書きなさい。

ポスター

日本に旅行に来る外国のみなさん
茨城県はとても観光がしやすい県です！

資料７　外国人観光客が日本を旅行中に困ったこと（2018 年）

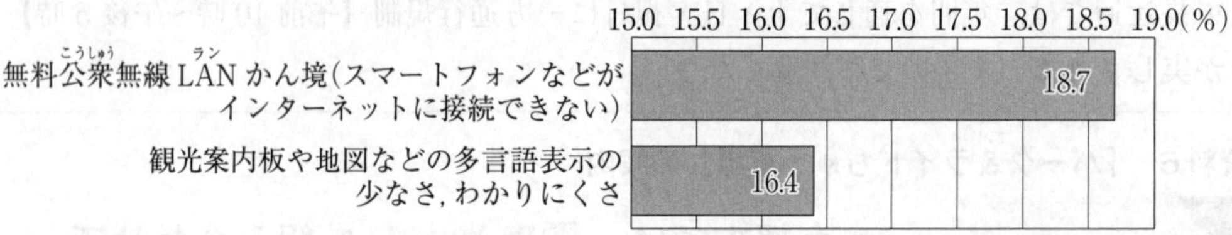

（観光庁資料より作成）

資料８　ＩＢＡＲＡＫＩ　ＦＲＥＥ《フリー》 Wi-Fi《ワイファイ》

このステッカーがある場所では，無料でインターネットに接続できます！

茨城県のホームページには，英語をはじめ，さまざまな言語のパンフレットがけいさいされています！

資料９　観光パンフレット

茨城県にはＩＢＡＲＡＫＩ　ＦＲＥＥ　Ｗｉ－Ｆｉというサービスがあります。また，茨城県のホームページにはさまざまな言語のパンフレットがけいさいされています。そのため，［　Ｅ　］。

ぜひ，茨城県に観光に来てください！

3 ひろとさんのクラスでは，クラス全員でレクリエーションをすることになりました。どんなことをしたいか，それぞれ考えてきたことを，班《はん》で話し合っています。

ひろと：あまり日がないけれど，今週末に行うレクリエーションについて，それぞれ考えてきたよね。ぼくは，もうすぐ卒業だから，最後に授業で習ったことを生かしたことができればいいと思って考えてきたよ。みんなはどんなものがいいかな。

いろは：全員がきちんと参加できるものがいいよね。参加できない人がいるのはよくないと思う。

ゆいな：それは大事なことだよね。私《わたし》は，個人戦になるものよりも協力し合うものがいいと思ったよ。

たくま：ぼくは，天気に関係なくできるものがいいと思って考えてきたよ。

ひろと：なるほどね。じゃあ，みんなが考えてきてくれたもの（**資料１～資料４**）と，**先生が書いてくれた板書内容**を見ながら決めていこう。

資料１

絵しりとりゲーム

・４グループにわかれて，グループごとに一列に並《なら》ぶ。
・制限時間は２分。
・先頭になった人たちが，最初にかく絵をその場で相談して考える。
・２分が過ぎたら，先頭の人から順番に絵を見せていく。
・より長くしりとりが成立しているグループの勝ち。

資料２

ビブリオバトル

・事前に図書室に行き，クラスのみんなにおすすめしたい本を一人１冊《さつ》選んでくる。
・選んできた本をしょうかいし合う。
・しょうかいを聞いて一番読みたいと思った本を，一人１冊選び，投票する。
・一番多くの票を得た人が勝ち。

資料３

○×クイズ

・一人１問，事前に○か×で答えられるような問題を考えてくる。
・出席番号順に出題していく。
・全員の出題が終わった時点で，一番正解数が多かった人が勝ち。

資料４

無言で並べかえゲーム

・４グループにわかれる。
・声を発してはいけない。
・誕生日《たんじょうび》の早い順，名前のあいうえお順などのお題にそって並ぶ（お題はその場で考えて出す）。
・一番早く正確に並び終わったグループの勝ち。

先生が書いてくれた板書内容

６年１組 レクリエーションを考えよう

○卒業まで残りわずかとなりました。クラスのみんなで楽しい思い出をつくりましょう。

日時：３月３日（金）　６時間目

場所：教室もしくは校庭

いろは：だれが考えてきたものでも，［　A　］の意見には合っているね。

ゆいな：そうだね。じゃあどれが一番いいかな。

たくま：ぼくは，**資料１**か**資料４**がいいと思う。**資料２**と**資料３**には気になった点が２点あるよ。２つの資料に共通していることなんだけれど，どちらも［　B　］

ひろと：たしかにそうだね。じゃあ，**資料１**と**資料４**のどちらにするかを決めていこう。

⑴　会話と**資料１**～**資料４**の内容をふまえて，会話文中の［　A　］にあてはまる最も適切なものを次の**ア**～**カ**のうちから１つ選び，記号で答えなさい。

ア　私とゆいなさん　　　　**イ**　私とひろとさん

ウ　私とたくまさん　　　　**エ**　ひろとさんとゆいなさん

オ　ひろとさんとたくまさん　**カ**　ゆいなさんとたくまさん

⑵　会話と**資料１**～**資料４**の内容をふまえて，たくまさんの意見を**15字以上25字以内**で，会話文中の［　B　］にあてはまるように書きなさい。

4　ひろとさんのクラスでは，家庭科の授業で「容器包装《ほうそう》（パッケージ）」について，調べたことを発表することになりました。ひろとさんといろはさんは，発表に向けてつくったメモ（**資料１**と**資料２**）を，先生に見てもらっています。

資料１　ひろとさんの発表メモ

テーマ：容器包装ごみがもたらすかん境《きょう》問題

・容器包装をふくむ，プラスチック製品は，製造やはいきのときに，地球温暖《おんだん》化の原因となる二酸化炭素（CO_2）が発生する。

・家庭から出るごみの中で，容器包装のごみの割合《わりあい》が高い。

・容器包装のごみをふくむ，プラスチックはいき物を減らす取り組みは，世界各国で行われている。（レジぶくろの例：日本では，2020年７月からレジぶくろの有料化が義務づけられた。海外では，フランスのレジぶくろ使用禁止，南アメリカのレジぶくろ有料化，デンマークのレジぶくろ課税など）

・容器包装のごみは減らすだけでなく，出てしまったごみを分別しリサイクルすることで，新たなごみを減らすことにつなげることができる。みんなにもぜひ今日から分別に協力してほしい。

資料２　いろはさんの発表メモ

テーマ：容器包装の役割《やくわり》

・商品の品質を守ったり，長期保存《ほぞん》を可能にしたりする。

　→魚のかんづめ・密閉《みっぺい》されたレトルト包装などの写真を見せる。

・取っ手をつけたり，軽い素材の容器に入れたりして，商品を運びやすくする。

・中身を，外部からのしょうげきから保護する。

・包装の表示によって，消費者に，保存のための注意じこう・安全性・問い合わせ先などを伝える。

　→実際の容器包装の表示を見せながら説明する。

先　生：二人とも，よくまとめられていますね。容器包装といっても，ビニール製のふくろや牛乳《ぎゅうにゅう》パック，段《だん》ボールやびん・カンなど，さまざまなものがありますが，ちがった視点《してん》で調べられていて，それぞれおもしろい内容です。おたがいのメモを見て，気づいたことはありますか。

いろは：私《わたし》は，ひろとさんのメモには，たくさんの情報があってよいと思いました。

ひろと：ぼくは，いろはさんのメモは，内容がわかりやすいと思いました。

先　生：よい気づきですね。二人に共通してよかった点もありました。［　A　］や［　B　］などです。

ひろと：なるほど。

先　生：さらに発表をわかりやすくするためには，具体的な数値《すうち》が示されたデータなどを用意できるとよいです。何か参考にした資料はありますか。

ひろと：ぼくは，今回調べている中で，このような資料（**資料３～資料６**）を見つけて，発表メモをつくりました。

先　生：この中のどれかを使ったら，発表がよりわかりやすくなると思いますよ。どれがよいでしょうか。

ひろと：［　C　］を使うのはどうでしょうか。ぼくの発表内容のわかりにくい部分をくわしく説明できると思います。

先　生：そうですね。発表内容に適した資料を入れることで，より理解してもらえますよ。

いろは：私も，数値で示すことができるデータがないか，探《さが》してみます。

資料３　分別収集《しゅうしゅう》実し市町村数

品目名	実し市町村数	全市町村に対する実し率　（%）
無色のガラス製容器	1, 632	93.7
紙製容器包装	605	34.8
ペットボトル	1, 715	98.5
プラスチック製容器包装	1, 318	75.7

（環境《かんきょう》省「令和２年度容器包装リサイクル法に基《もと》づく市町村の分別収集等の実績について」より作成）

資料４　全国のごみ総はい出量

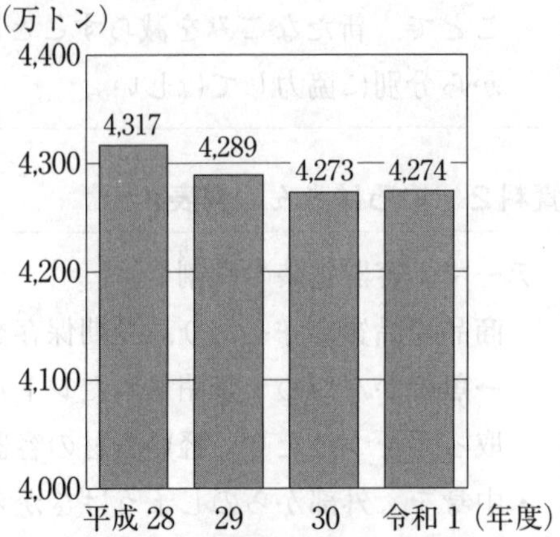

（環境省「一般廃棄《いっぱんはいき》物処理《しょり》事業実態調査（令和元年度）」より作成）

資料５　家庭ごみの容積比率

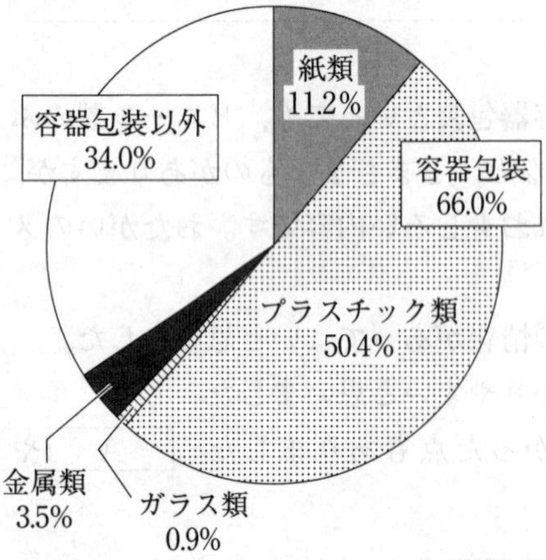

（環境省「容器包装廃棄物の使用・排出《はいしゅつ》実態調査（令和３年度）」より作成）

資料６　資源《しげん》ごみのリサイクル率

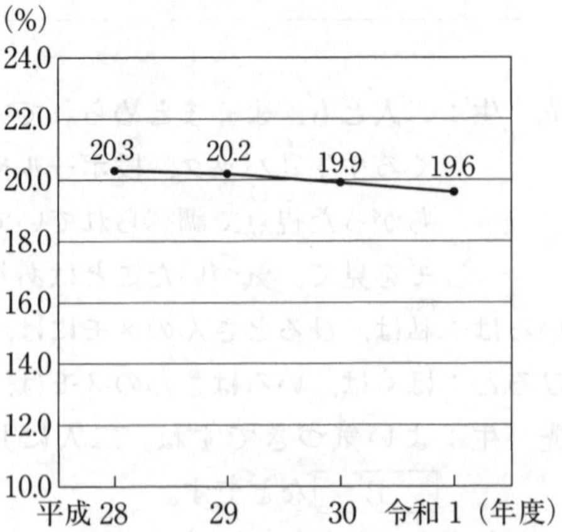

（環境省「一般廃棄物処理事業実態調査（令和元年度）」より作成）

⑴　**資料１**と**資料２**のメモで工夫されている点について，会話文中の［　A　］，［　B　］にあてはまる適切なものを，次の**ア**～**オ**のうちから**２つ**選び，記号で答えなさい。

ア　発表をするということを意識して，説明といっしょに行うことも書きこんでいること
イ　発表を聞く人が内容を理解しやすいように，説明についての具体例を用意していること
ウ　発表のときに，それぞれどのくらいの時間をかけて説明するかを考えていること
エ　発表する内容について今後意識してもらうために，呼《よ》びかける内容を入れていること
オ　発表することを明確にするために，自分が決めたテーマを最初に示していること

⑵　会話と**資料１**の内容をふまえて，会話文中の［　C　］にあてはまる最も適切な資料を**資料３**～**資料６**のうちから１つ選びなさい。

⑶　会話と資料の内容をふまえて，あなたは「包装」についてどのようなことを考えますか。あなたの考えを**100字以上120字以内**で書きなさい。

2023年度

茨城中学校 ▶解答

※ 編集上の都合により，第１回Ｂ試験の解説は省略させていただきました。

適性検査Ⅰ ＜第１回Ｂ試験＞（45分）＜満点：100点＞

解答

1 (1) **答え**…2400cm^3／**説明**…(例) 底の面は，１辺の長さが20cmの正方形になる。厚紙から，１辺の長さが20cmの正方形を切り取ると，縦20cm，横24cmの長方形になる。横の長さが20cmで，高さが等しい面が４つ必要だから，箱の高さは，24÷４＝６（cm）になる。よって，容積は，20×20×６＝2400（cm^3）である。 (2) 24個 2 (1) イ (2) イ (3) エ／**理由**…(例) 太陽は南の空を通るので，日当たりがよく，部屋の温度が上がりやすいから。

3 (1) 23 (2) ウ，オ (3) 1.5倍 (4) イ

4 (1) エ (2) ①，② (3) 右の図 5 (1) **ア** 1934 **イ** 癸 (2) 60通り

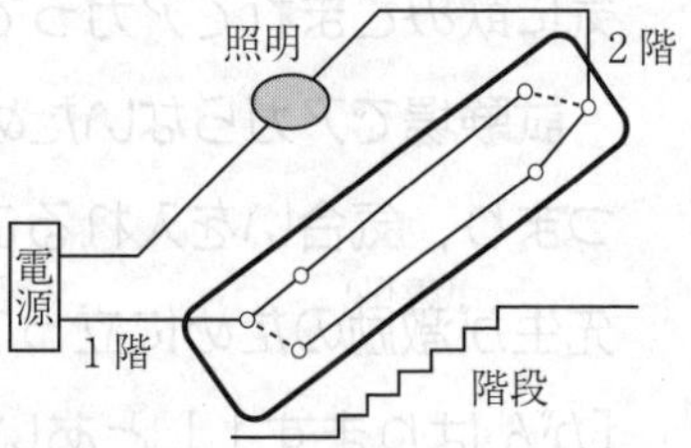

適性検査Ⅱ ＜第１回Ｂ試験＞（45分）＜満点：100点＞

解答

1 (1) イ (2) ① 動物 ② 植物 (3) エ (4) (例) 輸入した小麦よりも国産の米を多く食べるようになるので，他国と比べて少なくなっている食料自給率が上がること

2 (1) **Ａ** ア **Ｂ** ウ **Ｃ** イ **Ｄ** ク (2) ① イ ② カ (3) (例) 無料でインターネットに接続することができ，自分の国の言葉で観光地の情報を得ることができます

3 (1) ウ (2) (例) 事前の準備が必要だし，個人戦になっているよ。 4 (1) イ，オ (2) 資料５ (3) (例) 私は，容器包装には，さまざまな役割があるため，完全に無くすことはできないと思う。しかし，包装のごみがかん境に悪いえいきょうをあたえることがあるため，容器包装のごみの量を減らしたり，かん境にやさしい容器包装を使ったりすればよいと思う。

Dr.福井の
入試に勝つ！脳とからだのウルトラ科学

試験場でアガらない秘けつ

キミたちの多くは，今まで何度か模擬試験（たとえば合不合判定テストや首都圏模試）を受けていて，大勢のライバルに囲まれながらテストを受ける雰囲気を味わっているだろう。しかし，模擬試験と本番とでは雰囲気がまったくちがう。そういうところでも緊張しない性格ならば問題ないが，入試独特の雰囲気に飲みこまれてアガってしまうと，実力を出せなくなってしまう。

試験場でアガらないためには，試験を突破するぞという意気ごみを持つこと。つまり，気合いを入れることだ。たとえば，中学の校門前にはあちこちの塾の先生が激励《げきれい》のために立っている。もし，キミが通った塾の先生を見つけたら，「がんばります！」とあいさつをしよう。そうすれば先生は必ずはげましてくれる。これだけでもかなり気合いが入るはずだ。ちなみに，ヤル気が出るのは，TRHホルモンという物質の作用によるもので，十分な睡眠をとる，運動する（特に歩く），ガムをかむことなどで出されやすい。

試験開始の直前になってもアガっているときは，腹式呼吸が効果的だ。目を閉じ，おなかをふくらませるようにしながら，ゆっくりと大きく息を吸う。ここでは「ゆっくり」「大きく」がポイントだ。そして，ゆっくりと息をはく。これをくり返し何回も行うと，ノルアドレナリンという悪いホルモンが減っていくので，アガりを解消することができる。

よく「手のひらに“人”の字を書いて飲みこむことを3回行う」とアガらないというが，そのようなおまじないを信じて実行し，自分に暗示をかけてもいいだろう。要は，入試に対するさまざまな不安な気持ちを消し去って，試験に集中できるようなくふうをこらせばいいのだ。

Dr.福井（福井《ふくい》一成《かずしげ》）…医学博士。開成中・高から東大・文Ⅱに入学後，再受験して翌年東大・理Ⅲに合格。同大医学部卒。さまざまな勉強法や脳科学に関する著書多数。

Memo

Memo

2022年度　茨城中学校

〔電　話〕　029(221)4936
〔所在地〕　〒310－0065　水戸市八幡町16－1
〔交　通〕　JR常磐線「水戸駅」よりバス―「茨城高校入口」下車徒歩3分

【算　数】〈第1回A試験〉（60分）〈満点：150点〉

【注意】定規、コンパス、分度器は使用しないでください。

1　次の計算をしなさい。(7), (8)は□に当てはまる数を入れなさい。

(1)　$12+4\times5-48\div3$

(2)　$228\div(57+19\times21)$

(3)　$2.42\times5.5+3.63\times3$

(4)　$1\frac{1}{2}\times2\frac{2}{3}\times3\frac{3}{4}\times4\frac{4}{5}\times\frac{1}{6}$

(5)　$\left(\frac{3}{2}-\frac{2}{3}+\frac{2}{5}\right)\times3\times4\times5$

(6)　$3\frac{5}{7}\div\frac{2}{7}-\left(0.125\div\frac{5}{2}+0.95\right)$

(7)　$7-(8\times\square-10)+11=12$

(8)　202201秒 = □日□時間□分□秒

2 次の各問いに答えなさい。

(1) えんぴつを１人に５本ずつ配ると７本あまり，１人に６本ずつ配ると４本足りません。えんぴつは何本あるか求めなさい。

(2) 15でわっても，18でわっても11余る３けたの整数のうち，最大の整数を求めなさい。

(3) 池の周りを太郎君は20分で，花子さんは30分で１周します。２人が同じ場所から同時に反対向きに出発しました。初めて出会うのは何分後か求めなさい。

(4) ３つの整数Ａ, Ｂ, ＣがありＡ：Ｂ＝３：５，Ｂ：Ｃ＝２：３です。ＡとＢとＣの和が186のとき，Ｂの値を求めなさい。

(5) 時計が７時30分を指しているとき，長い針と短い針が作る小さい方の角度を求めなさい。

(6) 右の図の四角形ア と イ は正方形です。しゃ線の部分の面積を求めなさい。

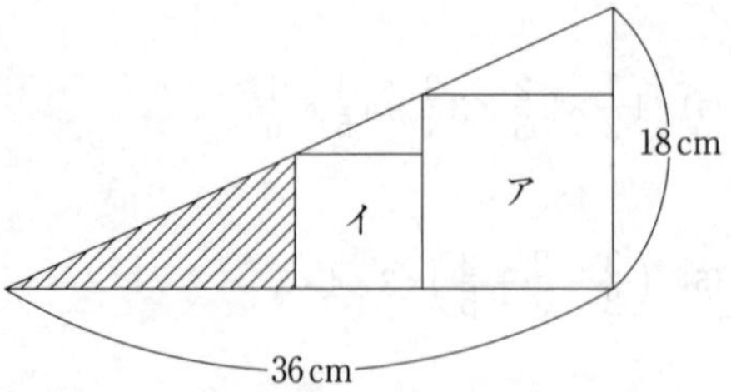

(7) 右の図で角度xを求めなさい。

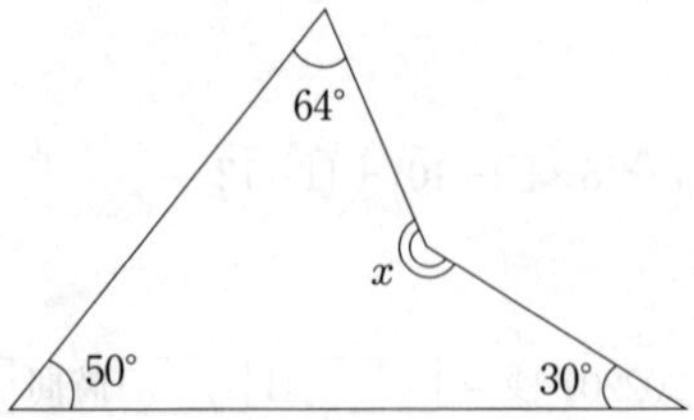

(8) 一辺12cmの正方形の中に半円が２つあります。右の図のしゃ線の部分の面積を求めなさい。ただし，円周率は3.14とします。

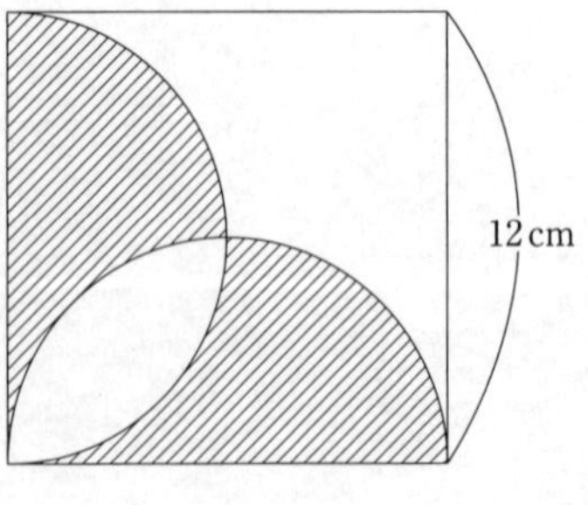

3 東海道新幹線には，東京駅を出発すると新大阪駅までに次のように16の駅があります。

東京 → 1 品川 → 2 新横浜 → 3 小田原 → 4 熱海 → 5 三島 → 6 新富士

→ 7 静岡 → 8 掛川 → 9 浜松 → 10 豊橋 → 11 三河安城 → 12 名古屋

→ 13 岐阜羽島 → 14 米原 → 15 京都 → 16 新大阪

この新幹線を使って東京駅から新大阪駅まで，次のルールにしたがって行くことになりました。

ルール:「一度に進めるのは６駅までで，その駅で途中《とちゅう》下車して乗り換える。」

次の問いに答えなさい。

(1) 途中下車する回数が最も少ない途中下車の方法は何通りあるか求めなさい。

(2) 7 静岡 で途中下車することになりました。途中下車する回数を最も少なくしたときの途中下車の方法は何通りあるか求めなさい。

4 次の問いに答えなさい。

(1) 10％のこさの食塩水500ｇから水分だけを100ｇ蒸発させました。このときの食塩水のこさを求めなさい。

(2) 10％のこさの食塩水500ｇから200ｇを捨て，水200ｇを加えます。このときの食塩水のこさを求めなさい。

5 次の問いに答えなさい。ただし，円周率は3.14とします。

⑴ 右の図の六角形ABCDEFの面積を求めなさい。

⑵ 右の図をABを軸に一回転させてできる立体の体積を求めなさい。

⑶ ⑵の立体の表面積を求めなさい。

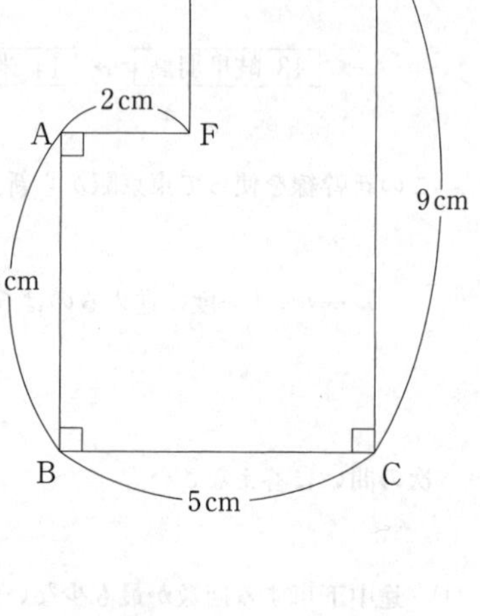

6 次のように，１cmの棒を使って図形をつくります。

⑴ 図のように，正三角形の形に並べます。５番目の図形では棒を何本使うか求めなさい。

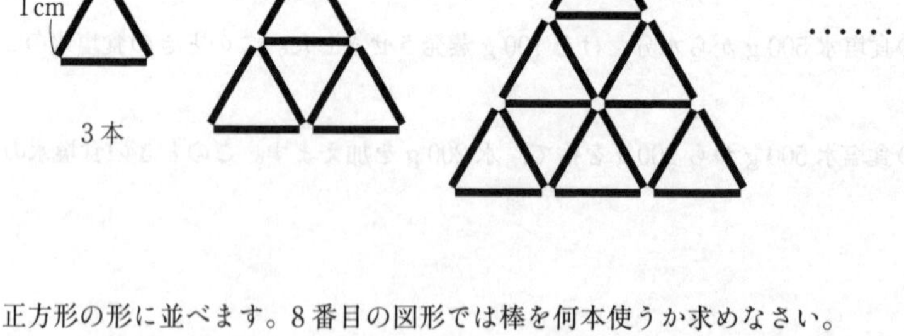

⑵ 図のように，正方形の形に並べます。８番目の図形では棒を何本使うか求めなさい。

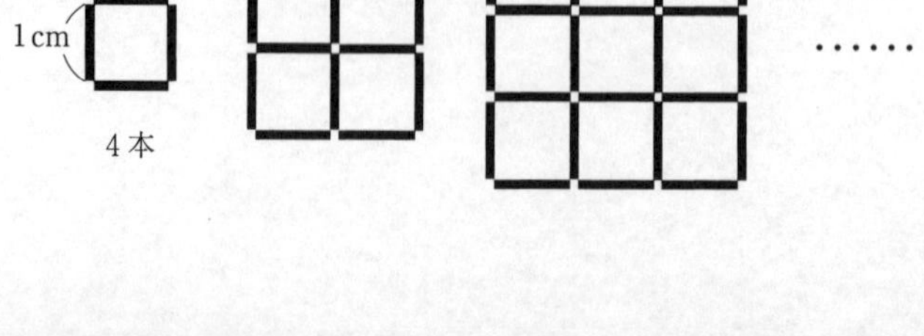

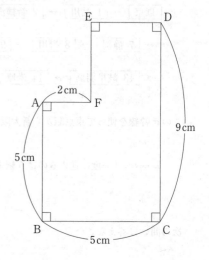

【社　会】〈第１回Ａ試験〉（40分）〈満点：100点〉

1　世界中の多くの自治体は，姉妹都市や親善都市として友好関係を結び，お互いに交流を深めています。下に，水戸市と親善関係にある都市をまとめました。これらの都市や，都市が位置する県や国について，以下の問いに答えなさい。

・福井県敦賀市　　・滋賀県彦根市　　・香川県高松市
・アメリカ合衆国 カリフォルニア州アナハイム市　　・中華人民共和国 重慶《じゅうけい》市

問１　下の雨温図は，水戸市をふくめた日本の４都市の気候を表したものです。このうち，敦賀市と高松市の雨温図をア～エの中から選び，それぞれ記号で答えなさい。

ア
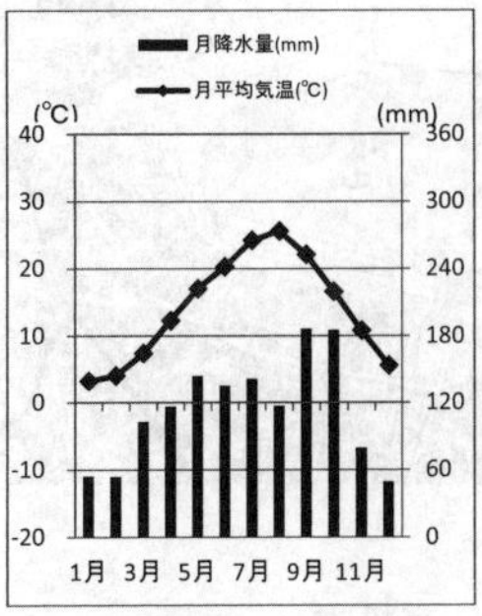

年平均気温　14.1℃
年降水量　1367.7 mm

イ
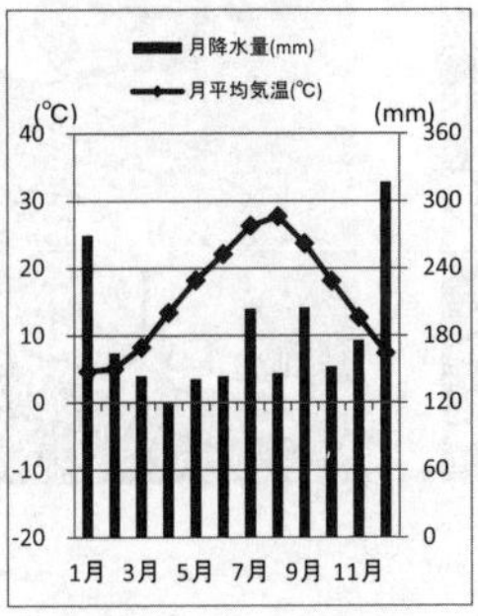

年平均気温　15.6℃
年降水量　2199.5 mm

ウ
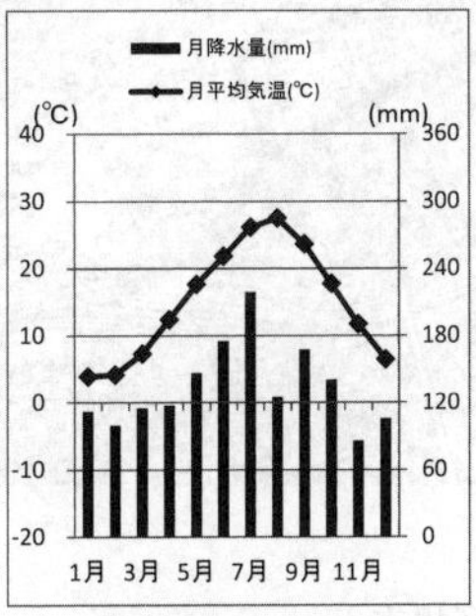

年平均気温　15.0℃
年降水量　1610.0 mm

エ
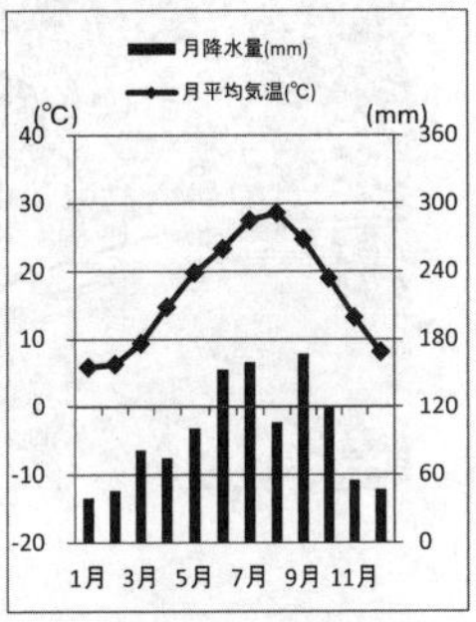

年平均気温　16.7℃
年降水量　1150.1 mm

問２　次の文は，茨城県・福井県・滋賀県・香川県の，第一次産業の特徴を説明したものです。茨城県と滋賀県を説明したものをア～エの中から選び，それぞれ記号で答えなさい。

ア　県の北部には山地が，南部にはリアス海岸がそれぞれ広がり，合間にみられる盆地や平野では作付面積・収穫量ともに日本一の六条大麦や，メロンやスイカが栽培されている。恵まれた海域環境のもとで水揚げされるズワイガニは，その味のよさから全国的によく知られている。

イ　耕地面積・農業産出額ともに全国第３位であり，さまざまな野菜や果物の栽培がさかんだが，最近はかんしょや肉類の生産に力を入れている。県の北部を中心にスギやヒノキの木材生産が行われる。潮境に位置する沖合で，サバやイワシなどが水揚げされる。

ウ　県内を流れる河川は，距離が短く水量も少ないため，農業には大小約１万4600のため池や，隣の県のダムからの用水路の利用が欠かせない。日本一の収穫量を誇るオリーブは，ハマチやタイの養殖にも利用されている。

エ　日本三大和牛に数えられる肉用牛は古くから生産されており，近年では大規模飼育が進んでいる。県の面積の６分の１を占める湖での水産業がさかんで，アユや真珠の養殖が有名である。現在，湖の自然環境に配慮した農林水産業が注目を集めている。

問３　下の①・②は，茨城県・福井県・滋賀県・香川県のうち，いずれか２つの県で生産のさかんな工業製品を表したものです。①・②が示す県をそれぞれ答えなさい。

①	漆器製食器・手すき和紙・メガネわく
②	うちわ・手袋・冷凍調理食品・和風めん

問４　４つの都市は，歴史的にもともとどのような都市だったと考えられますか。下の「それぞれの都市の中心部の地形図」を参考にして答えなさい。

水戸市

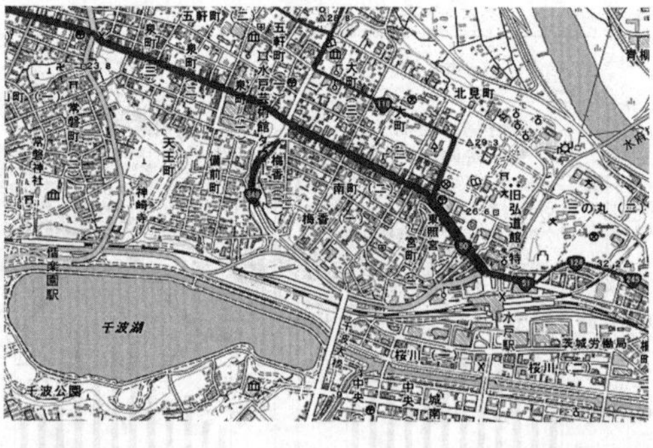

敦賀市

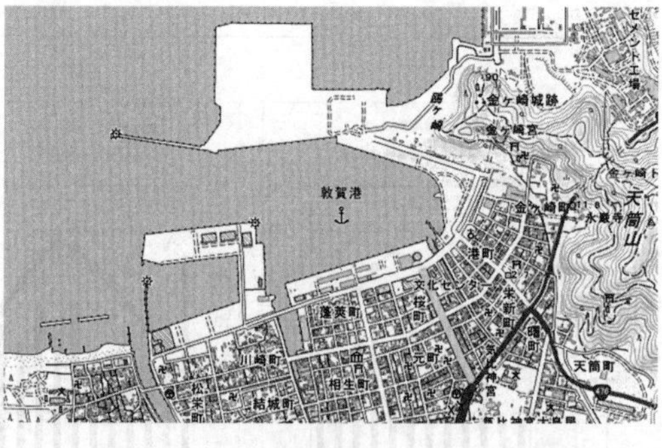

彦根市

高松市

問5　下の文は，ある小学生がつけた夏休みの日記です。この文を読み，野球の試合が始まった日時を，アナハイムの現地の時間で答えなさい。ただし，〔条件〕に従って考えること。

> 8月1日（日）　晴れ
>
> アナハイム市を本拠地とするメジャーリーグ（野球）のチームで，日本人選手がすごい活躍をしている。夏休みに入ったので，試合の中継をゆっくり見ようと思い，早起きしてテレビをつけた。5時5分試合開始。日本はまだ朝なのに，アメリカは昼間のようだった。一緒に試合を見ていたお兄さんが，「日本とは日付がずれているんだよ」と教えてくれたが，ぼくは頭がこんがらがってしまった。

〔条件〕

① 日本時間は東経135度を，アナハイムの現地の時間は西経120度をもとに考えることとする。

② サマータイムは考えなくてよいものとする。

問6　下の文中の[A]・[B]に当てはまる語句を答えなさい。

> 2021年，世界的に[A]が不足しさまざまな工業製品の生産が遅れてしまうことが問題となった。パソコンだけでなく，テレビやハードディスクドライブ（HDD）レコーダーなど，[A]を必要とする製品が増えており，自動車もその一つである。
>
> 現在，世界最大の自動車（四輪車）生産国の中国や，自動車の保有台数が世界一のアメリカなど，各国で[B]の開発・生産が進んでいる。[B]は，リチウムイオン電池に蓄えた電気を動力として走り，二酸化炭素の排出量を減らすことができるとされ注目されている。しかし，[A]の不足が続き，[B]の生産が今後長期にわたって遅れてしまうことが予測されている。

問7　下の表は，2018年の「世界の二酸化炭素排出量に占める主要5か国の排出割合」と，「各国一人当たりの排出量」を比較したものです。

	世界の二酸化炭素排出量に占める主要5か国割合	各国一人当たりの排出量
（ア）	28.4 %	6.8トン
（イ）	14.7 %	15.1トン
インド	6.9 %	1.7トン
（ウ）	3.2 %	8.5トン
（エ）	2.1 %	8.4トン

（EDMC/エネルギー・経済統計要覧2021年版による）

⑴　（ア）～（エ）は，日本・アメリカ・中国・ドイツのいずれかです。日本と中国に当てはまるものを，表の（ア）～（エ）からそれぞれ選び記号で答えなさい。

⑵　表から読み取れる，中国の「二酸化炭素の排出の特徴」を説明しなさい。

2 飯村さんは，歴史における政府や権力者が統治においてどのような工夫をしているかを調べて，古い方から順に次の表にまとめました。これに関する以下の問いに答えなさい。

邪馬台国の女王卑弥呼は30ほどのくに①を従えていた。
A
聖徳太子②は，（　③　）をあつくたっとび十七条の憲法を定めた。
B
聖武天皇は，（　③　）の力で社会の不安をしずめようとした。
C
源頼朝は，ご恩と奉公の関係④で武士を従えた。
D
織田信長は，（　⑤　）をおこない，商業や工業をさかんにした。
E
徳川家康は，大名を親藩・譜代・外様に分け，その配置を工夫した⑥。
F
明治政府は，廃藩置県を行った⑦。
G
大日本帝国憲法⑧が発布され，翌年には初めての選挙⑨が行われた。
H
第二次世界大戦⑩に勝利をするために戦時体制を強めていった。

問１　下線部①に関連して，佐賀県の吉野ケ里遺跡は むら や くに の争いがあったことを示す遺跡です。吉野ケ里遺跡から出土したものとして誤っているものを，次のア～エのうちから１つ選び，記号で答えなさい。

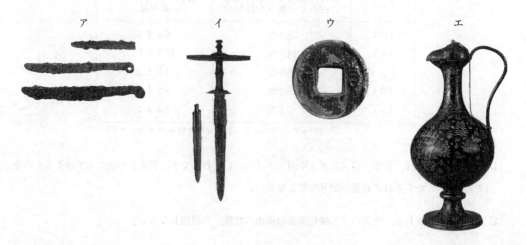

ア

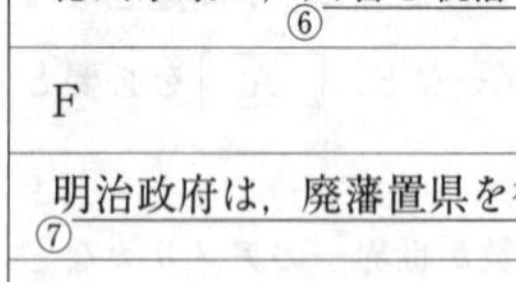

イ

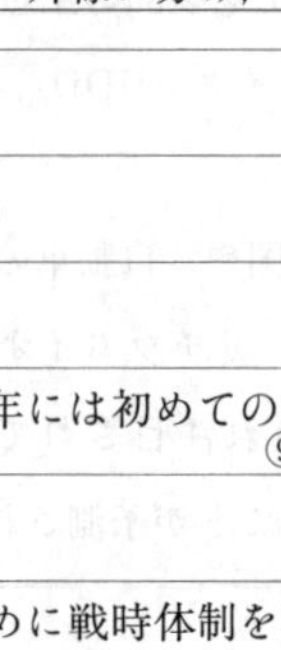

ウ

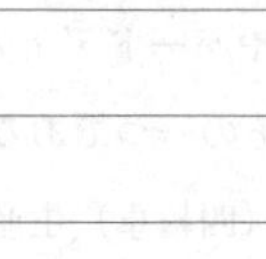

エ

問２　下線部②に関連して，聖徳太子は中国のどの王朝に小野妹子らの使者を送りましたか。正しいものを，次のア～エのうちから１つ選び，記号で答えなさい。

ア　清　　イ　隋　　ウ　唐　　エ　明

問３　空らん③に当てはまる宗教を答えなさい。

問４　下線部④に関連して，誤っているものを，次のア～エのうちから１つ選び，記号で答えなさい。

ア　ご恩の内容の一つは，幕府が武士の領地を保護することである。

イ　奉公の内容の一つは，戦いが起こった際に，武士が幕府のために戦うことである。

ウ　北条政子が武士たちに頼朝のご恩を説き団結をうったえたため，朝廷は幕府を倒す命令を全国に出した。

エ　元軍との戦いで活躍した武士たちに幕府は新しい領地をあたえることができず，幕府と武士の関係がくずれていった。

問５　空らん⑤に当てはまる，織田信長が安土城下での自由な商売を認めた政策を漢字で答えなさい。

問６　下線部⑥に関連して，次の大名の配置から読み取れることとして誤っているものを，後のア～エのうちから１つ選び，記号で答えなさい。

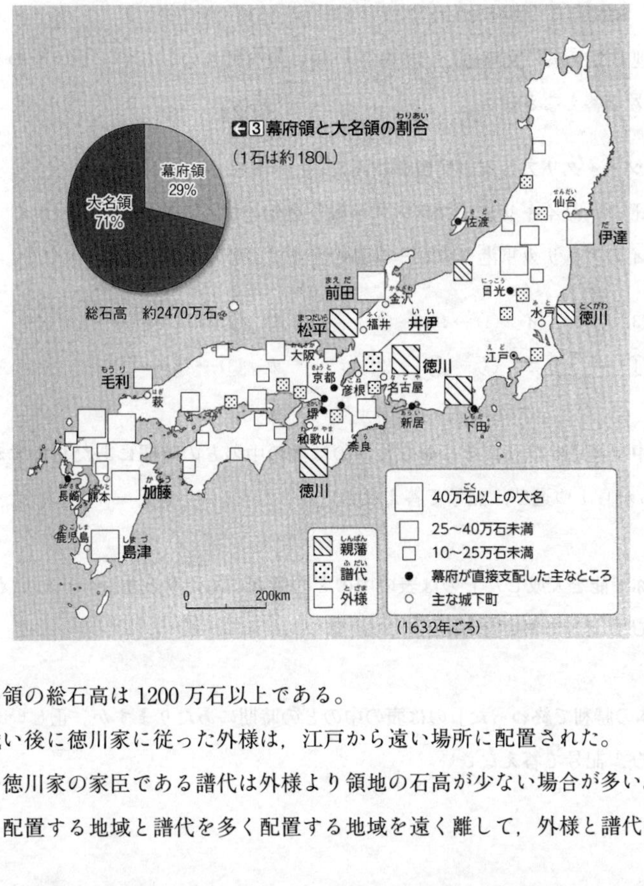

（1632年ごろ）

ア　全国の大名領の総石高は1200万石以上である。

イ　関ケ原の戦い後に徳川家に従った外様は，江戸から遠い場所に配置された。

ウ　古くからの徳川家の家臣である譜代は外様より領地の石高が少ない場合が多い。

エ　外様を多く配置する地域と譜代を多く配置する地域を遠く離して，外様と譜代の結束を防いだ。

問7　下線部⑦に関連して，明治政府の改革の説明として正しいものを，次のア～エのうちから1つ選び，記号で答えなさい。

ア　工業の発展のために官営工場である富岡製糸場を建て，女子の労働者を募集した。
イ　廃藩置県後は，知事は選挙で選出されるようになった。
ウ　徴兵令は武士（士族）出身の20歳になった若者にのみ3年間政府の軍隊で訓練することを義務付けた。
エ　地租改正によって，土地の価格の3％にあたる量の収穫物を税として納めることになった。

問8　下線部⑧に関連して，大日本帝国憲法をつくるために伊藤博文はどこの国の憲法を学び，参考にしましたか。正しいものを，次のア～エのうちから1つ選び，記号で答えなさい。

ア　ドイツ　　イ　フランス　　ウ　アメリカ　　エ　ロシア

問9　下線部⑨に関連して，大日本帝国憲法下の日本の選挙に関する説明として誤っているものを，次のア～エのうちから1つ選び，記号で答えなさい。

ア　貴族院と衆議院の二院制で，両院ともに選挙が行われた。
イ　1890年の初めての選挙では，選挙権を持っていたのは当時の日本国民の約1.1％だった。
ウ　北海道と沖縄は1890年の選挙の際に選挙権は与えられなかった。
エ　1925年に25歳以上の全ての男子に選挙権が与えられた。

問10　下線部⑩に関連して，次の文章①～③を古い順に並べたものとして正しいものを，次のア～カのうちから1つ選び，記号で答えなさい。

①　日本はドイツ・イタリアと軍事同盟を結んだ。
②　ドイツのヒトラーがイギリス・フランスと戦争を始めた。
③　日本はハワイのアメリカ軍港やマレー半島のイギリス軍を攻撃した。

ア　①→②→③　　イ　①→③→②　　ウ　②→①→③
エ　②→③→①　　オ　③→①→②　　カ　③→②→①

問11　「中大兄皇子と中臣鎌足は蘇我氏をたおした」のは表の中のどの時期にあたりますか。正しいものを，表の中のA～Cのうちから1つ選び，記号で答えなさい。

問12　「観阿弥・世阿弥が能を大成した」のは表の中のどの時期にあたりますか。正しいものを，表の中のD～Fのうちから1つ選び，記号で答えなさい。

問13　「日清戦争が日本の勝利で終わった」のは表の中のどの時期にあたりますか。正しいものを，表の中のF～Hのうちから1つ選び，記号で答えなさい。

3 以下の各問いに答えなさい。

問１　工業化にともなって，世界各地で石炭や石油などの化石燃料が大量に使用されたため，大気中に大量の二酸化炭素（CO_2）が排出されました。二酸化炭素は濃度が高くなると，地表から放出される熱を逃がしにくくして，地球の気温を上昇させます。そのため，世界の国々はさまざまな取り決めによって，地球温暖化の進行をくい止める努力をしています。以下の温暖化防止に関する文章を年月が古い順に並べ替え，解答らんに記号で答えなさい。

ア　途上国を含むすべての国を対象とし，産業革命前からの気温上昇を２℃ 未満にすることを目標とし，できれば1.5℃ 未満にすることを努力目標とするパリ協定が採択された。

イ　スウェーデンのストックホルムで初めての環境に関する国際会議がひらかれ，「かけがえのない地球」をスローガンに環境保全のための国際協力の第一歩が記された。

ウ　先進国全体で温室効果ガスの排出量を1990年に比べて約５％削減することを義務づける京都議定書が採択された。中国やインドなど発展途上国は削減義務を負わなかった。

問２　次の会話文を読み，問いに答えなさい。

先生：プロ野球の大谷翔平選手がアメリカで素晴らしい活躍をしていますね。
生徒：はい。「投打の二刀流」として出場するだけでもすごいのに，2021年シーズンはホームラン王争いに加わるなど打者としても超一流の活躍です。
先生：１年遅れで開催された東京オリンピックで，スケートボード競技で金メダルを獲得した堀米雄斗も，日本の高校を卒業後，アメリカでプロとして活動しているようですね。
生徒：はい。海外で活躍する日本人スポーツ選手が増えてきているので，私たちも世界を視野に勉強やスポーツを頑張りたいと思います！

文中の下線部に関連し，以下の①～④の文は世界の国々について述べたものです。文に記された国と，地図中の国の場所の組み合わせとして正しいものを，次のア～エから１つ選び，記号で答えなさい。

①　国土が広大（世界７位）で，人口は13億人を超える。近年，急速な経済発展を続けており，BRICSの一つに数えられる。クリケットというスポーツが非常に盛んである。

②　18世紀にイギリスから独立。立法・行政・司法の三権分立制をとり，行政府の長である大統領は間接選挙で選出される。野球，バスケットなどスポーツのプロリーグが盛んである。

③　世界第２位の経済大国である。政治面では，共産党による事実上の一党独裁体制が敷かれている。2022年にはこの国で冬季オリンピックが開催される予定である。

④　GDP（国内総生産）が世界第５位（2020年）の経済大国である。政治制度は，内閣が議会の信任に基づいて存在する議院内閣制を採用する。近代サッカー発祥の地といわれている。

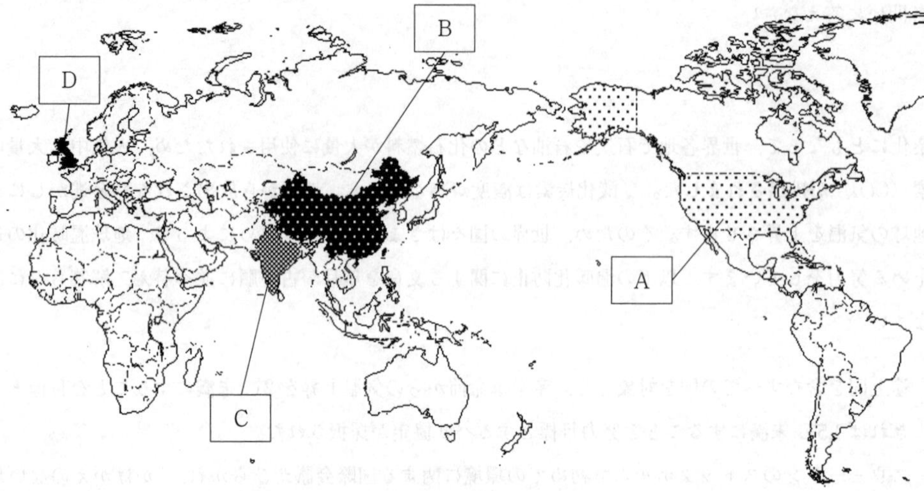

ア　①－Ａ　　イ　②－Ｂ　　ウ　③－Ｃ　　エ　④－Ｄ

問３　小学６年生の茨城さんは，夏休みの宿題として日本の政治制度について調べ，カードを作成しました。次の３枚のカードに入る語句の組み合わせとして正しいものを，次のア～クから１つ選び，記号で答えなさい。

【国会の働き】
国会には衆議院と参議院があり，法律の制定や予算の議決については，（　①　）の優越が認められている。

【内閣の働き】
内閣は国会で選ばれた内閣総理大臣が中心となる。内閣は（　②　）の長官を指名する。

【裁判所の働き】
裁判員制度は，国民が裁判員として（　③　）に参加し，国民の感覚や視点を裁判に反映する制度である。

ア	①－衆議院	②－弾劾裁判所	③－民事裁判
イ	①－衆議院	②－弾劾裁判所	③－刑事裁判
ウ	①－衆議院	②－最高裁判所	③－民事裁判
エ	①－衆議院	②－最高裁判所	③－刑事裁判
オ	①－参議院	②－弾劾裁判所	③－民事裁判
カ	①－参議院	②－弾劾裁判所	③－刑事裁判
キ	①－参議院	②－最高裁判所	③－民事裁判
ク	①－参議院	②－最高裁判所	③－刑事裁判

問４　日本国憲法の基本原則について述べた文として正しいものを，次のア～エから１つ選び，記号で答えなさい。

ア　第７条で天皇は内閣の助言と承認により国事行為を行うとされているが，内閣総理大臣の任命や最高裁判所長官の任命などは，天皇の政治的な決断により行われている。

イ　第９条で戦争の放棄，戦力の不保持，交戦権の否認について宣言し，自衛隊は必要最小限の実力部隊であると明記している。

ウ　憲法が保障する基本的人権は，侵すことのできない永久の権利であり，現在及び将来の国民に与えられるとされているが，外国人の人権については対象の範囲外である。

エ　大日本帝国憲法では，天皇が国の主権を持つとされていたが，日本国憲法では国民が政治の決定権を持つという国民主権が採用されている。

問５　下の表は総務省が2018年に発表した『過疎地域の現状』という資料の一部を抜粋したものです。**資料１**は「５年間人口増減率推移」，**資料２**は「高齢者比率及び若年者比率の推移」を表しています。資料から読み取れる内容や，それらへの各地方自治体の対策について説明した文として誤っているものを，次のア～エから１つ選び，記号で答えなさい。

資料１　「５年間人口増減率推移」

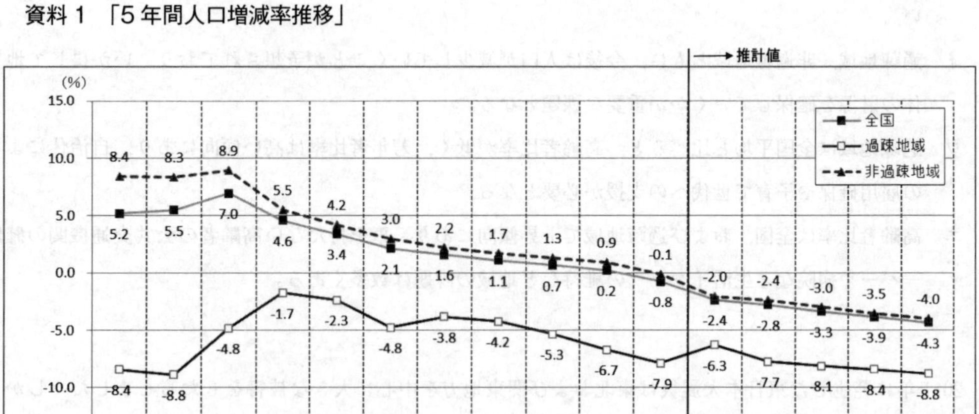

総務省 HP より

資料２「高齢者比率及び若年者比率の推移」

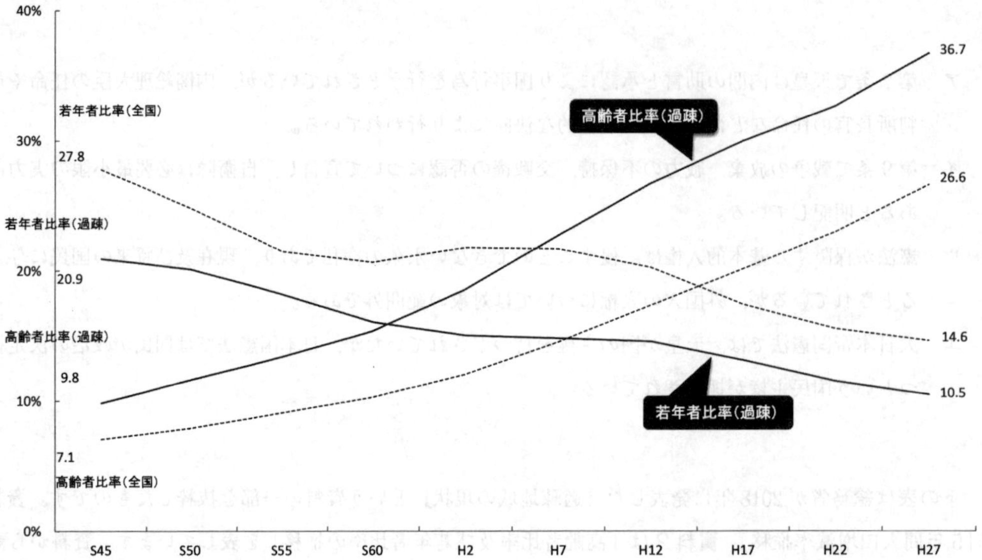

総務省HPより

ア　昭和40年から平成27年までを比較すると，過疎地域の人口増減率が，全国のそれを上回ったことはない。

イ　過疎地域，非過疎地域ともに，今後は人口が減少していくことが予想されており，いかにして地方自治体の財源を確保していくかが重要な課題となる。

ウ　過疎地域は全国平均と比べると，高齢者比率が低く，若年者比率は高い傾向にあり，自治体による若者の雇用確保や子育て世代への支援が必要となる。

エ　高齢者比率は全国，および過疎地域で上昇傾向にあり，車を持たない高齢者の公共交通機関の確保，スーパーや病院など生活インフラの維持など地域の課題は数多くある。

問６　2011年に発生した東日本大震災は東北および関東地方を中心に大きな被害をもたらしました。しかし，政府や自治体はもちろんのこと，NPOやボランティアの人たちの活動により徐々に復興をとげつつあります。ボランティアに関する説明として最も適当なものを，次のア～エから１つ選び，記号で答えなさい。

ア　ボランティアには専門的な知識や技術が必要とされるため，それらを持たない人が参加すると，かえって被災地の負担となってしまう。

イ　ボランティアは無償《むしょう》の活動ではないので，移動のための交通費や滞在中の宿泊・食事に関する費用は政府や自治体が負担すべきである。

ウ　ボランティアは家族や周囲の理解のもと，自分にできる範囲の内容でおこなったほうが，結果的に長続きし，また新たな活動へつながっていく可能性も高い。

エ　世の中にボランティア活動を広めていくためにも，現地での活動のようすや体験を動画や写真に収め，SNSなどで積極的に発信していくべきである。

問7　2019年初頭からの新型コロナウィルス感染症の流行により，世界中の国々で何らかの移動制限が取られてきました。コロナ禍は世界中の人々にとって今なお続く厄災《やくさい》ですが，ワクチン開発やテレワークの普及など何十年もかけて進展すると考えられてきた変化が，テクノロジーの普及によって一気に進んだという点も指摘できます。テレワークについて述べた文X・Yについて，それぞれの正誤の組み合わせとして正しいものを，次のア ～ エから1つ選び，記号で答えなさい。

X　テレワークとは，インターネットやICT（情報通信技術）を利用して，本来勤務する場所から離れ，自宅やサテライトオフィスなどで働くことである。

Y　テレワークが普及すると，高速インターネット環境や多くの企業の本社や官公庁の拠点が東京へ一極集中すると考えられる。

ア　X ― 正しい　Y ― 正しい
イ　X ― 正しい　Y ― 間違い
ウ　X ― 間違い　Y ― 正しい
エ　X ― 間違い　Y ― 間違い

【理　科】〈第１回Ａ試験〉（40分）〈満点：100点〉

1 図１のように，４つのたんしが付いている箱の中に同じ乾電池が２つ入っています。乾電池とたんしを導線でつなぎ，豆電球をたんしにつないだところ，つなぐたんしにより，明るく光る場合，暗く光る場合，光らない場合がありました。結果を表１にまとめました。

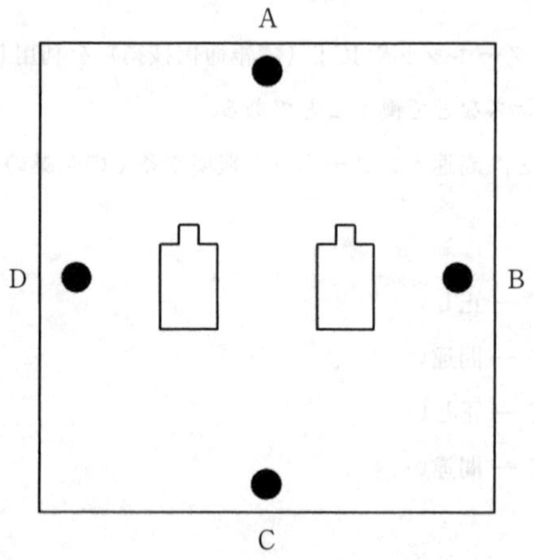

図１

表１

つないだたんし	ＡとＢ	ＡとＣ	ＡとＤ	ＢとＣ	ＢとＤ	ＣとＤ
豆電球の明るさ	×	○	◎	○	◎	○

×：光らない
○：暗く光る
◎：明るく光る

(1) たんしＡとＤ，たんしＢとＤにつないだ時と同じ明るさと考えられるものを，図２のア ～ エから全て選び，記号で答えなさい。

(2) たんしＡとＣ，たんしＢとＣ，たんしＣとＤにつないだ時と同じ明るさと考えられるものを，図２のア ～ エから全て選び，記号で答えなさい。

(3) たんしＡとＢにつないだ時と同じ明るさと考えられるものを，図２のア ～ エから全て選び，記号で答えなさい。

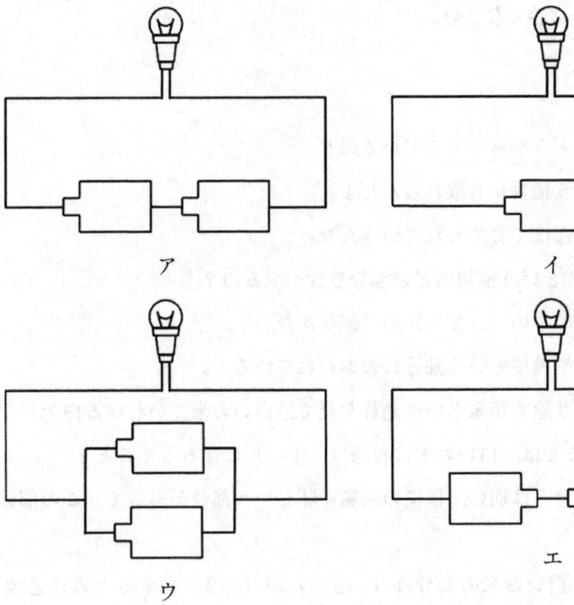

図２

(4)　図３のア～エのうち，この箱の中の導線のつなぎ方と考えられるものを全て選び，記号で答えなさい。

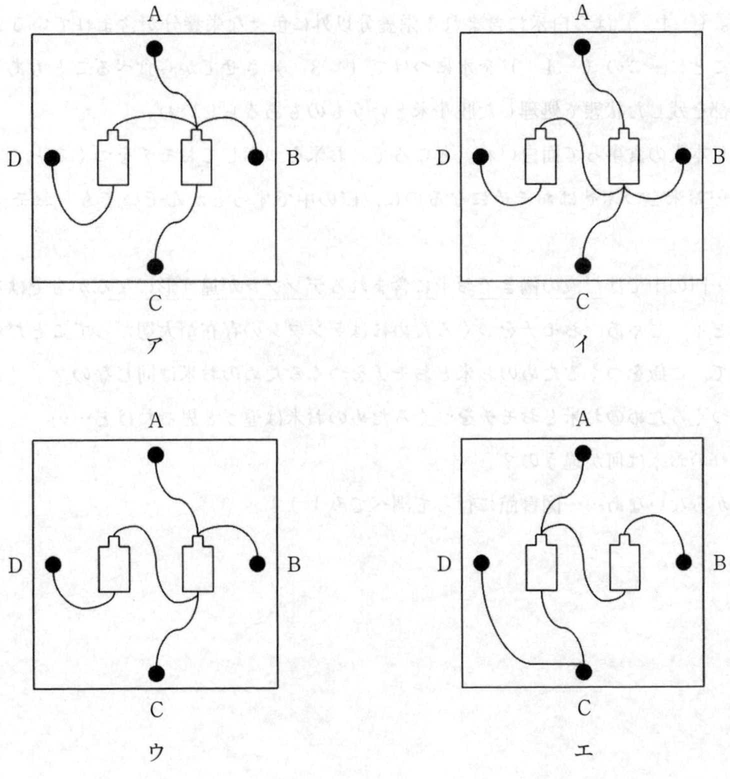

図３

2 次の会話文を読み，あとの問いに答えなさい。

ジョー君：日本人の主食のお米はどうやってできているの？

三郎君：お米は（　1　）という植物から取れるんだよ。
日本では，大部分が田んぼで育てられているんだ。

ジョー君：白いお米は，（　1　）という植物のどの部分を食べてるの？

三郎君：お米は（　1　）の実《み》の中の（　2　）の一部なんだ。
実《み》は，籾《もみ》といって籾殻《もみがら》や種皮という部分におおわれているよ。
籾殻や種皮の部分を取り除く精米という過程を経て，白いお米，いわゆる白米になるんだよ。

ジョー君：（　2　）の一部ってことは，白いお米は将来（　1　）になるってこと？

三郎君：ん～……白いお米の部分とは別に，種皮の内側に胚《はい》という部分があって，この部分が（　1　）の芽や根になるんだ。

ジョー君：なるほど！　じゃあ，白いお米の部分は（　2　）が（　3　）するために必要な栄養分ってことだね！

三郎君：正解！　白いお米の部分は（　3　）に必要な栄養分なんだ。

ジョー君：胚の部分を食べることはないの？

三郎君：精米の時に籾殻だけを取り除いた処理をすることがあって，これは白米ではなくて（　4　）とよばれるんだ。（　4　）は，白米に含まれる栄養分以外に色々な栄養分が含まれているといわれているよ。
面白いことに，この（　4　）を水につけて（　3　）させてから食べることもあるよ。その他にも，胚の一部を残した状態で処理した胚芽米というものもあるらしいね。

ジョー君：へ～，日本人の食事って面白いね。ところで，お米をつぶしておモチをつくるところを見たことがあるけど……お米をつぶせばおモチになるのに，口の中でずっとかんでいても，おモチにならないのはなぜ？

三郎君：ん～……口の中ではだ液の働きでお米に含まれるデンプンが違う形になるからではないかな。

ジョー君：なるほど！　じゃあ，おモチをつくるためにはデンプンの存在が大切だってことだね。
ところで，ご飯をつくるためのお米とおモチをつくるためのお米は同じなの？

三郎君：ご飯をつくるためのお米とおモチをつくるためのお米は違うと思ったけど……

ジョー君：それぞれのお米は何が違うの？

三郎君：よく分からないなあ……図書館に行って調べてみよう！

(1)　会話文中の（　　）に当てはまる語句を答えなさい。

(2)　次の図１，２のア ～ エは，一般的な植物にみられる体のつくりを示したものです。（　1　）という植物のつくりに当てはまるものを図１，図２からそれぞれ１つずつ選び，記号で答えなさい。

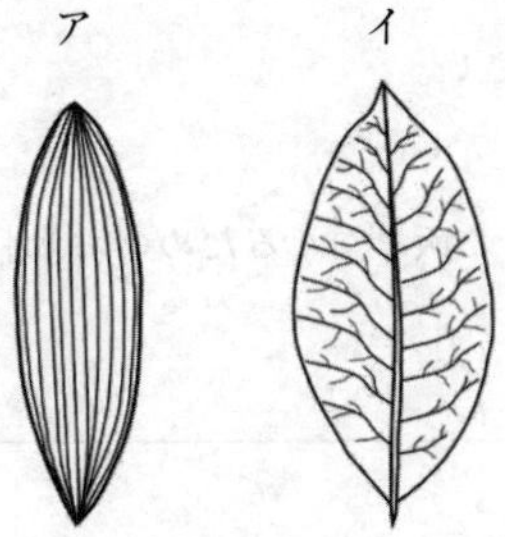

図１

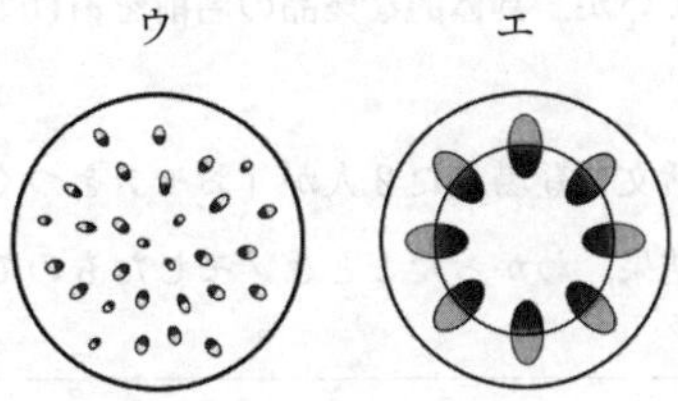

図２

(3)　次の ① ～ ④ より，（　1　）を表した図を選び，番号で答えなさい。

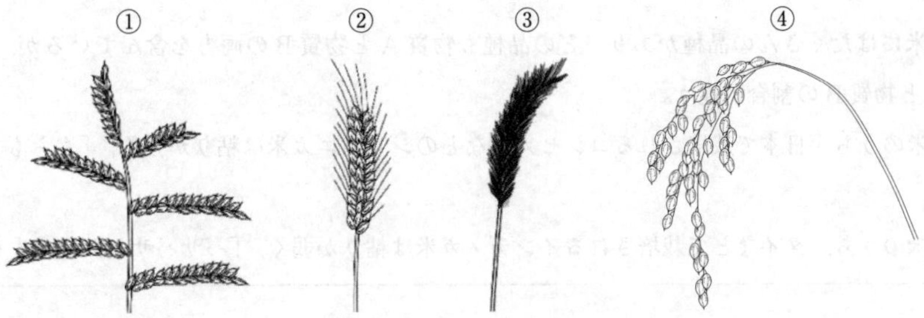

(4)　（　1　）のめばえの様子として正しいものを次の ア ～ カ より１つ選び，記号で答えなさい。

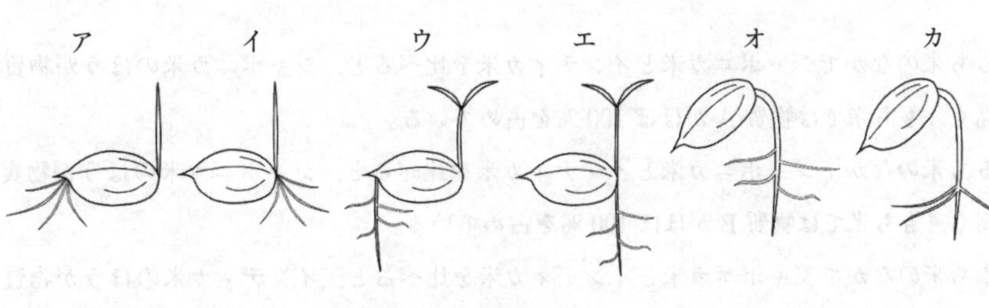

(5)　田んぼで育てた（　1　）の茎の断面や根の断面を観察してみると，多くの空洞がみられます。（　1　）ではこの空洞が葉から茎を通って根までつながっています。この空洞にはどのような役割があると考えられるか，次の ① ～ ④ より正しいものを１つ選び，番号で答えなさい。

①　根から取り込んだ二酸化炭素を葉に送る。
②　根から取り込んだ酸素を葉に送る。
③　葉から取り込んだ酸素を根に送る。
④　葉から取り込んだ二酸化炭素を根に送る。

(6) （　１　）の花のつくりはアブラナなどの花のつくりと違い，花びらがありません。また，花が咲く時間も短く，良く晴れた日の朝に1～2時間ほど咲くことが知られています。このことから，（　１　）では何が花粉を運ぶと考えられますか。

(7) 会話文中の下線部に関して，お米に含まれるデンプンが違う形になったかどうかを調べるには，どのような実験をしたらよいか，具体的な薬品の名前をあげて20字以内で答えなさい。

(8) 次は，会話文に登場した２人が「おモチをつくるためのお米」と「ご飯をつくるためのお米」について，図書館で調べた結果，わかったことをメモしたものです。

- お米は，うるち米ともち米に分けられる。
- デンプンにはブドウ糖が一直線に並んでいる物質Ａと，ブドウ糖が枝分かれしながら連結している物質Ｂの２種類がある。
- 物質Ｂは枝分かれしているので，互いに絡まりやすい。また，ブドウ糖どうしのすきまに水分を保ちやすい。
- うるち米にはたくさんの品種があり，どの品種も物質Ａと物質Ｂの両方を含んでいるが，品種ごとに物質Ａと物質Ｂの割合が違う。
- うるち米のうち，日本で栽培されるコシヒカリなどのジャポニカ米は粘りが強く，「もちもちした食感」になる。
- うるち米のうち，タイなどで栽培されるインディカ米は粘りが弱く，「パサパサした食感」になる。

このメモの情報をもとに，お米に関する特徴をまとめた文章として適当なものを次のア～カより１つ選び，記号で答えなさい。

ア　うるち米のなかでジャポニカ米とインディカ米を比べると，ジャポニカ米のほうが物質Ａを含む割合が高く，もち米では物質Ａがほぼ100％を占めている。

イ　うるち米のなかでジャポニカ米とインディカ米を比べると，ジャポニカ米のほうが物質Ｂを含む割合が高く，もち米では物質Ｂがほぼ100％を占めている。

ウ　うるち米のなかでジャポニカ米とインディカ米を比べると，インディカ米のほうが物質Ａを含む割合が高く，もち米では物質Ａがほぼ100％を占めている。

エ　うるち米のなかでジャポニカ米とインディカ米を比べると，インディカ米のほうが物質Ｂを含む割合が高く，もち米では物質Ｂがほぼ100％を占めている。

オ　うるち米のなかでジャポニカ米とインディカ米を比べると，ジャポニカ米には物質Ｂしか含まれておらず，もち米では物質Ａがほぼ100％を占めている。

カ　うるち米のなかでジャポニカ米とインディカ米を比べると，ジャポニカ米には物質Ａしか含まれておらず，もち米では物質Ｂがほぼ100％を占めている。

3 グラウンドのライン引きに使われている白い物質（ラインパウダーとよぶことにします）について，さまざまな実験をしながらその性質を調べてみました。

実験１　水にとけるかどうかを調べた。

実験２　塩酸に入れると気体が発生したので，その気体の性質を調べた。

(1)　実験１において，次の手順で水にとけるかどうかを調べました。文中の空らんに適する語句または数字を入れて，文を完成させなさい。ただし，ウの解答は，「2，5，8」の中から１つ選びなさい。

【水にラインパウダーを入れてかきまぜる】

・かきまぜた後に静かにおいていたところ，とう明ですき通った上の部分と，底に白くしずんだ部分に分かれた。

【かきまぜた液体をろ過する】

・ろうと，ガラスぼう，ビーカー，ろ紙を用意して，ろ過の準備をした。このとき，ろ紙を４つ折りにしてろうとに置き，少量の水をかけてしめらせた。

・ろうとの先は，（　ア　）のかべの部分につけておくようにした。

・ろ過する液体をろうとに入れるときは，（　イ　）づたいに入れるようにした。

・ろ過する液体は，ろ紙の部分に（　ウ　）分目以上は入れないようにしながら進めた。

【ラインパウダーが水にとけているかどうかを確認する】

・ろ過した後の液体をガラス板にとり，じょう発させたが何も残らなかった。また，リトマス紙でよう液の性質を調べたところ中性であった。これらの操作より，ラインパウダーは水にはとけていないことを確認した。

(2)　ろ過した後の液体を，何といいますか。

(3)　水よう液について正しい文を，次のア～オの中から１つ選び，記号で答えなさい。ただし，水はじょう発しないものとして考えること。

ア　水よう液とは，物質が水にとけて無色・とう明な状態の液体のことをいう。

イ　ミョウバンは，水の温度を低くするとたくさんとける。

ウ　水よう液のにおいをかぐときは，ゆっくりと鼻を近づけてかぐようにする。

エ　固体の物質だけではなく，気体の物質でも水にとけるものがある。

オ　温度や水の量が変わらないとき，水よう液は時間とともに下の方がこくなる。

(4) 実験２において，発生した気体を石灰水に通したところ，石灰水が白くにごりました。このとき発生した気体の性質についてまちがっている文を，次のア～オの中から１つ選び，記号で答えなさい。

ア　水にわずかに溶ける。

イ　空気よりも軽い。

ウ　BTB 液に通すと，黄色に変わる。

エ　色もにおいもない。

オ　地球温暖化の原因物質といわれている。

(5) 実験２で生じた気体の体積とラインパウダーの重さ，塩酸の体積の関係を調べたところ，次の表のようになりました。0.6 g のラインパウダーが全部とけるには，塩酸は最低何 cm^3 必要ですか。

生じた気体の体積

ラインパウダーの重さ	塩酸の体積				
	10 cm^3	20 cm^3	30 cm^3	40 cm^3	50 cm^3
0.4 g	200 cm^3	400 cm^3	600 cm^3	600 cm^3	600 cm^3
0.6 g	200 cm^3	400 cm^3	600 cm^3	800 cm^3	900 cm^3

(6) ラインパウダーのかわりに，以下のア～オの粉末をそれぞれ塩酸に入れたとき，実験２で発生した気体とは別の気体が発生するものを，次のア～オの中から１つ選び，記号で答えなさい。

ア 石灰石　　イ 卵のから　　ウ 貝がら　　エ チョーク　　オ 鉄粉

(7) かつては，校庭に引くラインには「消石灰」という物質が使われていましたが，強いアルカリ性のために目に入ると危ないので，現在ではほとんど使われなくなってきています。次のア～オの物質の中で，アルカリ性の物質を２つ選び，記号で答えなさい。

ア　塩酸　　イ　水酸化ナトリウム　　ウ　食塩水　　エ　砂とう水　　オ　アンモニア水

(8) ラインパウダー，食塩，鉄粉，木くずが混ざった状態で存在しています。次の手順①～④の操作を順番に進めていったとき，ラインパウダーを取り出すことができるのはどの手順のときか。番号で答えなさい。

手順①　磁石を使う。

手順②　水を十分に加えて，ういた物質を取り除く。

手順③　ろ過する。

手順④　ろ過した液体を蒸発させる。

4 以下の(1)～(4)の問いに答えなさい。なお，棒や糸はじゅうぶんに軽く，重さは無視できるものとします。

(1) 図１のように，長さ 100 cm の棒の中心に，糸をつけて天井からつるしました。棒の中心から右側に 30 cm の位置に重さ 20 g のおもりを糸でつるしたとき，棒が水平になるには，重さ 30 g のおもりを中心からの距離が何 cm の位置につるせばよいですか。

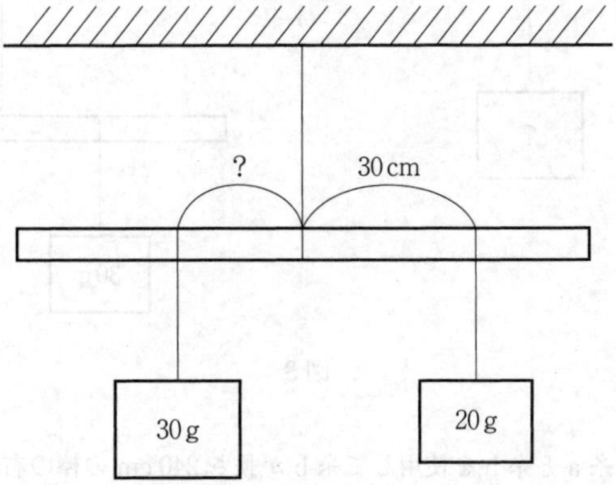

図１

(2) 図２のように，(1)で水平につりあわせた棒につけた２つのおもりの位置を変えずに，両はじに糸ａと糸ｂをまきつけて天井からつるしました。糸ａと糸ｂが棒を支える力は何ｇか，それぞれ答えなさい。

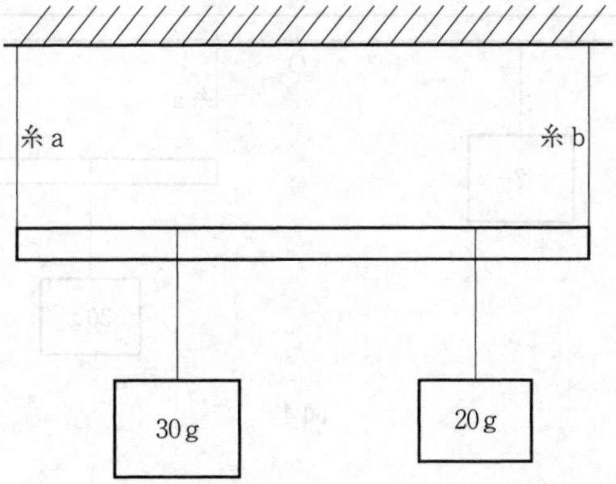

図２

(3) 図3のように，長さ240 cmの棒の中心Oに，糸をまきつけて天井からつるしました。Oから右側に70 cmの位置に(1)で水平につりあわせた棒をつるしたとき，長さ240 cmの棒を水平につりあわせるには，Oから左側に50 cmの位置に何gのおもりをつるせばよいか答えなさい。

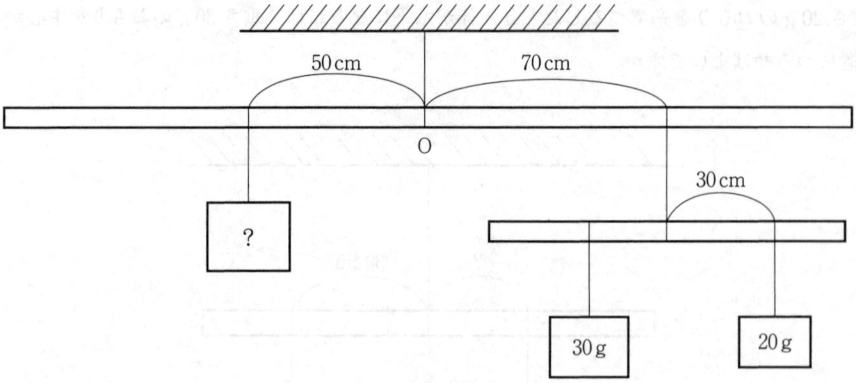

図3

(4) (3)において，(2)のように糸aと糸bを使用して糸bが長さ240 cmの棒の右はしに来るようにつるしました。長さ240 cmの棒を水平につりあわせるには，Oから左側に50 cmの位置に何gのおもりをつるせばよいか答えなさい。

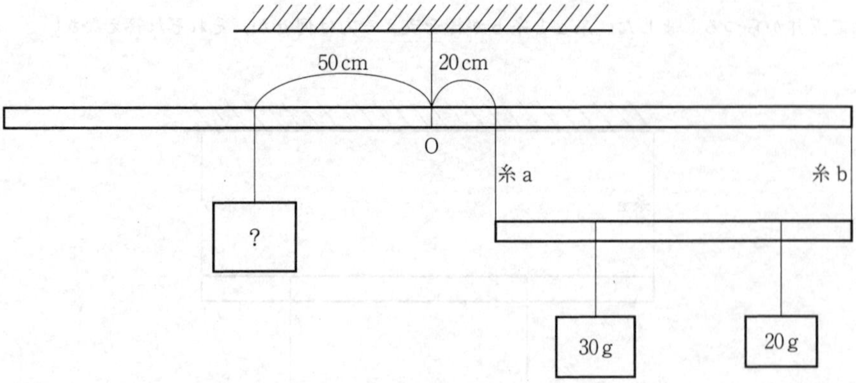

図4

5 図１は2012年５月21日に茨城中学校から見えた金環日食の写真です。いくつも太陽が写っているのは，カメラを固定して一定時間ごとに写真に撮ったものを，１枚に重ね合わせたものだからです。これに関連して，(1)～(4)の問いに答えなさい。

図１

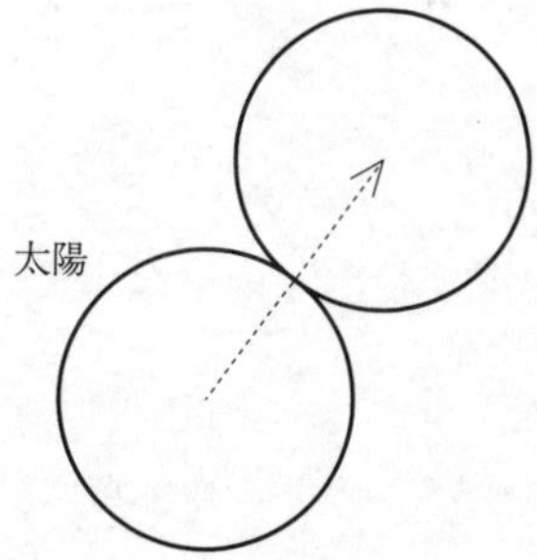

図２

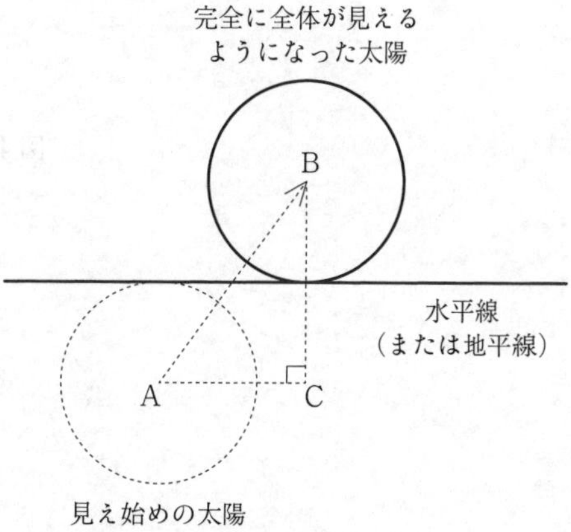

図３

(1) 地球から太陽を見たとき，太陽の直径は角度にしておよそ0.5度です（この角度を視直径といいます）。このことから計算すると，図２のように太陽の見える位置がちょうど１個分動くのにかかる時間はおよそ何分でしょうか。

(2) 図３は，日の出のとき，茨城県で斜めに太陽が昇ってくる様子を表しています。図３のAB：BC：CAは，およそ５：４：３です。茨城県で日の出を見たとき，太陽の一部が見え始めてから，完全に全体が見えるようになるまでの時間は，(1)のおよそ何倍でしょうか。

(3) 図１の写真は，何分おきに撮影したものを重ねたのでしょうか。次のア ～ クから１つ選び，記号で答えなさい。

ア　0.5分　　イ　1分　　ウ　2分　　エ　4分　　オ　8分
カ　15分　　キ　30分　　ク　60分

(4) 図１のような日食が起きるとき，太陽と地球と月の位置はどのようになっているでしょうか。最も適する月の位置を，次の図４のア ～ クから１つ選び，記号で答えなさい。

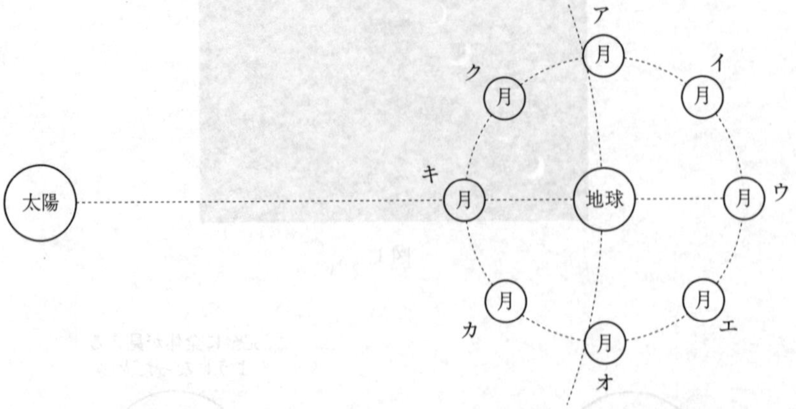

図４

四 次の――線部の漢字をひらがなに直しなさい。

① ボートが波間にただよう。
② 極上のワインを飲む。
③ 昨今の国際情勢について議論する。
④ 事件の因果関係を調べる。
⑤ 眼下に大平原が広がる。
⑥ 「前略」で書き始めて「草々」で終える。
⑦ 新緑のまぶしい季節になる。
⑧ 選挙のために街頭で演説する。
⑨ 当然の報いだ。
⑩ さまざまなご意見を承る。

五 次の――線部のカタカナを漢字に直しなさい。

① 食後にフクヨウする薬。
② 船が着いてギョコウがにぎわう。
③ あれこれとシアンにくれる。
④ 心の中はフクザツだ。
⑤ 飛行機のコウロを調べる。
⑥ 東京の会社を茨城にウツす。
⑦ 屋根からしずくがタれる。
⑧ 九月のザンショが厳しい。
⑨ 授業の時間がノびる。
⑩ 視力が落ちてメガネをかける。

問一　――線部①「肥よくな土」とありますが、農業に適した肥よくな土として最もふさわしいものを、次のア～オのうちから一つ選び、記号で答えなさい。

ア　黒ぼく土　　イ　ポトゾル　　ウ　砂漠土
エ　オキシソル　　オ　ねん土集積土壌

問二　――線部②「チェルノーゼム」とありますが、チェルノーゼムがすぐれているのはなぜですか。ねん土とふ食のことに触れながら、三十字以内で説明しなさい。

問三　空らん［A］、［B］に当てはまる言葉を、本文中から漢字二字でそれぞれ抜き出しなさい。

問四　――線部③「お金をかけて」の具体的な内容を、これより後の文中から六字で抜き出しなさい。

問五　――線部④・⑤で「理論上」と筆者が述べているのはなぜですか。その説明として最もふさわしいものを、次のア～エのうちから一つ選び、記号で答えなさい。

ア　あくまで理論のうえでの話であり、実際には食糧が足りていないことを示すため。
イ　筆者が正確な計算をしたうえでその理論を導き出していることを示すため。
ウ　筆者が一生懸命研究した結果分かった理論であることを読者に印象付けるため。
エ　読者がその理論を分かってもらえないかもしれないという自信の無さが出ているため。

問六　食糧が不足する原因を次のようにまとめました。

【　C　】ことで、充分な食糧を生産できる場所もあればそうでない場所もある
＋
食糧の【　D　】がうまくできていない
↓
現在でも地域によって飢える人がいる

(一)　空らん【　C　】に当てはまる言葉を本文中から二十字以内で抜き出しなさい。
(二)　空らん【　D　】に当てはまる言葉を本文中から二字で抜き出しなさい。

生がこう続けます。

「黒ぼく土もけっこう肥よくな土ではあるのですが、酸性であることが災いして、チェルノーゼムや、同じく肥よくな土とされる『ねん土集積土壌』、『ひび割れねん土質土壌』に比べて一歩劣ります。日本は③お金をかけて農業ができるので、肥料を加えるなどして高い農業生産性を実現しています。その点で、チェルノーゼム、ねん土集積土壌、ひび割れねん土質土壌は砂、ねん土、ふ食のバランスがよく、中性なので農業に適しており、これらの土がある地域は古くから盛んに農業が行われてきました」

チェルノーゼムなど、農業に適した土があるのに対して、まったくといっていいほど農業ができない土もあります。ねん土やふ食が少ない「砂漠土」、酸性で養分が少ない「ポトゾル」、夏でも解けない氷の層がある「永久凍土」は農業には適していません。

十二種類すべての土で農作物を育てられるわけではありませんが、現在、世界には農地十五億ヘクタールがあるとされ、平均すると一ヘクタールあたり三トンの穀物を生産できるといいます。人間一人が一年間に食べる食糧を穀物にかん算[注4]すると三百キログラムになるため、④理論上、十五億ヘクタールの農地で百五十億人分の穀物を生産できることになります。

これなら将来的に世界の人口が百億人に達しても、充分な食糧を供給できると思うかもしれませんが、問題なのは農業に適した土が特定の場所に偏っているということです。

日本では黒ぼく土に肥料を加えて、世界平均を上回る一ヘクタールあたり五トンの穀物を生産することができていますが、アフリカでは農業には適しているとはいい難い「オキソシル」の農地に充分な肥料を加えることができず、一ヘクタールあたり一トンの穀物すら生産できない場所もあります。藤井先生はこう指摘します。

⑤「理論上、百五十億人分の食糧を生産できるはずなのに、生産した農作物の分配がうまくいっておらず、七十七億人の現在でも飢《う》える人がいるのですから、今後人口が増えて百億人に達するようになれば、さらに飢える人が出てくるでしょう。しかも、世界の食糧生産を支えている肥よくな土が失われていることが心配されているのです」

（斉藤勝司「土の可能性」より）

注１　肥よく……土地が肥えていて農作物がよく育つこと。
注２　ふ食……くさって形がくずれること。
注３　がん有量……成分・内容として、中に含んでいること。
注４　かん算……ある数量を別の単位にかえて計算し直すこと。

問四　――線部④「高齢者のお世話については群を抜いていて、周りの人望も厚いという人」とありますが、このような人の例を出すことで筆者が言いたいことはどういうことですか。「〜こと。」という言葉に続くように、本文中から三十五字以内で抜き出して答えなさい。

問五　――線部⑤「何とかしなければと、いろんな人に会いに行ったり、旅に出たりしました」とありますが、筆者のこのような行動は小説を書くうえでどのようなことに役立ちましたか。三十字以内で説明しなさい。

問六　――線部⑥「自立」とありますが、筆者が考える「自立」とはどのようなことですか。「〜できること。」という言葉に続くように、二十字で抜き出して答えなさい。

問七　筆者は、「自分の得意な枠の中」にとどまることには問題があると述べています。その問題は、どのような点ですか。五十字以内で説明しなさい。

問八　この文章の構成の説明として最もふさわしいものを、次のア〜オのうちから一つ選び、記号で答えなさい。

ア　前半で具体例を全てあげてしまった後に、後半は筆者の意見のみを述べている。
イ　「たとえば」から具体例を述べており、夢を持つことの大切さを説いている。
ウ　アイドルや親の職業など身近でイメージしやすい例を通して分かりやすくしている。
エ　用いられている具体例は全て、何事も一日にして成らないことの根拠となっている。
オ　実際に筆者が見たことのある例を効果的にあげて読者の興味を引いている。

三　次の文章を読んで、後の問いに答えなさい。

環境によって土が変化する以上、盛んに農業がおこなわれる肥よくな土[注1]①がある一方で、作物を植えてもなかなか育たないやせた土もあります。では、そもそも肥よくな土と肥よくではない土は何が違うのでしょうか。藤井先生がこう説明してくれました。

「肥よくな土の条件には、ねん土やふ食[注2]が豊富で、通気性や排水性に優れていること、水や養分を保持できること、中性であること、植物が病気にかかりにくいことなどが挙げられますが、実は土の肥よく度を決めるのはそう簡単ではありません。なぜなら、特定の成分が多ければ肥よくで、少なければやせているというわけではなく、大切なのはバランスだからです。もちろん、ねん土やふ食が豊富にふくまれていることは重要ですが、ねん土だけでもダメですし、ふ食ばかりでもいけません」

ふ食のがん有量[注3]を比べてみると、肥よくな土の代表であり、「土の皇帝」とも呼ばれる「チェルノーゼム」②よりも、実は日本に多い黒ぼく土の方が高いのです。

しかし、農産物を栽培するには中性の土が適しているため、［Ａ］の黒ぼく土よりも［Ｂ］のチェルノーゼムの方が肥よくな土だと評価されています。藤井先

問六　――線部⑧「場所をまちがえたような妙な錯覚をおぼえ」とありますが、なぜですか。その理由として最もふさわしいものを、次のア～エのうちから一つ選び、記号で答えなさい。

ア　元気になって外を見てみると、周辺の景色が今までと変わったように見えたから。
イ　いつもの黄色い旗のかわりに、色とりどりのパッチワークの旗が見えたから。
ウ　いつも窓から見えていたレモン色の旗を、商店のむすこが片付けていたから。
エ　久しぶりに起き上がってみると、横になっていたときとは見える景色が変わったから。

二　次の文章を読んで、後の問いに答えなさい。

〔編集部注…課題文は著作権上の問題により掲載しておりません。作品の該当箇所につきましては次の書籍を参考にしてください〕
・吉本ばなな 著『おとなになるってどんなこと？』（筑摩書房　二〇一五年七月発行）
一一四ページ冒頭～一二五ページ最終行

問一　――線部①「それを生かす」とありますが、
（一）「それ」の指示内容を本文中から二十字以内で抜き出して答えなさい。
（二）「それを生かす」と反対の意味の言葉を本文中から十二字で抜き出して答えなさい。

問二　――線部②「何事も一日にしてならず」と異なる意味の表現を、次のア～エのうちから一つ選び、記号で答えなさい。

ア　一事が万事　　イ　千里の道も一歩から
ウ　一朝一夕にはいかない　　エ　雨だれ石をもうがつ

問三　――線部③「理想的な形」とありますが、どのような形ですか。その説明として最もふさわしいものを、次のア～エのうちから一つ選び、記号で答えなさい。

ア　生活していくのに困ることのないお金を得られる仕事を見つける形。
イ　親がやっている仕事を引き継いで自分の仕事を見つけていく形。
ウ　今後無くなることのない仕事の中から自分の仕事を見つけていく形。
エ　今まで積み上げてきたものの中から自分に合う仕事が見つかっていく形。

問一 ――線部①「そんなくりかえし」とありますが、少女は今どのような状況にありますか。その説明として最もふさわしいものを、次のア～エのうちから一つ選び、記号で答えなさい。

ア 骨折をしたため勉強しかすることがなく、早く外で遊びたいと思っている状況。
イ けがの回復を待って毎日ただじっとしているしかなく、たいくつしている状況。
ウ けがの回復が順調ではなく、教科書やテレビに不満をぶつけている状況。
エ 毎日同じことしかすることがなく、早く友だちに会いたいと思っている状況。

問二 ――線部②「クラスキ?」とありますが、カタカナで表記されているのはなぜですか。その理由として最もふさわしいものを、次のア～エのうちから一つ選び、記号で答えなさい。

ア 少女が友だちの発言を理解できなかったことを表すため。
イ 少女が友だちと久しぶりに話すので緊張していることを表すため。
ウ 少女がクラス旗を作ることに反対していることを表すため。
エ 少女が友だちのいきなりの発言にあっけにとられていることを表すため。

問三 ――線部③「なあに、それ。」、④「うん、いいわよ。」、⑤「あら、ほんと。」とありますが、少女の発言ならばア、友だちの発言ならばイと書きなさい。

問四 ――線部⑥「妙にしんとして聞いていた」とありますが、このような様子になったのはなぜですか。三十五字以内で説明しなさい。

問五 ――線部⑦「なんの音さたもない」について、

(一) 本文中の意味として最もふさわしいものを、次のア～エのうちから一つ選び、記号で答えなさい。

ア 音も立てず静かである。
イ 音楽を演奏しない。
ウ 連絡をしてこない。
エ 電話を一本もしてこない。

(二) 「なんの音さた」もなかったのはなぜですか。五十字以内で説明しなさい。

――わるかったわ。いままでほっといたりして……。友だちのくせにねえ。

――あら、そんなつもりで言ったんじゃないわ。

少女はかえってあわてて、

――ね、お菓子食べていかない。紅茶があるわ。

友だちもそれ以上言わなかったが、ふと窓のほうをふりかえって、くびをかしげた。

――そういえば、あの旗……。

しかしそのつぶやきは、つえを鳴らして台所へ立った少女の耳まではとどかなかった。

その夜、少女は母親に洋服のあまりぎれをだしてもらったが、淡い色の無地のものばかりで、なんとなくさびしい。そこで、ふと思いついて、クリーム色の薄地の布に、赤いバラの花の縫いとりをした。あまりかたちのよい花にはならなかったが、約束どおり、あくる朝たずねてくれた友だちにわたすときは、クラス旗の中にたしかに自分も加わった気がして、なんとなくうれしかった。

それから一週間がすぎたが、友だちからは、⑦あれっきりなんの音さたもない。このあいだ来てくれたときの口ぶりでは、これからはしばしばたずねてくれそうに思われたのだが、やはりそのときかぎりの気休めだったのだろうか。いい気になって、あの旗の話をしたことまでがくやまれてきて、あと数日すれば学校へ行ってよいという許可が出ても、少女の心はなんとなくはずまなかった。

いよいよ、あすから登校という日のこと。きょうはすこし外へも出て準備しなくては、と思いながら、いつものように窓をあけて、少女は思わず目をみはった。とっさに、自分が立っている⑧場所をまちがえたような妙な錯覚《さっかく》をおぼえ、また気をとりなおして、もういちど見おろす。

やはり、まちがいではない。いつもの黄色い旗のかわりに、そこにひるがえっていたのは、色とりどりのパッチワークの旗だった。そして、無意識に目でさがしたその旗のまん中に、クリーム色の四角がぴったりとはまりこみ、そこに縫いとられたまっかなバラが、こんな遠くから見えるはずはないのに、それでも少女の目にははっきりと見えた。

あくる日、おずおずと登校した少女は、クラス全員の拍手にむかえられた。そして、あのレモン色の旗をかかげていた商店のむすこが、おなじクラスメートであることや、クラスの相談の結果、かれからのたってのねがいで、その父親が、きのうの朝の三十分間だけ、屋上の塔にクラス旗をかかげるのをゆるしてくれたことを、かわるがわる聞かされたのである。

――あんたが出てくるまえに、どうしてもあの窓から見てもらいたいと思って、みんなでもうむちゅうになって縫ったのよ。

わらいながら話す友だちにほほえみかえしながら、少女は、この町へ引っこしてきてよかったと、心から思った。

（杉みき子『小さな町の風景』より）

注１　惰性……いままでの勢いや習慣。

そんなある日の午後、少女がいつものようにぼんやりと旗をながめていると、入り口のブザーの音がした。いまごろ来る人はないはずなのにといぶかりながら、

——はい、どなたですか。

すると、思いがけない声が返ってきた。できたばかりのわずかな友だちのひとり、教室ですぐうしろの席にいて、けがをしたときもいちど見舞いにきてくれた級友である。

いそいでつえを取っておきあがり、ドアのかぎをあけると、友だちはにぎやかな調子で、しばらく来なかったおわびを前おきに、学校のことなどいろいろと話し、それから思いだしたようにかばんをあけて、ノートをめくった。

——ええとね、タテ十五センチ、ヨコ十五センチ。

いきなり数字を言われて、少女があっけにとられていると、友だちはわらって、

——あのね、こんど、クラス旗を作るの。

——②クラスキ？

——うん、クラスの旗。

——ああ、クラス旗。でも、お金がかかるでしょ。そんなりっぱな旗なんか、作れるの？

——りっぱなものじゃないんだ。だから、十五センチに十五センチなの。

——③なあに、それ。

——あのね、クラス旗っていっても、校旗みたいにりっぱなものを作ることないでしょ。だからね、クラス全員が、小さいきれを持ちよって、それをつなぎあわせて作るのよ。十五センチ、カケル、十五センチのきれ、ね。

——ああ、それで十五センチなの。でも、そしたら、パッチワークみたいな旗になるわね。

——そうそう、そうなの。すてきよ、これは。運動会でも遠足でも、これをかつぎだせばめだつわよォ。ぜったい、世界にたったひとつしかない旗だもんね。

そのできあがりを想像して、少女は思わずわらった。

——だから、十五センチのきれ、もらいにきたの。あまりぎれでも、ハンカチの古いのでも、なんでも、いいわ。

——服の残りぎれがあったと思うけど……お母さんが帰らないと、よくわからないから、あしたじゃいけない？

——④うん、いいわよ。じゃ、あした学校へ行くとき寄るわ。

——そう、おねがい。だけど、旗っていいわね。ほら、あそこにもあるわ。

少女は窓の外をゆびさした。

——⑤あら、ほんと。まあ、すてきじゃない。まるで、がくぶちにはいったみたい。

友だちがすなおに感心してくれたので、少女はついうれしくなって、さびしさをまぎらわすためにあの旗ばかり見ている話をした。

遠い旗をながめながら、⑥妙にしんとして聞いていた友だちは、きゅうにふりかえって、少女の肩に手をおいた。

二〇二二年度　茨城中学校

【国　語】〈第一回A試験〉（六〇分）〈満点：一五〇点〉

【注意】解答に字数制限がある場合は、すべて句読点を含めた字数で答えてください。

一　次の文章を読んで、後の問いに答えなさい。

少女は交通事故にあって、かれこれひと月ちかくも学校を休んでいる。さいわい経過は順調で、入院も短期間ですんだのだが、骨折のあとの片足がまだよくうごかせない。アパートの二階の一室で、勉強のおくれを気にしながら、ただじっとしているしかない毎日だった。

この町へ引っこしてきてまもなくの事故である。転校してきたばかりだから、親しい友だちをつくるひまもなかった。母親が勤めに出たあとは、ノートなどひろげてはみるものの、まだなじみのうすい教科書で気がのらず、すぐほうりだしてしまう。テレビを見ても、あまりおもしろいものはない。そのくせ注1惰性《だせい》で料理番組までを根気よく見て、それからさすがにばかばかしくなってスイッチを消す。

①そんなくりかえしの中で、少女はある日ふと、窓の外にめざましいものを見つけた。

窓の外といっても、ふとんに横になっていて見えるものは、むかいのがわの家なみの、黒ずんだ屋根ばかりだ。しかし、少女の目の位置のちょうど正面が、切りぬいたようにぽっかりとあいていて、その四角い空間の中に、レモン色の旗がひるがえっていたのである。

ガラス窓の内にいてはわからなかったが、上空には風があるらしく、旗は、マーチの伴奏《ばんそう》にのってでもいるように、ぴんと張ってさっそうとひるがえっていた。全身に思いきり風を受け、風にさからい、風とたわむれ、風にあやつられながら風をあやつり、その一刻一刻の変化に無上のよろこびをあらわしながら。

魅せられて、少女は旗を見つめ、思わず窓にむかって手をのばした。あの旗をつかまえたい。生命の力にみちあふれたような、あの旗に手をふれれば、この折れた足をひきずりながらでも、空の高みまでのぼっていくことができるのではあるまいか。そう思って見ているだけでも、心はすでに旗となって、空をかける風たちとあそぶ心地がする。

この発見をしてからは、毎日、そのレモン色の旗をながめて、さまざまな思いにふけるのが少女の日課となった。あの旗は、なんの旗なのだろう。レモン色の地に、わずかに黒い文字がはいっているらしいが、そこまではとても読みとれない。あの色の感じからいって、どこかの商店が宣伝の旗を、屋上にでも立てているのではあるまいか。

しかし、そんなことはどうでもよかった。なんの旗であろうと、その旗はもはや、少女のこのうえない友だちとなっていたのである。

2022年度

茨城中学校　▶解説と解答

算数 ＜第１回Ａ試験＞（60分）＜満点：150点＞

解答

1 (1) 16　(2) $\frac{1}{2}$　(3) 24.2　(4) 12　(5) 74　(6) 12　(7) 2　(8) 2日8時間10分1秒　**2** (1) 62本　(2) 911　(3) 12分後　(4) 60　(5) 45度　(6) 64cm^2　(7) 216度　(8) 72cm^2　**3** (1) 6通り　(2) 24通り　**4** (1) 12.5％　(2) 6％　**5** (1) 37cm^2　(2) 656.26cm^3　(3) 489.84cm^2　**6** (1) 45本　(2) 144本

解説

1 **四則計算，計算のくふう，逆算，単位の計算**

(1) $12+4\times5-48\div3=12+20-16=32-16=16$

(2) $228\div(57+19\times21)=228\div(57+399)=228\div456=\frac{1}{2}$

(3) $A\times B+A\times C=A\times(B+C)$となることを利用すると，$2.42\times5.5+3.63\times3=1.21\times2\times5.5+1.21\times3\times3=1.21\times11+1.21\times9=1.21\times(11+9)=1.21\times20=24.2$

(4) $1\frac{1}{2}\times2\frac{2}{3}\times3\frac{3}{4}\times4\frac{4}{5}\times\frac{1}{6}=\frac{3}{2}\times\frac{8}{3}\times\frac{15}{4}\times\frac{24}{5}\times\frac{1}{6}=12$

(5) $\left(\frac{3}{2}-\frac{2}{3}+\frac{2}{5}\right)\times3\times4\times5=\left(\frac{45}{30}-\frac{20}{30}+\frac{12}{30}\right)\times12\times5=\left(\frac{25}{30}+\frac{12}{30}\right)\times60=\frac{37}{30}\times60=74$

(6) $3\frac{5}{7}\div\frac{2}{7}-\left(0.125\div\frac{5}{2}+0.95\right)=\frac{26}{7}\times\frac{7}{2}-\left(\frac{1}{8}\times\frac{2}{5}+\frac{19}{20}\right)=13-\left(\frac{1}{20}+\frac{19}{20}\right)=13-1=12$

(7) $7-(8\times\square-10)+11=12$より，$7-(8\times\square-10)=12-11=1$，$8\times\square-10=7-1=6$，$8\times\square=6+10=16$　よって，$\square=16\div8=2$

(8) 1分＝60秒，1時間＝60分，1日＝24時間より，202201÷60＝3370あまり1，3370÷60＝56あまり10，56÷24＝2あまり8だから，202201秒は2日8時間10分1秒となる。

2 **過不足算，数の性質，旅人算，連比，時計算，面積，相似，角度**

(1) えんぴつを1人に5本ずつ配った後に，さらに，6－5＝1(本)ずつ配るには，えんぴつが，7＋4＝11(本)必要なので，配る人数は，11÷1＝11(人)とわかる。よって，えんぴつの本数は，5×11＋7＝62(本)である。

(2) 15でわると11あまる数は，15の倍数よりも11大きい数である。同様に，18でわると11あまる数は，18の倍数よりも11大きい数である。よって，この両方に共通する数は，15と18の公倍数よりも11大きい数になる。さらに，15と18の最小公倍数は90だから，このような数は90の倍数よりも11大きい数とわかる。したがって，1000÷90＝11あまり10より，3けたの数で最大のものは，90×(11－1)＋11＝911である。

(3) 20と30の最小公倍数は60なので，池の周りの道のりを60とすると，2人が反対向きに進むとき，2人が初めて出会うのは2人合わせて1周(60)歩いたときである。また，太郎君の速さは分速，60

÷20＝３，花子さんの速さは分速，60÷30＝２だから，２人が１分間に歩く道のりの和は，３＋２＝５である。よって，２人が初めて出会うのは出発してから，60÷５＝12(分後)とわかる。

(4)　$A：B$＝３：５，$B：C$＝２：３なので，下の図１のように比をそろえると，$A：B：C$＝６：10：15とわかる。AとBとCの和が186だから，Bの値は，$186\times\frac{10}{6+10+15}=60$と求められる。

(5)　長い針は１分間に，360÷60＝６(度)，短い針は１分間に，360÷12÷60＝0.5(度)動くので，長い針は短い針よりも１分間に，６－0.5＝5.5(度)多く動く。また，７時ちょうどに長い針は短い針より，30×７＝210(度)後ろにあり，７時から７時30分までの30分で長い針は短い針よりも，5.5×30＝165(度)多く動く。よって，７時30分のときの長い針と短い針が作る小さい方の角度は，210－165＝45(度)とわかる。

(6)　下の図２で，三角形ABCと三角形ADE，三角形EGH，三角形HICは相似だから，AD：DE＝EG：GH＝HI：IC＝36：18＝２：１となる。そこで，ADとDEの長さをそれぞれ２，１とすると，DE＝EG＝１なので，GHの長さは，$1\times\frac{1}{2}=\frac{1}{2}$になり，FH＝HIの長さは，$1+\frac{1}{2}=1\frac{1}{2}$だから，ICの長さは，$1\frac{1}{2}\times\frac{1}{2}=\frac{3}{4}$となり，BCの長さは，$1\frac{1}{2}+\frac{3}{4}=2\frac{1}{4}$とわかる。よって，DEの長さは，$18\div2\frac{1}{4}=8$(cm)，ADの長さは，$8\times\frac{2}{1}=16$(cm)なので，しゃ線の部分の面積は，16×８÷２＝64(cm²)である。

(7)　四角形の内角の和は360度だから，角度xの大きさは，360－(64＋50＋30)＝216(度)となる。

(8)　下の図３のように，●印の部分の面積を矢印の部分に移動すると，しゃ線の部分の面積は一辺12cmの正方形の面積の半分になる。よって，しゃ線の部分の面積は，12×12÷２＝72(cm²)である。

図１

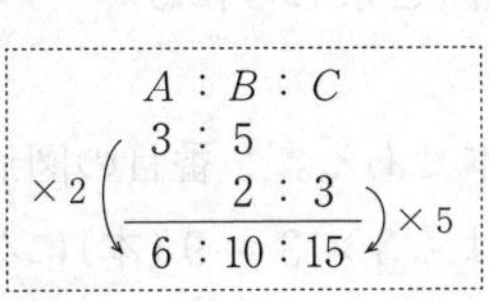

図２

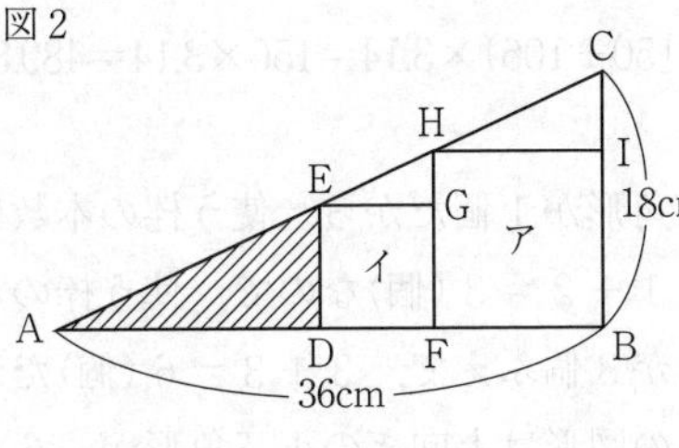

図３

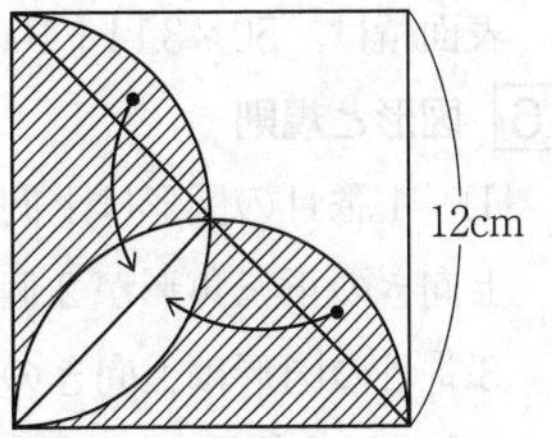

3　場合の数

(1)　16÷６＝２あまり４より，最も少ない途中《とちゅう》下車の回数は２回とわかる。よって，進む駅の数の組み合わせは，(６，６，４)，(６，５，５)の２通りあり，途中下車の方法はそれぞれ３通りずつあるから，全部で，３×２＝６(通り)とわかる。

(2)　東京から静岡まで７駅進む間に１回途中下車する必要がある。また，静岡から新大阪まで，16－７＝９(駅)進む間にも１回途中下車しなければならない。よって，東京から静岡までの間に進む駅の数の組み合わせは，(１，６)，(２，５)，(３，４)，(４，３)，(５，２)，(６，１)の６通りで，静岡から新大阪までの間に進む駅の数の組み合わせは，(３，６)，(４，５)，(５，４)，(６，３)の４通りだから，途中下車の方法は全部で，６×４＝24(通り)と求められる。

4　濃度《のうど》

(1)　10％の食塩水500ｇにふくまれる食塩の重さは，500×0.1＝50(ｇ)である。また，食塩水から水分だけを蒸発させても食塩の重さは変わらないので，500－100＝400(ｇ)の食塩水にも50ｇの食塩がふくまれているとわかる。よって，このときの食塩水のこさは，50÷400×100＝12.5(％)と求められる。

⑵　10％の食塩水，500－200＝300（ｇ）にふくまれる食塩の重さは，300×0.1＝30（ｇ）である。また，食塩水に水を加えても食塩の重さは変わらないから，この食塩水に水200ｇを加えた，300＋200＝500（ｇ）の食塩水には30ｇの食塩がふくまれている。よって，この食塩水のこさは，30÷500×100＝６（％）となる。

5　平面図形―面積，立体図形―体積，表面積

⑴　右の図１で，EFの長さは，９－５＝４(cm)，EDの長さは，５－２＝３(cm)なので，六角形ABCDEFの面積は，５×５＋４×３＝25＋12＝37(cm^2)である。

図１

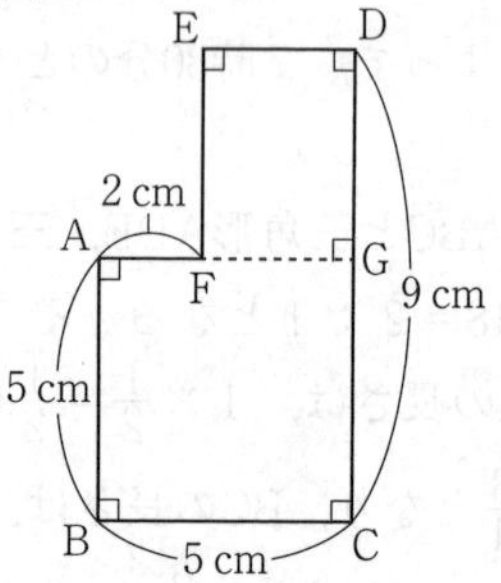

図２

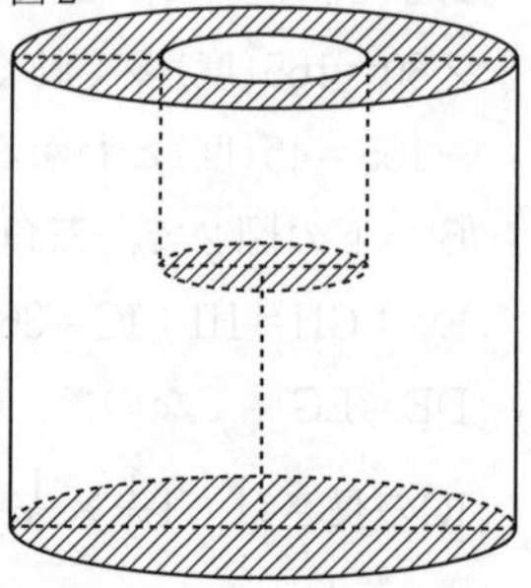

⑵　六角形ABCDEFをABを軸《じく》に一回転させてできる立体は，右の図２のように，底面の円の半径が５cmで高さが９cmの円柱から，底面の円の半径が２cmで高さが４cmの円柱をのぞいたものになる。よって，この立体の体積は，５×５×3.14×９－２×２×3.14×４＝225×3.14－16×3.14＝(225－16)×3.14＝209×3.14＝656.26(cm^3)と求められる。

⑶　図２で，しゃ線の部分の面積の和は半径５cmの円の面積２つ分なので，５×５×3.14×２＝50×3.14(cm^2)である。また，円柱の外側の側面積と内側の側面積の和は，５×２×3.14×９＋２×２×3.14×４＝90×3.14＋16×3.14＝(90＋16)×3.14＝106×3.14(cm^2)となる。よって，この立体の表面積は，50×3.14＋106×3.14＝(50＋106)×3.14＝156×3.14＝489.84(cm^2)と求められる。

6　図形と規則

⑴　１番目の図形は上向きの正三角形が１個だから，使う棒の本数は３本である。２番目の図形は上向きの正三角形が２個ふえて，１＋２＝３(個)なので，使う棒の本数は，３×３＝９(本)になり，３番目の図形は上向きの正三角形が３個ふえて，３＋３＝６(個)だから，使う棒の本数は，３×６＝18(本)となる。よって，５番目の図形は上向きの正三角形が，６＋４＋５＝15(個)とわかるので，使う棒の本数は，３×15＝45(本)と求められる。

⑵　１番目の図形はたてに，１×２＝２(本)，横に，１×２＝２(本)だから，使う棒の本数は，２＋２＝４(本)である。２番目の図形はたてに，２×３＝６(本)，横に，２×３＝６(本)なので，使う棒の本数は，６＋６＝12(本)となり，３番目の図形はたてに，３×４＝12(本)，横に，３×４＝12(本)だから，使う棒の本数は，12＋12＝24(本)になる。よって，□番目の図形はたてに，□×(□＋１)(本)，横に，□×(□＋１)(本)なので，８番目の図形で使う棒の本数は，８×(８＋１)＋８×(８＋１)＝144(本)である。

社　会　＜第１回Ａ試験＞（40分）＜満点：100点＞

解　答

1　**問１**　**敦賀市…イ**　**高松市…エ**　**問２**　**茨城県…イ**　**滋賀県…エ**　**問３**　①　福井

(県)　②　香川(県)　**問４**　城下町　**問５**　7(月)31(日)12(時)5(分)　**問６**　**Ａ**　半導体　**Ｂ**　電気自動車　**問７**　⑴　日本…(ウ)　中国…(ア)　⑵　(例)　世界一の排出量だが，人口が約14億人と多いため，一人当たりの排出量は少ない。　**2**　**問１**　エ　**問２**　イ　**問３**　仏教　**問４**　ウ　**問５**　楽市楽座(楽市令)　**問６**　エ　**問７**　ア　**問８**　ア　**問９**　ア　**問10**　ウ　**問11**　Ｂ　**問12**　Ｄ　**問13**　Ｈ　**3**　**問１**　イ→ウ→ア　**問２**　エ　**問３**　エ　**問４**　エ　**問５**　ウ　**問６**　ウ　**問７**　イ

解　説

1　日本の気候，産業，都市や時差，二酸化炭素排出《はいしゅつ》量についての問題

問１　敦賀《つるが》市は福井県南西部に位置する都市で，日本海側の気候に属している。日本海側の気候は，北西季節風の影響《えいきょう》で冬の降水(雪)量が多いことが特徴《とくちょう》なので，イがあてはまる。また，高松市は香川県中部に位置する同県の県庁所在地で，瀬戸内の気候に属している。瀬戸内の気候は，夏の南東季節風を四国山地に，冬の北西季節風を中国山地にさえぎられるため，一年を通じて降水量が少なく，比較《ひかく》的温暖なことが特徴となっている。よって，エがあてはまる。なお，アは水戸市，ウは彦根《ひこね》市(滋賀県)の雨温図。

問２　茨城県は農業がさかんで，農業産出額は北海道・鹿児島県についで全国第３位である。沖合では黒潮(日本海流)と親潮(千島海流)がぶつかって潮境が形成されており，好漁場となっている。また，滋賀県の中央部には全国最大の湖である琵琶《びわ》湖が広がり，県の面積のおよそ６分の１を占《し》めている。滋賀県で飼育される黒毛和牛のうち，一定の基準を満たしたものは「近江《おうみ》牛」(「近江」は滋賀県の旧国名)とよばれ，ブランド牛として全国に知られている。なお，アは福井県，ウは香川県について説明した文。統計資料は『データでみる県勢』2021年版などによる(以下同じ)。

問３　①　福井県では，伝統的工芸品として越前漆器《えちぜんしっき》や越前和紙の生産が受けつがれている。越前は福井県北部の旧国名である。また，県中央部の鯖江《さばえ》市は，全国一のメガネわくの産地となっている。　②　香川県丸亀《まるがめ》市では，伝統的工芸品の丸亀うちわが生産されている。また，香川県の旧国名がついた「讃岐《さぬき》うどん」は全国的に有名で，和風めんの生産量も多い。手袋《てぶくろ》の生産は東かがわ市で明治時代から続けられており，全国生産量の90％以上がここで生産されている。冷凍《れいとう》調理食品の製造は，県北西部の観音寺市や三豊市などでさかんである。

問４　水戸市の地形図に城跡(凸)の地図記号があることや，敦賀市に「金ヶ崎城跡」，彦根市に「彦根城跡」，高松市に「高松城跡」が見られることから，４つの市はいずれも城下町から発達したと推測できる。

問５　日本とアナハイムの経度差は，135＋120＝255度である。地球は24時間で360度回るので，360÷24＝15より，経度15度で１時間の差が生じるとわかる。よって，日本とアナハイムの時差は，255÷15＝17時間と求められる。東経135度以西の東経を標準時とする地域と，西経を標準時とする地域は日本より時刻が遅いので，日本時間が８月１日５時５分のとき，アナハイムの現地の時間は，その17時間前の７月31日12時５分になる。

問６　**Ａ**　半導体は，電気を通す性質がある導体と，電気を通さない絶縁体の中間の性質を備えた物質で，さまざまな電子機器に用いられている。2021年には新型コロナウィルス感染症《しょう》の影響を受け，世界的な半導体不足が続いた。　**Ｂ**　電気自動車はリチウムイオン電池などのバッテリー

に蓄《たくわ》えた電気を動力とし，モーターを回すことで走る自動車で，走行時に排気ガスを出さない。これにより，二酸化炭素をはじめとする温室効果ガスの排出量を減らせるので，地球温暖化対策として開発・生産が進められている。

問７　(1)，(2)　中国は近年，急速な経済発展と工業化を成しとげ，それにともなって二酸化炭素排出量も世界最大になるほど増加した。しかし，人口が約14億人と世界で最も多いため，一人当たりの排出量でみるとそれほど多くならない。よって，(ア)に中国があてはまる。中国についで高い割合となっている(イ)がアメリカである。(ウ)と(エ)のうち，割合が低いものの，一人当たりの排出量がほとんど変わらない(エ)が，日本よりも人口の少ないドイツ(2020年時点で約8300万人)で，残った(ウ)に日本があてはまる。

2　各時代の歴史的なことがらについての問題

問１　エは漆胡瓶《しっこへい》とよばれる水差しで，東大寺(奈良県)の正倉院に納められた宝物の一つである。ペルシャ(現在のイラン)製のものと考えられており，シルクロードを通じて唐(中国)にもたらされたものを，奈良時代に遣唐使が日本に持ち帰ったと考えられている。吉野ヶ里遺跡(佐賀県)は弥生時代の環濠《かんごう》集落の跡で，アの鉄器，イの銅剣，ウの貨幣《かへい》(「貨泉」とよばれる古代中国の貨幣)は，いずれも出土品にふくまれている。

問２　７世紀初めの607年，聖徳太子は隋(中国)と新たな外交関係のもと，進んだ文化や政治制度を学ぼうと考え，小野妹子を遣隋使として隋に派遣した。なお，アの清は17～20世紀，ウの唐は７～10世紀，エの明は14～17世紀に中国を支配した王朝。

問３　奈良時代には伝染病やききん，貴族どうしの争いなどの社会不安があいついだ。こうした時期に即位《そくい》した聖武天皇は仏教を厚く信仰し，仏教の力で国を安らかに治めようと願って，地方の国ごとに国分寺と国分尼《に》寺を建てるよう命じた。また，都の平城京には総国分寺として東大寺を建て，ここに金銅の大仏をつくらせた。

問４　1221年，政権を朝廷の手に取りもどそうと考えた後鳥羽《ごとば》上皇は全国の武士に鎌倉幕府打倒をよびかけ，承久《じょうきゅう》の乱を起こした。このとき，鎌倉幕府の初代将軍源頼朝の妻で，幕政に深くかかわり「尼《あま》将軍」とよばれた北条政子は，動揺《どうよう》する御家人を前に頼朝のご恩を説いて団結をうったえた。結束を深めた幕府軍は上皇の軍をわずか１か月ほどで破り，後鳥羽上皇は隠岐《おき》(島根県)に流された。

問５　織田信長は1576年から琵琶湖東岸で安土《あづち》城の建設を始めると，翌77年，城下を楽市楽座とする命令(楽市令)を出した。これによって座(商工業者の同業組合)の特権が廃止され，自由に商工業が行えるようになったため，経済活動が活発になった。

問６　東北地方の有力外様《とざま》大名である伊達《だて》氏の領地のすぐ北西に譜代《ふだい》大名の領地があるように，外様大名の領地のそばに譜代大名の領地が置かれている場所がある。よって，エが正しくない。

問７　ア　1872年に操業を開始した富岡製糸場について，正しく説明している。　イ　明治政府は1871年に廃藩置県を行って全国を１使３府302県(のちに72県)に分けると，政府が任命した役人を府知事・県令として各地に派遣し，行政にあたらせた。　ウ　1873年に出された徴兵令では，免除規定があったものの，原則として20歳以上のすべての男子に兵役の義務が課された。　エ　1873年に明治政府は地租改正を実施し，地租(税)は地価(あらかじめ定められた土地の価格)の３％を土地所有者が現金で納めることとした。

問８　伊藤博文は憲法調査のため1882年にヨーロッパに渡り，各国で憲法を学んだ。帰国後，君主権の強いドイツ(プロシア)の憲法を参考にして憲法草案の作成が進められ，完成した憲法は1889年２月11日，大日本帝国憲法として発布された。

問９　大日本帝国憲法のもとに置かれた帝国議会は衆議院と貴族院の二院制で，衆議院議員は選挙で選出されたが，貴族院議員は皇族や華族，高額納税者や国家功労者から任命され，選挙は行われなかった。

問10　①(日独伊三国軍事同盟の締結)は1940年，②(第二次世界大戦の開始)は1939年，③(太平洋戦争の開始)は1941年のできごとなので，古い順に②→①→③となる。

問11　聖徳太子の死後，蘇我《そが》氏は権力を強め，蝦夷《えみし》・入鹿《いるか》父子のころにはその権力が皇室をしのぐほどになった。645年，中大兄《なかのおおえの》皇子(のちの天智天皇)は中臣鎌足《なかとみのかまたり》とともに蝦夷・入鹿をたおして蘇我氏を滅《ほろ》ぼし(乙巳《いっし》の変)，大化の改新とよばれる天皇中心の国づくりにとりかかった。よって，Ｂにあてはまる。

問12　室町時代前半，観阿弥《かんあみ》・世阿弥《ぜあみ》父子は室町幕府の第３代将軍足利義満の保護を受け，伝統芸能である田楽や猿楽を融合《ゆうごう》して能(能楽)を大成した。室町時代は，源頼朝が武家政権を確立した鎌倉時代と，織田信長が活躍《かつやく》した安土桃山時代の間にあたる。

問13　日清戦争は1894～95年のできごとなので，大日本帝国憲法発布(1889年)と第１回衆議院議員選挙(1890年)のすぐあとの時期にあたる。

3　国際社会と日本の政治・経済についての問題

問１　アは2015年，イ(国連人間環境会議)は1972年，ウは1997年のできごとなので，古い順にイ→ウ→アとなる。

問２　①はCのインド，②はAのアメリカ，③はBの中国，④はDのイギリスについて述べた文である。

問３　①　衆議院は任期が参議院の６年に比べて４年と短く，任期途中での解散もあるので，より民意が政治に反映されやすいと考えられている。そのため，法律や予算の議決などにおいては衆議院の優越が認められている。　②　最高裁判所長官は，内閣が指名して天皇が任命する。弾劾《だんがい》裁判所は，裁判官として不適切な言動のあった裁判官を裁くため国会内に設置されるもので，国会議員が裁判官を務める。　③　裁判員制度は，地方裁判所で行われる重大な刑事裁判の第一審に，くじ(抽選《ちゅうせん》)と面接で選ばれた満20歳以上の有権者が裁判員として参加する制度である。

問４　ア　日本国憲法は天皇を日本国と日本国民統合の象徴と位置づけており，天皇は一切の政治権力を持たない。　イ　日本国憲法は1947年に施行されて以来一度も改正されておらず，1954年に創設された自衛隊(前身の警察予備隊は1950年創設)についての規定はない。　ウ　日本国憲法は第14条で「法の下《もと》の平等」を規定しており，日本で暮らす，あるいは日本を訪れる外国人についても憲法の精神が適用される。　エ　大日本帝国憲法と日本国憲法の主権者の違いを正しく説明している。

問５　資料２より，過疎《かそ》地域は高齢者比率が全国平均より高く，若年者比率が低いので，自治体は高齢者への支援が必要になるといえる。

問６　ア　ボランティアとして，たとえばがれきやごみの撤去《てっきょ》を手伝う場合，必ずしも専門的な技術や知識は必要とならない。　イ　ボランティアは無償《むしょう》の活動であり，そのためにかかる費用も原則として自己負担となる。　ウ　ボランティアについて正しく説明している。　エ　SNSでの発信には，被写体となる人のプライバシーや心情に対する最大限の配慮《はいりょ》が求められるので，「積極的に発信」するのがよいこととは限らない。

問７　X　テレワークについて正しく説明している。　Y　テレワークが普及《ふきゅう》すると，場所にしばられずに働けるようになるので，企業や官公庁が活動拠点《きょてん》を地方に分散させることもできるようになる。

理　科　＜第１回Ａ試験＞（40分）＜満点：100点＞

解　答

1　(1)　ア　(2)　イ，ウ　(3)　エ　(4)　ウ　2　(1)　**1**　イネ　**2**　種子　**3**　発芽　**4**　玄米　(2)　**図１**…ア　**図２**…ウ　(3)　④　(4)　イ　(5)　③　(6)　風　(7)　(例)　ヨウ素液を使って色の変化を調べる。　(8)　イ　3　(1)　**ア**　ビーカー　**イ**　ガラスぼう　**ウ**　8　(2)　ろ液　(3)　エ　(4)　イ　(5)　45cm^3　(6)　オ　(7)　イとオ　(8)　手順③　4　(1)　20cm　(2)　**糸ａ**…25ｇ　**糸ｂ**…25ｇ　(3)　70ｇ　(4)　70ｇ　5　(1)　2分　(2)　1.25倍　(3)　エ　(4)　キ

解　説

1　電流回路についての問題

(1)　乾《かん》電池を２つ使っているので，乾電池が２つ直列つなぎになっている場合の豆電球の明るさが「◎」，乾電池が１つだけの場合と乾電池が２つ並列つなぎになっている場合の豆電球の明るさが「○」になると考えられる。よって，たんしＡとたんしＤ，たんしＢとたんしＤにつないだときの明るさは「◎」となっているので，乾電池を２つ直列つなぎにしたアの回路での明るさと同じとなる。

(2)　たんしＡとたんしＣ，たんしＢとたんしＣ，たんしＣとたんしＤにつないだときの明るさは「○」なので，乾電池が１個だけのイの回路と，乾電池を２つ並列つなぎとしたウの回路が選べる。

(3)　たんしＡとたんしＢにつないだときの明るさは「×」，つまり豆電球が光らない。エの回路でも，２つの乾電池を＋極どうしが向きあうようにつないでいるため，豆電球が光らない。

(4)　たんしＡからたんしＤまで，たんしＢからたんしＤまでの電流の通り道をたどったとき，どちらも乾電池が２つ直列つなぎになっているものを選ぶと，ウだけが当てはまる。

2　イネについての問題

(1)　イネの実は籾殻《もみがら》でおおわれており，これを取り除《のぞ》いたものを玄米《げんまい》という。そして，さらに玄米から種皮や胚《はい》を取り除いて胚乳だけにしたものが白いお米(白米)となる。胚は発芽のときに葉や根などになる部分，胚乳は発芽に必要な栄養分をたくわえている部分である。よって，白いお米はイネの種子の一部分といえる。

(2)　イネは単子葉類である。単子葉類は，葉脈がアのような平行脈で，茎《くき》の断面を見るとウのように維管束《いかんそく》(道管と師管の集まり)が全体に散らばっている。

(3)　イネは④のように，長い茎の先に実をたくさんつける。

(4)　イネの種子が発芽するときは，同じところ(胚があるところ)から芽と根を出す。また，単子葉類なので芽の先にふた葉がつくことはない。

(5)　田んぼ(水田)で育つイネは，茎の根元の方が水につかっているため，根の周りには生きるのに必要な空気(酸素)がほとんどない。そこで，葉から取り込《こ》んだ空気を茎や根の空洞《くうどう》を通して根に送り，根の細胞《さいぼう》に酸素を送り届けている。

(6)　イネは夏のよく晴れた日に花を咲《さ》かせる。イネの花には花びらやがくがなく，そのかわりにえいというものでおしべやめしべがつつまれている。えいが開くと，おしべがのびて花粉を空中に散らす。また，風に乗って運ばれた花粉がめしべに届いて受粉する。このように花粉が風によって運ばれることで受粉する花を風ばい花という。

(7)　デンプンがあるかどうかを確認すればよく，そのためにはデンプンに反応して青むらさき色に変化するヨウ素液を用いるとよい。

(8)　メモの情報より，物質Ｂは互《たが》いに絡《から》まりやすいので粘《ねば》りをもたらすと考えられる。つまり，物質Ｂの割合が多いほど粘りが強いといえる。よって，もちもちした食感のジャポニカ米は，パサパサした食感のインディカ米よりも物質Ｂを含《ふく》む割合が高いと考えられる。そして，おモチをつくるためのもち米は主に物質Ｂでできているとも考えられる。

3　ラインパウダーを使った実験についての問題

(1)　**ア**　液体がなめらかに流れるように，ろうとのあしのとがった先をビーカーのかべにつける。
イ　ろうとにろ過する液体を注ぐときは，液だれなどを防ぐためにガラスぼうをつたわらせる。
ウ　ろ過する液体をろうとに目いっぱい入れると，液体がろ紙の上をこえてろ紙を通過しないで下に落ちてしまうことがあり，正しいろ過ができなくなる。ろうとには液体を８分目以上は入れないようにする。

(2)　ろ過により，ろ紙を通過して下に落ち，ビーカーに集まった液体をろ液という。

(3)　ア　水よう液はとう明であるが，色がついている水よう液もある。　イ　ミョウバンは水の温度を高くするとたくさんとける。　ウ　水よう液のにおいをかぐときは，有害な気体の場合もあるので，手であおぐようにしてかぐ。　エ　たとえば，炭酸水は気体の二酸化炭素，塩酸は気体の塩化水素がとけた水よう液である。　オ　水よう液は時間がたってもこさが一様で，一部分だけこくなったりうすくなったりすることはない。

(4)　石灰水に通すと白くにごったことから，発生した気体は二酸化炭素とわかる。二酸化炭素は空気の約1.5倍の重さがある。

(5)　ラインパウダーの重さが0.4ｇの場合の結果から，塩酸30cm^3と0.4ｇのラインパウダーが過不足なく反応することがわかる。したがって，ラインパウダーの重さを(0.6÷0.4＝)1.5倍の0.6ｇにしたとき，これと過不足なく反応する塩酸の量も1.5倍必要で，30×1.5＝45(cm^3)となる。

(6)　石灰石，卵のから，貝がら，チョーク(石こうチョークはのぞく)はいずれも主な成分が炭酸カルシウムという物質で，塩酸に入れると二酸化炭素を発生する。これに対し，鉄粉は塩酸に入れると水素を発生する。

(7)　水酸化ナトリウムの水よう液とアンモニア水はアルカリ性を示す。塩酸は酸性を示し，食塩水と砂とう水は中性である。

(8)　手順①により磁石にくっついた鉄粉を取り出すことができ，手順②によって水にうく木くずが取り出せる。そして，手順③で，水にとけていないラインパウダーがろ紙の上に残る。ろ液には食塩がとけていて，手順④でろ液を蒸発させることで食塩を取り出すことができる。

4 てこのつりあいについての問題

⑴ 図１で，30ｇのおもりを中心から左へ□cmの位置につるしたとすると，つりあいの式は，30×□＝20×30となるから，□＝600÷30＝20(cm)と求められる。

⑵ 図２で，棒の右はし(糸ｂの位置)を支点と考えると，20ｇのおもりは支点から20cmの位置，30ｇのおもりは支点から，20＋30＋20＝70(cm)の位置にあるから，糸ａが棒を支える力を□ｇとすると，つりあいの式は，□×100＝30×70＋20×20となる。よって，□×100＝2100＋400，□＝2500÷100＝25(ｇ)とわかる。また，２つのおもりをつるした棒(つまり２つのおもりの重さ)は糸ａと糸ｂで支えられているから，糸ａが棒を支える力と糸ｂが棒を支える力の合計は，30＋20＝50(ｇ)になる。したがって，糸ｂが棒を支える力は，50－25＝25(ｇ)である。

⑶ 図３で，中心Ｏから右へ70cmの位置には，30＋20＝50(ｇ)がかかっているので，中心Ｏから左へ50cmの位置につけたおもりの重さを□ｇとすると，□×50＝50×70が成り立つ。よって，□＝3500÷50＝70(ｇ)である。

⑷ ⑵より，糸ａにも糸ｂにも25ｇがかかっている。また，糸ａは中心Ｏから右へ20cm，糸ｂは中心Ｏから右へ，20＋100＝120(cm)の位置にある。したがって，中心Ｏから左へ50cmの位置につけたおもりの重さを□ｇとすると，□×50＝25×20＋25×120が成り立つから，□×50＝500＋3000，□＝3500÷50＝70(ｇ)とわかる。

5 太陽の動きと日食についての問題

⑴ 地球から見た太陽は１日(24時間)で360度動くように見えるので，太陽が１個分，つまり0.5度動くのにかかる時間は，24×60÷360×0.5＝２(分)である。

⑵ 図３で，太陽の中心がＡからＢまで移動するのにかかる時間を考える。Ｃから水平線までの長さは太陽の半径に当たり，水平線からＢまでの長さも太陽の半径に当たるので，ＢＣの長さは太陽の直径に等しい。よって，ＡＢの長さは太陽の直径の，５÷４＝1.25(倍)であり，太陽の見かけの動く速さは一定なので，太陽の中心がＡからＢまで移動するのにかかる時間は⑴の1.25倍といえる。

⑶ 図１ではとなりあう太陽と太陽の中心の間が太陽２個分ずつとなっているので，２×２＝４(分)おきに撮影《さつえい》したものと考えられる。

⑷ 日食は，太陽―月―地球がこの順で一直線上に並び，月のかげが地球上にうつることで起こる現象なので，図４では月はキの位置にある。

国語 ＜第１回Ａ試験＞（60分）＜満点：150点＞

解答

一 **問１** イ　**問２** ア　**問３** ③ ア　④ イ　⑤ イ　**問４** (例) 友だちなのに，いままでほうっておいたことを，悪いと思ったから。　**問５** ⑴ ウ　⑵ (例) クラスのみんなは，少女が登校する前にクラス旗を完成させようと，むちゅうになって縫っていたから。　**問６** イ　**二** **問１** ⑴ これまで自分が積み上げてきたもの　⑵ 何もないと

ころに道を作る　**問２**　ア　**問３**　エ　**問４**　何かひとつのことに特化した人というのは，応用がきかなくなってしまう(こと。)　**問５**　(例)　いろいろな層の人たちを書くことができるようになったこと。　**問６**　親や兄弟姉妹に，何も言わないで問題を解決(できること。)　**問７**　(例)　自分の得意な世界しか知らないと，悩み事があっても，他の角度から見ることができなくなってしまう点。　**問８**　ウ　**三**　**問１**　オ　**問２**　(例)　粘土やふ食が豊富にふくまれていて，そのバランスもよいから。　**問３**　**Ａ**　酸性　**Ｂ**　中性　**問４**　肥料を加える　**問５**　ア　**問６**　⑴　農業に適した土が特定の場所に偏っている　⑵　分配

四　①　なみま　②　ごくじょう　③　さっこん　④　いんが　⑤　がんか　⑥　そうそう　⑦　しんりょく　⑧　がいとう　⑨　むく(い)　⑩　うけたまわ(る)

五　下記を参照のこと。

●漢字の書き取り

五　①　服用　②　漁港　③　思案　④　複雑　⑤　航路　⑥　移(す)　⑦　垂(れる)　⑧　残暑　⑨　延(びる)　⑩　眼鏡

解説

一　**出典は杉《すぎ》みき子の『小さな町の風景』による。**交通事故にあって学校を休んでいる少女は，自宅の窓からレモン色の旗を見ることが日課となっていたが，ある日の午後，友だちの一人が訪ねてきて，みんなでクラス旗を作ることになったから一辺が十五センチのきれをもらいにきたと話す。

問１　二つ前の段落に，片足がまだよく動かせずただじっとしているしかない少女が，勉強にもテレビにも興味が持てず，たいくつな毎日を過ごすようすがえがかれている。

問２　少女は，友だちの言った「クラス旗」の意味がすぐにわからなかったので，「クラスキ？」と音だけを繰り返した。カタカナで表記することによって，少女には友だちの言葉が理解できなかったことが強調されている。

問３　③　クラス旗を作るためのきれの大きさについて「十五センチに十五センチなの」と説明する友だちに対し，少女は「なあに，それ」とたずねたのである。　④　友だちが「十五センチのきれ，もらいにきたの」と言ったのに対して，少女は「お母さんが帰らないと，よくわからないから，あしたじゃいけない？」と言い，友だちは「うん，いいわよ」と答えた。　⑤　少女が，毎日ながめている旗をゆびさして「ほら，あそこにもあるわ」と言うと，友だちは「あら，ほんと」と感心した。

問４　少女から「さびしさをまぎらわすためにあの旗ばかり見ている話」を聞かされた友だちは，「友だちのくせ」に「いままでほっといた」ことに気づき，悪いことをしたと思ったため，だまって聞いていたものと考えられる。

問５　⑴「なんの音さたもない」は，“なんの連絡《れんらく》もない”という意味。きれをわたして一週間が過ぎたが，友だちからはなんの連絡もなかったのである。　⑵　登校する前の日，少女は窓から「いつもの黄色い旗」ではなく「色とりどりのパッチワークの旗」を見た。最後の友だちのことばから，少女に窓からクラス旗を見てもらいたいと思い，クラスのみんなといっしょにむちゅうになって旗を縫《ぬ》っていたため，友だちは少女に連絡しなかったのだとわかる。

問６　少女は，窓から黄色い旗を見るのが長い間の日課になっていたが，いつもの黄色い旗のかわ

りにパッチワークの旗が見えたため，妙《みょう》な錯覚《さっかく》をおぼえたのだと考えられる。

二 **出典は吉本《よしもと》ばななの『おとなになるってどんなこと？』による。**将来のことを考えるときにはどうしたらよいかといったことや，自立とはどういうことかといったことなどについて説明している。

問１ ⑴　筆者は，「将来」のことを考えるうえで，今の自分を作っている「これまで自分が積み上げてきたもの」を生かすことに，もっと目を向けてほしいと考えている。　⑵　前の段落では，「夢を持つということは素敵《すてき》なこと」であるが，「何もないところに道を作るのは大変なこと」であり，「自分の身の回りや興味の範疇《はんちゅう》にないものを将来像」とするのは「現実的」ではなく，「今まで自分が好きだったことやものを全部否定すること」につながるとしている。

問２　「何事も一日にしてならず」「千里の道も一歩から」「一朝一夕《いっせき》にはいかない」「雨だれ石をもうがつ」は，“ものごとを成しとげるには日々の地道な努力や長い年月が必要だ”という意味。「一事が万事《ばんじ》」は，一つのことがらから他の全てを推量することができること。

問３　筆者は「将来」を考えるうえで「これまで自分が積み上げてきたもの」を生かすことをすすめている。「十歳《さい》には十歳の，十五歳には十五歳の積み重ねがある」として，好きなことや得意なことを自分で見つめていく中で，「将来」がだんだんと現実的になっていく，つまり自分の仕事が見つかっていくことが理想的であると述べている。

問４　ぼう線部④は，仕事は得意だが私生活がおろそかになっている人の例である。自分の得意な仕事しか知らない人は，「上手《うま》くいかないことを得意なことで解消する」ようになってしまう。つまり，「何かひとつのことに特化した人というのは，応用がきかなくなってしまう」ことを述べるため，筆者はこの例をあげたものと考えられる。

問５　若い時に作家デビューした筆者は，「人生経験が圧倒《あっとう》的に少ない」と感じて「いろんな人に会いに行ったり，旅に出たり」したとある。同じ段落の最後では，そういった体験があったから，「いろいろな層の人たちを書くことができるようになった」と述べている。

問６　筆者は，「お金をちゃんと稼《かせ》いでいて，親と別に暮らして」いるといった「状況《じょうきょう》」だけでは，「自立」とはいえないと述べている。筆者の考える「自立」は，「親や兄弟姉妹に，何も言わないで問題を解決」できるようになることである。

問７　「ある程度の年齢《ねんれい》になると～」で始まる大段落に注目する。自分の得意なことに従事している人は，生活や仕事が充実していると感じるかもしれない。「自分の得意な枠《わく》の中」は安心だが，上手くいかないことから逃《に》げていると「人生のバリエーション」が少なくなってしまう。したがって，「自分の得意な世界しか知らないと，悩《なや》み事があっても，他の角度から見ることができなくなって」しまうと考えられる。その結果「得意なことが先細り」になると筆者は述べている。

問８　夢を持つことの例としてアイドルになることをあげたり，身近なところに将来の職業のヒントがあることの例として親の仕事をあげたりするなどして，読み手にわかりやすく理解してもらえるような工夫《くふう》がなされている文章といえる。

三 **出典は『子供の科学』2021年５月号所収の「土の可能性（斉藤勝司《さいとうかつじ》著）」による。**農業に適している土の条件や，現在の世界の食糧《しょくりょう》事情などについて説明している。

問１　文中で「砂漠《さばく》土」「ポトゾル」「オキシソル」は，農業に適していないと説明されている。「黒ぼく土」は「チェルノーゼム」や「ねん土集積土壌《どじょう》」，「ひび割れねん土質土壌」に比べると少し劣《おと》るとされている。したがって，設問のなかでは「ねん土集積土壌」が最も「農業に適した肥よくな土」ということになる。

問２ 「チェルノーゼム，ねん土集積土壌，ひび割れねん土質土壌は砂，ねん土，ふ食のバランスがよく，中性なので農業に適しており」，すぐれた土といえる。

問３ Ａ，Ｂ 次の段落に，「黒ぼく土」について「酸性であることが災《わざわ》いして」と書かれていることに着目する。農産物を栽培《さいばい》するには中性の土のほうがすぐれているため，「酸性」の「黒ぼく土」よりも，「中性」の「チェルノーゼム」のほうが肥よくな土だと評価されている。

問４ 日本は，「肥料を加える」といった費用をかけて，「高い農業生産性を実現」しているのである。

問５ 農地の面積から生産される穀物の量を算出すると，百五十億人分の穀物を生産できることになる。しかし，実際には「現在でも飢《う》える人がいる」ので，計算と現実は違《ちが》うことを示すために，「理論上」という言葉をつけたと考えられる。

問６ ⑴ ぼう線部④の次の段落で，農地面積から考えると「世界の人口が百億人に達しても，充分な食糧を供給できる」ようにも思われるが，「農業に適した土が特定の場所に偏《かたよ》っている」ことが問題だと述べられている。 ⑵ 農業に適した土が特定の場所に偏っているので，「生産した農作物の分配」がうまくいかず，現在でも飢えている人がいると考えられる。

四 漢字の読み

① 波と波の間。 ② この上なく上等なこと。 ③ 近ごろ。 ④ 原因と結果。 ⑤ 高い場所から見下ろすことのできる辺り一帯。 ⑥ 冒頭《ぼうとう》の「前略」とともに手紙の結びに用いられる語。 ⑦ 夏の初めのころの若葉のみずみずしい緑色。 ⑧ 市街地の広場や道路。 ⑨ 音読みは「ホウ」で，「報告」などの熟語がある。 ⑩ 音読みは「ショウ」で，「承知」などの熟語がある。

五 漢字の書き取り

① 薬を飲むこと。 ② 漁船の基地となっている港。 ③ 考えをめぐらせること。 ④ 物事の事情や関係がこみいっていて簡単に理解できないこと。 ⑤ 航空機や船の通る道筋。 ⑥ 音読みは「イ」で，「移転」などの熟語がある。 ⑦ 音読みは「スイ」で，「垂直」などの熟語がある。 ⑧ 立秋を過ぎても残る暑さ。 ⑨ 音読みは「エン」で，「延長」などの熟語がある。 ⑩ 視力の調整などをするための器具。

Memo

2022年度　茨城中学校

〔電　話〕　029(221)4936
〔所在地〕　〒310－0065　水戸市八幡町16－1
〔交　通〕　JR常磐線「水戸駅」よりバス―「茨城高校入口」下車徒歩３分

【適性検査Ⅰ】〈第１回Ｂ試験〉（45分）〈満点：100点〉

【注意】定規、コンパス、分度器は使用しないでください。

1　みさとさんとお母さんは，弟の誕生《たんじょう》日《び》会で作るケーキの材料について話しています。

母　：明日はいよいよ誕生日会だけど，ケーキの材料は準備できているかしら。
みさと：まだ買っていないよ。今，必要な材料と家にある材料を調べて，書き出したところなの（**表１**）。かざり付けはお店に行って決めようと思うのだけど，どうかな。
母　：必要な材料を全部調べられているね。
みさと：よかった！　さっそく買ってくるよ。
母　：待って。調べた材料は，直径 18cm で高さが５cm の円柱の形をしたケーキの型（**図１**）を使う場合に必要な分量を表しているね。家にある型は直径 12cm で高さが５cm の円柱の形をしたケーキの型（**図２**）だから，家にあるケーキの型に合わせて分量を考えないといけないわ。
みさと：なるほど。ケーキの型が変わっても材料の割合《わりあい》は等しくなるようにするから…。
母　：どのようにすれば必要な分量が求められるかな。
みさと：ええと…，わかった！　比を使えば求められるね。
材料を調べたときのケーキの型と家にあるケーキの型の体積の比を，最も簡単《かんたん》な整数の比で表すと，［　①　］：［　②　］で合っている？
母　：正解！　よくできたね。この体積の比を使って，必要な材料の分量を求めてみよう。
みさと：では，ケーキを１台作るための材料が足りないのは［　A　］，［　B　］，生クリームで，それぞれ足りない量は［　A　］が［　③　］g，［　B　］は［　④　］g，生クリームは［　⑤　］ccだね。
母　：そうだね。さっそく買いに行こう！

表１　必要な材料と家にある材料

	直径18cmの型でケーキを１台作るときに必要な材料	家にある材料
小麦粉	90g	18g
卵《たまご》	３個	８個
砂糖《さとう》	80g	126g
バター	40.5g	20g
生クリーム	396cc	なし
粉砂糖	45g	７g

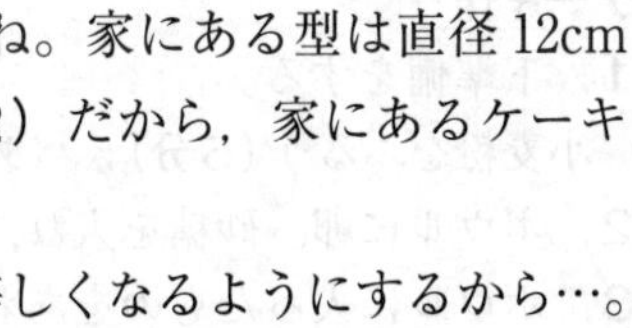

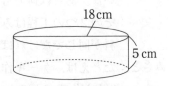

図１　材料を調べたときのケーキの型

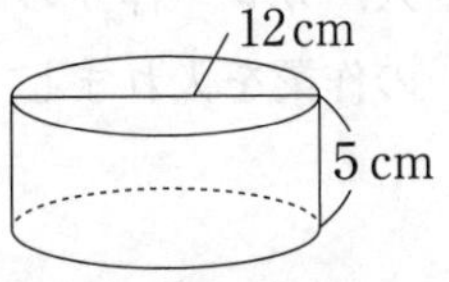

図２　家にあるケーキの型

⑴ 会話文中の [A]，[B] にあてはまる材料の組み合せを次のア～エのうちから１つ選び，記号で答えなさい。また，[①] ～ [⑤] にあてはまる数を書きなさい。ただし，円周率は3.14とし，ケーキの型の厚さは考えないものとします。

ア [A] 小麦粉 [B] 砂糖　　イ [A] 小麦粉 [B] 粉砂糖
ウ [A] 砂糖 [B] バター　　エ [A] バター [B] 粉砂糖

みさとさんは誕生日会当日の準備について，お父さんとお母さんと話し合っています。

父　：準備は15時からはじめるよ。当日できるだけだれも手が空《あ》いている時間がないように，どの工程をだれが担当《たんとう》するのか決めておこう。

みさと：お母さんと私《わたし》でケーキ作り，お父さんと私でカレー作りをするのよね。

母　：うん。私は15時40分に家を出ないといけないから，15時30分までのスケジュールを決めておきたいわ。ケーキ作りとカレー作りの15時30分までに終わらせたい工程と，それぞれの工程にかかる時間をまとめたよ。

ケーキ作り

１．下準備をする。
　小麦粉をふるう（５分）／バターを溶《と》かす（５分）／ケーキの型にオーブンシートをしく（３分）
２．ボウルに卵，砂糖を入れ，混ぜる（10分）。
３．ボウルに入ったものをあわ立てて，小麦粉を加えてゴムベラで混ぜる（10分）。
４．バターを加えてよく混ぜて生地《きじ》を作る（６分）。
５．生地を型に流し，180度に熱したオーブンに入れる（１分）。

カレー作り

Ａ．下準備をする。
　じゃがいもの皮をむき，芽を取り，にんじん，玉ねぎの皮をむく（16分）
Ｂ．肉を切る（７分）。
Ｃ．野菜を切る（12分）。
Ｄ．肉を炒《いた》める（７分）。

みさと：ありがとう。私はケーキ作りの２の工程とカレー作りのＣの工程は絶対やりたいな。あとは何でもやるよ。

父　：その２つの工程はみさとのスケジュールに入れよう。それぞれの工程で使う材料が同じでなければ，作業は同時にできるね。

みさと：たとえば，ケーキ作りの１と２の工程は異《こと》なる材料を使っているから，同時に２人が作業できるということかな。

母　：そうね。下準備はやることがいくつかあるけれど，ケーキ作りの下準備で１人，カレー作りの下準備で１人，担当を決めてね。だれか手が空いたら米とぎの作業を入れましょう。かかる時間は８分みておけばいいわ。

(2)　誕生日会当日の３人のスケジュールを，次の**【例】**の**【答えの書き方】**にしたがって，答えなさい。また，**【求め方の書き方】**にしたがって，求め方を図に表しなさい。

【例】
みさとさんがケーキ作りの**４**，カレー作りの**Ｂ**，米とぎの順に作業をする場合
【答えの書き方】　**４→Ｂ→米**
【求め方の書き方】

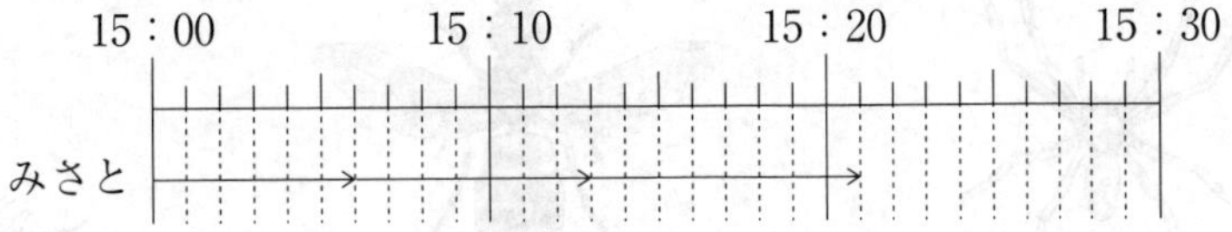

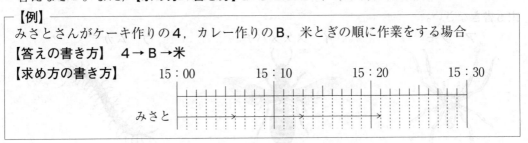

2

はるとさんとみさとさんは，ある秋の日，学校で見つけた生き物について話しています。

はると：学校で飼っているメダカは，来年になったら卵《たまご》をうむかな。
みさと：卵を見てみたいけど，この２ひきならうまないと思うよ。よく見てみて。
はると：ほんとうだ。どちらもオスだね。

(1)　メダカのオスは，どれですか。正しいものを，次の**ア～エ**のうちから１つ選び，記号で答えなさい。

ア　**イ**　**ウ**　**エ**

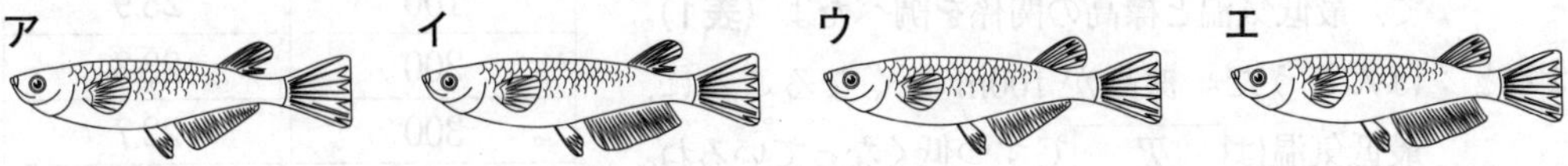

みさと：もうすぐ寒くなるから，校庭にさく花も虫も少なくなるね。
はると：そうだね。冬になると葉がかれる植物も多いけど，タンポポは葉が残ったままだったよね。
みさと：葉が地面にぴったりついて，広がっていたよね（図１）。でも，寒いのにどうして葉を地面につけたままなのかな。
はると：そのほうがタンポポにとって都合がよいのかもしれないね。調べてみようよ。
みさと：いいね。
　　　　へえ，一日の地面の温度と気温の変化が関係しているんだね（図２）。

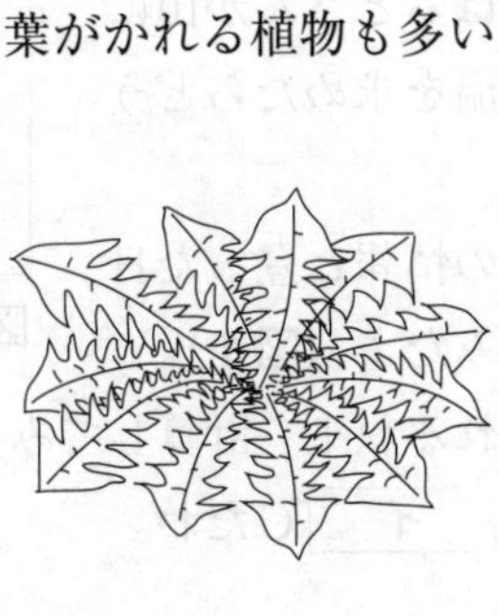

図１　冬のタンポポの葉

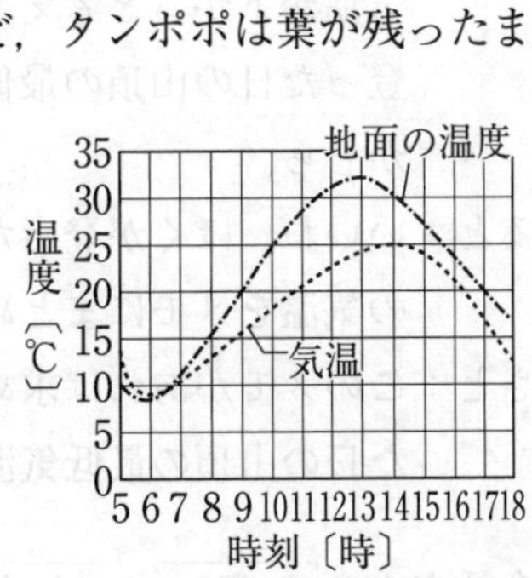

図２　ある日の地面の温度と気温の変化

(2)　タンポポが冬をこすとき，**図１**のように葉を地面につけて広げることで都合がよい点は何ですか。「日光」，「地面」の２つの言葉を使って説明しなさい。

⑶　次の**ア～ウ**は，秋に見られる生き物です。これらのうち，昆虫《こんちゅう》であるものはどれですか。正しいものを，次のうちから１つ選び，記号で答えなさい。また，それを選んだ理由も書きなさい。

ア　クモ

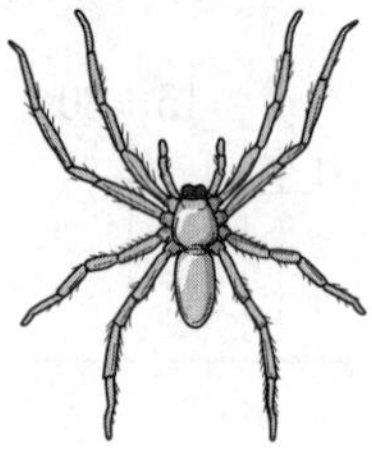

イ　スズメバチ

ウ　ムカデ

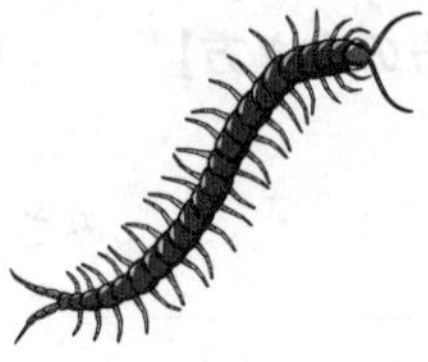

3　はるとさんとみさとさんのクラスでは，「気候」についてチームごとに，調べ学習をすることになりました。

はると：この間，家族で山に登ったよ。初めて登ったのだけど，山頂《さんちょう》が寒くてびっくりしたんだ。

みさと：標高が高くなるにつれて，気温が一定の割合で下がるのよ。標高 300m のＡ山について，最低気温と標高の関係を調べたよ（**表1**）。

はると：ほんとうだ。標高が 100m 高くなるごとに，最低気温は［　ア　］℃ずつ低くなっているね。

みさと：標高が 100m 高くなるごとに，［　ア　］℃気温が下がると考えて，はるとさんが山に登った日の山頂の最低気温を求めたらどうかしら。

はると：いいね。ぼくが登った山の情報と登った日の気温をメモにまとめてみたよ（**図１**）。

みさと：このメモがあれば求められるね！　計算してみると…，はるとさんが山に登った日の山頂の最低気温は［　イ　］℃だわ。

表１　Ａ山の標高とある日の最低気温

標高（m）	最低気温（℃）
0	24.5
100	23.9
200	23.3
300	22.7

山頂の標高…880m
山のふもとの標高…230m
山のふもとの最低気温…16℃

図１　はるとさんがまとめたメモ

⑴　会話文中の［　ア　］，［　イ　］にあてはまる数を書きなさい。

はるとさんとみさとさんは，天気の言い伝えや海岸地域《ちいき》の天気について調べています。

はると：昔の人たちは，雲のようすや空の色などを観察して天気を予想していたんだね。

みさと：今のような天気予報を見たり聞いたりできるようになったのは，最近のことみたいだね。

はると：「山がかさをかぶると雨」という言い伝えを見つけたよ。

みさと：「しめった空気が山の斜面《しゃめん》をはい上がっていくことで山頂の近くに雲ができる

から，雨が近い」って書いてあるね。

はると：なるほど。ちなみに「夕焼けの次の日は晴れ」という言い伝えもあるよ。

みさと：それは聞いたことあるよ。夕焼けが見えていたということは，［　ウ　］から，次の日が晴れるんじゃないかな。

はると：すごい。その通りだよ。

⑵　夕焼けの次の日は，なぜ晴れると考えられますか。その理由もふくめて，はるとさんとみさとさんの会話が成り立つように，［　ウ　］に入る内容を書きなさい。

みさと：まだたくさんあるね。言い伝えではないけれど，私《わたし》たちの住む海岸地域では，昼間晴れていると，海から陸へ風がふくよね。

はると：そうだね。どんなしくみで風がふいてくるか調べてみよう。

みさと：地面と海面のあたたまり方のちがいが関係しているみたい（**図２**）。

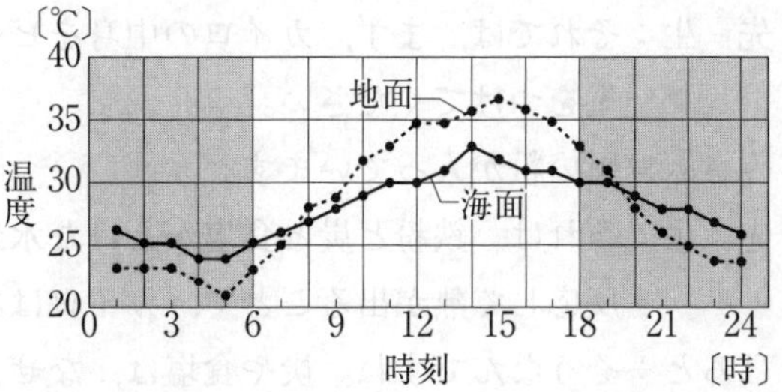

図２　地面と海面のあたたまり方のちがい

はると：なるほど。晴れている日は昼間は海上より陸上の方が気温が**エ**（高く　低く）なって，陸上ではその空気が**オ**（上しょう　下降《かこう》）するんだね。

みさと：だから，海上から陸上に向かって風がふくのね。

⑶　会話文中の**エ**，**オ**にあてはまる言葉を，それぞれ１つずつ選び，書きなさい。

みさと：今回の調べ学習で，地域によって気候に大きなちがいがあることがわかったね。

はると：冬に雪が多く降《ふ》る地域は，とても大変なんだろうなあ。

みさと：そういえば，雪をうまく活用している例があると聞いたことがあるよ。

資料１　スノークールライスファクトリーのしくみ

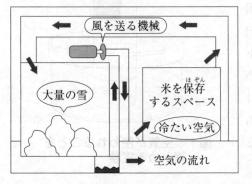

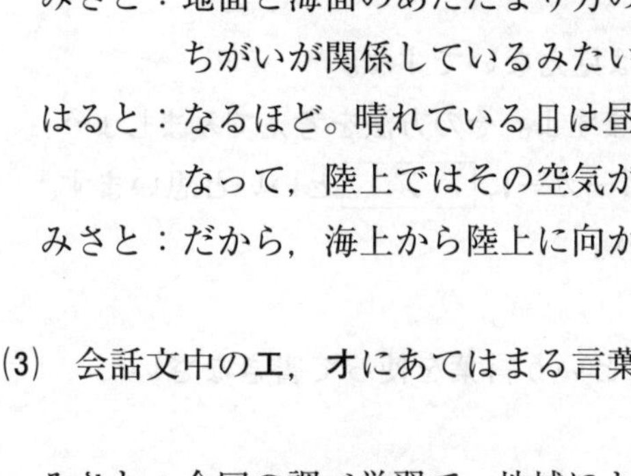

資料２　北海道沼田《ぬまた》町の農家の人の話

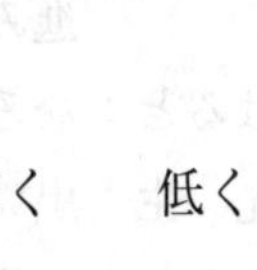

　収かくしたお米は，温度が高いところで保存していると品質が落ちてしまいます。

　特に夏は温度としつ度が高いのでお米の味が落ちやすいのですが，スノークールライスファクトリーで保存すれば，雪の冷気を利用して，１年中温度としつ度を一定に保つことができます。

(4)　北海道沼田町では，スノークールライスファクトリーを建設し，雪をどのように活用し，また，どのような効果を得ていますか。**資料１**，**資料２**から読み取れることをもとに書きなさい。

4　はるとさんとみさとさんは，先生といっしょにカイロのしくみについて学習しています。

はると：カイロはどうしてあたたかくなるのかな。
みさと：中に何が入っているか，気になるね。
先　生：それでは，まず，カイロの中身をビーカーに入れてみましょう。熱くなるので気をつけてください。
みさと：黒い粉が入っています。
先　生：それは，鉄粉と炭と食塩がとけた水が混ざったものなんですよ。鉄粉が空気と反応して熱が出ることで，カイロはあたたかくなります。
はると：そうなんですね。炭や食塩は，なぜ入っているのですか。
先　生：炭は，空気中の酸素をとりこみやすくし，食塩がとけた水があると鉄の反応が進みやすくなるんですよ。
はると：なるほど。でも食塩が入っているようには見えないですね。
先　生：黒い粉から食塩だけをとり出すこともできますよ。その方法を考えてみましょう。
みさと：食塩は水にとけるから，黒い粉を入れたビーカーに［　ア　］といいと思います。
先　生：その通りです。では，実験してみましょう。

(1)　会話文中の［　ア　］に入る実験の方法を，「水」という言葉を使って書きなさい。

みさと：カイロを使うとき，中身はふくろに入っているけれど，なぜ空気と反応するのでしょうか。
先　生：ふくろには，小さな穴がたくさんあいているんですよ。では，カイロがあたたまるのに空気が使われることを確かめる実験をしましょう。水を入れた水そうを用意し，底を切り取ったペットボトルの内側にカイロをはりつけます。ペットボトルを水そうの中に入れてからふたをしめ，水面に合わせて印をつけましょう（図１）。どのような変化が起こると，カイロがあたたまるのに空気が使われたとわかりますか。

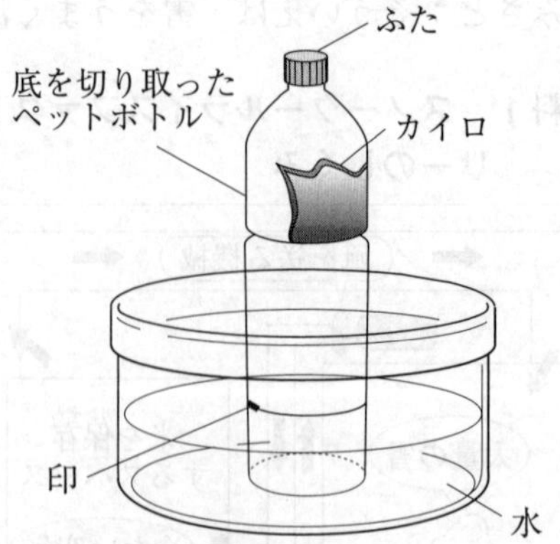

図１　空気が使われることを確かめる実験

はると：［　イ　］ことでわかると思います。
先　生：その通りですね。

⑵　会話文中の［　イ　］に入る内容を書きなさい。

みさと：先生，カイロの中身がふくろの中にあるときと，中身がふくろの外にあるときで，あたたまり方は変わるのでしょうか。
先　生：それも実際にやってみましょう。カイロに切れ目を入れて，そこに温度計をさしこんで３分ごとに温度をはかりましょう（**図２**）。
はると：温度の変化は，**図３**のようになりました。
先　生：では，次にカイロの中身をすべてガラスの容器に出して，１分ごとに温度をはかってみましょう（**図４**）。

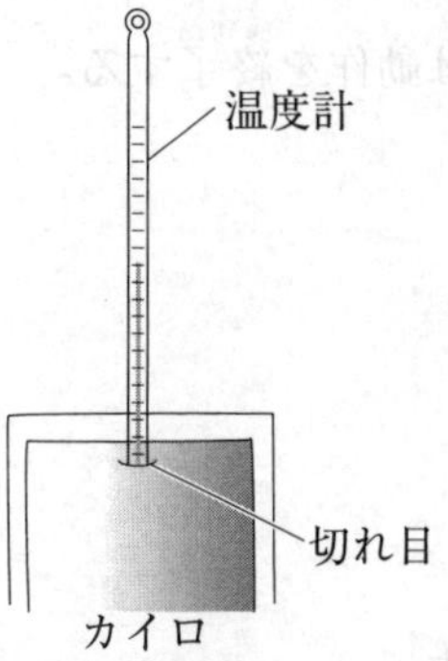

図２　カイロに温度計をさしこんだ実験装置《そうち》

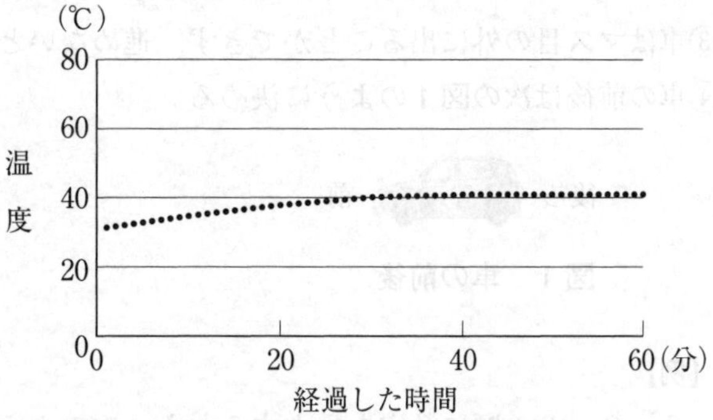

図３　図２の実験で経過した時間と温度の変化

図４　カイロの中身を出して温度の変化を調べる実験装置

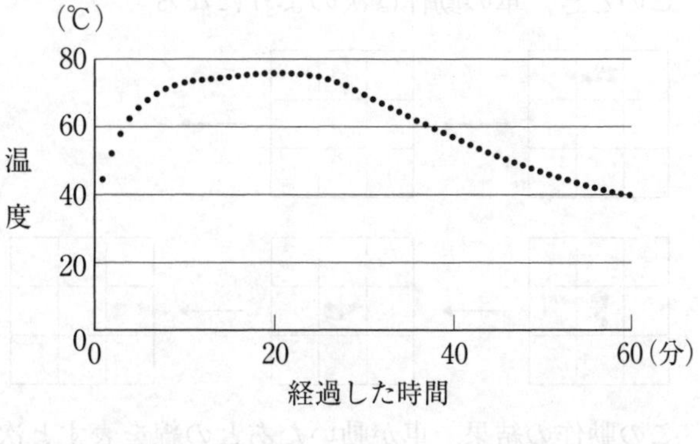

図５　図４の実験で経過した時間と温度の変化

⑶　**図４**のように，カイロの中身をガラスの容器に出したときの温度の変化は**図５**のようになりました。このように温度が変化する理由を書きなさい。

5 はるとさんは，プログラミングをして，パソコン上のマス目の中で車を動かします。

【プログラミングのルール】

①1～20の数字を入力する。ただし，同じ数字は1度しか入力できず，使わない数字があってもよい。

②プログラミングによる車の動作は，入力した数字によって次のように決まる。

- 2の倍数…1マス前に進む。
- 3の倍数…時計回りに90度回転する。
- 7の倍数…反時計回りに90度回転する。
- 2と3の公倍数…3の倍数の動作をしてから，2の倍数の動作をする。
- 2と7の公倍数…7の倍数の動作をしてから，2の倍数の動作をする。
- その他の数字…直前の数字の動作をもう一度くり返す。1回目にその他の数字を入力することはできない。

③車はマス目の外に出ることができず，進めないときには動作を終了《しゅうりょう》する。

④車の前後は次の**図1**のように決める。

後ろ  前

図1　車の前後

【例】

3→2→6の順に数字を入力するとき，次のように表す。

3	2	6

このとき，車の動作は次のようになる。

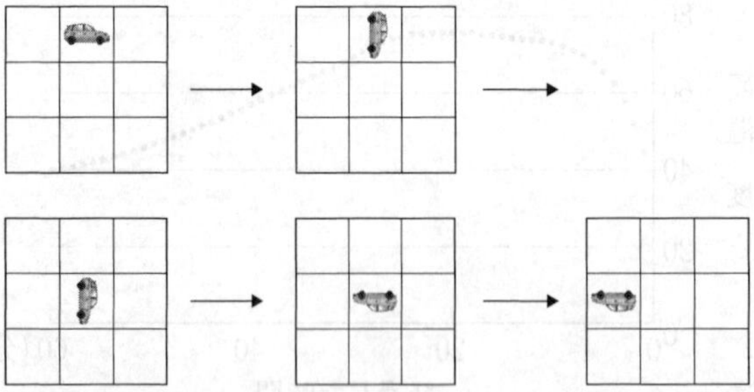

この動作の結果，車が動いたあとの線を表すと次のようになる。

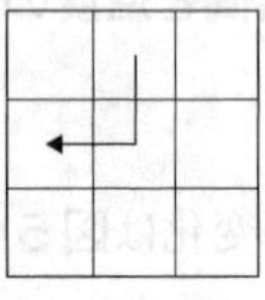

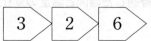

⑴　はるとさんは**図２**の数字を入力し，**図３**のマス目上で車をスタートからゴールまで動かしました。この動作を**図３**の車の向きからはじめたとき，車が動いたあとの線を解答用紙の図にかきなさい。

2 → 1 → 6 → 8 → 12 → 7 → 20 → 14

図２　はるとさんが入力した数字

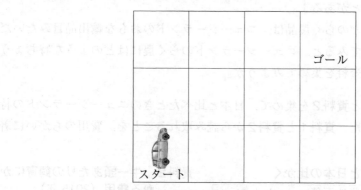

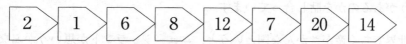

図３　図２の動作を行ったマス目

⑵　はるとさんは**図４**の数字を入力し，**図５**のようにスタートから★がかかれているところまで車を動かしました。続いて，４回の数字の入力で，ゴールまで車を動かすとき，数字の入力のしかたは全部で何通りありますか。ただし，✖のついているところは通れないものとします。

4 → 5 → 7 → 2 → 11 → 19 → 10 → 18 → 3 → 20 → 13

図４　はるとさんが入力した数字

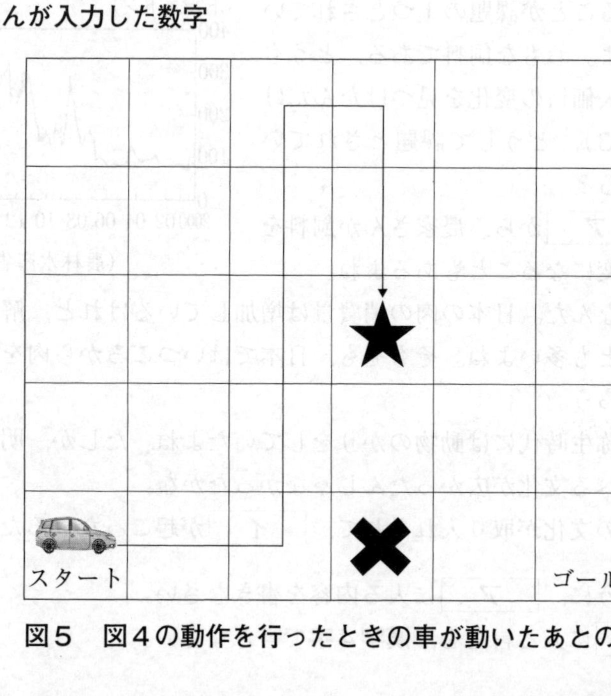

図５　図４の動作を行ったときの車が動いたあとの線

【適性検査Ⅱ】　〈第１回Ｂ試験〉　(45分)　〈満点：100点〉

【注意】解答に字数制限がある場合は、すべて句読点を含めた字数で答えなさい。

1　ゆうまさんとあかりさんは，「世界と日本のちく産業」について調べ，それぞれどのような特ちょうがあるのかを話し合っています。

ゆうま：世界でちく産がさかんな国というと，ニュージーランドが思いうかぶな。人口よりも羊の数の方が多いという話は有名だよね。羊以外にも，牛の飼育頭数が多いと聞いたことがあるよ。

あかり：牛乳《ぎゅうにゅう》や乳製品などのらく農品は，ニュージーランドのおもな輸出品目みたいだよ。日本と比べてみると，ニュージーランドのらく農にはどのような特ちょうがあるのかな。資料を集めてみようか。

(1)　あかりさんは，**資料１**と**資料２**を集めて，日本と比べたときのニュージーランドの特ちょうについて考えました。**資料１**と**資料２**から読み取れることを，費用のちがいに着目して書きなさい。

資料１　ニュージーランドと日本の比かく

	牛の飼育頭数（頭）	草地面積（ha）	おもな飼育方法
日本	847200	506900	牛舎内で飼育
ニュージーランド	4861324	1728702	牧草地で放牧

※日本は2017年，ニュージーランドは2016～2017年の数値。

（農林水産省「らく農統計」より作成）

資料２　牛一頭あたりの飼育にかかる費用（2015年）

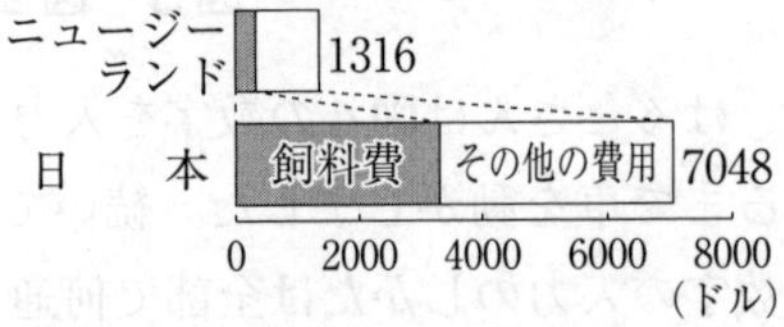

（農ちく産業しん興機構「ちく産の情報」より作成）

ゆうま：ぼくは日本のちく産の課題について調べてみたんだけれど，飼料を海外からの輸入にたよっていることが課題の１つとされているみたいだよ。おもな飼料である，とうもろこしの輸入価格の変化を見つけたんだけれど（**資料３**），どうして課題とされているのかわかる？

資料３　とうもろこしの輸入価格の変化

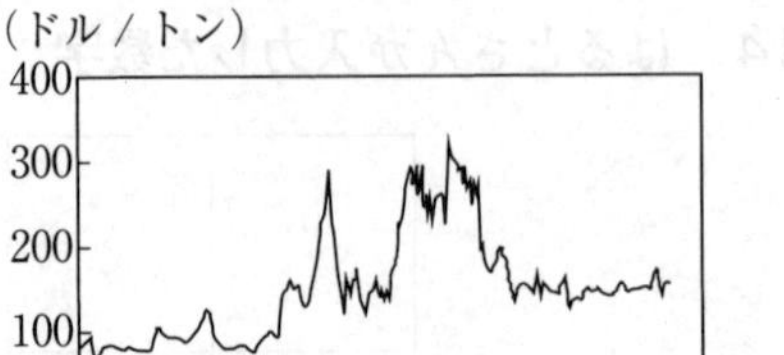

（農林水産省資料より作成）

あかり：うーん，［　ア　］から，農家さんが飼料を買うのが大変になることもあるよね。

ゆうま：うん，そうなんだ。日本の肉の消費量は増加しているけれど，解決しなければならないことも多いよね。そもそも，日本ではいつごろから肉を食べるようになったんだろう。

あかり：縄文《じょうもん》時代や弥生《やよい》時代には動物のかりをしていたよね。たしか，明治《めいじ》時代に本格的に肉を食べる文化が広がったんじゃなかったかな。

ゆうま：日本で西洋の文化が取り入れられて，［　イ　］が起こったころだね。

(2)　会話が成り立つように，［　ア　］に入る内容を書きなさい。

(3)　会話文中の［　イ　］に入る言葉を，**漢字４字**で書きなさい。

(4)　ゆうまさんとあかりさんは，日本のちく産について調べるために，各都道府県の農業産出額を調べました。次の**ア～エ**のグラフは，それぞれ新潟県，茨城県，愛媛県，鹿児島県の農業産出額内訳《うちわけ》のいずれかを示しています。茨城県と鹿児島県にあてはまるグラフを，次の**ア～エ**のうちから１つずつ選び，記号で答えなさい。

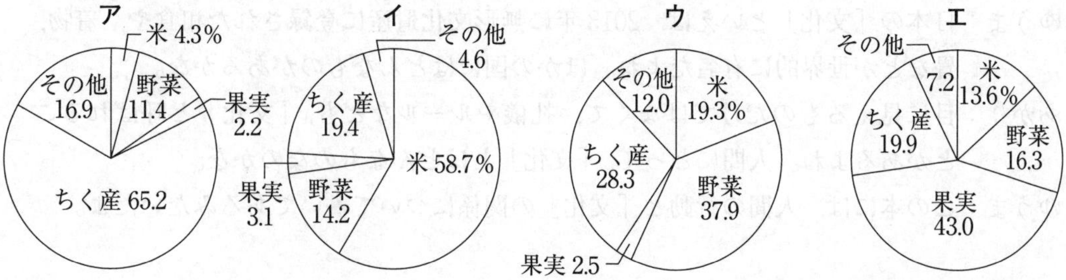

（生産農業所得統計より作成）

ゆうま：やっぱり，日本のちく産で有名なのは北海道だよね。

あかり：うん，牧場が大きいイメージがあるなあ。らく農がさかんな印象があるけれど，茨城県で行われているらく農とは，どのようなちがいがあるのかな。

(5)　ゆうまさんは，北海道と茨城県のらく農のちがいについて調べるために，**資料４**と**資料５**を集めました。**資料４**と**資料５**からわかる北海道のらく農の特ちょうを，大消費地（人口が多く，大量に消費活動が行われる場所）である都道府県との位置関係にふれて書きなさい。

資料４　北海道の生乳の使い方の内訳（2020年４月）

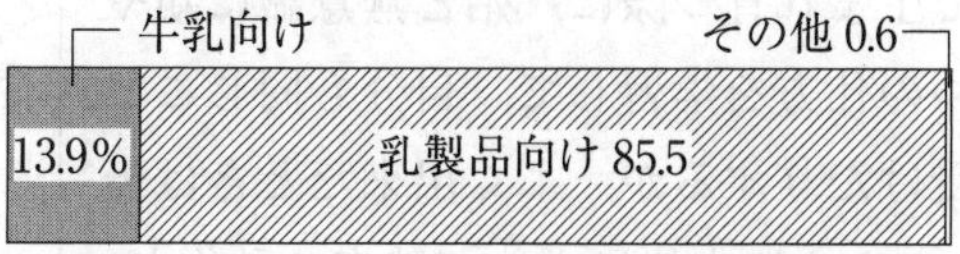

資料５　茨城県の生乳の使い方の内訳（2020年４月）

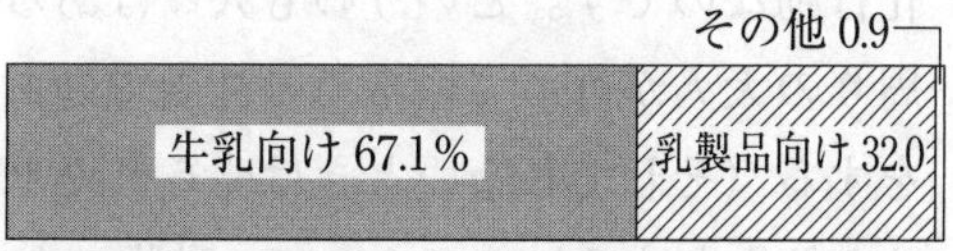

（**資料４**，**資料５**は牛乳乳製品統計より作成）

あかり：これからのちく産業はどうなっていくのかな。この前，六次産業化について授業で学んだけれど，ちく産業でもさかんになるかもしれないね。

ゆうま：産業の分類は，第一次産業，第二次産業，第三次産業だけじゃないんだっけ。

あかり：六次産業化は，生産者が加工やはん売を行うことだよ。これによって，農家には［　ウ　］という利点があるの。

ゆうま：ああ，そういえばそうだった。これからもおいしい肉を食べたり牛乳を飲んだりするために，農家を応えんしたいね。

(6)　会話文中の下線部について，次の**ア～オ**を①第一次産業，②第二次産業，③第三次産業に分類して，それぞれ記号を書きなさい。

ア　水道業　　**イ**　建設業　　**ウ**　林業　　**エ**　製造業　　**オ**　運輸業

(7)　六次産業化によって，農家にはどのような利点がありますか。会話文中の［　ウ　］に入る内容を「加工やはん売」の言葉を使って書きなさい。

2 ゆうまさんとあかりさんは，総合的な学習の時間の授業で，「いろいろな国の文化」について発表することにしました。そこで，「文化」とはどのようなものを指すのかについて話し合っています。

ゆうま：日本の「文化」といえば，2013 年に無形文化遺産《いさん》に登録された和食や，着物，畳《たたみ》などが世界的に有名だよね。ほかの国にはどんなものがあるかな。

あかり：目に見えるものだけではなくて，礼儀《れいぎ》やルールなども，「文化」と呼《よ》ばれることがあるよね。人間にとって，「文化」とはどんなものなのかな。

ゆうま：この本には，人間の行動と「文化」の関係について書いてあるみたいだよ。

人間という動物は一体どのような原理に従《したが》って行動しているのでしょうか。その基本は本能ではなく「文化」です。ただしここで言う文化とは教養，芸術，そして学問といった人類学で言う狭《せま》い意味の「高」文化ではなく，人間が，一般《いっぱん》の動物ならみな持っている生きるために不可欠な本能の大半を，進化の過程で失ってしまったため，それに代わるものとして発達させてきた，生まれたあとに，広義の学習によって身につける行動原理のことを指します。

具体例を挙げると，普通《ふつう》の日本人は初対面の人にあいさつをするとき，頭を下げておじぎをしますが，おじぎではなく手を出して握手《あくしゅ》するのが一般的である国も多いことはよく知られているとおりです。そしていま世界には，このほかにも様々なしぐさで出会いのあいさつをする人々がいますが，このあいさつが実は典型的な文化行動なのです。というのも人々はある社会で生まれ育つ際に，殆《ほとん》ど無意識に親や周りの大人が行っているその社会でのあいさつの仕方を学習して，自分も同じことをする（そしてしないときは叱《しか》られたり罰《ばつ》を受けたりするが，よく出来たときは褒《ほ》められたりする）のであって，動物のあいさつのように本能によって特定の動作が，あらかじめ決められているわけではありません。だから国や時代が違《ちが》えばあいさつの仕方も違うのです。

このように人間ならどこの誰《だれ》にでも初めから備わっているというものではなく，生まれた後で段々《だんだん》と社会の中で身についていく，生きてゆくために必要な知恵《ちえ》や知識の総体が文化なのです。そしてこのような自分の生まれた社会の持つ，その大部分が明文化されていないどころか，多くの場合自覚されてもいないような，親から子へ，世代から世代へと受け継《つ》がれる文化的な取り決めに自然と従えるようになることが，個人としての自分の利益になると同時に，家族や学校，そして更《さら》には職場といった社会集団の中で，互《たが》いに無駄《むだ》な摩擦《まさつ》やストレスを起こさずに，全体の効率をたかめる保障ともなるのです。

（鈴木孝夫《すずきたかお》『私《わたし》は，こう考えるのだが。言語社会学者の意見と実践《じっせん》』による）

ゆうま：広い意味での「文化」とは，人間が行動するときの理由となるもので，本能の代わりに発達させてきたものだと筆者は述べているね。

あかり：国によって「文化」が異《こと》なるのは，「文化」が［　　　］ものだからなんだね。

⑴　会話が成り立つように，［　　　］に入る内容を**50字以上70字以内**で書きなさい。

ゆうま：文章中では，日本と外国の「文化」の違いの具体例として，あいさつの仕方が挙げられているね。ぼくは，外国に家族で旅行に行ったときに，交通ルールが日本と外国では違うと気づいたよ。

あかり：違いがわかりやすいように，**表（資料）**にまとめるね。このほかには，どんなことから「文化」の違いが感じられるかな。もっと考えてみようよ。

資料　「文化」の違いの具体例をまとめた表

	日本	外国
あいさつの仕方	頭を下げておじぎをする	手を出して握手する（イギリスなど）
交通ルール	車は左側を走る	車は右側を走る（アメリカなど）

ゆうま：普段の生活でぼくたちが当たり前だと思っていることも，外国の人たちからは不思議に思われているかもしれないね。

あかり：時代や国によって「文化」が違うことを知らないと，すれ違いが生まれてトラブルにつながることも考えられるよね。これからは，いろいろな人と関わる機会が増えていくだろうから，気をつけたいな。

⑵　**資料**に挙げられていること以外で，あなたがこれまでに日本と外国の「文化」の違いを感じたことの具体例を書きなさい。あなた自身が直接見たことでなくても構いません。

⑶　ゆうまさんとあかりさんの話し合いと，12ページの文章の内容をふまえて，あなたはどのように「文化」に向き合っていきたいと考えますか。あなたの考えを**100字以上120字以内**で書きなさい。

3 次の文章は，ゆうまさんが情報化についてまとめたものです。

> 人々の暮《く》らしには，さまざまな**あ**情報が必要不可欠です。現代は，**い**テレビや**う**ラジオ，**え**インターネットなどから，自分の知りたい情報を大量に入手することができます。
> しかし，情報化が進んで便利になった一方，**お**気を付けるべきことも多くなりました。私《わたし》たちは，それぞれの**か**メディアの特性を理解し，また，正しい情報の使い方を考えていく必要があります。

(1) 下線部**あ**について，次の**資料１**は，目的ごとに最も利用するメディアについて，10代，40代，60代の人の割合《わりあい》をまとめたものです。**資料１**中の［ Ⅰ ］～［ Ⅲ ］にあてはまるものを，あとの**ア**～**ウ**のうちから１つずつ選び，記号で答えなさい。

資料１　目的ごとに最も利用するメディア（年代別）

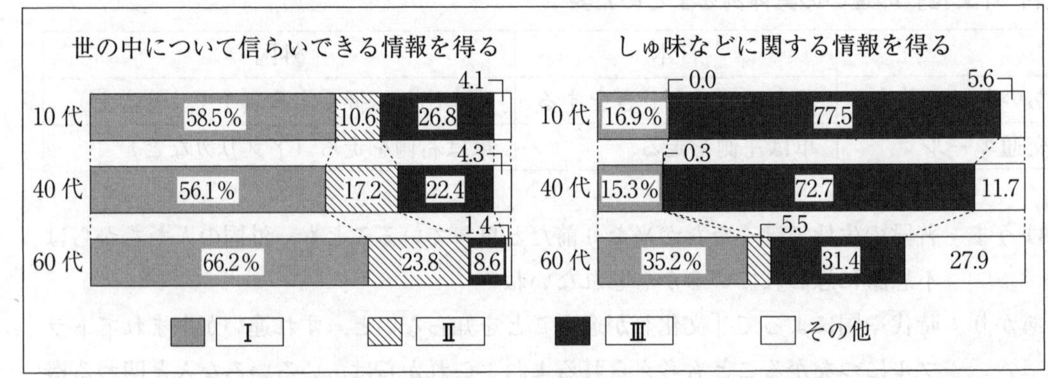

（「令和元年度情報通信メディアの利用時間と情報行動に関する調査」より作成）

ア　インターネット　　**イ**　テレビ　　**ウ**　新聞

(2) 下線部**い**について，右の**資料２**は，1960年から1989年までの電化製品のふきゅう率を示しています。多くの電化製品のふきゅう率が増加しているなかで，白黒テレビのふきゅう率だけ減少しているのはなぜだと考えられますか。**資料２**から考えられることを書きなさい。

資料２　電化製品のふきゅう率

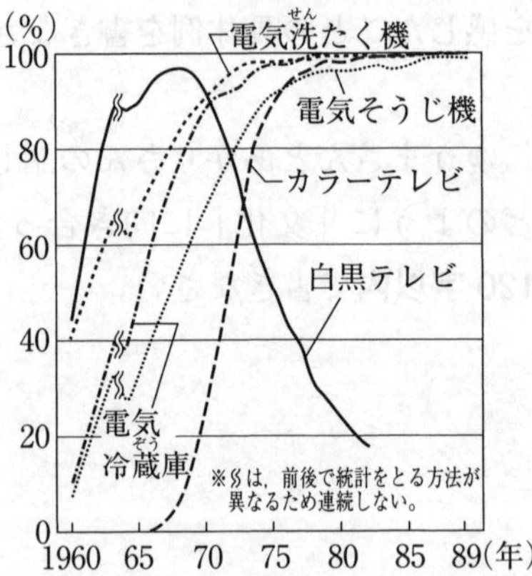

（内閣府資料より作成）

(3) 下線部**う**に関して，ゆうまさんは，ラジオ放送が開始された1925年の日本のできごとを調べました。次の文中の［ ア ］にあてはまる法律《ほうりつ》名を書きなさい。

> 1925年，加藤高明内閣《かとうたかあきないかく》は，納税《のうぜい》額による制限をはい止して，満25才以上の男子に選挙権《けん》をあたえる［ ア ］を成立させた。

(4)　下線部**え**について，ゆうまさんは，次の**資料３**，**資料４**を集めました。これらについて説明したものとして正しいものを，あとの**ア**～**エ**のうちから１つ選び，記号で答えなさい。

資料３　個人情報の保護に関するルールに対する考え方

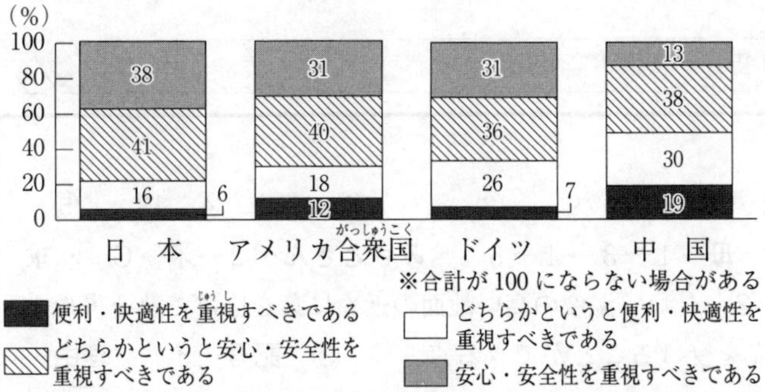

（総務省「データの流通かん境等に関する消費者の意識に関する調査研究」より作成）

資料４　インターネット利用時に不安を感じる人の割合（日本）

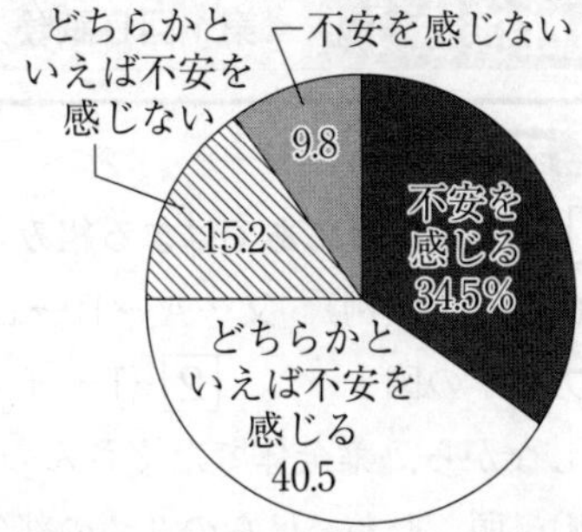

（総務省「通信利用動向調査」より作成）

ア　日本は，アメリカ合衆国と比べて「便利・快適性を重視すべき」の割合が２倍以上であり，インターネットに対して不安を感じている人は少ないとわかる。

イ　日本は，「便利・快適性を重視すべき」と「どちらかというと便利・快適性を重視すべき」の割合の合計がドイツより多く，インターネットに対して不安を感じている人は少ないとわかる。

ウ　日本は，「安心・安全性を重視すべき」と「どちらかというと安心・安全性を重視すべき」の合計が中国よりも多く，インターネットの利用に不安を感じている人が多いとわかる。

エ　日本は，４か国の中で最も「安心・安全性を重視すべき」と「どちらかというと安心・安全性を重視すべき」の割合の合計が多いが，一方でインターネットの利用に不安を感じている人は少ないとわかる。

(5)　下線部**お**について，茨城県では，県の小学校や中学校に「メディア教育指導員」を派《は》けんして，インターネットの危険《きけん》性などを教える活動を行っています。あなたがもし「メディア教育指導員」だったとしたら，インターネットの利用方法について，小学生にどのようなことを伝えますか。右の**資料５**中の①～④から１つの事例を取り上げて，起こりうる問題と，それを防ぐ方法にふれて書きなさい。

資料５　インターネットトラブル事例

①スマートフォンの過度な使用による生活や体調への支障《ししょう》 ②サイトに入力した個人情報の流出 ③投こうした写真などから個人が特定される ④コミュニティサイトなどで出会った人とのトラブル

（総務省「インターネットトラブル事例集」より作成）

(6)　下線部**か**について，あなたは，「自分の住んでいる地域《ちいき》のみ力《りょく》」について調べることになりました。次の□の中から，どのメディアを利用して情報を集めますか。メディアの名しょうを１つ選び，そのメディアを選んだ理由を書きなさい。

テレビ　　新聞　　インターネット　　本

2022年度 茨城中学校 ▶解答

※　編集上の都合により，第１回Ｂ試験の解説は省略させていただきました。

適性検査Ⅰ　＜第１回Ｂ試験＞（45分）＜満点：100点＞

解答

1 ⑴　**A，Bにあてはまる組み合せ**…イ　①　9　②　4　③　22　④　13　⑤　176　⑵　（例）　**父**…A→B→D　**母**…1→3→4→5　**みさとさん**…2→米→C　**求め方**…下の図1　2 ⑴　イ　⑵　（例）　温度の高い地面の近くに葉を広げて熱を得やすくしながら，葉全体でたくさんの日光を受けることができる点。　⑶　**記号**…イ　**理由**…（例）　頭，むね，はらの３つの部分に分かれており，むねにあしが６本あるから。　3 ⑴　**ア**　0.6　**イ**　12.1　⑵（例）　西の空が晴れていて，日本付近の天気は西から東へ変化する　⑶　**エ**　高く　**オ**　上しょう　⑷（例）　雪の冷気を利用して米を保存することで，１年中おいしい米を出荷できる効果。　4 ⑴　（例）　水を入れて混ぜたものをろ過し，ろ液を加熱して水を蒸発させる　⑵　（例）　ペットボトルの中の水面が印をつけた位置よりも上がる　⑶　（例）　鉄粉が空気と多くふれて急に反応が進んだから。　5 ⑴　下の図2　⑵　16通り

図1

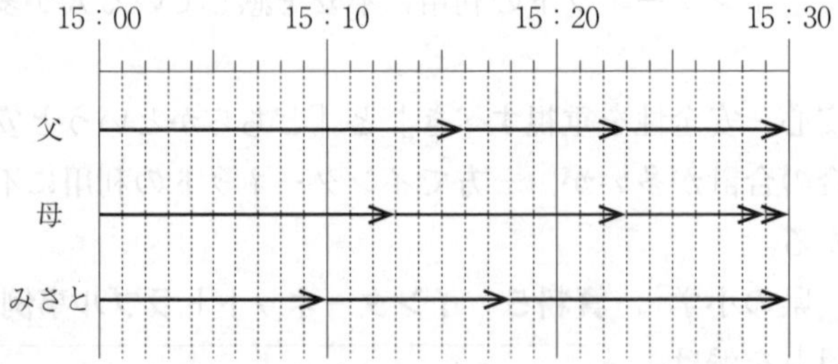

図2

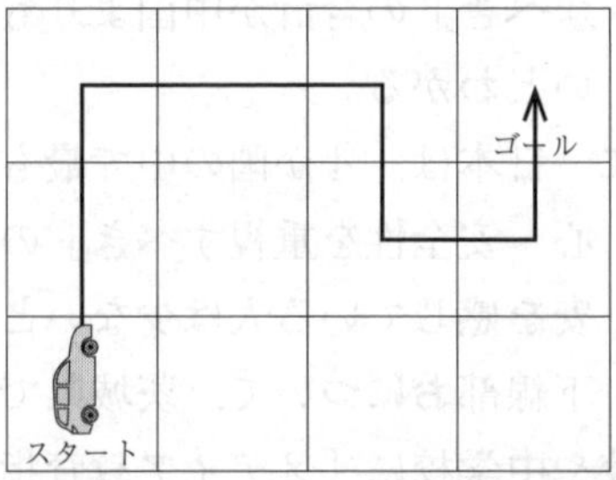

適性検査Ⅱ　＜第１回Ｂ試験＞（45分）＜満点：100点＞

解答

1 ⑴　（例）　広大な草地を利用して多くの牛を放牧しているので，飼料費が少なく済み，飼育にかかる費用が安い。　⑵（例）　輸入価格の変動が大きい　⑶　文明開化　⑷　**茨城県**…ウ　**鹿児島県**…ア　⑸　（例）　北海道は人口が多い関東地方の都県から遠いので，牛乳向けよりも乳製品に加工している割合が高い。　⑹　①　ウ　②　イ，エ　③　ア，オ　⑺　（例）　生産だけでなく，加工やはん売まで自分たちで行うことで，利益が増える　2 ⑴　（例）　誰にでも初めから備わっているものではなく，自分が生まれた社会の中で生きていく

ために必要な知恵や知識を，段々と身につけていく（ものだからなんだね。） ⑵ （例） 日本では家の中ではくつをぬぐが，外国ではぬがないところもあること。 ⑶ （例） 私は，国によって「文化」が違うことを理解して，日本の「文化」も外国の「文化」も大切にしていきたいと考える。日本の「文化」は，普段の行動をふり返ってとらえ直し，外国の「文化」は，日本と違っていても，きちんと受け入れられるようにしたい。 3 ⑴ Ⅰ イ Ⅱ ウ Ⅲ ア ⑵ （例） カラーテレビがふきゅうしたから。 ⑶ 普通選挙法 ⑷ ウ ⑸ （例） ①／スマートフォンの使い過ぎにより，生活に支障が出たり，体調をくずしたりすることがあるので，スマートフォンの利用時間を決めておくようにすること。 ⑹ （例） テレビ／映像で情報を見ることができるので，理解しやすいから。

Memo

2021年度　茨城中学校

〔電　話〕　029(221)4936
〔所在地〕　〒310－0065　水戸市八幡町16－１
〔交　通〕　JR常磐線「水戸駅」よりバス—「茨城高校入口」下車徒歩３分

【算　数】〈第１回Ａ試験〉（60分）〈満点：150点〉

【注意】 定規、コンパス、分度器は使用しないでください。

1　次の計算をしなさい。

(1)　$14-3\times2+7$

(2)　$\frac{5}{6}-\frac{2}{9}+\frac{3}{4}$

(3)　$23-\{24-4\times(8-4)\}$

(4)　$1.8\times\frac{4}{5}\div2\frac{2}{3}$

(5)　$3.5\div1\frac{1}{5}-\left\{12\times\left(\frac{1}{3}-0.3\right)-0.15\right\}$

(6)　$32\times25\times25\times25$

(7)　$2.14\times385-38.5\times5.4-60\times3.85$

2 次の問いに答えなさい。

(1) 7科目の平均点が72点である人が，そのうち4科目の平均点を求めたら75点でした。残りの3科目の平均点は何点になりますか。

(2) 8％の食塩水200ｇと12％の食塩水300ｇをまぜると，新しくできた食塩水のこさは何％になりますか。

(3) 24人がバスに乗って3時間かかる所まで行くことになりましたが，バスの座席は20人分しかありません。だれもが同じ時間すわることにすれば，1人が何時間何分ずつすわれますか。ただし，バスの座席は必ずだれかがすわっているものとします。

(4) 姉と妹の2人の持っているお金の差は2610円で，姉は妹の6倍より360円多く持っています。姉はいくら持っていますか。

(5) 1から5までの数が，規則にしたがって次のようにならんでいます。1番目から119番目までの数の和はいくつになりますか。

1，2，3，4，5，5，4，3，2，1，1，2，3，4，5，5，4，……

(6) 下の図は，1辺が12 cmの正三角形と，正三角形の3辺をそれぞれ直径として半円をかいたものです。しゃ線の部分の面積は何 cm^2 になりますか。ただし円周率は3.14とします。

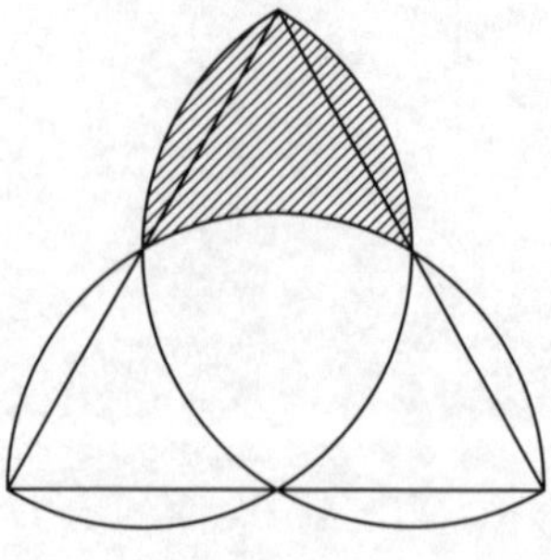

3 白玉と赤玉が合わせて180個あります。これを3個ずつ分けて60箱に入れました。白玉が1個だけ入っている箱が25箱，赤玉が2個以上入っている箱が35箱あります。ただし，白玉だけ入っている箱の数と，赤玉だけ入っている箱の数は同じです。

このときの以下の「アマちゃん」と「ビエちゃん」の会話から次の［ア］～［ウ］にあてはまる数を答えなさい。

アマちゃん「ビエちゃん，問題です。**白玉だけ入っている箱の数はいくつでしょうか？**」

ビエちゃん「えーとー，アマちゃん，少しだけヒント教えてー。」

アマちゃん「まずは白玉の分け方に注目してみれば良いのではないかな。」

ビエちゃん「確かに180個の玉を3個ずつ分けるとき，白玉の個数のパターンは0個，1個，2個，3個の4通りあるよね。白玉だけということは3個の場合だね。」

アマちゃん「そうだね。さらに箱の中の玉を（赤，白，白）のようにあらわしてみよう。白玉が1個だけ入っている箱が25箱，つまり（赤，赤，白）が25箱。赤玉が2個以上入っている箱が35箱，つまり（赤，赤，赤）と（赤，赤，白）が35箱。」

ビエちゃん「あっ，わかった！（赤，赤，赤）の箱の数と（白，白，白）の箱の数は同じだね。」

アマちゃん「そうそう。」

ビエちゃん「答えは［ア］箱。」

アマちゃん「正解！　よし，それでは次の問題もいけるかな。**赤玉が1個だけ入っている箱の数はいくつでしょうか？**」

ビエちゃん「赤玉が1個だけだから，（赤，白，白）の場合だね。つまり白玉が2個の場合だから，（赤，赤，赤）と（赤，赤，白）と（白，白，白）のそれぞれの箱の数を全体の箱の数から引けば良いから，答えは［イ］箱。」

アマちゃん「正解！　すごい，ビエちゃん。この調子で最後の問題にもチャレンジしてみよう。それでは，**白玉は全部で何個あるでしょうか？**」

ビエちゃん「（赤，赤，赤）には白玉がないよね。だから，（赤，赤，白）の箱の数と（赤，白，白）の箱の数，さらに（白，白，白）の箱の数を考えます。そしてそれぞれに白玉の個数をかけるとそれぞれの場合の白玉の個数が出ます。最後にそれを全部たせば全体の白玉の個数が出ます。えーとー，がんばって計算するからちょっとだけ待ってね。」

アマちゃん「良い考え方だね。すばらしい。」

ビエちゃん「できた。答えは［ウ］個！」

アマちゃん「正解！　すごい，全問正解。」

ビエちゃん「アマちゃんのヒントがあったので助かったよ。ありがとう。」

4 次のグラフは，Ａ君とＢ君が学校から公園まで行ったようすをかいたものです。

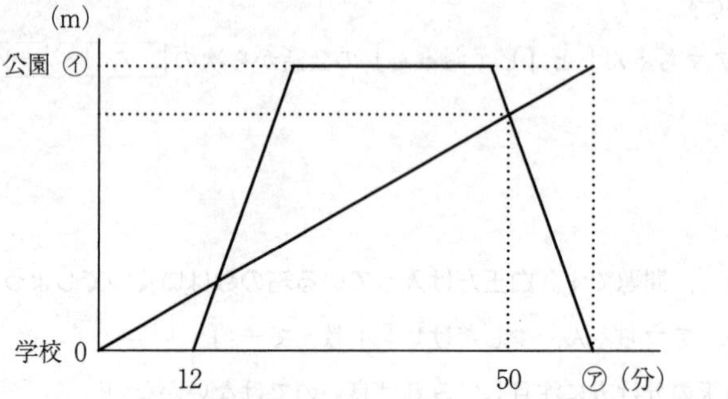

Ｂ君はＡ君より遅れて自転車で出発し，学校にもどりました。２人がふたたび出会った地点は学校から公園までの道のりの $\frac{5}{6}$ のところです。Ａ君とＢ君はそれぞれ一定の速さで進み，Ａ君の速さは分速 80 m です。

このとき，次の問いに答えなさい。

⑴　㋐，㋑ にあてはまる数はいくつですか。

⑵　Ｂ君がＡ君に最初に出会ったのは，Ａ君が出発してから何分後ですか。

⑶　Ｂ君が公園にいたのは何分間ですか。

5 １辺が 10 cm の立方体の一部を切り取った形の容器を考えます。その容器は，ア と ウ の方から見ると図Ⅰ，イ と エ の方から見ると図Ⅱのようになります。

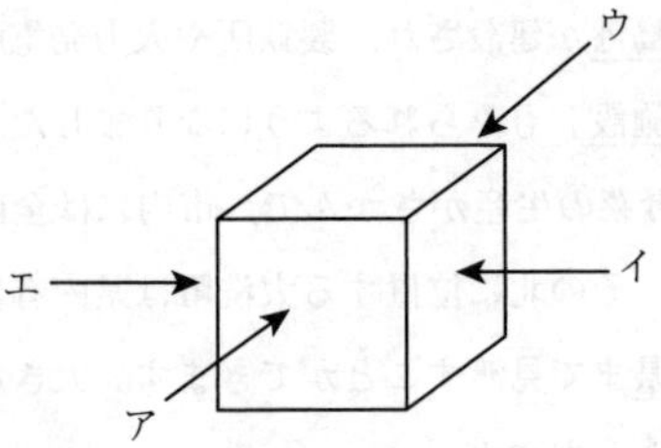

図Ⅰ

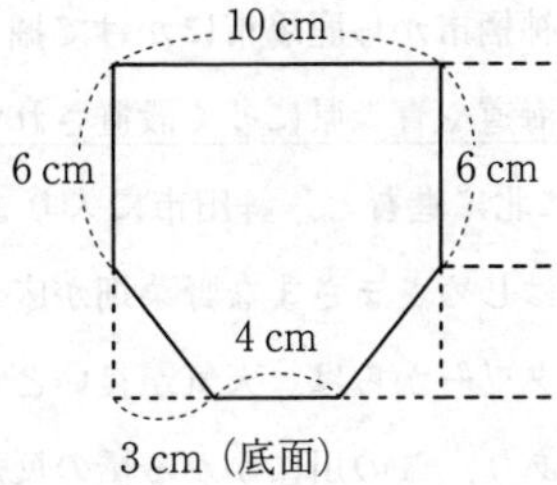

図Ⅱ

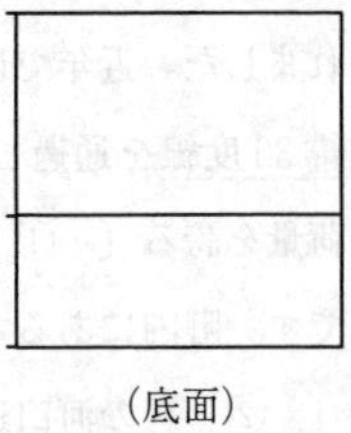

次の問いに答えなさい。

⑴　この容器の体積を求めなさい。

⑵　この容器に底面から 4 cm の深さまで水を入れました。このときの水の体積を求めなさい。

⑶　この容器に，毎分 0.1 L の割合で５分間水を入れました。底面からの水の深さは何 cm になるか求めなさい。

6 直角三角形 ABC を図のように直線 AD，DE，EF，FG，GH で面積の等しい６個の三角形に分けました。AC は 12 cm，BH は 6 cm です。

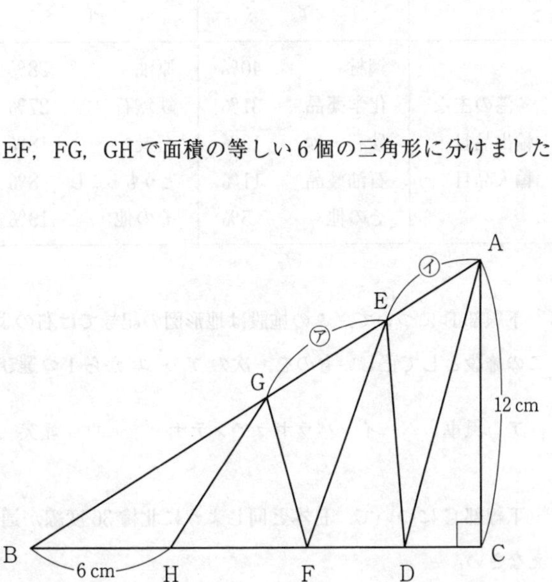

次の問いに答えなさい。

⑴　FD の長さを求めなさい。

⑵　三角形 ABC の面積を求めなさい。

⑶　右の図の ㋐ と ㋑ の長さの比を，もっともかんたんな整数の比で答えなさい。

【社　会】〈第１回Ａ試験〉（40分）〈満点：100点〉

1　次の文章を読んで，以下の問いに答えなさい。

鹿島灘沿いを神栖市からひたちなか市にかけて北上しました。この地域は，もともとは砂丘の広がる地域で，いまも砂浜の海岸があります。神栖市から鹿嶋市にかけて掘り込み式の鹿島港A が建設され，製鉄所や火力発電所が整備されました。近年では，北海道や青森県に多く設置されている「ある施設」B もみられるようになりました。

北緯36度線C を通過しさらに北に進むと，鉾田市に入ります。ここは野菜の生産がさかんで，市内には全国最大の出荷量を誇る〔　①　〕をはじめさまざまな野菜畑が広がっています。その北に位置する大洗町は県内有数の観光地です。町内にあるマリンタワーからは，天気が良いときはとなりの県D まで見渡すことができます。大きな水族館は〔　②　〕の河口近くにあり，この川にかかる橋の反対側がひたちなか市です。

問１　空らん〔　①　〕・〔　②　〕に当てはまる語句や地名を，次のア～エからそれぞれ１つずつ選び，記号で答えなさい。

〔　①　〕　ア　ナシ　　イ　ミカン　　ウ　メロン　　エ　リンゴ

〔　②　〕　ア　鬼怒川　　イ　久慈川　　ウ　利根川　　エ　那珂川

問２　下線部Ａについて，下の表のア～エは，鹿島港と茨城港（日立港・常陸那珂港・大洗港が統合した港）の主な輸出品目または輸入品目を表わしたものです。このうち，「鹿島港の輸入品目」を表しているものを，ア～エから１つ選び，記号で答えなさい。

	ア	イ	ウ	エ
各港の主な輸出品目・輸入品目	鋼材　40% 化学薬品　31% 砂利・砂　13% 石油製品　11% その他　5%	原油　28% 鉄鉱石　27% 石炭　18% とうもろこし　8% その他　19%	自動車　67% 産業機械　26% 金属くず　4% 廃棄物　1% その他　2%	石炭　70% 液化天然ガス　20% 自動車　5% 電気機械　2% その他　3%

問３　下線部Ｂについて，この施設は地形図の記号では右のように表わされています。
この施設として正しいものを，次のア～エから１つ選び，記号で答えなさい。

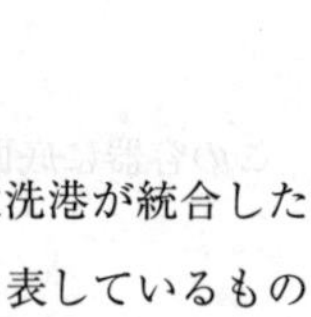

ア　風車　　イ　パラボラアンテナ　　ウ　煙突　　エ　裁判所

問４　下線部Ｃについて，日本と同じように北緯36度線が通過する国を，次のア～カから２つ選び，記号で答えなさい。

ア　アメリカ合衆国　　イ　イラン　　ウ　シンガポール

エ　ドイツ　　オ　ブラジル　　カ　南アフリカ共和国

問５　下線部Ｄについて，次の地図は，いくつかの県の一部地域を電子地図上に示したものです。このうち，茨城県と接しておらず「となりの県とはいえない」ところを，ア～エから１つ選び，記号で答えなさい。

ア

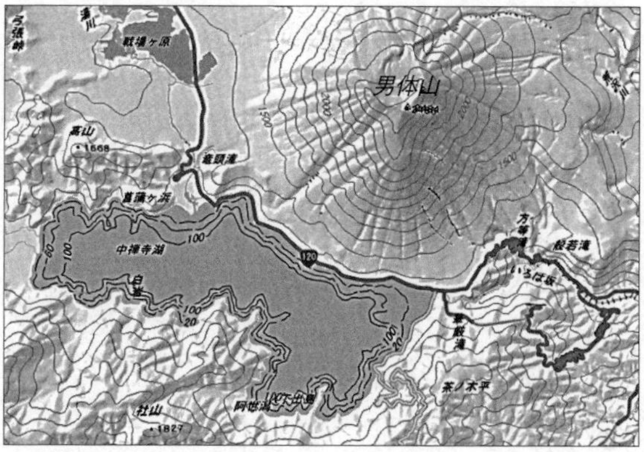

イ

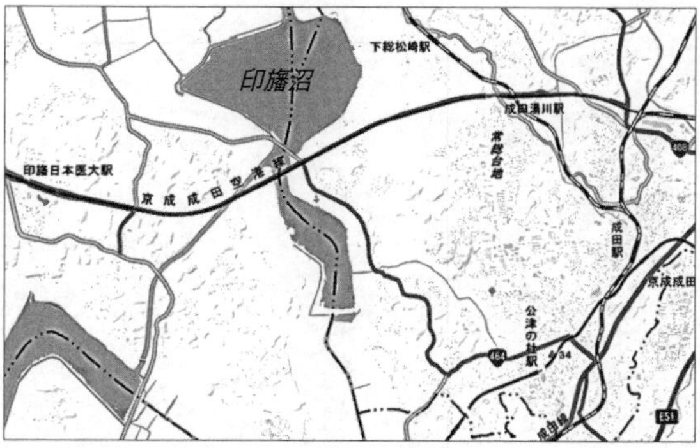

ウ

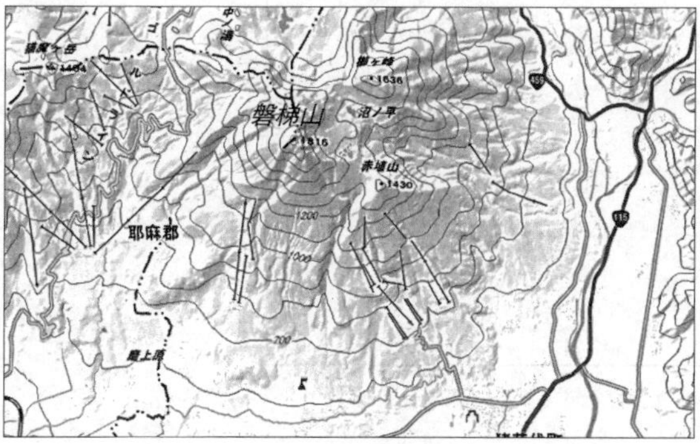

エ

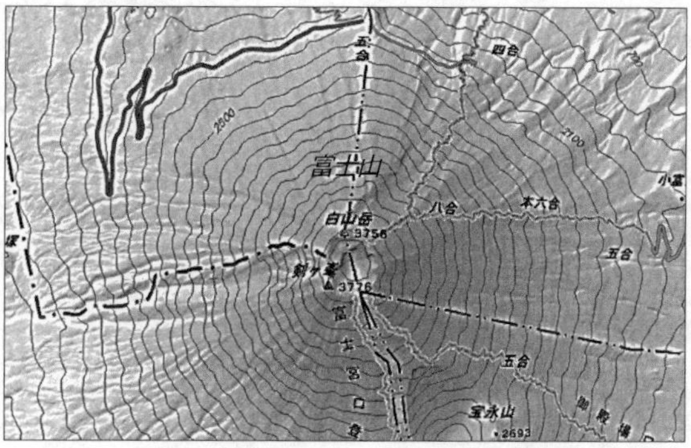

2 次の日本地図を見て，以下の問いに答えなさい。なお，地図中の４つの●は都市の位置を表わしています。

なお，地図中には都道府県境が描かれています。また，小笠原諸島や南西諸島，瀬戸内海にある島など，一部の島は省略しています。

問１　下の表は，地図中の４都市が位置する県に関する統計をまとめたものです。このうち，長野県と沖縄県を表わしたものを，ア～エから１つずつ選び，記号で答えなさい。

	県の人口	県の面積	主な特産品
ア	126万人	9,646 km^2	にんにく，りんご
イ	135万人	5,676 km^2	いよかん，タオル
ウ	145万人	2,281 km^2	パイナップル，さとうきび
エ	206万人	13,562 km^2	レタス，わさび

問２　下の雨温図は，地図中の４都市の気候を示したものです。このうち，青森市と松山市の雨温図を，ア～エから１つずつ選び，記号で答えなさい。

ア

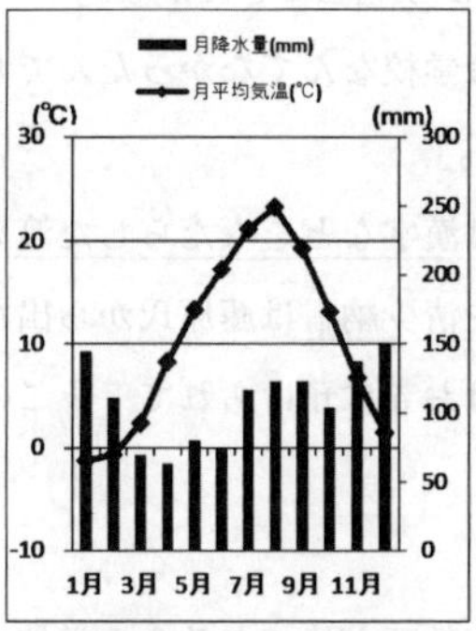

年平均気温　10.4℃
年降水量　1,300.1 mm

イ

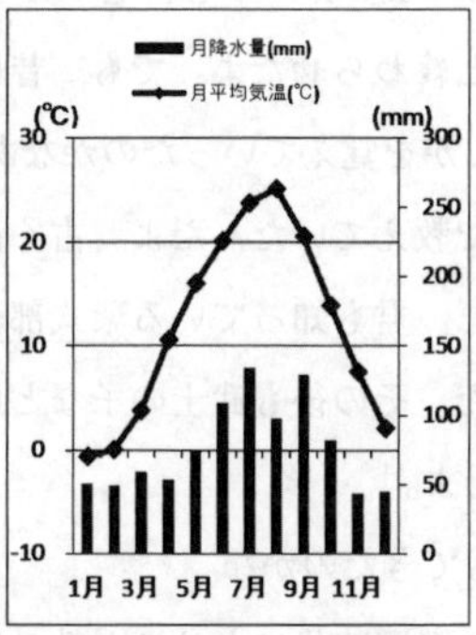

年平均気温　11.9℃
年降水量　932.7 mm

ウ

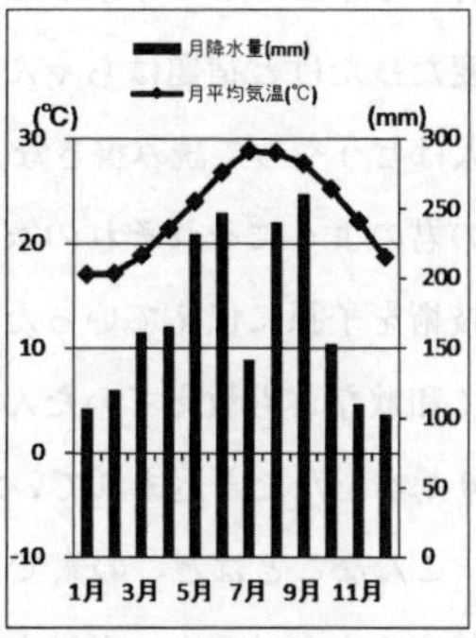

年平均気温　23.1℃
年降水量　2,040.8 mm

エ

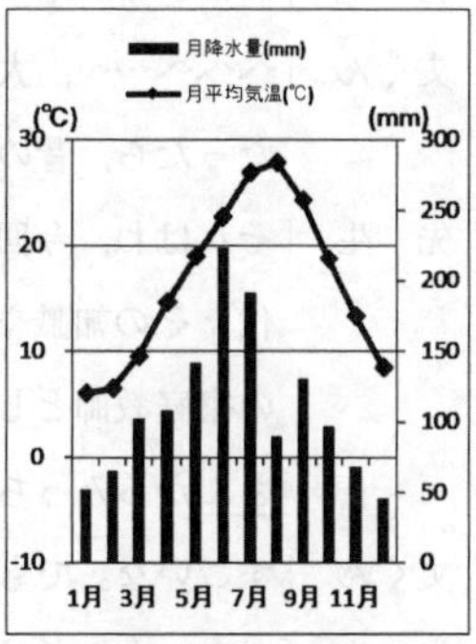

年平均気温　16.5℃
年降水量　1,314.9 mm

問３　下の雨温図は，日本のある地点の気候を示したものです。この地点が位置する都道府県を，次のア～オから１つ選び，記号で答えなさい。また，そのように判断した理由を説明しなさい。

ア　北海道　　イ　新潟県　　ウ　東京都　　エ　香川県　　オ　宮崎県

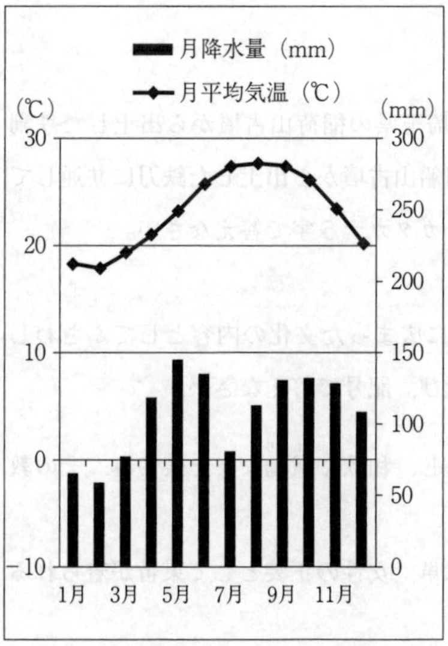

年平均気温　23.2℃
年降水量　1,292.5 mm

3 次の会話文を読んで，以下の問いに答えなさい。

丈くん 「先生おはようございます。やっと学校が始まってよかったよ。」

先　生 「おはよう。そう言ってくれてこっちもうれしいよ。休み中も自宅でしっかり勉強できたかな。」

丈くん 「へへへ……，大変だったけど宿題はちゃんと終わらせたよ。でも，昔は学校なんてなかったんでしょ。だったら，昔の人はどうやって読み書きなんかを覚えていったのかなあ。」

先　生 「それはね，今回の君のようにそれぞれの家で教えていたんだよ。古くは漢字などをもたらした渡来人①が代々その知識や技術を子孫に伝えていったし，君も知っている紫式部②や清少納言は藤原氏から出たお后の家庭教師として和歌なども教えていたんだ。その後も武士の子などはお寺に預けられて，そこのお坊さん③からみっちり基本をたたき込まれていたよ。」

丈くん 「すごいな。でも，こんなことはどこの家でもできたのかな。」

先　生 「いや，今の話は特定の人だけのものだけど，戦国時代にキリスト教の宣教師④が建てた教会や学校では広く子どもの教育もやったし，江戸時代には武士の子は各藩がつくった藩校⑤で学ぶ一方で，多くの商人や農民⑥も寺子屋で「読み・書き・そろばん」が学べるようになったんだ。そして，明治時代になって学制を定めて義務教育が始まり⑦，全ての人が学ぶ今の小学校になるんだよ。」

丈くん 「そうか，小学校か……。あれ，じゃあ中学校とかはどうなの。」

先　生 「いいところに気づいたね。藩校などはだいたい今の中学校以上の内容も教えていたけど，より深く学びたい人は，有名な先生などがつくった専門的な学校や塾⑧に入門して，その道を追究したんだ。今ある大学のいくつかはそれらの塾が原点となっているんだけど，君も将来そのどこかに行くのかな。」

丈くん 「何のことかよくわからないや。」

問１　下線部①について，右の写真は埼玉県の稲荷山古墳から出土した鉄剣です。この鉄剣および熊本県の江田船山古墳から出土した鉄刀に共通して記されていた５世紀の大王の名を，カタカナ５字で答えなさい。

問２　下線部②の人物が活躍した時期に広まった文化の内容としてふさわしいものを，次のア～エから１つ選び，記号で答えなさい。

ア　貴族は書院造のやしきでくらし，和歌や蹴鞠《けまり》などを楽しみ，その教養を競い合った。

イ　貴族の男性の正装として十二単，女性の正装として束帯が着られるようになった。

ウ　貴族の生活の様子や日本の風景を描いた水墨画が生まれ，さかんに作られるようになった。

エ　貴族は年中行事をくりかえし行うようになり，なかには形を変えつつ現在まで続くものもある。

問３　下線部③について，室町時代から戦国時代に，全国から僧たちが学ぶために集まり，宣教師も海外に紹介した足利学校の所在地としてふさわしいものを，次のア～エから１つ選び，記号で答えなさい。

ア　神奈川県　　イ　栃木県　　ウ　京都府　　エ　岡山県

問４　下線部④が訪れていたころに行われたヨーロッパ人との貿易で，日本からさかんに輸出された品物と関係が深い日本の世界遺産としてふさわしいものを，次のア～エから１つ選び，記号で答えなさい。

ア　石見銀山　　イ　中尊寺金色堂　　ウ　富岡製糸場　　エ　八幡製鉄所

問５　下線部⑤の代表的なものと，それを設置した藩の組み合わせとしてふさわしいものを，次のア～エから１つ選び，記号で答えなさい。

ア　弘道館 ― 薩摩藩　　イ　弘道館 ― 水戸藩

ウ　日新館 ― 薩摩藩　　エ　日新館 ― 水戸藩

問６　下線部⑥について，それらを中心とする人々の江戸時代における生活についての説明としてふさわしくないものを，次のア～エから１つ選び，記号で答えなさい。

ア　備中ぐわや千歯こきなどの進んだ農具を改良し，農業生産力を高めた。

イ　江戸と主要都市とを結ぶ五街道では，旅人や小荷物・手紙を運ぶ飛脚がさかんに行き来していた。

ウ　海外貿易の窓口となった長崎は「天下の台所」とよばれ，商業の中心地として発展した。

エ　江戸では人口が増え続け，18世紀には武士・町人をあわせ100万人をこえる大都市となった。

問７　下線部⑦の政策が行われた時期とほぼ同じころに起こった次のⅠ～Ⅲの出来事について，それが起こった順に並べ替えたものを，以下のア～カから１つ選び，記号で答えなさい。

Ⅰ　国の収入を安定させるために，土地の値段に応じて現金で納めるよう，税のしくみを改めた。

Ⅱ　西郷隆盛らの挙兵で始まった西南戦争が，徴兵令で集められた政府軍によってしずめられた。

Ⅲ　各地に置かれていた藩を廃止し，新たに県や府を置き，政府が任命した役人に治めさせた。

ア　Ⅰ―Ⅱ―Ⅲ　　イ　Ⅰ―Ⅲ―Ⅱ　　ウ　Ⅱ―Ⅰ―Ⅲ

エ　Ⅱ―Ⅲ―Ⅰ　　オ　Ⅲ―Ⅰ―Ⅱ　　カ　Ⅲ―Ⅱ―Ⅰ

問８　下線部⑧について，アメリカ留学からの帰国後に女子英学塾をつくり，女性の英語教師の育成に力を注いだ人物を答えなさい。

4 次の文章は中学生Aくんの日記の一節です。この文章を読んで，以下の問いに答えなさい。

○月△日（□）　くもり

今日も休校だった。時間があったので「疫病」「パンデミック」でキーワード検索をかけたら，「大仏」「御霊会」「アマビエ」「黒死病」「スペイン風邪」などがヒットした。確認すると，「大仏」は疫病の大流行がきっかけで作られた東大寺の大仏①，「御霊会」は祇園祭②のはじまりとなる疫病の流行を防ぐための祭礼，「アマビエ」は江戸時代の瓦版③に書かれた疫病を防ぐ妖怪？，「黒死病」は昔ヨーロッパで大流行したペスト④の別名，「スペイン風邪」は第一次世界大戦⑤中に世界中で広まったインフルエンザとあった。ここから，疫病の原因がわからないころは神や仏にすがるしか方法がなかったこと，医学の進歩で原因がわかるようになっても流行はなくならないことがわかった。本当にこれでいいのか，さらに調べてみようと思う。

問1　下線部①の大仏を，仏教の力で社会不安をしずめるためにつくらせた天皇を答えなさい。

問2　下線部②の祭礼が行われた京都の神社としてふさわしいものを，次のア～エから1つ選び，記号で答えなさい。

ア　伊勢神宮　　イ　鶴岡八幡宮　　ウ　八坂神社　　エ　靖国神社

問3　下線部③で取り上げられた次のⅠ～Ⅲの出来事が起こった順に並べ替えたものを，以下のア～カから1つ選び，記号で答えなさい。

Ⅰ　徳川慶喜が政権を朝廷に返したことが，瓦版によりまたたく間に全国に広まった。
Ⅱ　天狗鼻や鳥のツメを持つなど，さまざまなペリーの似顔絵をのせた瓦版が作られた。
Ⅲ　挙兵した大塩平八郎に同情的な内容の瓦版が，焼け野原になった大阪でも見られた。

ア　Ⅰ―Ⅱ―Ⅲ　　イ　Ⅰ―Ⅲ―Ⅱ　　ウ　Ⅱ―Ⅰ―Ⅲ
エ　Ⅱ―Ⅲ―Ⅰ　　オ　Ⅲ―Ⅰ―Ⅱ　　カ　Ⅲ―Ⅱ―Ⅰ

問4　下線部④の原因となるペスト菌の発見者で，ドイツからの帰国後に伝染病研究所を設立した北里柴三郎が治療法を発見した病気としてふさわしいものを，次のア～エから1つ選び，記号で答えなさい。

ア　エボラ出血熱　　イ　黄熱病　　ウ　赤痢　　エ　破傷風

問5　下線部⑤の終結から10年以内の出来事についての説明としてふさわしくないものを，次のア～エから
つく
1つ選び，記号で答えなさい。

ア　国際連盟が発足し，日本も加盟するとともに，新渡戸稲造が事務局次長に就任した。
イ　身分制の廃止後も差別に苦しんでいた人々が全国水平社をつくり，差別をなくす運動を始めた。
ウ　関東大震災の際には，あやまったうわさにより多くの朝鮮人が殺される事件が起こった。
エ　普通選挙を求める運動が広く展開された結果，20歳以上のすべての男女が衆議院議員の選挙権を持つようになった。

5 次の文章を読んで，以下の問いに答えなさい。

フランスで３月にあった統一地方選。人口がたった１人の村で，７人の村議会議員が当選した。そして，再選された村長は，パリ在住だという。いったいどういうことなのか。

パリから高速鉄道TGVで南へ２時間。車に乗り継ぐとすぐに携帯電話の電波が届かなくなり，道路以外の人工物が何もない山あいの道になる。さらに奥へ奥へと進み，ロシュフルシャ村に着いた。山すそをなでる風の音だけが聞こえる，静かな集落に村長の「自宅」があった。

ジャンバプティスト・ドマルティニさん（43）。ふだんはパリで弁護士をしている。2006年，村で17世紀に造られたという石造りの家を別荘として購入。以来毎月１度ほど，週末を山の中で過ごす。

村長になったのは08年。前任者が高齢を理由に引退し職務を継いだ。①村の年間予算は２万５千ユーロ（約300万円）。多くは全長７キロの村道の補修にあてる。

パリに住むドマルティニさんが村長になれる理由は「別荘があり，ここで税金を納めているからです」。

フランスでは，別荘を持つ自治体で，税金を２年間納めるといった条件を満たせば，その自治体で投票でき，立候補もできる。②「ふるさと投票」とでも言うべき制度を利用したのだ。ただし，投票や立候補ができるのは１つの自治体だけだ。ドマルティニさんは，③「たくさんのフランス人が小さな自治体で投票することを選んでいるんです。だって，パリで投票しても，何だか一票の重みがない気がするでしょう？」と話す。「物事が決まるところから遠ざかっていると感じるほど，どうしてもそこで決まることに関心を持たなくなる。残念ですが」。仏メディアによると，国民の約１割に当たる650万人が，ドマルティニさんのように，「主たる住居」とは違う場所で有権者登録しているという。

④村の人口は１人だが，有権者は12人いる。村議の定数は７で，年に４回の「議会」を開き，予算の使い道などを話す。議会といっても格式張ったものではなく，今年２月に集まった際には，議員や村民と昼食をとりながら，村議と村長の候補者を決めた。

村議にはベルギー人もいる。EU（欧州連合）市民なら，どの加盟国の地方自治体でも立候補や投票ができる仕組みがあるからだ。

12人のうち，常に村に住むのは村議でもある女性１人で，他の有権者は村に別荘を持つ。家屋は村内に５軒あるが，この女性だけが「主たる住居」に該当するため，村の唯一の人口なのだという。

村の方針は，フランス革命前から存在するこの自治体を消滅させず，姿を変えずに残すこと。「これ以上人工物を造らず，なるべく自然のまま残す。何も変わらないようにしよう，というのが私たちの願いです」。

19世紀には村民が180人ほどいて，羊の放牧などをしていたが，土地が肥沃《ひよく》でないこともあり，徐々に人が離れていった。最寄りのスーパーは車で40分，ごみを出すのも，郵便の受け取りも，山を５キロ下った隣村まで足を延ばす必要がある。ドマルティニさんの自宅の水道は裏山の水場から引いている。森にはオオカミも出没する。便利ではないが，自然の中に生き，かつ人がつながってコミュニティーを維持しているという実感が得られる場所だ。「小さな自治体だからこそ，愛着を覚えるんです。予算が足りなければ村民が雪かきをしたり，建物の修繕をしたりする。［ X ］制のよさですね」とドマルティニさん。

村長は，当選した村議が後日投票して自分たちの中から選ぶ仕組み。⑤自身が初当選した08年の村議選の投票率は100％だった。開票作業は「２分もかからない」。ただ，今年は66.7％。12人のうち４人が棄権した。家族が新型コロナウイルスに感染して村に足を運べなかった有権者が複数いたという。今回も村議は全員当選。ドマルティニさんも再び村長に選ばれ，さらに６年の任期を務めることが決まった。

（『朝日新聞　朝刊』2020.7.24を，作問のため一部改変）

問１　下線部①に関連して，下表は水戸市の「四大プロジェクト」に関するものです。このプロジェクトにまつわる水戸市の財政について誤っているものを，下の表を参考にし，ア～エから１つ選び，記号で答えなさい。なお，「四大プロジェクト」とは，「市役所新庁舎」「新ごみ処理施設」「新市民会館」「東町運動公園新体育館」の建設を指します。

表１　年度別事業費（単位：百万円）

施設名	令和元年度まで	２年度	３年度	４年度	合　計
市役所新庁舎	18,596	1	—	—	18,597
新ごみ処理施設	34,266	1,334	—	—	35,600
新市民会館	68	4,503	5,527	9,422	19,520
東町運動公園新体育館	9,566	—	—	—	9,566
合　計	62,496	5,838	5,527	9,422	83,283

表２　年度別財源内訳

財源	令和元年度まで	２年度	３年度	４年度	合　計
震災復興特別税	23,279	689	—	—	23,968
国庫補助金	12,236	521	897	739	14,393
県補助金	1,458	—	—	—	1,458
市債	19,131	4,246	4,030	6,754	34,161
その他	2,422	—	—	—	2,422
一般財源	3,970	382	600	1,929	6,881
合　計	62,496	5,838	5,527	9,422	83,283

表３　事業費と財源内訳

施設名	事業費	財源内訳						
		震災復興特別交付税	国庫補助金	県補助金	市債	基金繰入	その他	一般財源
市役所新庁舎	18,597	10,209	—	—	5,958	1,393	679	358
新ごみ処理施設	35,600	13,759	9,232	—	9,329	350	—	2,930
新市民会館	19,520	—	1,796	—	14,828	—	—	2,896
東町運動公園新体育館	9,566	—	3,365	1,458	4,046	—	—	697
合　計	83,283	23,968	14,393	1,458	34,161	1,743	679	6,881

ア「四大プロジェクト」のなかには，補助金のみで建設を完了できるものがある。

イ「四大プロジェクト」すべてに震災復興特別交付税が使われていないことから，この交付金には用途に制限があると考えられる。

ウ　市の借金である市債は毎年財源に使われており，その合計は他の財源と比べても多いため，重要である。

エ　一般財源が財源に含まれていることから，「四大プロジェクト」では私たちの税金が役立っていると想定される。

問２　下線部②について，ここで「『ふるさと投票』とでも言うべき」と表現されているのは，日本の「ふるさと納税」に似ているからです。「ふるさと納税」に関する説明として誤っているものを，ア～エから１つ選び，記号で答えなさい。

ア　複数の自治体には納税できず，１年で１つの自治体にしか納税できない。

イ　応援したい自治体や，行ったことのない自治体にも行うことができる。

ウ　ふるさと納税を行うと，次年度に納める税金の一部が控除《こうじょ》（差し引かれること）される。

エ　所得税や住民税を納めている人がふるさと納税を行うことができる。

問３　下線部③について，以下の２つの問いに答えなさい。

［1］　自分の投票が政治に影響を与えるかについては，「政治的有効性感覚」研究が有名です。これは，有権者が政治について十分に理解しているという「内的有効性感覚」と，政治家は有権者の気持ちに答えてくれるという「外的有効性感覚」に分けられます。これについて，〔　〕内の説明として当てはまるものを，下表のア～エから１つ選び，記号で答えなさい。

内的有効性感覚／外的有効性感覚	強い	弱い
強い	ア	イ
弱い	ウ	エ

〔政治はよくわからないが，政治家はしっかりとマニフェストを果たしてくれるので，政治に詳しい友人に誘われたら投票を行おうと考える有権者が多い。〕

［2］　自分の投票の価値が損なわれているのではないかについては，議員定数に対する有権者数が選挙区ごとに異なることによって一票の価値が変わってしまう「一票の格差」の問題が関わってきます。「一票の格差」についての説明として最も適当なものを，次ページの図も参考にしながら，ア～エから１つ選び，記号で答えなさい。

ア　一票の格差は，参議院議員選挙よりも衆議院議員選挙の方が大きい。

イ　一票の格差は，衆議院議員選挙では最大６倍にものぼる。

ウ　一票の格差は，議員定数を変更することである程度是正できるが，議員定数を変更したことは一度もない。

エ　衆議院議員選挙でも，参議院議員選挙でも，違憲状態と判断されたことがあるが，違憲判決が下されたのは衆議院議員選挙だけである。

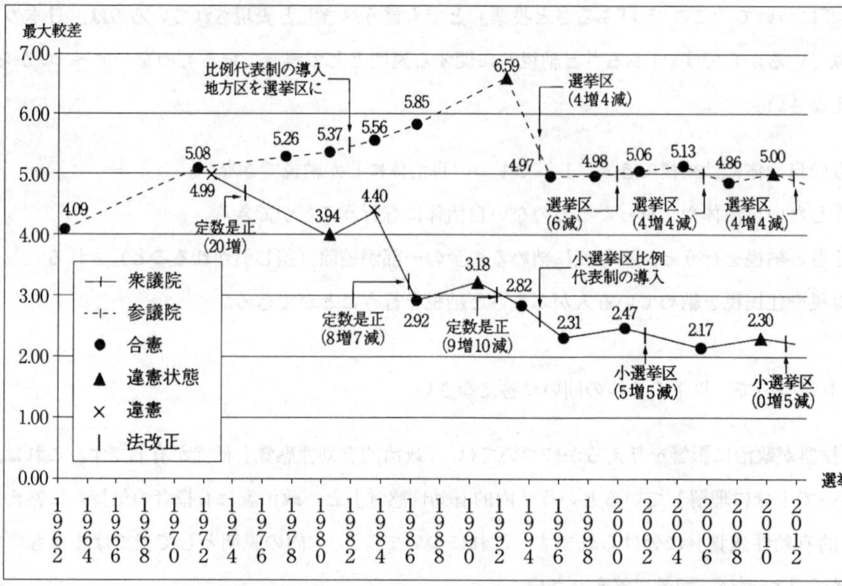

図１　選挙時における一票の格差と最高裁判決・公職選挙法改正

（岩崎正洋編（2013）『選挙と民主主義』吉田書店，より引用）

問４　下線部④に関連して，日本の国会についての説明として誤っているものを，次のア～エから１つ選び，記号で答えなさい。

ア　国会は，衆議院と参議院に加え，最近新設された貴族院を含めた三院制をとっている。

イ　国会は，憲法第41条で国権の最高機関であると定められている。

ウ　国会は，毎年１回１月に召集される通常国会のほかに，臨時国会が開かれる場合がある。

エ　国会は，裁判官として不適格な者を裁判にかけるために，弾劾裁判所を設置できる。

問５　下線部⑤は，有権者の投票意欲がそのまま投票率に関わるわけではないことを示しています。有権者の投票行動についての説明として誤っているものを，次のア～エから１つ選び，記号で答えなさい。

ア　雨が降ったり雪が降ったり台風に襲われたりすると，投票率が下がる可能性がある。

イ　投票できる日数が長いと，いつ投票すればよいか分からなくなるので投票率が下がる可能性がある。

ウ　お金を払ってバスや電車に乗らなければ投票できない場合，投票できる場所が遠いことが投票率を下げる可能性がある。

エ　実際に投票所に行って投票するのはめんどうなので，携帯電話やパソコンから投票する電子投票制度が普及すれば，投票率は上がる可能性がある。

問６　文章中［ Ｘ ］には，代表者をはさまずに直接政治の意思決定に参加する，という考え方を表す言葉が入りますが，これを何といいますか。［ Ｘ ］に当てはまる言葉として適当なものを，漢字４文字で答えなさい。

【理　科】〈第１回Ａ試験〉（40分）〈満点：100点〉

1　次の文章を読み(1)～(5)に答えなさい。

20℃の水100gはホウ酸を5gまでとかします。60℃の水100gに，ホウ酸をできるだけとかしてから，20℃まで冷やすと，とけきれなくなったホウ酸がしずんできました。そのホウ酸をこし分けてから，かわかして重さをはかると10gありました。

(1)　このとき，しずんできたホウ酸は何色をしていましたか。

(2)　20℃に冷やしたとき，上ずみ50gの中にホウ酸は何gとけていますか。次のア～オの中から1つ選び，記号で答えなさい。

ア　2.4g　　イ　2.5g　　ウ　2.6g　　エ　4.8g　　オ　9.6g

(3)　60℃の水100gにホウ酸をできるだけとかしたとき，とけたホウ酸の重さは何gですか。整数で答えなさい。

(4)　60℃の水にホウ酸をできるだけとかしたホウ酸水100gの中にホウ酸は何gありますか。小数点以下第1位を四捨五入して整数で求め，次のア～オの中から1つ選び，記号で答えなさい。

ア　13g　　イ　14g　　ウ　15g　　エ　30g　　オ　60g

(5)　20gのホウ酸がとけているホウ酸水100gと同じこさのホウ酸水125gをつくるには何gのホウ酸がいりますか。次のア～オの中から1つ選び，記号で答えなさい。

ア　4g　　イ　20g　　ウ　24g　　エ　25g　　オ　100g

2 (1)～(5)の５種類の水よう液があります。それぞれの水よう液が何であるかを調べるため，次のような実験をしました。

〈実験１〉　水よう液のにおいをかいだ。
〈実験２〉　水よう液をガラス板に１てき落として熱し，結晶が残るかどうかを調べた。
〈実験３〉　リトマス紙の変化を調べた。

水よう液	〈実験１〉	〈実験２〉	〈実験３〉
(1)	あり	なし	青 → 赤
(2)	なし	白色結晶	変化なし
(3)	あり	なし	赤 → 青
(4)	なし	白色結晶	赤 → 青
(5)	なし	なし	青 → 赤

(1)～(5)の水よう液はそれぞれ何ですか。次のア～オの中からそれぞれ１つずつ選び，記号で選びなさい。

ア　アンモニア水　　イ　食塩水　　ウ　水酸化ナトリウム水よう液
エ　炭酸水　　オ　塩酸

3 カイコに関する以下の問題［A］と［B］に答えなさい。

［A］

ア

イ

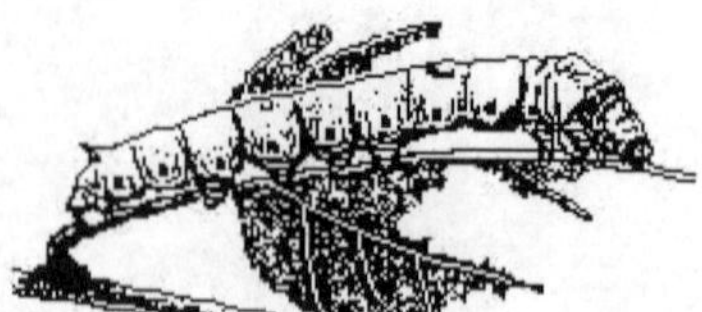

ウ

エ

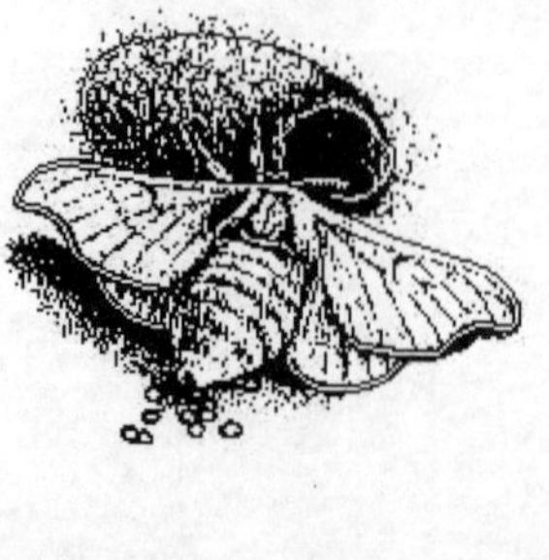

オ

(1) カイコの育ち方について前のページの図ア～オを，アを最初にして，正しい順序に並べかえなさい。

(2) カイコと同じようにさなぎになるこん虫を次のア～エの中から１つ選び，記号で答えなさい。

ア　カブトムシ　　イ　セミ　　ウ　トンボ　　エ　バッタ

［B］

カイコの成虫のオスとメスがどのようにコミュニケーションを取っているのかを調べるために，メスから１m はなれた所にオスを置く実験①～③を行いました。下の表は，メスにした処理とオスが取った行動の結果をまとめたものです。

	メスにした処理	オスが取った行動の結果
実験①	黒い容器に入れた	反応しなかった
実験②	とう明な容器に入れた	反応しなかった
実験③	穴を開けたとう明な容器に入れた	羽を激しく動かしながら，メスの入った容器に近づいた

※ただし，容器は密閉していても音を通すものとする。

(1) 実験①～③の結果から，カイコのオスは眼で受け取った情報ではなく，それ以外の感覚を用いてメスを認識していることが考えられます。また，オスの頭部にある２本のしょっ角を切り取り，実験③を行うとオスは反応しませんでした。このことから，カイコの成虫のしょっ角は，ヒトのからだのどの部分と同じような働きをしていると言えますか。次のア～エの中から１つ選び，記号で答えなさい。

また，ホタルやスズムシのメスは，ヒトのからだでいうどの部分を使ってオスを認識していますか。次のア～エの中からそれぞれ１つずつ選び，記号で答えなさい。

ア 舌　　イ 鼻　　ウ 耳　　エ 眼

(2) 実験④として穴を開けた黒い容器にメスを入れた場合，オスはどのような行動を取ると予想されますか。反応しないのであれば「ア」，羽を激しく動かしながら，メスの入った容器に近づくのであれば「イ」を書きなさい。

(3)　オスの頭部にある２本のしょっ角のうち右側のしょっ角だけを切り取り，実験③を行うとオスはどのような行動を取ると予想されますか。次のア～エの中から１つ選び，記号で答えなさい。

ア　反応しなかった。

イ　羽を激しく動かしながら，メスの入った容器に近づいた。

ウ　羽を激しく動かしながら，右回りに回転し，メスの入った容器に近づけなかった。

エ　羽を激しく動かしながら，左回りに回転し，メスの入った容器に近づけなかった。

(4)　カイコの成虫のコミュニケーションの取り方から考えられるカイコの成虫の生活に関するものとして，正しいものはどれですか。次のア～エの中から１つ選び，記号で答えなさい。

ア　主に昼間に活動している。

イ　主に夜間に活動している。

ウ　主に肉を食べる。

エ　主に草を食べる。

(5)　現在，こん虫のコミュニケーション手段を農業に応用した例がいくつかあります。そのうちの１つに関する次の文章を読み，空らん①～③に入る語の組み合わせとして正しいものを次のア～クの中から１つ選び，記号で答えなさい。

人間の生活に対して直接または間接に害をあたえるこん虫を害虫と呼びます。害虫のオスは，一定期間にメスの出すサインによりメスにたどり着きます。あるこん虫の幼虫は人間が育てた果実を食べてしまいます。果実を害虫から守るため，メスの出すサインを人工的に作り出したものを果樹園の中に常にじゅう満させておきます。すると，害虫のオスの成虫がメスの成虫にたどり着く確率が（　①　）し，やがて害虫の幼虫の数が（　②　）します。そのため，害虫から果実を守るためにまく農薬の量を（　③　）させることができるのです。

	①	②	③
ア	増加	増加	増加
イ	増加	増加	減少
ウ	増加	減少	増加
エ	増加	減少	減少
オ	低下	増加	増加
カ	低下	増加	減少
キ	低下	減少	増加
ク	低下	減少	減少

4 さくらさんは，おもりと糸を使って図１のようなふりこを作り，おもりの重さ，ふりこがふれる角度，ふりこの長さとふりこが往復する時間の関係を調べることにしました。

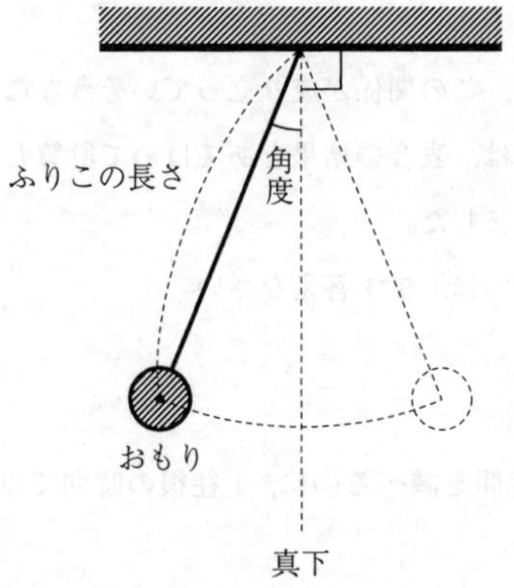

図１

さくらさんは，まず，ふりこの重さとふりこが往復する時間の関係を調べることにしました。そのために，ふりこがふれる角度を 10 度，ふりこの長さを 100 cm にしたまま，おもりの重さだけを変えて，ふりこが 10 往復する時間を調べました。次の表１がその結果です。

表１　おもりの重さとふりこが 10 往復する時間の関係

おもりの重さ(g)	50	100	150	200	250	300
10 往復の時間(秒)	19.9	20.0	20.2	20.0	19.8	20.1

次に，さくらさんは，ふりこがふれる角度とふりこが往復する時間の関係を調べることにし，おもりの重さを 100 g，ふりこの長さを 100 cm にしたまま，ふりこがふれる角度だけを変えて，ふりこが 10 往復する時間を調べました。その結果が次の表２です。

表２　ふりこがふれる角度とふりこが 10 往復する時間の関係

ふりこがふれる角度(度)	5	10	15	20	25	30
10 往復の時間(秒)	19.8	20.0	20.1	20.2	19.9	20.0

最後に，ふりこの長さとふりこが往復する時間の関係を調べることにしたさくらさんは，ふりこがふれる角度を 10 度，おもりの重さを 100 g にしたまま，ふりこの長さだけを変えて，ふりこが 10 往復する時間を調べました。次の表３がその結果です。

表３　ふりこの長さとふりこが 10 往復する時間の関係

ふりこの長さ(cm)	25	50	75	100	125	150	175	200
10 往復の時間(秒)	10.0	14.1	17.3	20.0	22.4	24.5	26.5	28.3

さくらさんはこの実験結果を家でまとめた翌日に，これらの結果を学校の先生にお見せしました。すると先生は，「とてもよい実験をしましたね。実は，ふりこの周期をT秒，ふりこの長さをL mとすると，だいたい

$$\boxed{\text{①}} \times L = T \times T$$

という関係があるんですよ。表３から，この関係が成り立っていそうなことがわかりますね。」
と教えてくださいました。さくらさんは，表３の結果をあてはめて計算し，先生に教えていただいた関係が成り立っていることを確かめ，とても感動しました。

これらに関して，次の(1)～(6)の問いに，まず答えなさい。

(1) さくらさんがふりこが往復する時間を調べるのに，１往復の時間ではなく10往復の時間を計ったのはなぜですか。

(2) さくらさんが行った実験結果から，ふりこが往復する時間と関係ないと考えられるものを次のア～ウの中からすべて答えなさい。

ア　おもりの重さ

イ　ふりこがふれる角度

ウ　ふりこの長さ

(3) (2)の量には関係なく，ふりこのゆれる周期（１往復する時間）が一定であることを「ふりこの［②］」といいます。［②］にあてはまる言葉を答えなさい。

(4) (3)のことを発見した科学者は誰ですか。

(5) ふりこの長さが100 cm，おもりの重さが100 g，ふりこがふれる角度が10度の時のふりこがゆれる周期は何秒ですか。

(6) (5)の結果を用いて，先生が教えてくださった等式の［①］にあてはまる数値を答えなさい。

さくらさんは先生と話した後，釘《くぎ》を使って周期を変えることを思いついたので，家に帰って，実際に実験してみることにしました。図２はその実験装置のようすです。図２のように，ふりこの糸の付け根の真下に釘を取り付け，右側では糸が釘に引っかかってふりこの長さが短くなるようになっています。まずは，左側のふりこの長さは50 cm，右側のふりこの長さは25 cmとなるようにしました。

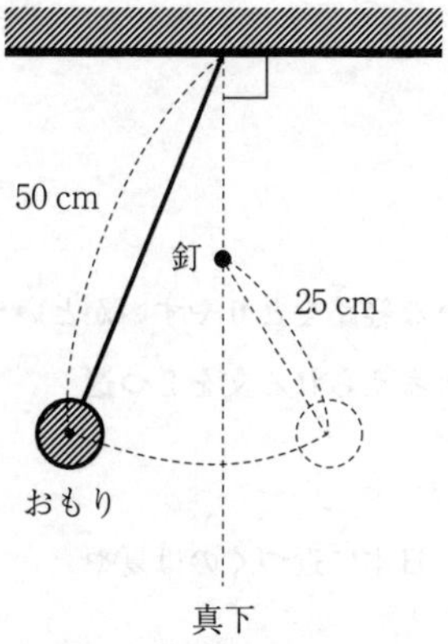

図２

さくらさんは，前の実験結果から，このふりこが１往復する時間を予想しました。それから実際に実験をしてふりこが１往復する時間を調べたところ，ほぼ予想どおりとなりました。

これについて，次の(7)の問いに答えなさい。

(7)　さくらさんが予想した，図２の装置でふりこが１往復する時間は何秒ですか。小数第２位を四捨五入して小数第１位まで求めなさい。

さくらさんは，さらに，左側のふりこの長さは50 cmにしたまま，ふりこが１往復する時間をちょうど１秒にするためには，釘をどの位置に取り付けたらよいかを考えました。しばらく考えているうちに，先生から教えていただいた等式を使って計算できることに気づき，さっそく，計算をしました。その計算結果をもとに，釘の位置を変え，右側のふりこの長さが ③ cmになるようにしました。それから，この装置を使って，ふりこが往復する時間を調べました。これにはちょっとしたコツが必要でしたが，思っていた通り，ほぼ１秒でふりこが１往復しました。

次の日，学校に行ったさくらさんが大喜びで先生に報告をし，先生も大変に喜ばれたことは言うまでもありません。

これについて，次の(8)の問いに答えなさい。

(8)　さくらさんは，右側のふりこの長さを何cmにしましたか。 ③ にあてはまる数値を，(6)で求めた数値を使って計算し，小数第２位を四捨五入して小数第１位まで求めなさい。

5 ここ数年，日本では台風による被害が続いています。2019年の10月12日に上陸し，関東地方を縦断した台風19号は特に大きな被害をもたらしました。台風の接近により，関東甲信地方，静岡県，新潟県，東北地方では，降水量が観測史上１位を更新する記録的な大雨となりました。そしてごう雨による河川の増水により，各地で河川の堤防決壊や越水が多く発生しました。茨城県も例外ではなく，那珂川や久慈川がはんらんし大きな被害を受けました。この台風により，全国で96,572棟の住家に被害が生じ，13都道府県において死者が86人も出てしまいました。私たちは，台風に対し正しい知識を持ち，自然災害に対する備えをしなくてはなりません。以下の台風に関する各問いに答えなさい。

(1) 図１は，日本に近づく台風がどのような経路をとりやすいかということを月別にまとめたものです。この図を参考に，次のア～エの中から正しいと考えられる文を２つ選び，記号で答えなさい。

ア　台風は冬にも発生しているが，日本に近づくのは夏や秋である。

イ　台風が発生する時期は夏から秋に限られており，発生した台風のほとんどが日本に近づく。

ウ　日本の秋の天気は，ふつう西から東へと移り変わり，台風も同様の動きをする。

エ　日本の秋の天気は，ふつう西から東へと移り変わる。しかし，台風はこれとは別の動きをする。

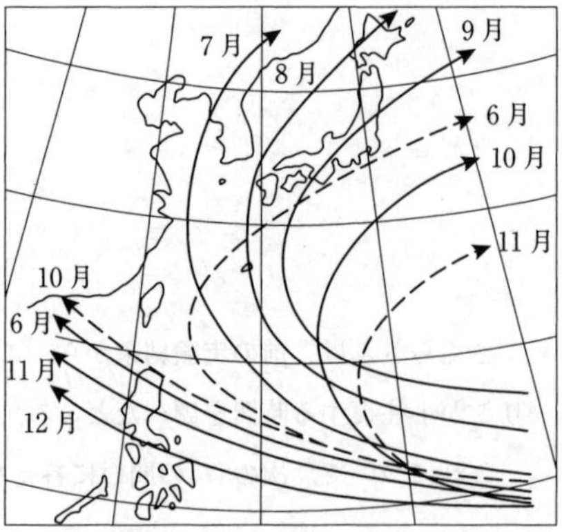

図１

(2) 図１より，台風の発生する場所は日本から離れた南の海上であることが分かります。なぜこの場所で台風が発生しやすいのですか。次のア～エの中から最も正しいと考えられる文を１つ選び，記号で答えなさい。

ア　赤道に近い地域は地球の自転による遠心力が大きく，空気の上昇が起きやすいため。

イ　赤道付近は地球の重力が小さく，空気の上昇が起きやすいため。

ウ　海水温が高く，大量の水蒸気が発生しやすいため。

エ　西から東への海流が強く，これに応じた西から東への空気の動きが発生しやすいため。

(3)　図2は，2019年10月11日午前3時の天気図（ある特定の時刻の広い地域にわたる天気の状態を数字，記号や線を使って1枚の地図の上に表したもの）で，日本列島に近づきつつある台風19号が示されています。図の中の線は，等圧線といい，同じ気圧の場所を線で結んだものです。気圧とは，空気（大気）が地面を押す力で，単位はhPa（ヘクトパスカル）です。この図から風の強さと等圧線の間隔について，どのような関係があると考えられますか。20字程度で答えなさい。

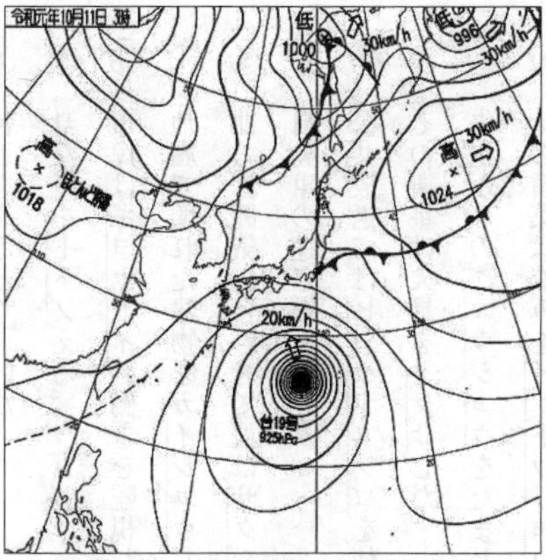

図2

(4)　図3は台風19号を人工衛星から撮影したものです。この写真から，台風の雲がうずまいているのが分かります。このことについて，次の①～③にそれぞれ答えなさい。

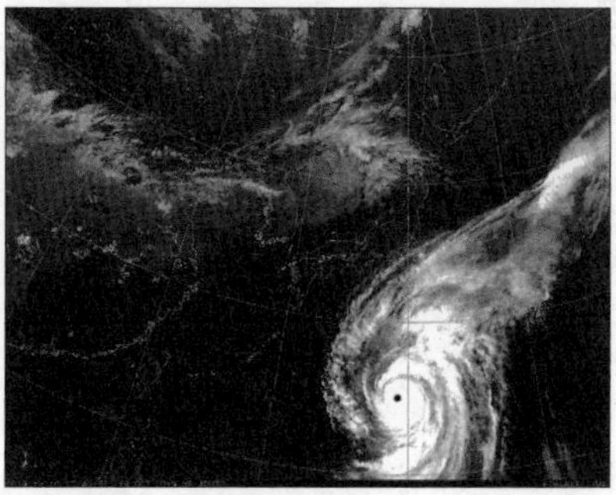

図3

①　台風では，中心に向かって強い風が吹きこみ，はげしい上昇気流を生じ，時にかみなりをともなう強い雨を降らせる雲が発達します。この雲の名称を漢字3文字で答えなさい。

②　台風が反時計回り（時計の針の回る向きと反対）のうずまきをつくる理由を次のア～エの中から1つ選び，記号で答えなさい。

ア　季節風の影響　　イ　海流の影響
ウ　重力の影響　　エ　地球の自転の影響

③　台風の中心部に黒い点のようなものがあります。これを「台風の目」といいます。この部分の気象について正しく説明する文を次のア～エの中から1つ選び，記号で答えなさい。

ア　激しい上昇気流によって雲に穴が開いている。
イ　下降気流が生じ，ほとんど雲がなく風も弱い。
ウ　激しい風が吹き，雲が吹き飛ばされて穴が開いている。
エ　雨が激しく降り，雲の元となる水蒸気が不足し穴が開いている。

(5)　台風は日本列島に近づいたり上陸したりすると，一般的にその勢いが弱くなります。その理由を次のア～エの中から2つ選び，記号で答えなさい。

ア　冷たい空気が流れ込むことで，台風のエネルギーが増えるから。
イ　地上との摩さつによって，台風のエネルギーが失われるから。
ウ　海水温が低く，水蒸気を補充できなくなるから。
エ　季節風の影響で，台風の進路がふさがれ移動しにくくなるから。

(6)　ここ数年，強い勢力を保ったまま日本列島に近づく台風が多くなってきています。この原因の1つと考えられている環境問題を漢字5文字で答えなさい。

四 次の――線部の読みをひらがなで書きなさい。

① 堂々と表口から入る。
② 明朝六時までに集合しよう。
③ 彼の職業は著述業である。
④ 出来事を子細に調べた。
⑤ 大陸との交易が盛んになった。
⑥ それとなく言外ににおわせた。
⑦ 昔は属国として支配されていた。
⑧ あの場所は殺風景なところだ。
⑨ 彼の傍若《ぼうじゃく》無人な態度を注意した。
⑩ その偉人は行雲流水の境地であった。

五 次の――線部のカタカナを漢字に直して書きなさい。

① 包丁をするどくトいだ。
② 身なりをトトノえる。
③ 市民はギョウセイの働きを監視した。
④ 地震で壊れた建物をカイシュウした。
⑤ 曲の雰囲気に合わせて彼はサクシをした。
⑥ 自動車の速さをキソう。
⑦ 公共放送ではヒョウジュンゴを使う。
⑧ その衛星は火星をタンサした。
⑨ 先生からのごコウジョウをたまわった。
⑩ その言葉は悩みをイットウリョウダンで解決した。

問四　――線部Ａ・Ｂの語句の意味として、最もふさわしいものをそれぞれ次のア～エの中から一つ選び、記号で答えなさい。

Ａ「兆候」

ア　素早く広がっている様子
イ　状況がとてもひどくなること
ウ　物事の起こる前触れ、きざし
エ　物事の判断をするための証拠

Ｂ「氷山の一角」

ア　たったひとつの解決方法
イ　物事が起こる原因、理由
ウ　大きな物事のほんの一部分
エ　大きな危険を伝えるしるし

問五　――線部④「ハライタ」を、筆者がカタカナで書いた理由は何だと考えられますか。最もふさわしいものを次のア～エの中から一つ選び、記号で答えなさい。

ア　漢字で書くと読む人が難しく感じてしまうため。
イ　漢字で書いたものよりも軽いものだと表現するため。
ウ　この言葉を目立たせて、読む人に大事だと思わせるため。
エ　学術的な用語であるということを読む人に示すため。

問六　――線部⑤「生命にとって必須の機能」について、

（１）　筆者の考える、「痛み」が存在する理由を本文中から二十二字で抜き出して答えなさい。
（２）　この機能は大きく二種類に分けられます。それぞれを十五字以内で抜き出して答えなさい。

痛みの種類をきちんと分類して、痛みの性状や原因を見極めることができれば、真に心配しなければいけない病気を反映した腹痛と、放っておいても大丈夫な④ハライタとを区別できて便利である。そもそも、なぜアラームが鳴っているのかわからない状態というのは不安だ。不安は人類が戦うべき最強の症状であり、知恵はときに不安を和らげてくれる。つまり、いろいろ知っておいてはどうですか、ということだ。

そもそもあらゆる痛みや苦しみは、本来、⑤生命にとって必須《ひっす》の機能である。人体は何かがあると、機能としてのアラームを発する。熱いやかんに触ったときに、痛みにも似た「あっつ！」という感覚があって手を反射的にひっこめるからこそ、ヤケドを最小限に抑えることができる。うっそうと茂った森の中を歩いていて、飛び出ていた木のトゲが腕をチクリと刺したときに「いって！」という感覚があってスバヤク逃げるからこそ、ケガを最小限に抑えることができる。もしこのとき、熱さ、痛さを感じなければ、やかんの熱は手を深々と侵して、内部組織まで焼けただれてしまうだろうし、木の枝は腕にしっかり刺さって肉を切り裂き血が大量に吹き出るだろう。

腹痛もこれと一緒《いっしょ》だ。人体に危険を察知させ、回避行動を取らせるためのシグナル。アラームは一種類ではなく、痛みの原因部位によって異なるタイプの痛みが生じる。大きく分けると、「すごく精度のいいアラーム」と、「なげやりで雑なアラーム」とがある。

前者は、体の比較《ひかく》的表面に痛みの原因がある場合。

後者は、体の奥深く、とても触れないようなところに痛みの原因がある場合に起こる。あくまで原則だけれど。

（市原真『どこからが病気なの？』より）

問一　――線部①「一度もおなかが痛くなったことがない人というのはまずいない」とありますが、筆者はその理由をどのように説明していますか。本文中の言葉を使って二十五字以内で書きなさい。

問二　――線部②「例え話」とありますが、その中で使われている［ｉ］「アラームが鳴り響く」ことと、［ii］「宝石を盗まれたこと」はそれぞれ人体の場合では何が起こることに当たりますか。本文中の言葉を使って書きなさい。

問三　――線部③「これ」が指し示している内容を、次の空らんにあてはまる形で、本文の中から二十五字で抜き出して答えなさい。

アラームが［二十五字］こと。

三　次の文章を読んで、後の問いに答えなさい。（※設問の都合上、表記をあらためた部分があります。）

はじめにとりあげる「病気」をどれにしようか、考えた。そして、まずは腹痛をテーマにしようと決めた。

なぜかというと、腹痛というのは、この本を読んでいる全員が必ず経験したことがあるはずだからだ。生まれてこの方、①一度もおなかが痛くなったことがない人というのはまずいない。ごく普遍《ふへん》的で、誰にも想像しやすい。最初にとりあげる題材としてこれ以上はないと思った。

もっとも、よく考えるとなかなか不思議な話である。たとえばこれまで花粉症になったことがない人というのはいっぱいいるだろう。血便が出たことがある人は限られている。鼻血を出したことがない人も少しはいるのではないかと思う。けれども、お腹が痛くなったことがない人はめったにいない。

なぜか？

それは、腹痛というのが正確には病気そのものを指す概念《がいねん》ではなくて、単なるアラームに過ぎないからである。

病気や平気のことを考えるとき、ぼくらはまず、どこかが痛いとか苦しいという症状《しょうじょう》を思い浮かべる。しかし痛いとか苦しいという現象イコール病気ではない。

②例え話で説明しよう。ルパン三世とかキッドのような怪盗が侵入《しんにゅう》する美術館には、防犯センサーが取り付けられている。センサーが侵入者に反応するとアラームが鳴り響《ひび》く。アラームは、宝石を入れるケースが破壊される前にけたたましく鳴るから意味があるのであって、すっかりお宝を奪われたあとに鳴ってもしょうがない。アラームは実害が及ぶ前に鳴り始める。③これと同じで、真に病気になる前から鳴るのが「痛み」である。体にはセンサーが張り巡らされており、病気のA兆候を察知すると痛みという名のアラームが鳴り響く。

美術館にとっては宝石を盗《ぬす》まれたことこそが一大事なのであって、アラームが鳴ること自体は別に大した問題ではない（うるさいけれど）。これに対して人体の場合は、アラーム自体がそもそも不快で、かつ重要な問題である。普通に生きて暮らしている私たちにとっては、自分が病気かどうかなんてことよりも、痛いかどうか、苦しいかどうかの方がはるかに切迫した大事件だ。だからこそ痛み止めという商品が売れる。実際のところ、痛いからと言って毎回必ず病気であるとは限らない（まだ泥棒は何も盗んでいないかもしれない）のだけれど。

ということで本項では、病気を考える前にアラーム、すなわち痛みについて考えてみようと思うのだが、痛みをひと言で簡単に語ろうと思うとそれこそ痛い目に遭《あ》う。痛くなる部位によって痛みの持つ意味がまるで違《ちが》うし、腹痛ひとつ例に挙げても様々なのでなかなか難しい。あきらかに軽症で放っといてよい腹痛もあれば、激烈で動けなくて命に関わるような腹痛もある。仮病の原因に使われて保健室でサボるダシにされる腹痛もあれば、真の病気が隠れていて早く治療しないと生命に危険が及ぶような腹痛もある。

程度の差。深刻さの違い。症状が激しければ必ず重大な病気が隠れているというわけでもないから難しい。平気ではないが病気でもない、という状態はあり得るし、逆にたいして痛みは強くないけれど大きな病気のB氷山の一角だったりするとやっかいだ。便秘の痛みにのたうちまわって苦しんだ人もいれば、腸管が破れているのに痛みが少なくて気づかなかったため重症になってしまった人というのもまれにいる。

問一 ――線部①「人が自信を持つにはだいたい三とおりくらいしか方法がありません」とありますが、筆者が考える、現代において人が最も自信を持つ方法の例は何ですか。最もふさわしいものを次のア～エの中から一つ選び、記号で答えなさい。

ア 世界有数の金融会社の社長に就任した。
イ 会社内で大きなプロジェクトを任され成功に導いた。
ウ 代々続く名家の跡取り息子として育った。
エ 自分が撮った写真がインスタ映えすると友だちに褒《ほ》められた。

問二 空らんA～Cに当てはまる語句として最もふさわしいものを次のア～オの中からそれぞれ一つずつ選び、記号で答えなさい。

ア なぜなら　イ ただし　ウ つまり　エ あるいは　オ たとえば

問三 ――線部②「このような考え方」とはどのような考え方ですか。本文中から三十字で抜き出し、初めと終わりの五字を書きなさい。

問四 ――線部③「学校空間」とありますが、現代の学校空間とはどのような空間ですか。四十字以内で説明しなさい。ただし、「一元化」と「多様性」を使うこと。

問五 ――線部④「『自己愛』」について

(1) 「『自己愛』」とはどのようなものですか。それを説明したものとして誤っているものを次のア～エの中から一つ選び、記号で答えなさい。

ア 自分という存在を大切に保っていこうと思うもの。
イ 一生涯に渡って進歩し続けていくもの。
ウ 他者という存在によって育まれていくもの。
エ より高い社会的なポジションに就くことにより産まれるもの。

(2) どのようにすることで自己愛は鍛《きた》えられてゆくのですか。分かりやすく説明しなさい。

ってしまうからです。不登校になるのはたまたまであって、コミュニケーション能力が高い人だってなるときはなります。不登校の人が社会性に乏《とぼ》しいと決めつけることは偏見《へんけん》です。ひとつのカテゴリーにある価値判断を根拠《こんきょ》なく押し付けることを偏見と言います。

　多様な居場所をどのように獲得するかが大問題というわけです。年のちがう人やちがう学校の生徒と交流する空間や、ちがう価値観や文化に触れる機会がもっとあればいい。あるいは親以外の大人と触れる機会も大切です。学校は同じような年齢の人を集めて均質化する傾向《けいこう》があります。たしかに管理はしやすいですが、価値観が一元化しやすいので、なんとかこれを変えたいものです。なかには塾に居場所を見つけて「塾だとキャラが変わる」人もいるようです。

　みなさんは④「自己愛」ということばにどんな印象を持ちますか？　このことばは意外なほど評判が悪い。「自己愛的な人」というと「自己中的な人」と混同しがちですが、じつはちがいます。自己愛とは自分という存在を温存していこう、サバイバルしていこうという欲望のことを呼びます。とすればみなさんは全員、自己愛を持っていますよね。ある精神分析《ぶんせき》家は「人間の自己愛は一生涯成長し続ける」と言っています。私はこれを真理だと思う。成長や成熟は大人になったら終わるのではなく、特に自己愛は一生成熟・成長が続いていくのです。

　自己愛を成長させるのは「他者」です。あとで詳《くわ》しく説明しますから覚えておいてください。自分が親密に感じている「他者」が自己愛に成長のエネルギーを補充《ほじゅう》してくれる、この成長のメカニズムをよくイメージしてください。イメージを持っていないと自分が成長・成熟する可能性がないといった間違った考えに陥《おちい》ることがあります。とくに中学、高校、大学と進むにつれ若い人はしばしば自己嫌悪《けんお》や自分には価値がない、そんな自分が嫌《きら》いであるという意識に囚われてしまうことがあります。

　自己愛には二種類あって、ひとつはプライド、もうひとつは自信です。自分が嫌いという人はしばしば、プライドは高いけど自信がない。精神医学的に、そうした人は非常に困った意識状態にあると言えます。［B］、その人は自分が他人から見てどんな人間か、また自分がいかにだめな人間であるかという苦しい自問自答を延々と続けなければならないからです。自信とプライドとのギャップはできるだけ縮めておくに越《こ》したことはない。

　ギャップに苦しむ人には、より高い社会的なポジションに就くことで自信が回復すると思っている人がたいへん多いのですが、これは誤りです。高い社会的地位を達成したとしても、自信がそれに追いつかないという現象がしばしば起こる。なぜか？　自信の拠り所が承認だからです。［C］、他者からの承認を得るということは、スクールカーストにおいて上位に位置するということではありません。先ほどの「人間の自己愛は一生涯成長し続ける」と言った精神分析家は、思春期・青年期において、大人でも同年代の友達でも彼氏や彼女でもいい、大事な他者との関係が長く続いていくことが一番価値のある承認だという意味のことを言っています。私もまったく同感です。

　自信を高めるためには、他者との持続的で安定的で良好な関係が重要です。一人や二人でもいい、長持ちする関係を保つことが非常に大きな意味を持ちます。自己愛とは、そうやって鍛《きた》えられてゆくものです。

（『学ぶということ〈続・中学生からの大学講義〉1』より）

偉大《いだい》な業績を残していなくても、自信を持つことができるとしたら、それは承認の力なのです。

Facebookを利用したことがある人はわかると思いますが、あの「いいね！」ボタンこそが承認です。Twitterだとフォロワー数とかリツイートの数が承認に当たります。いまやSNSは、人からの承認を数値化できるという身もふたもないものになりましたが、ある意味わかりやすい。バイト先の冷蔵庫に自分が入った写真をツイートするなど、いわゆるバカッターという現象が流行《はや》ったことがありました。全世界から馬鹿にされ炎上騒ぎになりましたが、あれをやった人たちは「バカな行為《こうい》」を承知の上で、仲間内で笑いを取り承認してほしいがためにやったのでしょう。承認稼《かせ》ぎが暴走すること、これがバカッターのメカニズムです。

このように逸脱《いつだつ》したケースを見ると、いまの若い世代がどれだけ承認されることに対して飢《う》えているか、それ以外の自信の拠《よ》り所を失っているかがよくわかる。かつては家柄や家の財産、成績がいい、スポーツができる、絵の才能があるなど、誰もが認める客観的な能力評価から自信を得ることもありましたが、いまはちがいます。能力があってもなくても承認がすべてだからです。人に認めてもらって、ついでに「いいね！」ボタン一〇〇個くらい押してもらってなんぼです。承認されない能力は価値がないのです。なぜ、このようないびつな承認の現象が起こったかは、先ほどのスクールカーストの話とつながっています。

スクールカーストの上位下位を決めるのはほとんど「コミュ力」の評価で、そこには友人が多いとか、異性にもてるかどうかという一元化された評価軸《じく》しか存在しません。そうした評価軸になじみすぎた人は、ほんとうの評価軸となるべき個人の才能ではなく、いびつな承認欲求を持ちやすい。たとえば、あの人は無口だけれども絵がすごく上手《うま》いとか、将棋の才能があるだとか、他の評価軸で尊敬することができれば救いがあるのですが、対人評価が一元化しているとスクールカーストのような全体主義を受け入れやすくなるのです。本来、対人評価は多様であればあるほど面白いのですが、残念ながらいまの教室からは多様性が失われつつあるのではないでしょうか。

また、承認は誰からされても良い訳ではないようです。承認にもいくつかの段階があって、たとえば思春期を過ぎて家族から承認されてもあまり嬉しくない。家族が自分を認めてくれるのはある意味当たり前なので、どちらかと言うと仲間内で承認されるほうが嬉しい。もっと言えば、より親密な関係の人、［Ａ］親友や仲の良い友達からの承認の価値のほうが高く、さらに異性からの承認はもっとも価値が高いようです。

もちろん本来は人間の価値は承認のみでは決まりません。ところが人は親密な関係の人や異性からの承認がより価値あるものだという考えにしばしば囚《とら》われます。②このような考え方を中学や高校で身につけると、その人の人生に長く影を落とします。ですから、私が今日、場合によってはみなさんにとって耳の痛い話をしているのは、みなさんがいま抱いている価値観はほんとうに正しいのか、ということを問いかけているのです。それはひょっとすると、現代の教室空間でしか通用しない、狭《せま》い価値観かもしれない。その可能性を考えてみて欲しいのです。

居場所の話をしましょう。

居場所とは承認される空間のことを指します。日本では、承認が価値を持つのは基本的に③学校空間です。残念ながら、少なくとも高校までは、勉強を学ぶ場と社会性を身につける場の両方を学校が担っています。できればみなさんには勉強と社会性は別々の場で学んでほしい。学校と別の場所があれば、たとえ不登校になっても、人生のハンディキャップになりにくいのです。日本ではたいていの場合、不登校が学力的なブランクになるだけに留まらず、社会経験のブランクにな

問五　――線部④の「小さな光」と同じものを示している言葉で、かつ四文字以上のものを本文中から二つ抜き出して答えなさい。ただし後にも書かれている「小さな光」はのぞくこと。

問六　――線部⑤「そんなことを言いたいんじゃない」とありますが、本当はどのようなことを言いたかったのですか。本文中から三十字以内で抜き出して答えなさい。

問七　次の一文を本文中に入れるとしたら、空らん【　X　】～【　Z　】のどこがふさわしいですか。記号で答えなさい。

雨滴でできた波紋が幾つもその下を流れていく。

問八　――線部⑥「シャトルより、こっちの方がうれしかったよ」と言った時の「マル君」の気持ちとして最もふさわしいものを次のア～エの中から一つ選び、記号で答えなさい。

ア　克之君と二人だけの秘密を持つことが出来たことに満足し、みんなに対して優越感を抱いている。
イ　克之君が彼の母親のことより、自分のことを優先して考えてくれたことをとてもうれしく感じている。
ウ　家に帰りたくないと言った克之君が、自分とまったく同じ気持ちを抱いていたことを知り感動している。
エ　本当のことを打ち明けられた自分に対して、克之君が心を寄せて対応してくれたことによろこびを感じている。

二

次の文章は、斎藤環さんが神奈川県の桐光学園で行った「大学訪問授業」を記録したものの一部です。これを読んで、後の問いに答えなさい。（※設問の都合上、表記をあらためた部分があります。）

今日のもうひとつのテーマ「承認の問題」へ移りましょう。承認とははじめに言ったように、人から肯定《こうてい》的に評価されることでもあります。私もみなさんも自信やプライドを持っている。その自信やプライドの拠《よ》り所が承認です。

①人が自信を持つにはだいたい三とおりくらいしか方法がありません。

ひとつ目は社会的なポジション。たとえば、大きな会社の社員であるとか、みなさんだったら桐光学園の生徒であることからプライドが保たれます。二つ目は、自分がしてきた仕事や努力などからくる自己評価。勉強やスポーツでいい成績を残すことや、仕事で業績を残すことです。三つ目が承認です。社会とのつながりにおいて人から承認されることが、ほとんどの人が持っている自信の拠り所で、承認はとても重要な意味を持つ。まだ社会的なポジションが定まっていなくても、

「マル、富山にずっと住むの？」

「うん、たぶん」

克之君はマル君が大人になった時の姿を想像してみた。友だちに対して、そういう想像力を働かせたのは初めてのことだった。

⑥「シャトルより、こっちの方がうれしかったよ」

マル君はそうつぶやいて、また懐中電灯を点滅させた。水を含んだ暗闇に、光の輪が現れたり消えたりした。まっすぐに伸びているはずの木道も、見えたり見えなくなったりした。でも二人はそこを、ふわふわ飛んでいるような気分で歩き続けた。

（明川哲也『大幸運食堂』より）

問一　――線部①「克之君はなぜか本当の原因が自分の運命にあるような気がしてきた」とありますが、克之君はどのように感じたのですか。最もふさわしいものを次のア～エの中から一つ選び、記号で答えなさい。

ア　自分からクラスの友達を誘った約束にもかかわらず、マル君と二人きりで見ようと考えたことを反省している。

イ　親とうまくいっていないことが待ち合わせの時間に遅れた原因と感じ、みんなに申し訳なく思っている。

ウ　天候のことをまったく考えずに、クラスの友達と待ち合わせをした自分の無計画さを恥ずかしく思っている。

エ　母親の忠告を聞いていれば、みんなをがっかりさせずにすんだことを今になって気が付き、後悔している。

問二　――線部②「マル君は『いいね』と言ったものの、そのまま下を向いてしまった」とありますが、このときの「マル君」の気持ちをわかりやすく説明しなさい。

問三　空らんＡ～Ｄにあてはまる言葉を次のア～エの中からそれぞれ一つずつ選び、記号で答えなさい。

ア　ふわふわ　　イ　まじまじ　　ウ　ぶらぶら　　エ　ぐるぐる

問四　――線部③「はにかんだ」の意味として最もふさわしいものを次のア～エの中から一つ選び、記号で答えなさい。

ア　恥ずかしそうな表情をした

イ　得意に感じて表情をくずした

ウ　申し訳なさそうに見つめた

エ　じっと耐えてがまんした

「でも、かっちゃん、たぶん無理」
「なんでよ」と克之君は口を尖《とが》らせた。「びびったのか」とも言った。マル君は「違《ちが》う」と短く言葉を切り、首を横に振った。
「かっちゃん、僕、日曜日に引っ越すんだ」
「嘘《うそ》」
　克之には初耳だった。
「僕、名字が変わるんだ。母さんの実家がある富山県に行くことになった」
　嘘、と克之君は繰り返すばかりで、それ以外何も言えなかった。ただ、雨に濡れるマル君を［　C　］と見るだけだ。マル君は水面に懐中電灯を走らせ、「ここでかっちゃんと泳いだことあったよね」と独《ひと》り言のようにつぶやいた。
「かっちゃん。人ってさ、いなくなったあとの方が……痛いよ」
　マル君は③はにかんだように笑ってみせた。
「父さんの部屋、机だけ残っているんだ。だから……引っ越す」
　言葉が出てこなくて、克之君はただ黙ってマル君の膝《ひざ》のあたりを見ていた。【　Y　】
　その時、マル君が「かっちゃん」と小さく叫《さけ》んだ。克之君が顔を上げると、木道の上に［　D　］と青白い光が浮かんでいた。その④小さな光は音もなくすっと消え、また少し距離をおいて仄《ほの》かに輝いた。
「わおっ。いたんだ、やっぱり」
　克之君の驚《おどろ》きにかぶせるように、「初めて見た」とマル君はささやき、懐中電灯のスイッチを切った。
　真っ暗になった。雲が降りてきそうな濡《ぬ》れた闇を、小さな命が横切っていく。輝いたり消えたり、青白い光は明滅《めいめつ》しながら克之君とマル君のまわりを漂い、葦原の方へゆっくりと移動していった。そしてかすかに輝くと、どこかに消えてしまった。
「どっちに行った？」
「かっちゃん、あっちだ」
　二人はテラスから腰を上げ、木道の上を行ったり来たりした。光が吸い込まれていった方に顔を向け、もう一度出てきてくれないかと待ち続けた。でも、暗闇はどんどん濃くなっていき、それはもう二度と現れなかった。【　Z　】
　雨の降りが徐々に本格的になってきた。克之君とマル君はどちらからともなく歩きだし、木道を入り口の方へと戻り始めた。
「俺、今日は母さんにどんだけ怒られても、平気な感じがしてきた」
　⑤そんなことを言いたいんじゃない。克之君は自分でそれがわかっていた。これからどんなことがあり、どんな時代になり、どんな大人になろうと、今日マル君と二人で見た小さな光のことは一生忘れない。本当はきっとそれが言いたいのだと思った。

ことで、みんなを空振りさせてしまった。それはもちろん天候のせいだと言うこともできたが、①克之君はなぜか本当の原因が自分の運命にあるような気がしてきた。

「仕方ないよ。空のことだから」

克之君の横を歩きながら、マル君はそう慰《なぐさ》め、もう一度「かっちゃん、どこに行くの？」と訊《き》き直した。

「わかんねえ。もう少しどこか」

「だったらさ、木道《もくどう》のとこ行かない？」

「木道？」

「そう。ダーク・ポンド」

二、三歩よろめくような歩き方をして、克之君はマル君の顔を見た。

「マルは帰らなくていいの？」

克之君は一応そう訊《き》いてみた。マル君は暗闇で頭を振り、「奥のさ、テラスのとこまで行こうよ」と、かえって強い言い方をしてきた。

木道の入り口まできた時、雨がぱらぱらと落ち始めた。二人とも顔を見合わせたが、そのまま足を踏み入れた。湿地《しっち》の生き物たちは雨音に新たな力を得たようで、蛙《かえる》の声がいっそう凄《すさ》まじくなった。葦原《あしはら》全体が共鳴していた。

マル君は懐中電灯で木道を照らしながら、克之君の前を歩いた。蛙の声を割って、二人は進んでいく。

「マル、なんでテラスに行きたいの？」

「あそこ、好きなんだよ」

木道の分岐《ぶんき》を幾つか過ぎたところで雨の降りが強まってきた。それでもマル君は足を止めない。克之君は浮かんでくる母親の顔を胸のなかで振り払いながら、マル君のあとを追った。【　Ｘ　】

やがて、二人がテラスと呼ぶ場所にきた。水辺を越えて木道が川の上まで突き出し、水面を真上から見下ろせる場所だ。雨は降り始めたばかりなので水位に変化はなく、流れはゆったりとしていた。テラスにはまずマル君が腰《こし》を降ろし、克之君が続いた。二人とも縁から足を投げ出し、流れの上で［Ｂ］させている。

「すげえな。やっぱ、迫力《はくりょく》がある」

「うん」

「こういうのを見てるとさ……ああ、俺《おれ》、マジで家に帰りたくなくなるなあ」

マル君は同情したように克之君の顔を見た。

「マル、学校からテント盗《ぬす》んできてさ、ここでしばらく暮らそうか。体育倉庫にキャンプ用のテントがあるの、知ってんだ、俺」

②マル君は「いいね」と言ったものの、そのまま下を向いてしまった。

二〇二一年度　茨城中学校

【国　語】〈第一回Ａ試験〉（六〇分）〈満点：一五〇点〉

【注意】字数制限がある場合は、すべて句読点を含めた字数で答えてください。

一　次の文章を読んで、後の問いに答えなさい。（※設問の都合上、表記をあらためた部分があります。）

小学校五年生の克之《かつゆき》君は、自分の町の上空を今晩スペースシャトルが通過すると聞いて、クラスのみんなを誘って見に行く約束をした。母親の制止を聞かずに少し遅れて家を出てきた克之君は、同級生のマル君と合流して待ち合わせ場所に急いだが、そこには誰もいなかった。

「なんだよ、あいつら。こなかったのかよ」

克之君が砂利を蹴《け》飛ばした。石ころが幾《いく》つか鉄の扉《とびら》の側溝に落ちていった。

「待っていたかもしんないよ。みんなシャトルが見えなかったから……」

マル君は懐中電灯で側溝の暗がりを照らした。

「約束の時間にきたら、きっと会えたよ」

その言い方が気に入らなかったのか、克之君は「しょうがないだろ」と声を荒らげた。

「俺《おれ》んち今、ひどいんだから」

マル君は懐中電灯の灯りを方々に向けながら、「何が？」と訊《き》き返した。

「親がだよ。あーあ、帰りたくないな」

ふーん、とマル君は返事をし、また懐中電灯を［A］と回した。

鉄の扉の前で立ち尽《つ》くしたあと、克之君は家とは反対の方向に歩きだした。「どこに行くの？」とマル君が声をかけても、「別に」と言うだけで一人勝手に進んでいく。マル君は離《はな》れていく克之君の背中を見ていたが、懐中電灯を消すとそのあとを追った。

「マル、みんながっかりしているよな」

足音を聞いて、克之君は相槌《あいづち》を求めるように暗闇を振り返った。クラスが沸《わ》いた時はVサインすらしたのに、今はもう正反対の気分だった。自分が言いだした

2021年度
茨城中学校 ▶解説と解答

算数 ＜第１回Ａ試験＞（60分）＜満点：150点＞

解答

1 (1) 15 (2) $1\frac{13}{36}$ (3) 15 (4) $\frac{27}{50}$ (5) $2\frac{2}{3}$ (6) 500000 (7) 385
2 (1) 68点 (2) 10.4％ (3) ２時間30分 (4) 3060円 (5) 359 (6) 18.84cm^2
3 ア 10 イ 15 ウ 85
4 (1) ㋐ 60 ㋑ 4800 (2) 15分後 (3) 24分間
5 (1) 880cm^3 (2) 280cm^3 (3) 6.2cm
6 (1) ４cm (2) 115.2cm^2 (3) ４：３

解説

1 四則計算，計算のくふう

(1) $14-3\times2+7=14-6+7=8+7=15$

(2) $\frac{5}{6}-\frac{2}{9}+\frac{3}{4}=\frac{30}{36}-\frac{8}{36}+\frac{27}{36}=\frac{49}{36}=1\frac{13}{36}$

(3) $23-\{24-4\times(8-4)\}=23-(24-4\times4)=23-(24-16)=23-8=15$

(4) $1.8\times\frac{4}{5}\div2\frac{2}{3}=\frac{9}{5}\times\frac{4}{5}\div\frac{8}{3}=\frac{9}{5}\times\frac{4}{5}\times\frac{3}{8}=\frac{27}{50}$

(5) $3.5\div1\frac{1}{5}-\left\{12\times\left(\frac{1}{3}-0.3\right)-0.15\right\}=\frac{7}{2}\div\frac{6}{5}-\left\{12\times\left(\frac{1}{3}-\frac{3}{10}\right)-\frac{3}{20}\right\}=\frac{7}{2}\times\frac{5}{6}-\left\{12\times\left(\frac{10}{30}-\frac{9}{30}\right)-\frac{3}{20}\right\}=\frac{35}{12}-\left(12\times\frac{1}{30}-\frac{3}{20}\right)=\frac{35}{12}-\left(\frac{2}{5}-\frac{3}{20}\right)=\frac{35}{12}-\left(\frac{8}{20}-\frac{3}{20}\right)=\frac{35}{12}-\frac{5}{20}=\frac{35}{12}-\frac{1}{4}=\frac{35}{12}-\frac{3}{12}=\frac{32}{12}=\frac{8}{3}=2\frac{2}{3}$

(6) $32=4\times4\times2$となることを利用すると，$32\times25\times25\times25=4\times4\times2\times25\times25\times25=(4\times25)\times(4\times25)\times(2\times25)=100\times100\times50=500000$

(7) $A\times B-A\times C=A\times(B-C)$となることを利用すると，$2.14\times385-38.5\times5.4-60\times3.85=385\times2.14-385\times0.1\times5.4-385\times0.01\times60=385\times2.14-385\times0.54-385\times0.6=385\times(2.14-0.54-0.6)=385\times1=385$

2 平均とのべ，濃度《のうど》，割合と比，周期算，面積

(1) (平均点)＝(合計点)÷(科目数)より，(合計点)＝(平均点)×(科目数)となるから，７科目の合計点は，$72\times7=504$(点)とわかる。また，そのうち４科目の合計点は，$75\times4=300$(点)なので，残りの３科目の合計点は，$504-300=204$(点)と求められる。よって，残りの３科目の平均点は，$204\div3=68$(点)である。

(2) (食塩の重さ)＝(食塩水の重さ)×(こさ)より，８％の食塩水200ｇにふくまれている食塩の重さは，$200\times0.08=16$(ｇ)，12％の食塩水300ｇにふくまれている食塩の重さは，$300\times0.12=36$(ｇ)とわかる。よって，これらの食塩水をまぜると，食塩の重さの合計は，$16+36=52$(ｇ)，食塩水の重さの合計は，$200+300=500$(ｇ)になる。したがって，(こさ)＝(食塩の重さ)÷(食塩水の重さ)より，新しくできた食塩水のこさは，$52\div500=0.104$，$0.104\times100=10.4$(％)と求められる。

(3) 20人分の座席のそれぞれに３時間ずつすわることができるから，すわれる時間の合計(のべ時間)は，３×20＝60(時間)である。これを24人で同じ時間ずつ分けるので，１人がすわれる時間は，60÷24＝2.5(時間)とわかる。これは，60×0.5＝30(分)より，２時間30分となる。

⑷　妹が持っているお金を①として図に表すと，下の図１のようになる。図１で，⑥－①＝⑤にあたるお金が，2610－360＝2250(円)だから，①にあたるお金は，2250÷５＝450(円)とわかる。よって，姉が持っているお金は，450＋2610＝3060(円)である。

⑸　{1，２，３，４，５，５，４，３，２，1}の10個の数がくり返し並んでいる。これを周期とすると，119÷10＝11余り９より，１番目から119番目までには，全部で11個の周期と９個の数が並んでいることがわかる。また，１個の周期の和は，（１＋２＋３＋４＋５）×２＝30であり，余りの９個の和(１個の周期の和から最後の１個をひいた数)は，30－１＝29なので，１番目から119番目までの和は，30×11＋29＝359と求められる。

⑹　下の図２で，ＤはABの真ん中の点，ＥはACの真ん中の点だから，三角形ADEは１辺の長さが，12÷２＝６(cm)の正三角形である。よって，しゃ線の部分の一部を矢印のように移動すると下の図３のように，半径６cm，中心角60度のおうぎ形になるので，しゃ線の部分の面積は，６×６×$3.14\times\frac{60}{360}=6\times3.14=18.84$(cm^2)と求められる。

図１

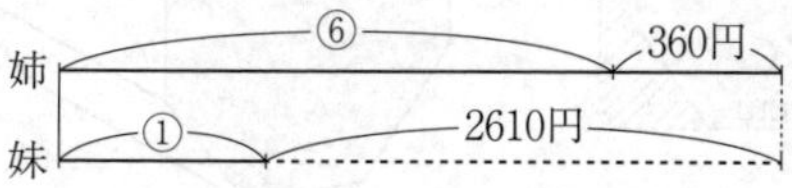

図２

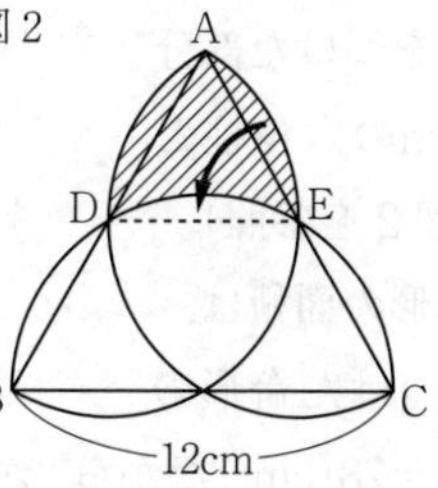

図３

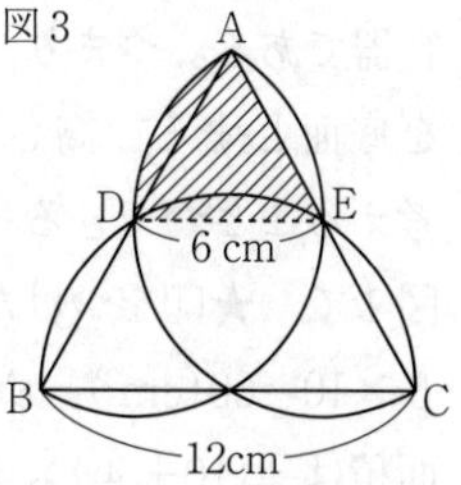

3　条件の整理

180個の玉を３個ずつ分けるとき，右の図１の①～④の４種類の箱が全部で60箱できる。ここで，白玉が１個だけ入っている箱が25箱あるという条件から，②が25箱とわかり，赤玉が２個以上入っている箱が35箱あるという条件から，①と②の合計が35箱とわかる。つまり，①は，35－25＝10(箱)である。さらに，白玉だけ入っている箱の数と，赤玉だけ入っている箱の数は同じという条件から，④も10箱になる。よって，③は，60－(10＋25＋10)＝15(箱)だから，右上の図２のように決まる。したがって，白玉だけ入っている箱の数は10箱(…ア)，赤玉が１個だけ入っている箱の数は15箱(…イ)である。さらに，①～④のそれぞれに入っている白玉の個数は，①は０個，②は，１×25＝25(個)，③は，２×15＝30(個)，④は，３×10＝30(個)なので，白玉の個数の合計は，０＋25＋30＋30＝85(個)(…ウ)と求められる。

図１

①(赤，赤，赤)
②(赤，赤，白)
③(赤，白，白)
④(白，白，白)
} 60箱

図２

①(赤，赤，赤)…10箱
②(赤，赤，白)…25箱
③(赤，白，白)…15箱
④(白，白，白)…10箱

4　グラフ―速さ，旅人算

⑴　右のグラフで，Ａ君が50分で進んだ道のり(□)は，80×50＝4000(m)であり，これは学校から公園までの道のりの$\frac{5}{6}$にあたる。よって，(学校から公

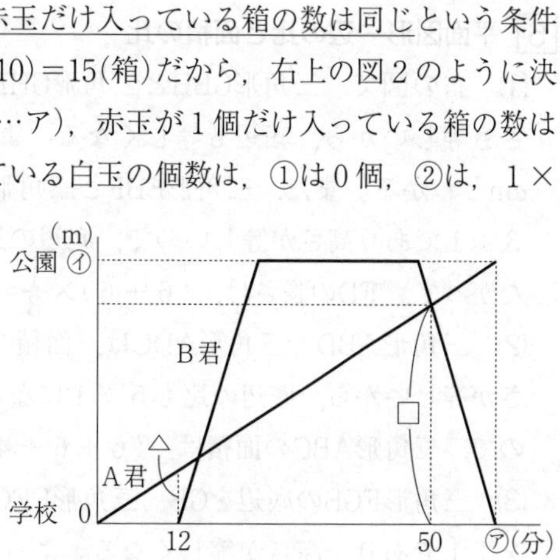

園までの道のり）×$\frac{5}{6}$＝4000（m）と表すことができるから，学校から公園までの道のりは，4000÷$\frac{5}{6}$＝4800（m）と求められる。したがって，Ａ君が学校から公園まで進むのにかかった時間は，4800÷80＝60（分）なので，㋐は60，㋑は4800となる。

⑵　Ａ君が12分で進んだ道のり（△）は，80×12＝960（m）である。また，Ｂ君は□の道のり（4000m）を進むのに，60－50＝10（分）かかったから，Ｂ君の速さは分速，4000÷10＝400（m）である。よって，Ｂ君が学校を出発した後，２人の間の道のりは１分間に，400－80＝320（m）の割合で縮まる。したがって，960mの道のりを縮めるのに，960÷320＝３（分）かかったので，Ｂ君がＡ君に最初に出会ったのは，Ａ君が出発してから，12＋３＝15（分後）とわかる。

⑶　Ｂ君が学校を出発してから学校にもどってくるまでの時間は，60－12＝48（分）である。そのうち，学校と公園の片道を進むのにかかった時間は，4800÷400＝12（分）だから，Ｂ君が公園にいた時間は，48－12×２＝24（分間）である。

5　水の深さと体積

⑴　この容器は，右の図１（アの方から見た図）のしゃ線部分を切り取った形の容器である。つまり，かげをつけた部分を底面とする，高さが10cmの六角柱と考えることができる（右の図２を参照）。図１で，★印をつけた長方形の面積は，６×10＝60（cm^2），☆印をつけた台形の面積は，（10＋４）×４÷２＝28（cm^2）だから，かげをつけた部分の面積は，60＋28＝88（cm^2）となる。よって，この容器の体積は，88×10＝880（cm^3）と求められる。

図１

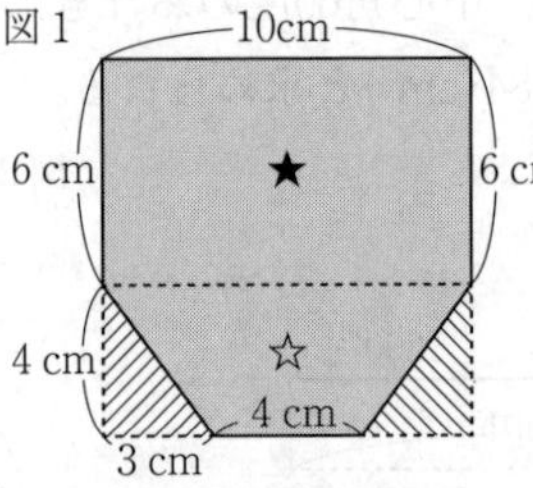

（アの方から見た図）

図２

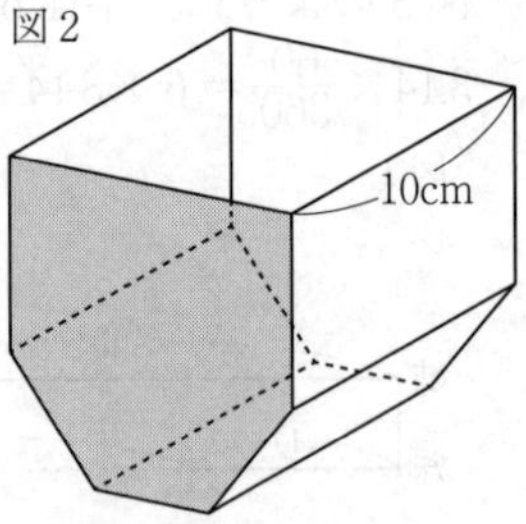

⑵　図１の☆印の部分の体積を求めればよいので，28×10＝280（cm^3）となる。

⑶　１Ｌ＝1000cm^3より，0.1Ｌ＝100cm^3となるから，５分間で入れた水の体積は，100×５＝500（cm^3）である。よって，★印の部分に入った水の体積は，500－280＝220（cm^3）であり，これをアの方向から見たときの面積は，220÷10＝22（cm^2）となる。したがって，その部分の高さは，22÷10＝2.2（cm）なので，底面からの水の深さは，４＋2.2＝6.2（cm）と求められる。

6　平面図形―辺の比と面積の比

⑴　右の図で，三角形GBHと三角形GHFは，面積が等しく高さも等しいから，底辺も等しくなる。よって，HFの長さは６cmとわかる。また，三角形EBFと三角形EFDは，面積の比が３：１であり高さが等しいので，底辺の比も３：１になる。したがって，FDの長さは，（６＋６）×$\frac{1}{3}$＝４（cm）と求められる。

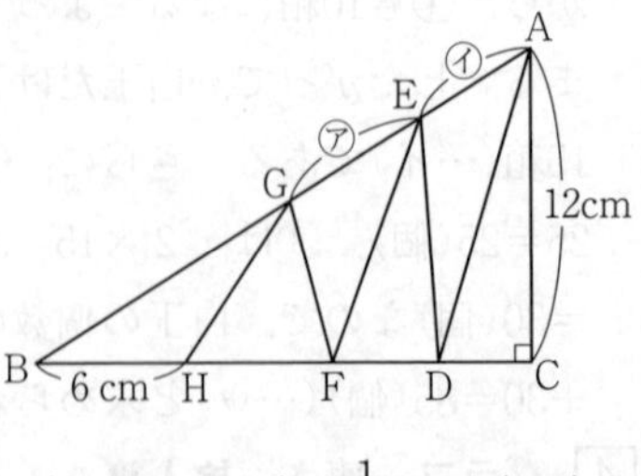

⑵　三角形ABDと三角形ADCは，面積の比が５：１であり高さが等しいから，底辺の比も５：１になる。よって，DCの長さは，（６＋６＋４）×$\frac{1}{5}$＝3.2（cm）なので，三角形ABCの面積は，（６＋６＋４＋3.2）×12÷２＝115.2（cm^2）と求められる。

⑶　三角形FGBの底辺をGB，三角形FEGの底辺をEGとすると，この２つの三角形は，面積の比が２：１であり，高さが等しくなる。よって，底辺の比も２：１だから，EG＝１とすると，GB＝２

となる。同様に，三角形DEBの底辺をEB，三角形DAEの底辺をAEとすると，この２つの三角形は，面積の比が４：１であり高さが等しくなるので，EB：AE＝４：１とわかる。したがって，AE＝$(2+1)\times\frac{1}{4}=\frac{3}{4}$となるから，㋐：㋑＝EG：AE＝１：$\frac{3}{4}$＝４：３と求められる。

社　会　＜第１回Ａ試験＞（40分）＜満点：100点＞

解　答

1 **問１**　①　ウ　②　エ　**問２**　イ　**問３**　ア　**問４**　ア，イ　**問５**　エ
2 **問１**　**長野県…エ，沖縄県…ウ**　**問２**　**青森市…ア，松山市…エ**　**問３**　**記号…ウ／理由…(例)**　全体的に気温が高く，沖縄と同じくらい緯度の低い小笠原諸島の気候を表していると考えられるから。　**3** **問１**　ワカタケル(大王)　**問２**　エ　**問３**　イ　**問４**　ア　**問５**　イ　**問６**　ウ　**問７**　オ　**問８**　津田梅子　**4** **問１**　聖武(天皇)　**問２**　ウ　**問３**　カ　**問４**　エ　**問５**　エ　**5** **問１**　ア　**問２**　ア　**問３**　［1］　イ　［2］　エ　**問４**　ア　**問５**　イ　**問６**　直接民主(制)

解　説

1　茨城県の地形や産業，地図などについての問題

問１　①　茨城県のメロンの生産量は全国の26.3％を占《し》めて全国第１位で，南東部の鉾田《ほこた》市は最大の産地として知られる。統計資料は『日本国勢図会』2020/21年版および『データでみる県勢』2021年版による(以下同じ)。　②　那珂《なか》川は栃木県北部の那須岳《なすだけ》を水源とし，栃木県北東部を南へ流れたのち，茨城県に入る。その後，茨城県中央部を南東へと流れ，大洗《おおあらい》町とひたちなか市の境で太平洋に注ぐ。

問２　鹿島港は，鹿島臨海工業地域の造成にさいし，砂丘の広がっていた海をＹ字型に掘《ほ》り込《こ》んでつくった人工の掘り込み港である。鹿島臨海工業地域には製鉄所や石油化学コンビナートが建設され，鹿島港ではこれらの原料となる鉄鉱石や原油，石炭がおもな輸入品目となっている。よって，イがあてはまる。なお，アは鹿島港の輸出品目，ウは茨城港の輸出品目，エは茨城港の輸入品目。

問３　(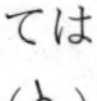)は風車を表す地図記号で，発電を目的に設置され，特に高くそびえて目印となるものが表示される。北海道や青森県の日本海沿岸は，比較《ひかく》的安定して風が吹《ふ》くことから，風力発電用の風車が多く設置されている。なお，イのパラボラアンテナは電波塔《とう》の一種で，電波塔は()で表される。ウの煙突《えんとつ》の地図記号は(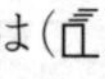)，エの裁判所の地図記号は()。

問４　アのアメリカ合衆国はおおむね北緯25～49度(ハワイとアラスカを除く)の間に，イのイランはおおむね北緯25～40度の間に位置し，いずれも国土を北緯36度の緯線が通る。なお，ウのシンガポールは赤道(０度の緯線)直下にあり，オのブラジルは国土の大半が，カの南アフリカ共和国は国土全体が南半球に位置している。また，エのドイツは北海道よりも北に位置している。

問５　茨城県は，福島県・栃木県・埼玉県・千葉県の４県と接している。エの地図中に見られる富士山は，山梨県と静岡県にまたがっており，どちらの県も茨城県のとなりの県ではない。なお，アは栃木県の中禅寺《ちゅうぜんじ》湖周辺，イは千葉県の印旛沼《いんばぬま》周辺，ウは福島県の磐梯《ばんだい》山周辺の地図。

2　日本の各県の特色と気候についての問題

問１　示された４つの都市は北から順に，青森市，長野市，松山市(愛媛県)，那覇市(沖縄県)である。長野県は北海道・岩手県・福島県についで日本で４番目に面積が広く，八ヶ岳山ろくなどで高原野菜として栽培されるレタスの生産量が全国第１位なので，エにあてはまる。沖縄県は香川県・大阪府・東京都についで日本で４番目に小さく，温暖な気候を利用したパイナップルやさとうきびの栽培がさかんなので，ウにあてはまる。なお，りんごが特産品となっているアには，りんごの生産量が全国一の青森県があてはまる。イは愛媛県で，今治《いまばり》市でさかんにつくられているタオルや，いよかんの生産量が全国一である。

問２　青森県は本州の最も北に位置し，青森市も４都市の中で最も北に位置する。したがって，年平均気温が最も低いアがあてはまるとわかる。松山市は，夏の南東季節風を四国山地に，冬の北西季節風を中国山地にさえぎられるため一年を通じて降水量が少なく，冬でも比較的温暖な瀬戸内の気候に属しているので，エがあてはまる。なお，イは中央高地(内陸性)の気候に属する長野市，ウは亜《あ》熱帯の気候に属する那覇市の雨温図。

問３　年平均気温が問２のアで示された那覇のものに近いことから，沖縄県と同じ亜熱帯の気候に属する地域の雨温図であると推測できる。ア～オのうちで亜熱帯の気候に属する地域をふくむのはウの東京都で，東京都に属する小笠原諸島には，亜熱帯の気候に属する島々がある。なお，雨温図は小笠原諸島の父島のものである。

3　**各時代の歴史的なことがらについての問題**

問１　埼玉県の稲荷山《いなりやま》古墳から出土した鉄剣と熊本県の江田船山《えたふなやま》古墳から出土した鉄刀には，「ワカタケル(獲加多支鹵)」と読める大王の名が刻まれていた。ワカタケルは５世紀末に在位した雄略天皇のことと推定されていることから，遅くともこのころには大和政権の勢力が関東地方から九州地方にまでおよんでいたことが証明された。

問２　ア　「書院造」ではなく「寝殿《しんでん》造」が正しい。　イ　「束帯《そくたい》」と「十二単《ひとえ》」が逆である。ウ　「水墨画《すいぼくが》」ではなく「大和絵」あるいは「絵巻物」が正しい。　エ　紫式部や清少納言が活《かつ》躍《やく》した平安時代の貴族の生活について，正しく説明している。

問３　現在の栃木県足利市に建てられた足利学校は，室町時代の1439年に関東管領《かんれい》であった上杉憲《のり》実《ざね》が再興した学問所で，兵法や医学などさまざまな学問の講義が行われた。日本にキリスト教を伝えたフランシスコ・ザビエルは，足利学校を「坂東《ばんどう》の大学」として西洋に紹介《しょうかい》している。

問４　戦国時代には，戦国大名とスペイン人，ポルトガル人との間で南蛮《なんばん》貿易が行われた。南蛮貿易では鉄砲や火薬，中国産の生糸や絹織物などが輸入され，日本からはおもに銀が輸出された。日本から輸出される銀の多くは石見《いわみ》銀山(島根県)で産出したもので，この銀は貿易を通じて世界中に流通した。石見銀山は「石見銀山遺跡とその文化的景観」として，2007年にユネスコ(国連教育科学文化機関)の世界文化遺産に登録されている。

問５　弘道館《こうどうかん》は水戸藩(茨城県)の藩校で，日新館は会津藩(福島県)の藩校である。なお，薩摩藩(鹿児島県)は藩校として造士館を設置した。

問６　江戸時代に「天下の台所」とよばれたのは，経済の中心地であった大坂(大阪)なので，ウがふさわしくない。

問７　Ⅰは1873年に行われた地租改正，Ⅱは1877年に起こった西南戦争，Ⅲは1871年に行われた廃藩置県について説明した文なので，起こった順にⅢ→Ⅰ→Ⅱとなる。

問８　津田梅子は６歳のとき，最初の女子留学生として岩倉具視《ともみ》使節団に同行し，アメリカに留学した。帰国後は日本の女性教育向上に力をつくし，1900年には女子英学塾(のちの津田塾大学)を設立した。

4　感染症《しょう》の歴史を題材にした問題

問１　奈良時代，仏教を厚く信仰《しんこう》した聖武天皇は，この時代にあいついでいた社会不安を仏教の力でしずめようと願い，741年，地方の国ごとに国分寺・国分尼寺を建てるよう命令を出した。また，743年には大仏づくりを命じ，平城京の東大寺につくられた大仏は752年に完成した。

問２　祇園《ぎおん》祭は京都八坂神社の疫病《えきびょう》よけの祭礼で，平安時代に始められ，応仁の乱(1467～77年)で中断したがその後復興し，現在まで続けられている。なお，アは三重県，イは神奈川県，エは東京都にある神社。

問３　Ⅰについて，「徳川慶喜《よしのぶ》が政権を朝廷に返した」ことを大政奉還といい，これは1867年に行われた。Ⅱについて，ペリーはアメリカ合衆国東インド艦隊《かんたい》司令長官で，1853年に来日し，日本に開国を求めた。Ⅲについて，大坂の元役人であった大塩平八郎は，天保のききんに対する幕府の対応に不満をいだいて1837年に反乱を起こした。よって，起こった順にⅢ→Ⅱ→Ⅰとなる。

問４　明治時代の中ごろ，細菌《さいきん》学者であった北里柴三郎《しばさぶろう》はドイツに留学し，結核菌やコレラ菌の発見で知られるローベルト・コッホのもとで研究した。このとき破傷風の血清療法《りょうほう》を発見し，この功績によって世界的に知られる研究者となった。帰国後には，伝染病研究所・北里研究所・慶應義塾大学医学部などを創設し，医学や教育の場で広く活躍した。なお，アは現在も治療法が解明されていない感染症。イは野口英世，ウは志賀潔《きよし》が研究したことで知られる病気。

問５　第一次世界大戦は1914年に始まり，1918年に終結した。普通選挙を求める運動は第一次世界大戦終結後に盛り上がり，1925年には25歳以上の男子による普通選挙法が成立したが，女性参政権は認められなかった。第二次世界大戦終結後の1945年12月に衆議院議員選挙法が改正されたことで，20歳以上のすべての男女が衆議院の選挙権を持つようになった。よって，エがふさわしくない。なお，アは1920年，イは1922年，ウは1923年のできごと。

5　地方自治や選挙についての問題

問１　表３によると，水戸市の「四大プロジェクト」の事業費は，国からの補助金である震災復興特別交付税や国庫補助金，県からの補助金だけではまかなえず，借金である市債なども財源にあてられている。よって，アが誤っている。

問２　ふるさと納税とは，自分のふるさとやお世話になった地域，応援したい地域など，好きな地方公共団体を選んで一定額以上の寄付をすると，それに応じて納める住民税や所得税が控除《こうじょ》され(差し引かれ)，そのお礼として寄付した地方公共団体から特産品や名産品をもらえるという制度である。複数の自治体に寄付をすることも認められているので，アが誤っている。

問３　**［１］**　説明文の初めに，「政治はよくわからない」とあるので，「内的有効性感覚」は弱いことになる。しかし，「政治家はしっかりとマニフェストを果たしてくれる」とあるので，「外的有効性感覚」は強いことになる。よって，イがあてはまる。　**［２］**　ア　一票の格差は，衆議院よりも参議院のほうが大きい。　イ　衆議院議員選挙における一票の格差は，最大で4.99倍である。　ウ　定数の是正《ぜせい》は，法改正によって衆議院でも参議院でも行われている。　エ　衆議院でも参議院でも違憲状態と判断されたことがあるが，違憲判決が下されたのは，衆議院の1972年と1983年の

２回の選挙についてだけである。よって，正しい。

問４　現在の日本の国会では，衆議院と参議院の二院制が採用されているので，アが誤っている。なお，戦前の帝国議会では衆議院と貴族院の二院制がとられていた。

問５　投票できる日数が長ければ，有権者は期日前投票制度を利用しやすくなり，投票率は上がる可能性が高い。よって，イが誤っている。

問６　民主政治において，有権者が代表者を選んで政治が行われるしくみを間接民主制(代表民主制・代議制)というのに対し，有権者が直接政治の意思決定に参加するしくみを直接民主制という。有権者が一度に全員集まれるような共同体であれば，意思決定の有効な手段となりえる。

理　科　＜第１回Ａ試験＞（40分）＜満点：100点＞

解　答

[1] (1) 白　(2) ア　(3) 15ｇ　(4) ア　(5) エ　[2] (1) オ　(2) イ　(3) ア　(4) ウ　(5) エ　[3] ［A］ (1) (ア→)オ→イ→ウ→エ　(2) ア　［B］ (1) **カイコのしょっ角**…イ　**ホタルのメス**…エ　**スズムシのメス**…ウ　(2) イ　(3) エ　(4) イ　(5) ク　[4] (1) (例) より正確に往復する時間を計るため。　(2) ア，イ　(3) 等時性　(4) ガリレオ・ガリレイ　(5) ２秒　(6) ４　(7) 1.2秒　(8) 8.7cm　[5] (1) ア，エ　(2) ウ　(3) (例) 等圧線の間隔がせまいほど風が強い。　(4) ① 積乱雲　② エ　③ イ　(5) イ，ウ　(6) 地球温暖化

解　説

[1] ホウ酸のとけ方についての問題

(1) とけきれなくなってしずんできたホウ酸は白く見える。

(2) ホウ酸は20℃の水100ｇに５ｇまでとけるので，ホウ酸の水よう液，100＋５＝105(ｇ)に５ｇのホウ酸がとけていることになる。よって，20℃の上ずみ(ホウ酸の水よう液)50ｇにとけているホウ酸は，$50\times\frac{5}{105}=2.38\cdots$より，2.4ｇである。

(3) 20℃まで冷やしたとき，上ずみにはホウ酸が５ｇとけている。また，とけきれなくなって出てきたホウ酸は10ｇである。したがって，60℃の水100ｇにできるだけとかしたとき，ホウ酸は，５＋10＝15(ｇ)までとける。

(4) (3)より，60℃の水100ｇにホウ酸は15ｇとけるから，60℃の水にホウ酸をできるだけとかしたホウ酸水100ｇにはホウ酸が，$15\times\frac{100}{100+15}=13.0\cdots$より，13ｇとけている。

(5) 20ｇのホウ酸がとけているホウ酸水100ｇのこさは，20÷100×100＝20(％)なので，これと同じこさのホウ酸水125ｇをつくるのに必要なホウ酸は，125×0.2＝25(ｇ)である。

[2] 水よう液の性質についての問題

ア～オはいずれも，固体または気体がとけている水よう液である。実験１からはにおいがする気体がとけているかどうかがわかり，実験２からはとけているものが気体か固体かがわかり，実験３からは水よう液が酸性・中性・アルカリ性のいずれかが判断できる。

(1) においがする気体がとけており，酸性の水よう液なので，塩化水素という気体がとけている塩

酸である。

(2)　においがなく，白色の固体がとけており，水よう液が中性なのは，食塩水である。

(3)　においがする気体がとけており，アルカリ性の水よう液なので，アンモニア水である。

(4)　においがなく，白色の固体がとけており，水よう液がアルカリ性なのは，水酸化ナトリウム水よう液である。

(5)　においがなく，気体がとけており，酸性の水よう液なので，二酸化炭素のとけた炭酸水である。

3　カイコの育ち方とコミュニケーションの方法についての問題

［Ａ］ (1)　カイコ(カイコガ)は，卵(ア)→幼虫(オ，イ)→さなぎ(ウ)→成虫(エ)の順にすがたを変えながら育つ。この育ち方を完全変態という。

(2)　カブトムシやチョウ，アリ，ハチなどはさなぎの時期のある完全変態をする。一方，セミ，トンボ，バッタなどはさなぎの時期のない育ち方をし，この育ち方を不完全変態という。

［Ｂ］ (1)　実験②と実験③では，容器に穴が開いているかどうか，つまりメスが発するにおいがオスに届くかどうかがちがう。よって，オスはしょっ角でメスが発するにおいを感じ取ってメスを認識していると考えられるから，しょっ角はヒトの鼻のような役割をしているといえる。また，ホタルは，腹部から発する光でオスとメスがコミュニケーションをとるので，眼で相手を認識している。スズムシの場合は，オスだけが前ばねをこすり合わせて鳴き，メスがその音に引き寄せられる。鳴き声を聞き取るヒトの耳にあたる器官は前あしにある。

(2)　黒い容器に穴を開けているので，オスはしょっ角を用いてメスのにおいを感じ取って反応する。

(3)　右側のしょっ角を切り取ると，残った左側のしょっ角でメスのにおいを感じ取ることになる。すると，オスはメスが正面より左側にいると認識し，左側に動く。これが絶えず続くことになるので，オスは左へ左へと進み，左回りに回転するようになる。

(4)　実験の結果より，カイコはコミュニケーションに光を必要としていないことがわかるが，これは暗い夜間でも活動できることを意味する。

(5)　メスの出すサインを人工的に作り出し，果樹園の中にじゅう満させておくと，オスの成虫はどこにメスの成虫がいるのかわからず，メスの成虫にたどり着く確率が低下する。すると，子を残すことができないので，出現する幼虫の数が減少することになる。その結果，害虫による被《ひ》害《がい》が少なくなるので，まく農薬の量を減少させることができる。

4　ふりこについての問題

(1)　ふりこが往復する時間を実験で調べようとすると，おもりをはなすときの手のぶれや，ストップウォッチをおすタイミングのずれなど，実験操作におけるくるい(誤差)が生じる。10往復する時間をはかって10で割って求めれば，測定の誤差を小さくすることができる。

(2)　表３の結果から，ふりこが10往復する時間はふりこの長さと関係していることがわかる。しかし，表１の結果から，おもりの重さとふりこが10往復する時間は関係せず，表２の結果から，ふりこがふれる角度とふりこが10往復する時間も関係しないことがわかる。

(3)　ふりこのゆれる周期がふれはばに関係なく一定であることを「ふりこの等時性」という。

(4)　16～17世紀に活やくしたイタリアの科学者ガリレオ・ガリレイは，自分の脈はくを使って，ランプが大きくゆれても小さくゆれても１往復するのにかかる時間は同じであることを発見したといわれている。

(5)　ふりこの長さが100cmのふりこの周期は，表３より，20.0÷10＝２(秒)と求められる。

(6)　ふりこの長さが(100cm＝)１m，ふりこの周期が２秒のとき，等式にあてはめると，①×１＝２×２となる。したがって，①＝４と求められる。

(7)　図２のふりこは，釘《くぎ》より左側では50cmの長さのふりこ，右側では25cmの長さのふりことしてそれぞれふれる。表３より，50cmの長さのふりこの周期は，14.1÷10＝1.41(秒)，25cmの長さのふりこの周期は，10.0÷10＝１(秒)である。よって，図２のふりこの周期は，1.41÷２＋１÷２＝1.20…より，1.2秒となる。

(8)　釘より左側で50cmのふりことしてふれる時間は，1.41÷２＝0.705(秒)なので，釘より右側でふれる時間が，１－0.705＝0.295(秒)になればよい。よって，釘より右側でふれるふりこの長さを□cmとすると，このふりこの周期は，0.295×２＝0.59(秒)なので，$4\times\frac{\square}{100}$＝0.59×0.59という等式が成り立つ。したがって，□＝0.3481÷４×100＝8.70…より，釘より右側のふりこの長さは8.7cmと求められる。

5　台風についての問題

(1)　図１より，台風が日本に近づくのは夏から秋にかけてであるが，台風の発生は夏から秋だけでなく，冬の12月にも発生している。また，台風は日本に接近したときにはおおむね西から東へと動くが，一方で日本に近づかず，西に進んでフィリピンや中国大陸へ向かうものもある。

(2)　日本のはるか南の海上は，強い日ざしで海水温が高いため，大量の水蒸気が発生しやすい。その水蒸気が強い上昇《じょうしょう》気流に乗って上空で大きな雲のかたまりをつくり，それがさらに発達すると台風となる。

(3)　風は気圧の高いところから低いところに向かって吹《ふ》く。等圧線の間隔《かんかく》がせまいほど，気圧の高いところと低いところの距離《きょり》が近いことになるので，強い風が吹く。

(4)　①　水蒸気を大量にふくむ空気がはげしく上昇すると，縦長に発達した積乱雲ができ，強い雨を降らせる。台風は積乱雲の大きな集まりである。　②　地球の自転の影響《えいきょう》を受けて，北半球上では運動する物体に進行方向に向かって右向きの力(コリオリの力という)がはたらく。台風の中心に向かって吹きこむ風もこの力を受けるため，反時計回りにうずをまく。　③　台風の中心付近にぽっかりと穴があいたような雲のない部分ができることがあり，これを台風の目という。ここでは下降気流が生じていて，ほとんど雲がなく，風も弱い。

(5)　台風のエネルギー源は，海上から供給される大量の水蒸気である。したがって，日本列島に近づいてくると，海水温が低くなって水蒸気の供給が減り，勢いがおとろえてくる。また，台風が上陸すると，地上との摩《ま》さつによってエネルギーが失われ，やはり勢いが弱くなる原因の一つとなる。

(6)　近年，化石燃料(石油や石炭など)の大量消費や森林の減少などにより，大気中の二酸化炭素が増加し，その結果，気温が上昇する地球温暖化という現象が進行している。地球温暖化が進むと，気温だけではなく海水温も高くなるため，それだけ海上から供給される水蒸気量も多くなり，台風が強い勢力を保ったまま日本列島に近づくことが多くなると考えられる。

国語 ＜第１回Ａ試験＞（60分）＜満点：150点＞

解答

一 問１ イ　問２ （例） 克之君の気持ちによりそいたいが，実際は無理だと感じている。
問３ Ａ エ　Ｂ ウ　Ｃ イ　Ｄ ア　問４ ア　問５ 青白い光／小さな命
問６ 今日マル君と二人で見た小さな光のことは一生忘れない。　問７ Ｙ　問８ エ

二 問１ エ　問２ Ａ オ　Ｂ ア　Ｃ イ　問３ 親密な関係～という考え　問４ （例） 「コミュ力」という一元化された評価軸のみ存在し，多様性が失われつつある空間。
問５ ⑴ エ　⑵ （例） 他者と長持ちする関係を築くこと。

三 問１ （例） 腹痛というのが病気ではなく単なるアラームだから。　問２ ｉ （例） 痛みが起きること。　ii （例） 病気になること。　問３ （アラームが）宝石を入れるケースが破壊される前にけたたましく鳴る（こと。）　問４ Ａ ウ　Ｂ ウ　問５ イ　問６ ⑴ 人体に危険を察知させ，回避行動を取らせるため　⑵ すごく精度のいいアラーム／なげやりで雑なアラーム

四 ① おもてぐち　② みょうちょう　③ ちょじゅつ　④ しさい　⑤ こうえき　⑥ げんがい　⑦ ぞっこく　⑧ さっぷうけい　⑨ ぶじん　⑩ こううんりゅうすい

五 下記を参照のこと。

●漢字の書き取り

五 ① 研（いだ）　② 整（える）　③ 行政　④ 改修　⑤ 作詞　⑥ 競（う）　⑦ 標準語　⑧ 探査　⑨ 厚情　⑩ 一刀両断

解説

一 **出典は明川哲也《あきかわてつや》の『大幸運食堂』による。**スペースシャトルを見損ねた晩，マル君から引《ひ》っ越《こ》すと聞いた克之《かつゆき》君は，その晩の思い出を心に刻む。

問１ みんなに会えなかったことを克之君が物足りなく思う場面が最初にあることから，マル君と二人でスペースシャトルを見ようとしたとは考えられない。また，天候が悪くなる可能性を考えなかったことをくやむようすはないこと，母親は外出を制止したことから，ア，ウ，エは合わない。

問２ この前後で家に帰りたくないと言う克之君に，マル君は同情のまなざしを向け，テント暮らしの提案に賛成はするが，「たぶん無理」と言って，その後まもなく引っ越すと告げている。マル君は，克之君の気持ちによりそいたいとは思うが，実際には無理だと感じているのである。

問３ Ａ 「回した」にかかる言葉が入るので，続けて回転するようすを表す「ぐるぐる」が合う。Ｂ 流れの上にあるテラスから足を投げ出しているのだから，足を「ぶらぶら」させていると思われる。「ぶらぶら」は，物がぶら下がってゆれ動くようす。　Ｃ まもなく引っ越すとマル君にいきなり言われて驚《おどろ》いた克之君は，ただマル君を「まじまじ」と見つめることしかできずにいる。「まじまじ」は，じっと見つめるようす。　Ｄ ほたるの小さな光が浮《う》かぶようすを表すには，浮いてただよっているようすをいう「ふわふわ」がよい。

問４ 「はにかむ」は，“恥《は》ずかしそうな表情を見せる”という意味。

問５ ぼう線部④の直前には「その」とあるので，直前の「青白い光」が「小さな光」と同じものにあたる。また，この後では，明滅《めいめつ》しながら漂《ただよ》う「青白い光」を「小さな命」と表現している。

問６　同じ段落の続く部分に注意する。「本当はきっとそれが言いたいのだ」と克之君が思ったのは，「今日マル君と二人で見た小さな光のことは一生忘れない」ということだとある。

問７　もどす文中の「その下」には，「雨滴でできた波紋《はもん》」が流れていくのだから，「その下」には川があることになる。Yに入れると「その下」は「マル君の膝《ひざ》のあたり」の下を指すことになるが，この時マル君は川の上で足をぶらぶらさせていたのだから，文意が通る

問８　もうすぐ引っ越すことを打ち明けたマル君に対し，克之君はマル君と一緒《いっしょ》に見た小さな光の思い出を心に刻み，残り少ないマル君との時間をいとおしんでいる。克之君が心を寄せてくれたことに，マル君はよろこびを感じたと思われる。

二　**出典は『続・中学生からの大学講義１　学ぶということ』所収の「つながることと認められること（斎藤環《さいとうたまき》著）」による**。現代の学校空間では他人からの承認だけを自信の拠《よ》り所《どころ》だと考えがちだが，他者と長持ちする関係を保つことで自信は高まり，自己愛が鍛《きた》えられると述べている。

問１　ぼう線部①の「三とおり」の方法とは，アやウにある「社会的なポジション」，イが表す「仕事や努力などからくる自己評価」，エなどの「社会とのつながりにおいて人から承認《しょうにん》されること」だと次の段落にある。さらに二つ後の段落には，今は能力の有無にかかわらず「承認がすべて」だとあるので，エがよい。

問２　**A**　前に「より親密な関係の人」とあるが，後にその例として「親友や仲の良い友達」があげられているので，具体的な例をあげるときに用いる「たとえば」が入る。　**B**　文末が理由を述べるときに使う「からです」となっているので，前のことがらの理由を述べるときに用いる「なぜなら」が入る。　**C**　前には「自信の拠り所が承認」だとある。後には，承認を得ることはスクールカーストの上位に位置することではないと説明が補足される。よって，前のことがらに，ある条件や例外などをつけ加えなければならない場合に用いる「ただし」があてはまる。

問３　「この」はすぐ前を指すので，直前にある「親密な関係の人や異性からの承認がより価値あるものだという考え」がぬき出せる。

問４　「一元化」と「多様性」という指示された語を用いて，「スクールカースト」や「いまの教室」について説明されている，四つ前の段落に注目する。「コミュ力」という「一元化された評価《ひょうか》軸《じく》」しか存在せず，本来対人評価は多様であるべきなのに，いまの教室からは「多様性が失われつつある」と筆者は述べている。

問５　⑴　同じ段落に，自己愛とは「自分という存在を温存していこう，サバイバルしていこうという欲望」だとあり，「人間の自己愛は一生涯《いっしょうがい》成長し続ける」という意見に筆者も賛同している。また，次の段落には，自己愛は「他者」によって成長すると書かれているので，ア～ウは合う。

⑵　二つ後の段落に，自己愛には「プライド」と「自信」があると書かれている。そして，最終段落で，自信を高めるためには「他者との持続的で安定的で良好な関係が重要」であり，「長持ちする関係を保つこと」で，自己愛は鍛えられると述べられている。

三　**出典は市原真《いちはらしん》の『どこからが病気なの？』による**。腹痛は病気そのものではなく，人体に危険を察知させ，回避《かいひ》行動を取らせるためのアラームだと説明している。

問１　二段落後に「なぜか？」とあり，三段落後に「それは～からである」として，その理由が説明されている。腹痛が病気そのものではなく，単なるアラームだからである。

問２　**ⅰ**　アラームが鳴《な》り響《ひび》くのは，センサーが侵入者《しんにゅうしゃ》に反応するとき，つまり「実害が及《およ》ぶ前」

である。人体にとっての実害とは「病気」なので，病気になる前の「痛み」が起こることにあたる。 ⅱ 「宝石を盗《ぬす》まれたこと」は「実害」そのものなので，人体の場合では「病気になる」ことにあたる。

問３ 「これと同じ」とされているのは，「痛み」が「真に病気になる前から鳴る」ことである。よって「これ」とは，前に述べられている，アラームが「宝石を入れるケースが破壊《はかい》される前にけたたましく鳴る」ことを指す。

問４ Ａ 何かが起こる前触《まえぶ》れ。 Ｂ 見える部分は，大きなもののほんの一部分にすぎないことのたとえ。

問５ この文で筆者は，「真に心配しなければいけない病気を反映した」重大な「腹痛」と，「放っておいても大丈夫なハライタ」とに痛みを分類している。「ハライタ」は，漢字の「腹痛」より軽いものだといえるので，イがあてはまる。

問６ ⑴ この後にあげられた，熱いやかんを触《さわ》ったり木のトゲに刺《さ》されたりしたときの熱さや痛みと同じように，腹痛も「人体に危険を察知させ，回避行動を取らせるため」に存在すると筆者は述べている。 ⑵ 最後の三段落に，人体へのシグナルとしての痛みには，「すごく精度のいいアラーム」と「なげやりで雑なアラーム」とがあると書かれている。

四 漢字の読み

① 建物の表のほうにある出入り口。 ② 次の日の朝。 ③ 書物を書きあらわすこと。 ④ くわしいようす。 ⑤ 品物を交かんしたり，売ったり買ったりすること。 ⑥ 直接には言葉に表されていないところ。 ⑦ ほかの国に支配されている国。 ⑧ おもむきがなく，つまらないようす。 ⑨ 「傍若無人《ぼうじゃくぶじん》」は，そばに人がいないかのように自分本位にふるまうようす。 ⑩ 物事にこだわらずに，なりゆきにまかせること。

五 漢字の書き取り

① 音読みは「ケン」で，「研究」などの熟語がある。 ② 音読みは「セイ」で，「整理」などの熟語がある。 ③ 国を治めていくこと。 ④ 道や建物などの一部をよりよく造り直すこと。 ⑤ 歌の言葉をつくること。 ⑥ 音読みは「キョウ」「ケイ」で，「競走」「競馬」などの熟語がある。 ⑦ ある国で使う言葉のもととなるものとして認められている言葉。 ⑧ あまり知られていない場所を探り，調べること。 ⑨ 思いやりの深い気持ち。 ⑩ 物事をすばやく決断し，処理すること。

Dr.福井の入試に勝つ！脳とからだのウルトラ科学

記憶に残る“ウロ覚え勉強法”とは？

人間の脳には，ミスしたところが記憶に残りやすい性質がある。順調にいっているときの記憶はあまり残らないが，まちがえて「しまった！」と思うと，その部分がよく記憶されるんだ(これは，脳のヘントウタイという部分の働きによる)。その証拠に，おそらくキミたちも「あの問題を解けたから点数がよかった」ことよりも，「あの問題をまちがえたから点数が悪かった」ことのほうをよく覚えているんじゃないかな？

この脳のしくみを利用したのが“ウロ覚え勉強法”だ。もっと細かく紹介すると，テキストの内容を一生懸命覚え，知識を万全にしてから問題に取り組むのではなく，テキストにざっと目を通した程度(つまりウロ覚えの状態)で問題に取りかかる。もちろんかなりまちがえると思うが，それを気にすることはない。まちがえた部分はよく記憶に残るのだから……。言いかえると，まちがえながら知識量を増やしていくのが“ウロ覚え勉強法”なのである。

ここで，ポイントが2つある。1つは，ヘントウタイを働かせて記憶力を上げるために，まちがえたときは「あ～っ！」とわざとらしく驚くこと。オーバーすぎるかな……と思うぐらいでちょうどよい。

もう1つのポイントは，まちがえたところをそのままにせず，ここできちんと見直すこと(残念ながら，驚くだけでは覚えられない)。問題の解説を読んで理解するのはもちろんだが，必ずテキストから見直すようにする。そうすれば，記憶力が上がったところで足りない知識をしっかり身につけられるし，さらにその部分がどのように出題されるかもわかってくる。頭の中の知識を実戦で役立てられるようにするわけだ。

Dr.福井(福井《ふくい》一成《かずしげ》)…医学博士。開成中・高から東大・文Ⅱに入学後，再受験して翌年東大・理Ⅲに合格。同大医学部卒。さまざまな勉強法や脳科学に関する著書多数。

2021年度　茨 城 中 学 校

〔電　話〕　029(221)4936
〔所在地〕　〒310－0065　水戸市八幡町16－１
〔交　通〕　JR常磐線「水戸駅」よりバス―「茨城高校入口」下車徒歩３分

【適性検査Ⅰ】〈第１回Ｂ試験〉（45分）〈満点：100点〉

【注意】定規、コンパス、分度器は使用しないでください。

1 ひろとさんは，さくらさんといっしょに，お母さんにあげるエプロンを作ろうとしています。

さくら：お母さんの誕生《たんじょう》日《び》に，手作りのエプロンをあげるなんて，いい考えね。わたしも手伝うわ。

ひろと：ありがとう。**図１**のような正方形の布が１枚《まい》あるから，これを使って作ろうと思うんだ。

さくら：**図１**の布を，**図２**のように半分に折って，布を重ねたまま，一部分を切り取ればいいんじゃないかしら。切り取ったあとの布を広げると，**図３**のようになるよ。

ひろと：なるほど。うまく作れそうだね。切り取る形は，円を４分の１にした図形にするよ。

さくら：じゃあ，切るね。……できたわ。はさみをたくさん動かした気がするけれど，この曲線部分の長さは何 cm くらいなのかしら。

ひろと：算数の授業で習った，円周の長さの求め方を使えばわかるんじゃないかな。

さくら：その通りだわ。これで，正方形を半分に折った図形から，円を４分の１にした図形を切り取ったあとに広げてできる図形のまわりの長さも求められるわね。

図１　ひろとさんが持っている正方形の布

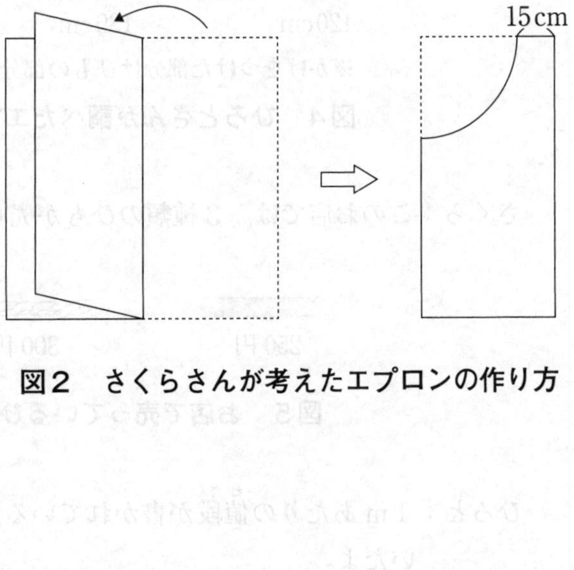

図２　さくらさんが考えたエプロンの作り方

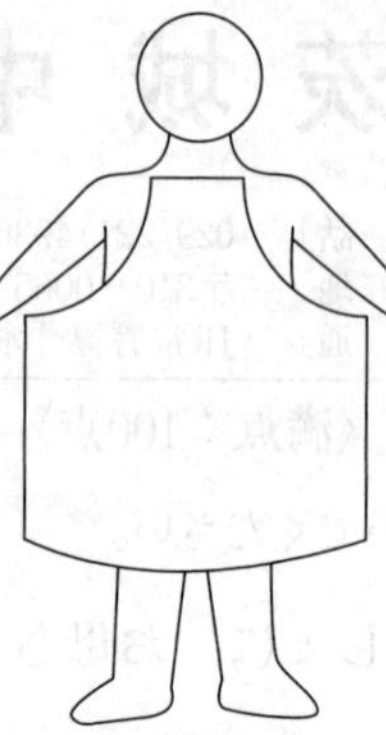

図３　図２の布を広げたようす

⑴　**図２**のように切り取ったあとの布を広げてできる図形のまわりの長さは何 cm か，数を書きなさい。ただし，円周率は 3.14 とします。

ひろとさんとさくらさんは，エプロンのひもを買うためにお店に来ています。

ひろと：エプロンのひもの部分の作り方と，それぞれの作り方で必要なひもの長さを調べてきたんだ。（**図４**）

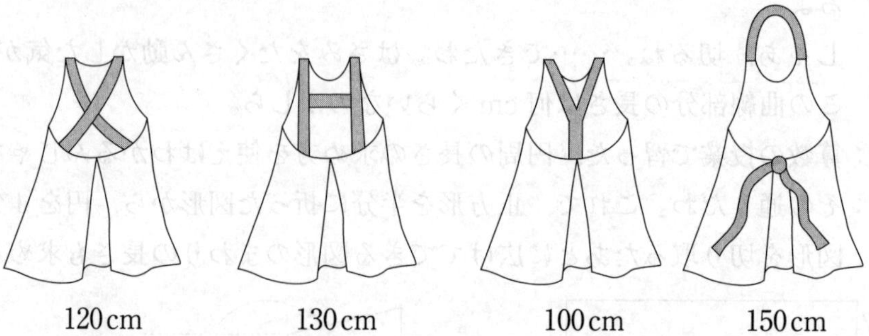

※かげをつけた部分はひもの部分を表す

図４　ひろとさんが調べたエプロンのひもの部分の作り方

さくら：このお店では，３種類のひもが売られているわね。（**図５**）

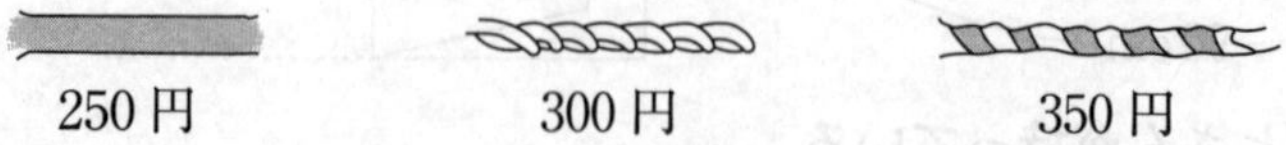

図５　お店で売っているひもの 1m あたりの値段

ひろと：１m あたりの値段《ねだん》が書かれているけれど，10cm 単位で買うことができるみたいだよ。

さくら：10cm 分の金額は，この値段の$\frac{1}{10}$で，ひもの代金はその金額の倍数になるのね。

ひろと：１枚のエプロンを完成させるのに１種類のひもを必要なだけ買うことにしよう。代金が 400 円以下になるひもの部分の作り方と，ひもの種類の組み合せはどれかな。

さくら：消費税は考えずに 400 円以下になる組み合せは□通りあるわよ。

ひろと：ほんとうだね。どんな組み合せにしようかな。

(2) 会話文中の□にあてはまる数を書きなさい。

2 ひろとさんとさくらさんは，次の日曜日に博物館に行く計画を立てています。

ひろと：当日，ぼくは博物館まで自転車で行こうと考えているよ。

さくら：ひろとさんの家から博物館へ向かう道には，下り坂がたくさんあるわよね。

ひろと：うん。ぼくの家から博物館までの道のりはちょうど５km で，そのうち，下り坂は合わせて 1200m で，残りは平らな道だよ。

さくら：５km の道のりを歩いたことがあるけれど，１時間以上かかったよ。ひろとさんの家から博物館までは，自転車だと何分くらいかかるのかな。

ひろと：平らな道では分速 200m，下り坂はその 1.2 倍の速さで進むとすると，ぼくの家から博物館まで自転車で行くのにかかる時間は［ア］分だね。

さくら：ほんとうね。やっぱり，歩くよりもずいぶん早いわ。

(1) 会話文中の［ア］にあてはまる数を書きなさい。

ひろと：当日は雨の予報に変わったから，ぼくは，自転車で行くのはやめて，バスで行くことにするよ。

さくら：それがいいね。バスで博物館へ行くときも，ひろとさんが自転車で行くときと同じ道を通るのよね。

ひろと：そうだよ。ぼくの家から博物館に行く道のと中にバス停があって，ぼくの家から近くのバス停までは 500m あるんだ。そこでバスに乗って，博物館前のバス停※で降《お》りるんだ。当日は午後１時 30 分に家を出て，バス停まで歩き，いちばん早く出発するバスに乗って博物館に行くよ。（**表１**）

表１　ひろとさんの家の近くのバス停の時刻《じこく》表

時	分
⋮	⋮
13	…　28　33　38　43　…
⋮	⋮

さくら：２人分の博物館の入館チケットを持っているのはわたしだから，ひろとさんよりも博物館に着くのがおそくならないようにするね。

ひろと：ありがとう。さくらさんは，自分の家から歩いて博物館まで行くんだよね？

さくら：うん。バスが進む速さを分速250m，ひろとさんが歩く速さを分速80m，わたしが歩く速さを分速60mとすると，わたしの家から博物館までの道のりは1500mだから，わたしはおそくとも午後[　イ　]時[　ウ　]分に家を出発すればいいね。

ひろと：そうだね。当日が楽しみだよ。

(2)　会話文中の[　イ　]，[　ウ　]にあてはまる数を書きなさい。また，どのように求めたのか，言葉や数，式，図，表などを使って説明しなさい。

※博物館と博物館前のバス停は同じ場所にあるものとします。

3　ひろとさん，さくらさん，れんさんの３人は，かん電池や光電《こうでん》池《ち》を使って作ったモーターカーを，校庭でそれぞれ走らせました。

ひろと：図１のようにかん電池を入れたら，ちゃんと走ってくれたね。

れ　ん：今度は，もっとスピードを速くするために，モーターカーにかん電池を２個つなげてみようよ。

さくら：どんなつなぎ方をしたら，モーターカーが速く走るかな。

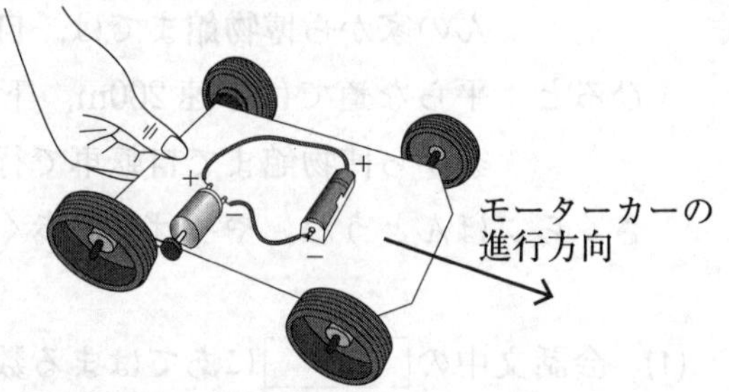

図１　かん電池を使ったモーターカー

れ　ん：それならこんなふうにつなげばいいんじゃないかな。

さくら：なるほど。直列つなぎとへい列つなぎについて，勉強したもんね。

ひろと：ねえ，次はかん電池のかわりに光電池を使ってモーターカーを走らせてみようよ。

れ　ん：いいね。だれのモーターカーが一番速く走るか，競争したいな。

さくら：おもしろそう。光電池を取りつける角度を変えたり，天気がちがう日に走らせたりしてみたいな。

表１　３人が走らせたモーターカーの条件

モーターカー／条件	あ	い	う
光電池を取りつける角度	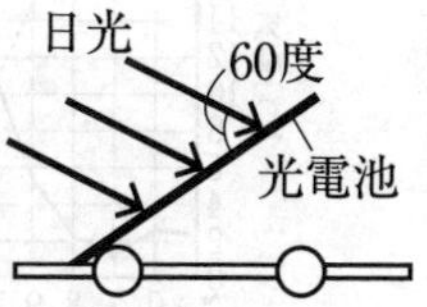	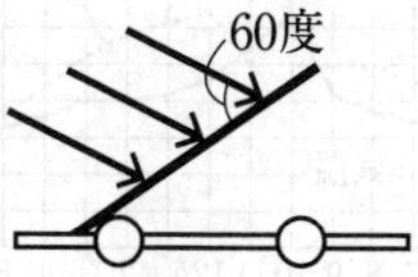	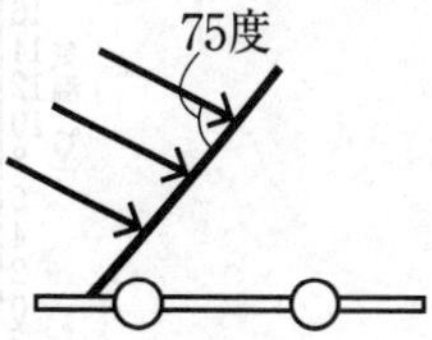
天気	くもり	晴れ	晴れ

３人が**表１**の条件で走らせたところ，さくらさん，れんさん，ひろとさんのモーターカーの順に速く走りました。

⑴　かん電池を２個使って，モーターカーを同じ方向に速く走らせるには，かん電池２個をどのようにつなげばよいですか。図につなぎ方をかき入れ，その理由も書きなさい。

⑵　**表１**の**あ**，**い**，**う**は，それぞれだれが走らせたモーターカーですか。名前を書きなさい。

⑶　ひろとさんは，さくらさんのモーターカーよりも速く走らせる条件を考えました。**表１**の「光電池を取りつける角度」と「天気」がどのような条件のときならよいか説明しなさい。

4　ひろとさんとれんさんは，雨上がりの校庭で見た虹《にじ》について，そのでき方を調べてまとめているところです。

ひろと：午前中は雨が降《ふ》っていたのに，午後から晴れてきたね。
れ　ん：雨がやんでよかったよ。少し暖《あたた》かくなってきたし，空気が「からっと」してきたから気持ちがいいね。
ひろと：よく「からっと」という言葉を使うけど，どういう意味なんだろう。
れ　ん：「からっと」は，空気がかわいていて，しめりけが少ないってことだよ。
ひろと：なるほど。あれ，雨が降っていたときは，大きな水たまりがあったけど，なんだか水たまりが小さくなっている気がするね。
れ　ん：水たまりの水は，太陽の光であたためられると［　ア　］して気体になるから，それで水たまりの水が減ったんじゃないかな。

(1)　晴れの日と雨の日の１日の気温と湿度《しつど》（空気のしめりけ）はどのようになりますか。それぞれ適切なものを，次のア～エのうちから１つずつ選び，記号で答えなさい。

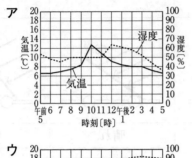

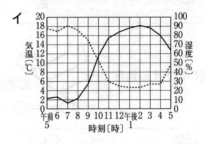

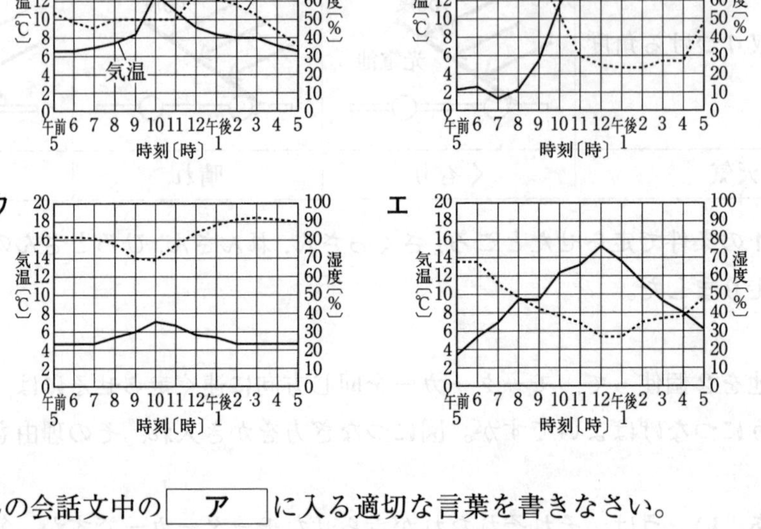

(2)　れんさんの会話文中の［　ア　］に入る適切な言葉を書きなさい。

れ　ん：晴れてきたら，きれいな虹が見えたね。虹はどのようにできるのかな。

ひろと：前に，空気中の水滴《すいてき》がプリズム（三角柱のガラス）みたいなはたらきをしているからだって，テレビで見たことがあるよ。

れ　ん：じゃあ，プリズムのことを調べてみようよ。

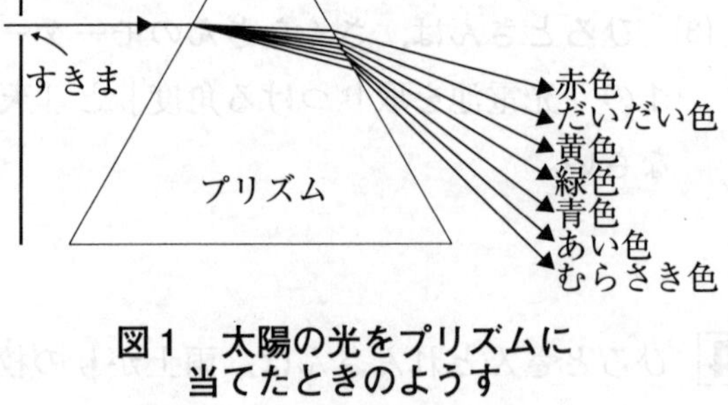

図１　太陽の光をプリズムに当てたときのようす

ひろと：いいね。へえ，すきまを通った太陽の光をプリズムに当てると，光がプリズムに入るときと出ていくときに，折れ曲がって進むんだね。（図１）

(3)　**図２**は，太陽の光が空気中の水滴を通るとき，５つの色の光に分かれて見えるようすを表したものです。ア～オが赤色，青色，黄色，緑色，むらさき色のいずれかであるとき，むらさき色の光の道すじを１つ選び，記号で答えなさい。また，それを選んだ理由も書きなさい。

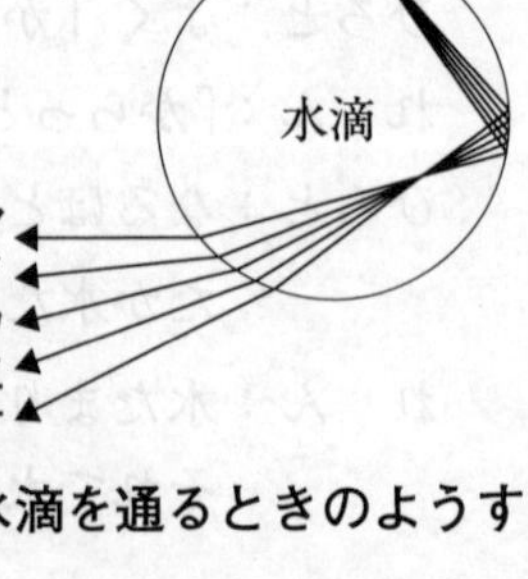

図２　太陽の光が水滴を通るときのようす

5 さくらさんは，お父さんといっしょに水族館に行き，ブリについて話しています。

さくら：ブリは大きくなるまでにイナダ，ワラサなど呼《よ》び名がいろいろ変わるんだね。

父　：成長するたびに名前が変わるから，『出世魚』と呼ばれているよ。ブリは体長が80cm以上ある大きな魚だね。

さくら：そうなんだ。あ，お父さん見て。魚はヒトと呼吸《こきゅう》のしかたがちがうって，水そうの説明に書いてあるよ。

⑴　魚はどのように呼吸をしていますか。「酸素」，「二酸化炭素」という言葉を使って説明しなさい。

さくら：ブリは，イワシやエビ，タコ，イカなどを食べているのね。

父　：そうだね。こんなふうに，生き物同士の「他の生き物を食べる・他の生き物に食べられる」という関係のことを，食物れんさというんだよ。

さくら：ふーん。ブリに食べられるイワシは，ミジンコくらいの小さな生き物を食べるんだね。

父　：ミジンコくらいの小さな生き物のことをプランクトンというよ。プランクトンとイワシはどちらの数が多いかわかるかな。

さくら：イワシかな。プランクトンより大きいから，生き残って子どもをふやしそう。

父　：実は，食べる生き物の方が食べられる生き物よりも，数が少ないんだ。ブリ，イワシ，プランクトンのそれぞれの数の関係を簡単《かんたん》に表すと，ピラミッドのような形になるよ。（**図１**）

さくら：なるほど。でも，何かの原因でひとつの種類の生き物が増えたり，減ったりすると，ピラミッドの形は変わってしまうんじゃないかな。

父　：そうだね。でも，しばらくすると，もとの数の関係にもどるようになっているんだ。

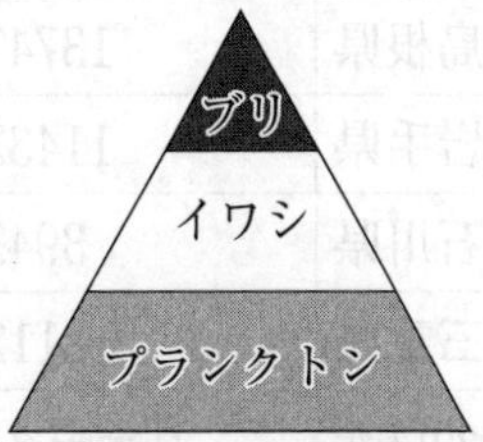

図１　それぞれの生き物の数を表したピラミッド

⑵　今後，何らかの理由でイワシの数が減ると，ブリやプランクトンの数は，時間とともにそれぞれどのようになると考えられますか。最も適切なものを，次のア～エのうちから１つ選び，記号で答えなさい。

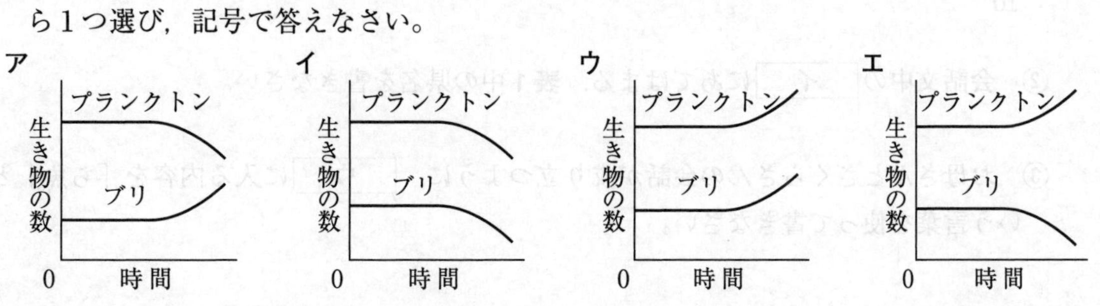

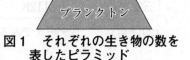

(3)　さくらさんは，家に帰ってから，日本のブリ漁について調べました。あとの各問いに答えなさい。

さくら：都道府県ごとのブリの漁かく量を調べて，漁かく量が多い県について表（**表１**）を作ってみたよ。2017 年の全国のブリの漁かく量は 117761 t だから，［　ア　］％が長崎県でとれているということがわかったよ。

母　：長崎県は漁業がさかんな県だよね。長崎県では，ブリ以外の魚も多くとれているんだよ。

さくら：そうなんだ。長崎県のブリの漁かく量は，［　イ　］県のおよそ 2.3 倍になっているよ。長崎県は，魚がたくさんとれるかん境が整っているんだね。

母　：だけど，たくさんとれるからといって魚をとりすぎてしまうと，魚の数が減ってしまって，いつかはとれなくなってしまうかもしれないよ。

さくら：そうならないために，**図２**のようなさいばい漁業がさかんに行われていると授業で習ったよ。さいばい漁業は［　ウ　］漁業だから，つくり育てる漁業といわれているんだって。

表１　ブリの漁かく量の多い５県について

県	漁業生産量（t）	ブリの漁かく量（t）
長崎県	340178	18197
島根県	137471	13015
岩手県	114326	10410
石川県	39427	8229
三重県	181128	7917

（2017 年）　　（「データでみる県勢 2020」より作成）

図２　さいばい漁業のようす

①　会話文中の［　ア　］にあてはまる数を書きなさい。ただし，**ア**は，四捨《しゃ》五入して，$\frac{1}{10}$の位まで求めなさい。

②　会話文中の［　イ　］にあてはまる，**表１**中の県名を書きなさい。

③　お母さんとさくらさんの会話が成り立つように，［　ウ　］に入る内容を「ち魚」という言葉を使って書きなさい。

【適性検査Ⅱ】　〈第１回Ｂ試験〉　(45分)　〈満点：100点〉

【注意】字数制限がある場合は、すべて句読点を含めた字数で答えなさい。

1　まなさんとたかしさんは，今からおよそ100年前の1921年に「ワシントン会議」という会議が開さいされたことを知り，ワシントン会議について調べました。

ま　な：きのう，テレビでワシントン会議について放送していたの。お父さんが，第一次世界大戦の後に，戦争に勝った国々で話し合った会議だと教えてくれたよ。

たかし：第一次世界大戦には日本も参戦したんだよね。たしか［　　　］同盟《どうめい》を結んでいたことが参戦の理由だと学んだよ。

ま　な：そうだね，［　　　］同盟はワシントン会議によって解消されたんだって。そういえば，第一次世界大戦によって日本の産業は大きく変化したんだよね。

たかし：どのように変化したのか調べるために，資料を探《さが》してみよう。

⑴　会話文中の［　　　］に共通してあてはまる語句を，**漢字２字**で書きなさい。

⑵　会話文中の下線部（日本の産業）について，第一次世界大戦前後は特に工業に大きな変化が見られました。

　第一次世界大戦の前と後を比かくして，日本の工業はどのように変化しましたか。**資料１～資料４**からそれぞれ読み取れることにふれて説明しなさい。

資料１　日本の貿易額の変化

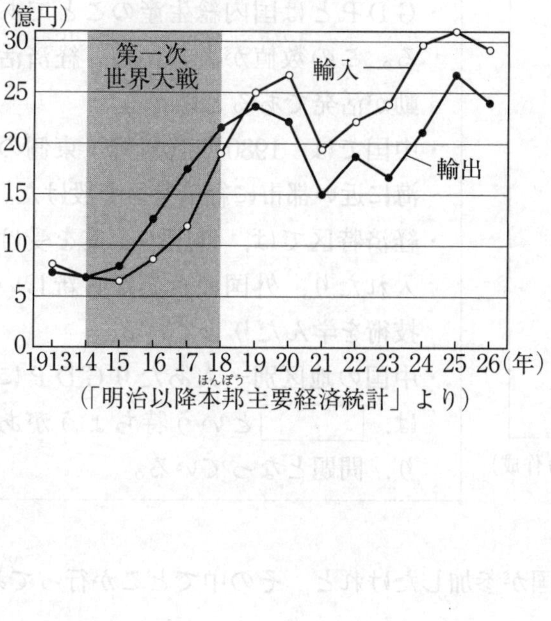

（「明治以降本邦《ほんぽう》主要経済統計」より）

資料２　第一次世界大戦中のできごと

年	できごと
1914	第一次世界大戦が始まる
	日本が参戦する
	マルヌの戦い（ドイツ対フランス）
1916	ソンムの戦い（イギリス・フランス対ドイツ）
1917	アメリカ合衆国《がっしゅうこく》が参戦する
1918	第一次世界大戦が終わる

資料３　第一次世界大戦のおもな戦場

資料４　日本の産業生産額と内訳《うちわけ》

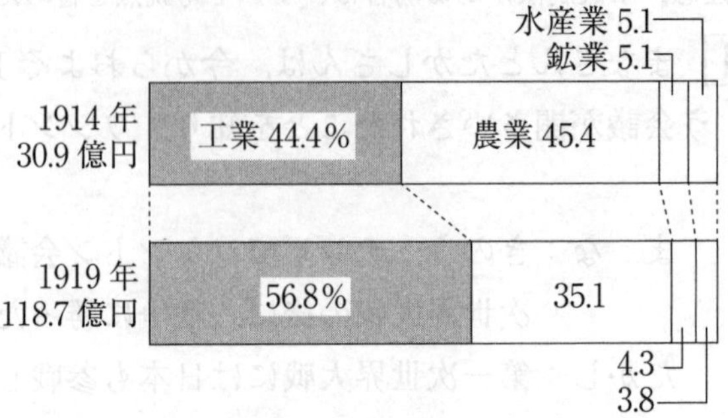

（「日本資本主義発達史年表」などより）

たかし：ワシントン会議には，第一次世界大戦に勝った国が参加したんだよね。ということは，日本と中国，アメリカ合衆国，イタリア，フランス……。

ま　な：ほかにもオランダなどの国が参加したよ。

たかし：今度はワシントン会議に参加した国について調べてみよう。

(3)　まなさんとたかしさんは，ワシントン会議に参加した国のうち，中国の現在について調べ，**資料５**，**資料６**を作りました。**資料６**の［　　　］にあてはまる内容を，**資料５**，**資料６**からそれぞれ読み取れることにふれて書きなさい。

資料５　中国の地区別一人あたりＧＤＰ（2018 年）

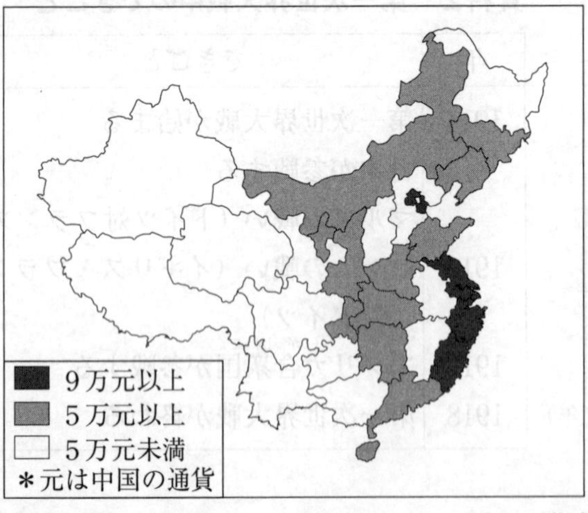

（「2020 年版　データブック オブ・ザ・ワールド」より作成）

資料６　まなさんが作ったメモ

・ＧＤＰとは国内総生産《こくないそうせいさん》のことである。この数値《すうち》が大きいと，経済《けいざい》活動が活発であるといえる。
・中国では，1980 年代以降《いこう》，東側の海に近い都市に経済特区を設けた。
・経済特区では，外国の企業《きぎょう》を受け入れたり，外国の企業から新しい技術を学んだりしている。
・中国の地区別一人あたりＧＤＰには，［　　　］という特ちょうがあり，問題となっている。

たかし：ワシントン会議にはいろいろな国が参加したけれど，その中でどこか行ってみたい国はある？

ま　な：私はフランスに行ってみたいな。フランスは風景や建物がきれいで，世界の中で最も観光客数が多い国なんだよ。

たかし：そうなんだ。ぼくもいつか行ってみたいな。

ま　な：だけれど，観光客が多いことで，困っていることもあるみたいなんだ。

(4)　まなさんとたかしさんは，フランスで，観光客が多いことによってある問題が起こっていることを知り，**資料７～資料10**を集めました。これらの**資料**から，フランスではどのような問題が起こり，また，その問題の解決に向けてどのような取り組みが行われていると考えられますか。**資料７～資料10**からそれぞれ読み取れることにふれて書きなさい。

資料７　観光客の移動について

> フランスでは，観光客の移動によって発生する温室効果ガスのはい出量が年間3000万トンであり，全体のおよそ６％をしめています。(部分省略)

(「フランス外務省広報部広報課」資料より作成)

資料８　移動手段《しゅだん》別の二酸化炭素のはい出量

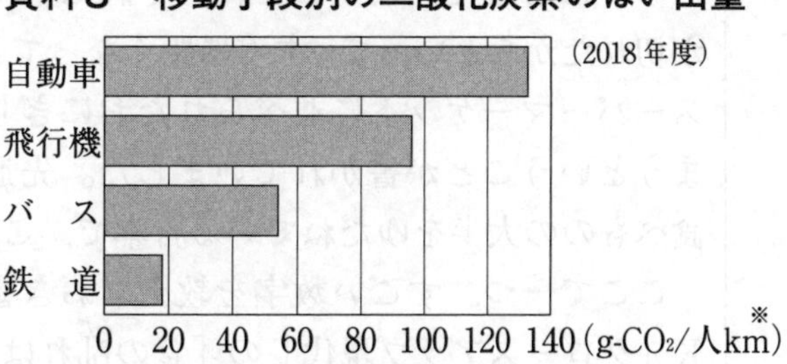

※１人を１km運ぶのにはい出する二酸化炭素の量
(国土交通省「自動車輸送統計」などより作成)

資料９　フランスの道路

資料10　フランスの自転車貸し出しシステム

2 てつやさんたちの学級では，学習発表会の時間にグループで一つ，テーマを決めて発表を行います。てつやさんたちのグループは「食品の大切さ」について考えています。

てつや：今はほとんどの食品に，賞味期限や消費期限が書かれているね。
みゆき：食べられる期間の目安になって便利だけれど，期限が切れたらすぐに捨《す》ててしまう人も多いと聞いたことがあるよ。
ゆうと：捨てられてしまう食品ってどれくらいあるのかな。
みゆき：この本に，捨てられている食品の量について書いてあるから，読んでみようよ。

　スーパーやコンビニなどで買った食品に，賞味期限が表示されているのは知っていますね。では，賞味期限が切れたものは，どう処理《しょり》をしているのでしょうか。
　じつにもったいないことに，それは捨てているのです。でも，それらは賞味期限が切れたからといって，すぐに悪くなってしまうものではないのです。先日，新聞に，スーパーマーケットに並《なら》べられたおにぎりは六時間を超えたら，ほとんど捨ててしまうということが書かれていました。先進国でもっとも食料自給率が低く，外国に食べものの大半をゆだねている日本で，こんな無駄《むだ》なことをしているのです。
　ここで一つ，すごい数字を教えておきましょう。二〇〇七年の一一月に私《わたし》はＮＨＫ「クローズアップ現代」の「食の乱《みだ》れは直せるか〝好きな物だけ食べたい症候群《しょうこうぐん》〟」に出演して，つぎのような内容のことを話しました。
　じつは，世界でもっとも食材をつくっていないこの日本が，世界でいちばん食べものを捨てているという不思議な話です。いったいどれくらい捨てているかというと，賞味期限切れの食べもの，学校給食の残飯，家庭の残飯，観光地の残飯，それから過剰《かじょう》農産物。なんとこれらを年間二〇〇〇万トンも捨てているのです。そのうち小売店から出る賞味期限切れや返品などの売れ残り食品は約六〇万トンです。
　この六〇万トンを基準に計算してみると，大人一人一日に五〇〇グラムを食べるとして，毎日三〇〇万人分も捨てていることになるそうです。こんな国はありません。世界でもっとも食料自給率の低い国なのに，裏側《うらがわ》では世界一食べものを捨てているのですから。なんとも恐《おそ》ろしい民族に見えるのは，私だけでしょうか。「この国はこんなことをつづけたら，天罰《てんばつ》が下る」と，私は『毎日新聞』にも書きました。
　世界にはいま，ひと握《にぎ》りの食べものがないばかりに空腹《くうふく》で死んでいく子どもたちが，何百万人もいます。
　それなのに日本では大人一人が一日に食べる量の，三〇〇万人分を毎日捨てているのです。こんなことはほんとうにいけないことです。日本国民一人一人がこの現実をしっかりと把握《はあく》して，食べものを大切にしなければ，つぎの世代にはもうこの国はないかもしれません。

（小泉武夫《こいずみたけお》『いのちをはぐくむ農と食』による）

みゆき：日本は先進国の中でもっとも食料自給率が低く，外国に食料をたよっているのに，大量に食品を捨てているんだね。知らなかったな。

ゆうと：それに，捨てられているものの中には賞味期限切れや売れ残りなど，まだ食べられるものも多いんだね。

てつや：ぼくたちはどうすればいいのかな。

みゆき：筆者は，日本で［　　　］と述べているよ。

てつや：つまり，食料を無駄にしていることを知って，食べものの大切さを意識することが必要なんだね。

(1)　会話が成り立つように，［　　　］に入る内容を書きなさい。［　　　］には，12ページの文章をもとに，日本で捨てられている食べものの量をふまえた筆者の主張を，**50字以上70字以内**で書きなさい。

(2)　てつやさんは，本来食べられるのに捨てられてしまう食品を「食品ロス」と呼ぶことを知り，**資料１～資料４**を集めました。これらの**資料**をもとに，食品ロスを減らすために，私たちにはどのようなことができると思いますか。**資料１～資料４**の中から**二つの資料**を選び，それらを関係づけて，**60字以上80字以内**で書きなさい。また，選んだ**資料**の番号も解答用紙に書きなさい。

資料１　食品を捨てた理由

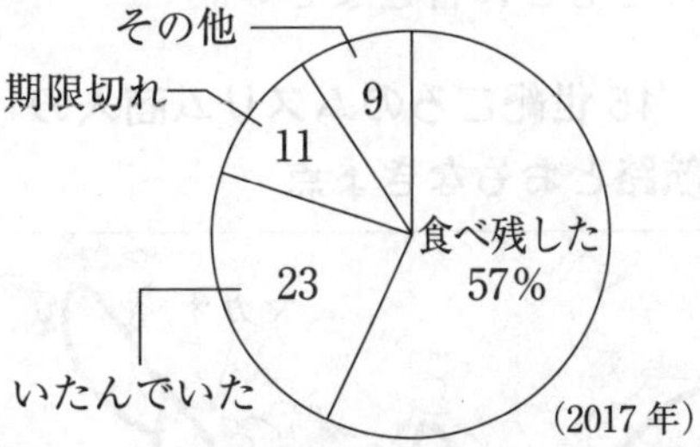

(平成29年度徳島県における食品ロス削減《さくげん》に関する実証事業の結果より作成)

資料２　製造・販売《はんばい》における食品ロスの発生

製造，流通，調理のさいに形が悪かったり，大きさがちがったりするもの，また，返品や売れ残りなどが食品ロスになる。

(「消費者庁消費者政策課」資料より作成)

資料３　一人分に小分けして販売されている野菜

資料４　TA《た》BE《べ》TE《て》

EAT ME !
TABETE

登録してある店が，売れ残りそうな商品を出品し，お客さんがアプリケーション上で購《こう》入《にゅう》できる。

3 2021年，第31回東南アジア競技大会が開さいされる予定です。やまとさんとみさきさんは，次のように話しています。

やまと：来年，東南アジアのオリンピックといわれる東南アジア競技大会が開さいされるんだよ。

みさき：東南アジアはＡＳＥＡＮ《アセアン》（東南アジア諸国《しょこく》連合）が結成されているし，地域《ちいき》のつながりが強いんだね。

やまと：そうだね。ＡＳＥＡＮは，加盟《かめい》国間の貿易を活発化させたり，文化や社会の発《はっ》展《てん》をうながしたりすることを目的としているよ。

みさき：たしか，インドネシアに本部があるんだよね。

(1) 東南アジアに多い熱帯の気候の特ちょうとして正しいものを，次の**ア**～**エ**のうちから一つ選び，記号で答えなさい。

ア ほぼ一年中氷と雪におおわれている。

イ 一年中雨が少なく，かんそうしている。

ウ 一年中気温が高く，降水《こうすい》量が多い。

エ 気候がおだやかで四季がある。

(2) **資料１**は東南アジアの宗教《しゅうきょう》分布を示した地図です。東南アジアにイスラム教を信こうしている人が多い国がある理由を，**資料２**～**資料４**をもとに書きなさい。

資料１ 東南アジアとその周辺でおもに信こうされている宗教

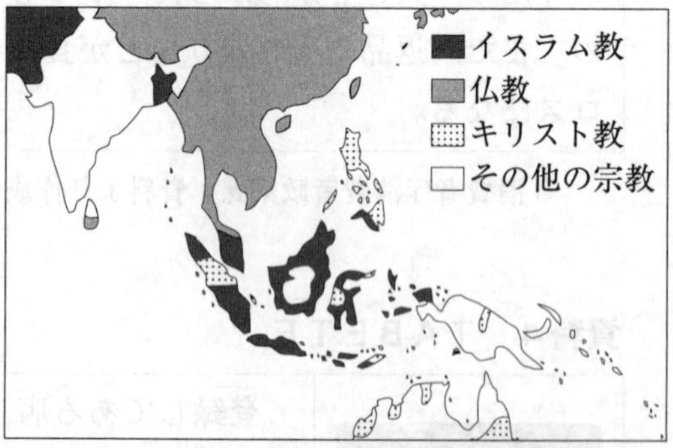

（「ディルケ世界地図」2010年版などより作成）

資料２ 15世紀ごろのムスリム商人の航路とおもなきょ点

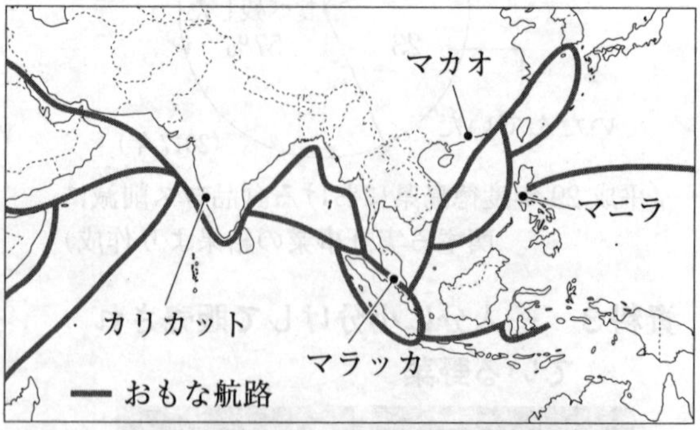

※ムスリム商人…イスラム教徒の商人。

資料３ 15世紀の東南アジアの特産物

香辛《こうしん》料 コショウ，シナモン，ナツメグ，ジンジャーなど。

資料４ 15世紀ごろの世界の貿易

ヨーロッパでは，生肉の保存《ほぞん》のために香辛料が使われていたので，香辛料は高い値段《ねだん》で取引されていた。

やまと：東南アジアで最長の川は，チベット高原を源流《げんりゅう》として，中国，ミャンマーとラオスの国境，タイとラオスの国境，カンボジア，ベトナムを通って南シナ海へ流れ出るメコン川なんだ。

みさき：メコン川は日本の川と比べて，どのくらい長いのかな。

やまと：メコン川の全長は約 4800km，日本で最長の信濃川《しなのがわ》で約 367km，二番目に長い利根川《とねがわ》で約 322km だから，メコン川は日本で１，２位の長さの川の約 13 倍～15 倍にもなっているんだね。

みさき：その他にも，日本の川とメコン川ではどんなちがいがあるのかな。

やまと：図書館で見つけたけれど，**図１**のような資料があったよ。

みさき：日本の川は□ので，とくに川の流《りゅう》域《いき》では大雨による洪水《こうずい》などの自然災害に注意しなければならないわね。

図１

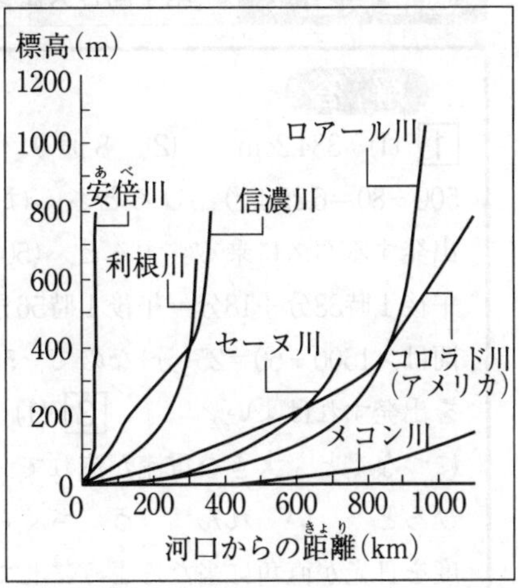

(3)　下線部（大雨による洪水などの自然災害に注意しなければならない）について，会話文中の□に入るように，その理由を書きなさい。

(4)　2019 年 10 月には，台風 19 号が日本列島を直げきしました。**図２**は，10 月 11 日 10 時の衛星《えいせい》写真を図で示したもので，左巻《ま》き(反時計回り)にうずを巻いた台風の雲をはっきりと見ることができます。台風による災害は，大雨以外に強風による災害もあります。台風による風がより強くふく地域は，**A**，**B**のどちらですか。また，その理由を書きなさい。

図２

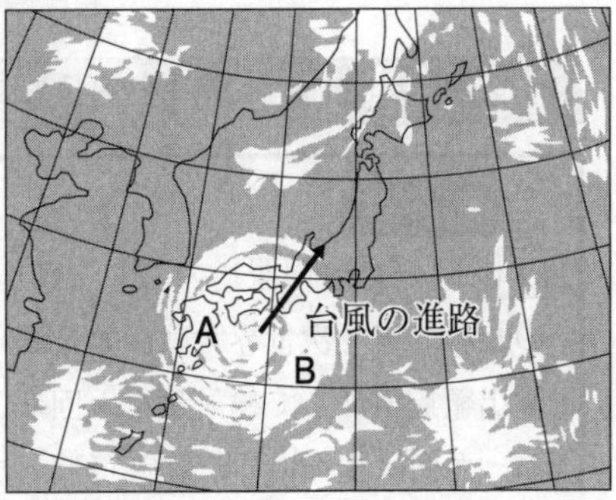

(5)　**図２**のもととなった衛星写真は，気象衛星『ひまわり』から送られてきたものです。現在では，ひまわり８号と９号が打ち上げられています。また，気象衛星は，静止衛星という人工衛星で，いつでも地球上の同じ範囲《はんい》を宇宙《うちゅう》から観測することができます。このように同じ範囲を観測できる理由を「自転」という言葉を使って書きなさい。

2021年度
茨城中学校 ▶解答

※　編集上の都合により，第１回Ｂ入試の解説は省略させていただきました。

適性検査Ⅰ　＜第１回Ｂ入試＞（45分）＜満点：100点＞

解答

[1] (1)　334.2cm　　(2)　８通り　　[2] (1)　24分　　(2)　**イ**…１時，**ウ**…31分／**説明**…(例)　500÷80＝6.25より，ひろとさんは午後１時36分15秒にバス停に着き，午後１時38分にバス停を出発するバスに乗る。すると，(5000－500)÷250＝18より，ひろとさんが博物館に着く時刻は，午後１時38分＋18分＝午後１時56分とわかる。また，さくらさんの家から博物館までにかかる時間は，1500÷60＝25(分)なので，56－25＝31より，さくらさんは，おそくとも午後１時31分に家を出発すればよい。　[3] (1)　右の図／**理由**…(例)　かん電池を直列につなぐと，大きな電流が流れて，モーターが速く回るから。　(2)　**あ**　ひろと　**い**　れん　**う**　さくら　(3)　(例)　光電池を取りつける角度を日光が直角に当たるようにして，晴れの日に走らせる。　[4] (1)　**晴れの日**…イ　**雨の日**…ウ　(2)　蒸発　(3)　ア／**理由**…(例)　むらさき色の光はほかの色の光よりも空気と水滴の境目で曲がりやすいため。

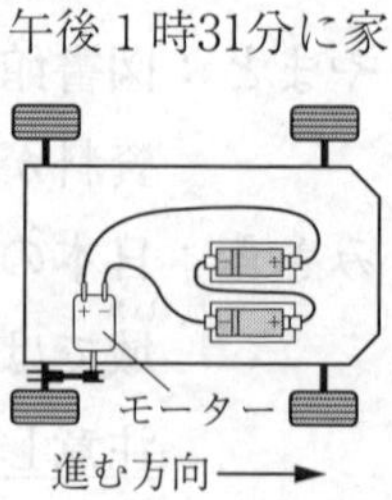

[5] (1)　(例)　魚はえらから水中の酸素を取り入れ，二酸化炭素を水中に出している。　(2)　エ　(3)　①　15.5%　②　三重県　③　(例)　たまごからち魚になるまで水そうなどで育ててから，川や海に放流する

適性検査Ⅱ　＜第１回Ｂ入試＞（45分）＜満点：100点＞

解答

[1] (1)　日英(同盟)　(2)　(例)　第一次世界大戦では，ヨーロッパがおもな戦場となった。そのため，第一次世界大戦が始まると，ヨーロッパにかわって日本が大きく工業生産額をのばし，輸出額も増加して輸入額を上回るようになった。　(3)　(例)　経済特区のある東側のほうが多く，西側は少ない　(4)　(例)　フランス国内ではい出される温室効果ガスの約６％が観光客の移動によって発生していることが問題となっている。自動車は温室効果ガスの一つである二酸化炭素のはい出量がほかの移動手段に比べて多いため，自転車専用道路を整備し，自転車の貸し出しを行うことで，観光客に自転車を使用するようにうながしている。　[2] (1)　(例)　年間二〇〇〇万トンもの大量の食べものが捨てられているという現実を日本国民一人一人が知り，食べものを大切にしなければならない(と述べているよ。)　(2)　(例)　食べきれずに食品を捨ててしまうことが多くあるので，一人分に小分けされた野菜を利用するなど，必要な分だけ食材を

買うようにする。／**選んだ資料の番号**…１（と）３　　[3] (1)　ウ　(2)（例）　香辛料を求めて東南アジアをおとずれたムスリム商人がイスラム教を広めたから。　(3)（例）　長さが短く，かたむきが急で，川に流れこんだ雨水が一気に下流へと流れていく　(4)　Ｂ／**理由**…（例）　進行方向に向かって右の半円では，台風自身の風と台風を移動させるまわりの風が同じ方向にふき，風が強くなるから。　(5)（例）　地球の自転と同じ向きに，同じ周期で地球のまわりを回っているから。

Memo

2020年度　茨城中学校

〔電　話〕　029(221)4936
〔所在地〕　〒310－0065　水戸市八幡町16－1
〔交　通〕　JR常磐線「水戸駅」よりバス―「茨城高校入口」下車徒歩３分

【算　数】〈一般前期試験〉（60分）〈満点：150点〉

【注意】定規、コンパス、分度器は使用しないでください。

1　次の計算をしなさい。

(1)　$14+75\div25-(7\times2-4)$

(2)　$\left(1.25-\dfrac{2}{3}\right)\div14$

(3)　$\dfrac{3}{2}\div\dfrac{6}{5}\times\dfrac{6}{5}\div\dfrac{6}{5}$

(4)　$(0.1+0.01\div0.001)\times0.1$

(5)　$2\dfrac{1}{4}\times\dfrac{2}{3}+3\dfrac{1}{2}\div2\dfrac{4}{5}$

(6)　$1.45\times6.11-4.79\times1.45+1.45\times8.68$

(7)　$\dfrac{5}{9}\div14\div\dfrac{5}{21}\div\dfrac{2}{3}$

(8)　２から100までの偶数をすべて足すといくつになりますか。

2　小学校で学習している算数の問題の中には，将来「こんな場面で役に立つ」ということを期待している問題が多々あります。そのような問題で代表的な問題を３題考えてみました。[ア]～[オ]に当てはまる数字を答えなさい。

[問題１]　なぜ，食塩水の濃度を気にするの？

９％の食塩水150ｇから少しだけ食塩水を捨て，同じ量の水を加えたところ６％の食塩水になりました。捨てた食塩水は[ア]ｇです。

★こんな場面で役に立つ！★

皆さんが社会人になって，「2つの会社を1つの会社にするときに，どのくらいの利益率になるか」という計算と一緒です。

問題2　なぜ，あめは人数分用意されていないの？

あめが全部で [イ] 個あります。1人に5個ずつ配ると3個あまり，1人に7個ずつ配るとちょうど1人分足りませんでした。

★こんな場面で役に立つ！★

皆さんが仕事をチームの仲間に頼むとき，「しなければならない仕事の量に対して，一人あたりどのくらいの仕事を頼むか」という計算と一緒です。

問題3　なぜ，2つ以上の蛇口《じゃぐち》で水そうに水を入れるの？

たて12 cm，横8 cm，高さ [ウ] cmの水そうに1分間に300 mL出る蛇口Aで入れ続け，3分後に，1分間に200 mL出る蛇口Bでも入れ始めたところ，蛇口Aで水を入れ始めてから6分後に水そうがいっぱいになりました。

★こんな場面で役に立つ！★

皆さんがチームで仕事をするとき，「一人ひとりの仕事のスピードが違う中で，全体でどのくらいの時間をかければ終わるか」という計算と一緒です。

[問題1]～[問題3]までで〈★こんな場面で役に立つ！★〉が3つでてきました。次に，具体的な仕事の場面を考えて，「あなた」のチームの仕事を考えてみましょう。

あなたのチームは，「あなた」と「啓《けい》さん」・「絵衣《えい》さん」・「愛《あい》さん」の4人の愉快《ゆかい》なチームです。さて，今回はこのチームにレポート作成の仕事が来ました。それぞれ4人の仕事の速さは，1時間当たりのレポートの枚数で考えると，

あなた …… 3枚，　啓さん …… 6枚，　絵衣さん …… 2枚，　愛さん …… 2枚

です。いま，60枚のレポートをこのチームで完成させるとき， [エ] 時間 [オ] 分で完成することができます。ただし，この4人は仕事を始めたら終わるまで休まないものとします。

さて，いかがでしたか？

いま皆さんが解いている算数の問題も，これから中学生になって経験する数学も，一見すると「こんなこと絶対にありえない！」と思えることがたくさんあります。でも，この問題みたいに見方を変えてみると，これから皆さんが大人になったときに役に立つ問題ばかりかもしれませんね。

3

天気予報でよく聞く『降水量』とは，雨のほかに雪・霰《あられ》・雹《ひょう》などをすべて水に換算した際の量を表しています。また，降水量の数値は「雨水が，別の場所に流れず，蒸発せず，地面などにしみこまない状態で，どのくらいの深さになるか」ということを表した数字です。つまり，「降水量が1時間当たり50 mmの雨」というと，1時間で5 cmの雨がたまる量ということになります。

いま，雨が降っている屋外に水そうを置きます。次の問いに答えなさい。

(1) 降水量が1時間当たり20 mmのとき，1.5時間屋外に置きました。何cmの雨がたまりましたか。

(2) 水そうを2時間屋外に置いたとき，5 cmの雨がたまりました。降水量は1時間当たり何mmですか。

(3) 水そうの底面積が1 m^2のとき，降水量が1時間当たり60 mmの雨の中に40分間屋外に置きました。水そうの中の水の量は何Lですか。

4

新体操の採点方法は，技の難度点（0.1点〜0.5点）と技の実施点（0.0点〜0.4点）からなり，難度点は加点法，実施点は減点法になります。

例えば，難度点0.3の技が20個，そのうち実施点0.2の減点の技が5個だった場合，$0.3\times20-0.2\times5=5.0$点となります。

いま，すべての難度点による加点を0.3点，実施点による減点を0.2点のみとするとき，次の問いに答えなさい。

(1) 難度点0.3の技を25個，そのうち実施点0.2の減点の技が9個だったとき，得点は何点ですか。

(2) 得点が4.1点のとき，実施点による減点が最も少ないときの難度点0.3の技の個数はいくつですか。

5 図1のようなおうぎ形を3つ組み合わせて，図2のような図形あを作ります。この図形あは「ルーローの三角形」というもので，ドイツの数学者フランツ・ルーローが作成した図形です。次の問いに答えなさい。

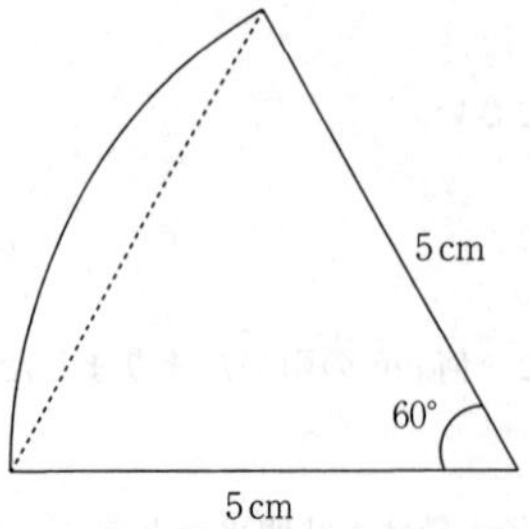

図1

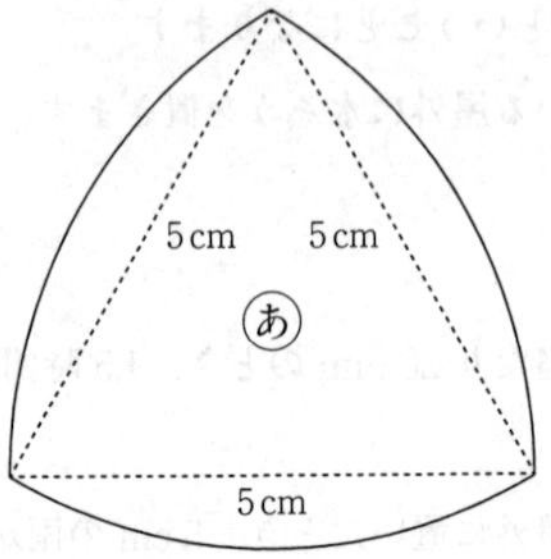

図2

(1) 図形あの周の長さを求めなさい。ただし，円周率は3.14とします。

(2) 図形あを，直線上の点Pからすべらずに一回転させたとき，図形あの通る部分はどのようになりますか。次の4つの中から正しいものを選び，その番号を答えなさい。

① 上側が一直線になる

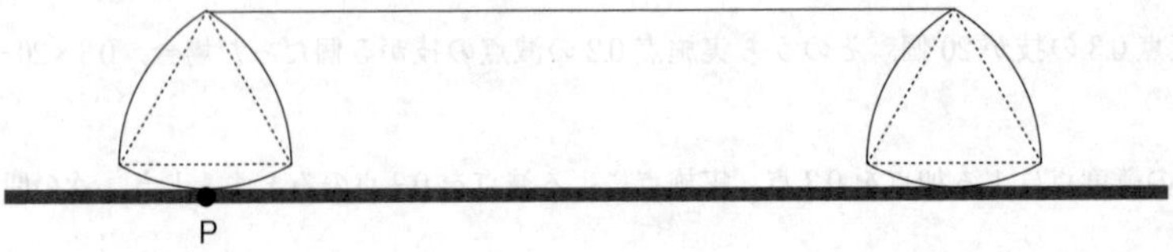

② 上側に山が1つできる

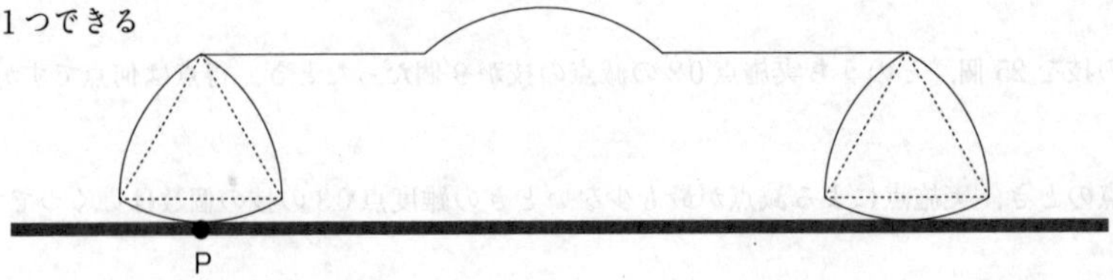

③ 上側に山が2つできる

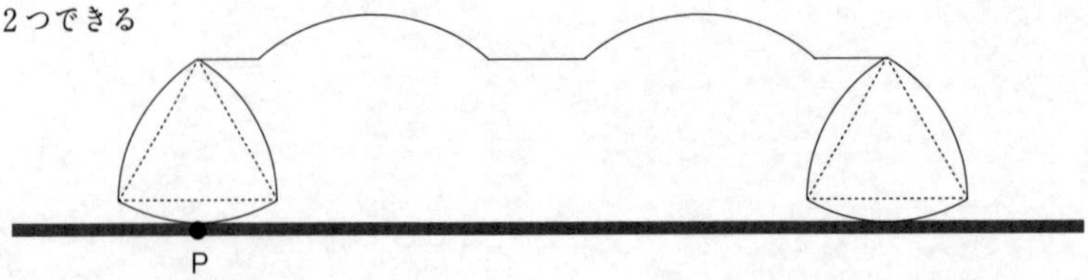

④ 上側に山が3つできる

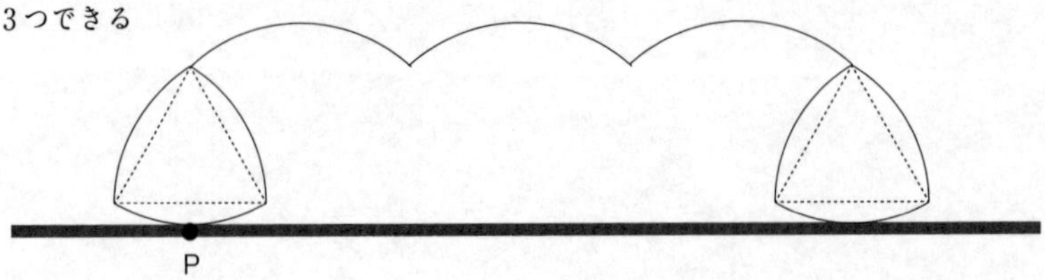

6 向かい合う１組の面が「１」，他の４つの面が「２」である図１のようなサイコロを考えます。サイコロの面と同じ大きさの正方形のタイルを下の図２のように並べ，サイコロを「１」の面が上に見えるように①に置きます。いま，サイコロがすべらずに，タイルの上を１枚ずつ転がるとき，次の問いに答えなさい。

図１

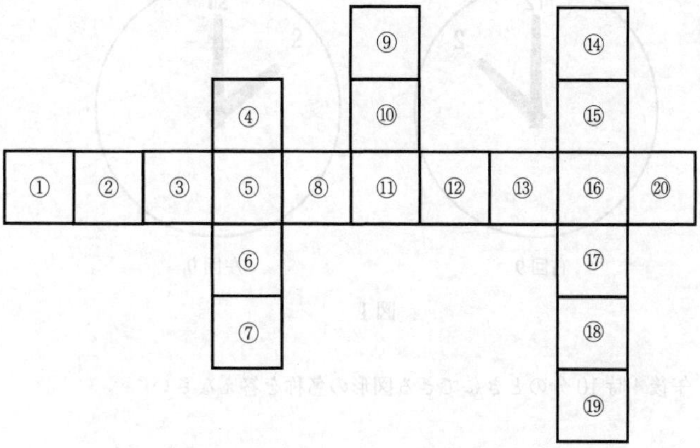

図２

(1) ②～⑪のタイルのうち，サイコロが転がったとき，「１」の面が上に見えるタイルの番号をすべて答えなさい。

(2) ⑫～⑳のタイルのうち，サイコロが転がったとき，「１」の面が上に見えるタイルの番号をすべて答えなさい。

(3) すべてのタイルにサイコロを転がしたとき，①～⑳のタイルで上に見えている面の数字をすべて足したときの合計を求めなさい。

7 一般的な時計は右回りをしていますが，おしゃれな時計の中には図1のように逆回り（左回り）の時計もあります。いま，午後2時のときに2種類の時計を重ね合わせると，図2のようになります。このとき，2種類の時計の短針と長針の先っぽを頂点とする図形を考えます。

右回り　　左回り

図1

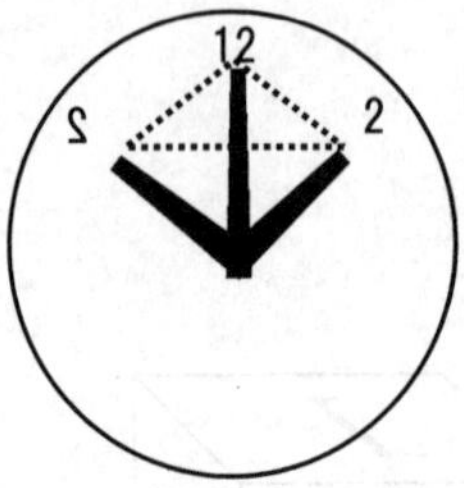

図2

⑴　午後4時10分のときにできる図形の名称を答えなさい。

⑵　午後2時～午後3時で，できる図形が二等辺三角形になる時間を求めなさい。ただし，午後2時ちょうどと午後3時ちょうどの時間は考えません。

⑶　午後1時～午後11時で，できる図形が二等辺三角形になる時間は全部でいくつありますか。ただし，午後1時ちょうどと午後11時ちょうどの時間は考えません。

【社　会】〈一般前期試験〉(40分)〈満点：100点〉

1　次の文章を読んで，以下の問いに答えなさい。

(　ア　)大陸の西のはじにあるヨーロッパには30をこえる国々がせまい範囲《はんい》にあつまっていますが，ことばや文化はさまざまな地域でもあります。

ヨーロッパのことばは，大きく3つに分けられます。西部や北部のことばはおもにゲルマン系のことば，南部ではラテン系のことば，東部ではスラブ系のことばが使われています。同じ系統《けいとう》のことばは似たような音や表現が多く，中にはそれぞれのことばを使っていてもたがいの話を理解できることもあります。ヨーロッパの民族は，これらの使用していることばによって大まかに分けることができ，民族をもとにして国が成立してきました。

ヨーロッパでもっとも広く信じられている宗教は(　イ　)教です。(　イ　)教の分布している場所は大きく3つに分かれます。ヨーロッパの南部には(　ウ　)，北西部には(　エ　)，東部には(　オ　)が主に信じられています。ヨーロッパ南東部の一部には(　カ　)教の分布も見られます。

問1　文章中の(　ア　)にはいる大陸名を答えなさい。

問2　下のあ～おは「おはよう」という言葉を表現しています。図を参考に，ことばの組み合わせが誤《あやま》っているものを1つ選び，記号で答えなさい。

＊地図中の文字は，各国で使われる主な言語。

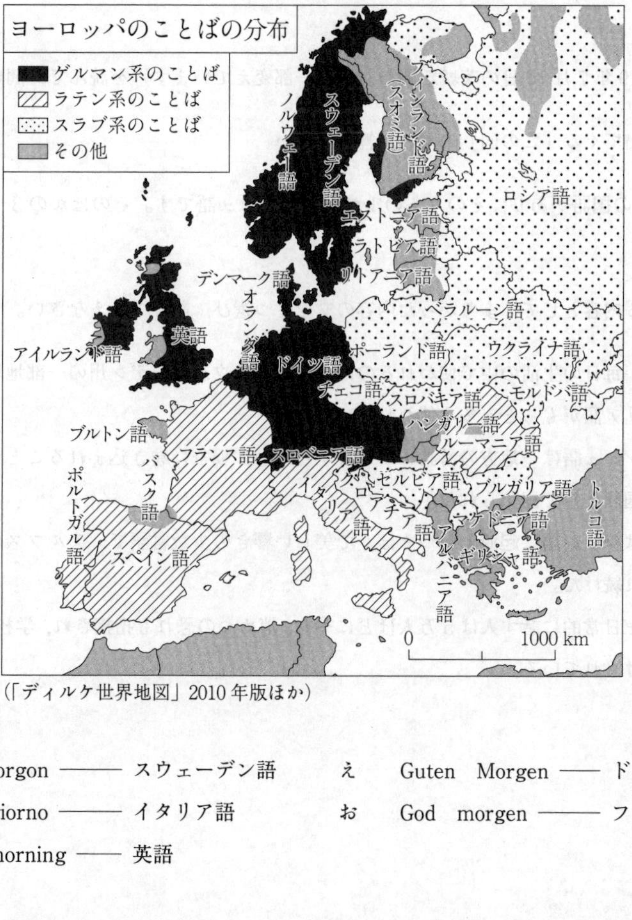

(「ディルケ世界地図」2010年版ほか)

あ　God　morgon ―― スウェーデン語

い　Buon　giorno ―― イタリア語

う　Good　morning ―― 英語

え　Guten　Morgen ―― ドイツ語

お　God　morgen ―― フランス語

問3　図を参考に，（　イ　）（　カ　）にもっとも適当な語を答えなさい。また，（　ウ　）～（　オ　）にあてはまる語の組み合わせでもっとも適当なものを，あ～かから選びなさい。

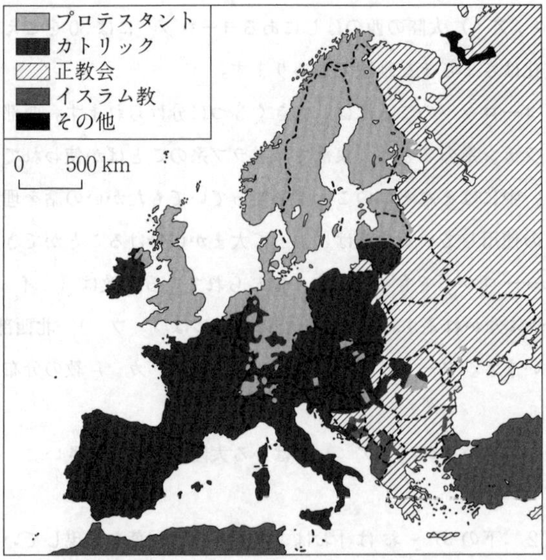

	南部（ウ）	北西部（エ）	東部（オ）
あ	プロテスタント	カトリック	正教会
い	プロテスタント	正教会	カトリック
う	カトリック	プロテスタント	正教会
え	カトリック	正教会	プロテスタント
お	正教会	プロテスタント	カトリック
か	正教会	カトリック	プロテスタント

問4　次の9ページの2019年7月10日の茨城新聞の記事（一部変えています）を読んで，問いに答えなさい。

(1)　記事の中に何度も出てくる「この国」の国名を答えなさい。

(2)「この国」には4つの国語があり，そのうちの1つがロマンシュ語です。そのほかの3つの国語をすべて答えなさい。

(3)　記事に書かれている内容として，まちがった内容の文を1つ選び，記号で答えなさい。

ア　ロマンシュ語が毎日の生活の中で使われるのは，東部グラウビュンデン州の一部地域のみであるが，この州ではイタリア語がもっとも多く使われている。

イ　この国でロマンシュ語は一地方の言葉にすぎなかったが，戦争に巻き込まれることをさけるために国民投票を行い，国語として認められた。

ウ　ロマンシュ語はラテン語に起源《きげん》をもつそぼくで美しい響きの少数言語で，アルプスの山岳地域でローマ時代から使われ続けた。

エ　ロマンシュ語を日常的に話す人は5万人ほどにへり，消めつの恐れも指摘され，学校教育を中心に継承《けいしょう》の努力がつづけられている。

多民族結ぶ第4の国語

美しい響きを教育で継承

〔編集部注：ここには，「この国」のグラウビュンデン州フタンの小学校で行われているロマンシュ語の授業のようすを写した写真がありましたが，著作権上の問題により，掲載《けいさい》できません。〕

この国のグラウビュンデン州フタンの小学校で行われているロマンシュ語の授業。クリスティーナ（手前）がつづる言葉を子どもたちが見守る＝4月（共同）

「エウ・ナ・フォム（私は空腹です）。この文を活用させられる人は?」。この国の東部フタン。アルプスの山に囲まれた小さな小学校で5、6年生のロマンシュ語の授業が始まった。9人の子どもの手が一斉に挙がる。クリスティーナ（13）が元気よく黒板に書き出すと「スペル違うんじゃない」。「えっ」。クリスティーナが振り向くと、教室は笑いに包まれた。

ロマンシュ語はドイツ語、フランス語、イタリア語に次ぐ、この国が憲法で定める第4の国語。ラテン語起源の素朴で美しい響きを持つ少数言語だ。アルプスの山岳地域でローマ時代から使われ続け、歴史的に多民族国家のこの国をつなぐ役割を果たしてきた。

しかし今や日常的に話す人は5万人ほどに減少、消滅の恐れも指摘され、学校教育を中心に継承の努力が続けられている。

▽教える大切さ

「私は両親からロマンシュ語を教わった。家族はこの言葉しか話さなかったし自然と覚えた。しかし今は違う。学校で教えないといけない。特に書き方の授業は大切ね」。フタンの小学校でロマンシュ語を担当する教師のエベリナ・レーナー（63）は話す。

フタンは人口500人ほどの集落で、小学校では約40人が学ぶ。ロマンシュ語を中心に話す家庭もあれば、主にドイツ語やイタリア語の家もある。

「フタンでは通りの名前もロマンシュ語で記されているし、店や銀行でも通じる。しかしロマンシュ語を話せるだけでは仕事は見つからない」とレーナー。ロマンシュ語が日常的に使われるのは東部グラウビュンデン州の一部地域のみだが、州で最も良く使われるのはドイツ語。小学校でも第2言語として教える。

実際、子どもたちは多言語の使い手だ。マリオ（12）はきょうだいとはロマンシュ語で会話、両親とはドイツ語交じりだ。クリスティーナは4カ国語を使えるが、ロマンシュ語を勉強して多くの新たなことを学べたといい「一番好きな言葉だ」と言い切る。

レーナーは「ロマンシュ語には文学も歌もあり、地域の伝統を支えてきた。言葉がなくなると私たちの文化は消える」と強調する。

▽国民投票

この国ではロマンシュ語は長らく一地方の言葉でしかなかった。政府の公式文書に記すことは許されなかった。

状況を一変させたのが、1930年代に欧州を席巻したファシズムだった。イタリアのムソリーニ政権がグラウビュンデン州のイタリアへの併合を念頭に「ロマンシュ語はイタリア語の一方言だ」と主張したのだ。当時、ナチス・ドイツもこの国に領土的関心を持っているとされ、対応を誤ると戦争に巻き込まれる恐れもあった。

38年、この国の政府はロマンシュ語を第4の国語として認めるかどうかの国民投票を行い、9割以上の支持で可決。国家の一体性を示すことで独裁者の野心をくじいたのだ。

しかし第2次大戦後、話者の減少に伴い、ロマンシュ語は衰退の一途をたどった。国連教育科学文化機関（ユネスコ）は「消滅の危機にある言語」に認定、この国の政府は96年に準公用語としての地位を認め、言語教育の充実やロマンシュ語メディアの支援に乗り出した。ジュネーブ大でロマンシュ語学を教えるレンツォ・カドゥーフ上級講師（43）は「言語維持の上で政府の支援策は良い影響を与えている」とし、当面、消滅の恐れはないと指摘する。

2 次の文章を読んで，また，表を見て，以下の問いに答えなさい。

気候《きこう》とは，1年間の周期でくり返される天気や天候のパターンのことです。気候を構成する大切な要素は，気温・降水量・風の3つがあります。

ドイツの気候学者のケッペン（Wladimir Peter Köppen）は，世界の気候を，月別の平均気温を利用し5種類に分け，これを暑い赤道付近から寒い極（北極・南極）に向けて順番にA・B・C・D・Eの5つの記号で表現しました。この中で，「B気候」を除いた4種類（A・C・D・E）の気候を，1月から12月までの12か月のうち，それぞれの月の平均気温を利用し，以下のように分類しました。（「B気候」は降水量や蒸発《じょうはつ》量を使って分けるので，この問題ではあつかいません。）

「A気候」：12か月のうち，一番寒い月の平均気温が18℃以上

「C気候」：12か月のうち，一番寒い月の平均気温は－3℃以上18℃未満

「D気候」：12か月のうち，一番寒い月の平均気温は－3℃未満，かつ，一番暖かい月の平均気温は10℃以上

「E気候」：12か月のうち，一番暖かい月の平均気温が10℃未満

表「世界各地のある都市（ア～エ）の月平均気温」

	1月	2月	3月	4月	5月	6月	7月	8月	9月	10月	11月	12月	全年
ア	24.8	23.4	21.8	17.8	14.6	11.8	11.0	12.9	14.6	17.7	20.5	23.2	17.8
イ	27.3	28.6	29.8	30.9	30.1	29.7	29.3	29.1	28.7	28.4	27.9	26.6	28.9
ウ	-6.5	-6.7	-1.0	6.7	13.2	17.0	19.2	17.0	11.3	5.6	-1.2	-5.2	5.8
エ	-6.6	-7.0	-6.9	-3.2	0.9	4.5	6.6	6.5	3.7	-0.4	-3.2	-5.5	-0.9

(℃)

問1　表中のア～エの気候の組み合わせとして正しいものを選び，①～④の記号で答えなさい。

	ア	イ	ウ	エ
①	A気候	C気候	D気候	E気候
②	C気候	A気候	D気候	E気候
③	A気候	C気候	E気候	D気候
④	C気候	A気候	E気候	D気候

問2　問1で答えたア～エの都市を，赤道に近い順に記号で答えなさい。ただし，標高その他の影響による気温の変化は考えなくてよい。

問3　⑴　問1の表中のアの都市は北半球あるいは南半球のどちらにあるのか答えなさい。

⑵　そのように考えた理由を説明しなさい。

問4　1月から12月までの月別の平均気温について，一番寒い月と一番暖かい月との差を年較差《ねんかくさ》といいます。ア～エの各都市でいちばん年較差が大きいものを選び，記号で答えなさい。

3 次の文章を読み，以下の問いに答えなさい。

日本人は現在，漢字をはじめとした文字を，日常的に使用しています。漢字は，弥生時代①の渡来人がもたらしたものであるとされています。古墳時代には，埼玉県の稲荷山古墳から出土した鉄剣（図1）に漢字が刻まれています。文字が使用されるようになったことにより，書物もつくられるようになりました。日本の歴史書である国史を編さんすることも始まり，720年には，天皇中心の，正統な国家成立史が完成しました②。7世紀以降には，手紙や書類の代わりに木簡（図2）という木の札が使われており③，これは当時の暮らしを示す，重要な史料となります。

平安時代になると，漢字からできた「かな文字」が使われるようになり，国風文化が栄え，その中で女性たちを中心に多くの文学作品が生まれました④。室町時代には，絵入りの文学作品である御伽草子（図3）が作られ，民衆の間に広まりました⑤。江戸時代に入り，教育への関心が高まると，寺子屋とよばれる教育機関ができました。これにより，町人や百姓の子どもたちも，生活に必要な知識を広く学ぶようになりました。その中で本居宣長は『こじき』⑥を研究し，古くからの日本人の考え方を明らかにしました。

図1

図2

図3

問1　下線部①に関して，弥生時代の生活や遺跡について述べた文として正しいものを，次のア～エから1つ選び，記号で答えなさい。

ア　青森県にある三内丸山遺跡から，たて穴住居や大きな建造物の跡が見つかっている。
イ　東大寺には，天皇の命令によってつくられた大仏が残っている。
ウ　佐賀県にある吉野ヶ里遺跡から，大きな集落の跡や，堀のあとが発見されている。
エ　大阪府にある大仙古墳は，5世紀につくられた日本最大の古墳である。

問2　下線部②に関連して，このころの朝廷は，当時の中国に使節を派遣して，政治のしくみや文化を学んでいました。700年前後の中国の王朝名として正しいものを，次のア～エから1つ選び，記号で答えなさい。

ア　明　　イ　元　　ウ　清　　エ　唐

問3　下線部③に関して，7～8世紀の政治について述べた次の文あ～うを，年代順に並びかえたものとして正しいものを，下のア～カから1つ選び，記号で答えなさい。

あ　国を治めるための法律である，律令が完成した。
い　中大兄皇子と中臣鎌足が，蘇我氏を倒した。
う　聖武天皇は，仏教の力で国を治めようと，国分寺を建てることを命じた。

ア　あ → い → う　　イ　あ → う → い
ウ　い → あ → う　　エ　い → う → あ
オ　う → あ → い　　カ　う → い → あ

問4　下線部④に関連して，平安時代に活躍した人物として間違っているものを，次のア～エから1つ選び，記号で答えなさい。

ア　紫式部　　イ　足利義満　　ウ　藤原道長　　エ　清少納言

問5　下線部⑤に関連して，このころの文化について述べた次の文ア～エから，間違っているものを1つ選び，記号で答えなさい。

ア　雪舟が水墨画を大成させた。
イ　日本の伝統芸能である能や狂言が生まれた。
ウ　8代将軍が銀閣を建てた。
エ　武士は，寝殿造の大きなやしきでくらした。

問6　下線部⑥に関して，『こじき』を漢字に直しなさい。

4 次の文章を読み，以下の問いに答えなさい。

2024年度から，新しい紙幣を発行することが発表されました。

新1万円札は，「日本資本主義の父」と称される，渋沢栄一の肖像となります。この人物は，日本が19世紀の後半，産業革命という大規模な工業化が進んだころに活躍しました①。産業発展を中心に，近代化が進んだことで，日本はイギリスを相手に不平等条約の一部改正に成功しました②。このように，日本の産業発展は，国際関係にも大きな影響を与えました。

新5000円札は，岩倉使節団③に同行し，日本初の女性留学生となった津田梅子が描かれます。梅子は，自分の一生を日本の新しい女子教育にささげることを決意し，後に女子英学塾をつくりました。岩倉使節団として外国へ渡った人たちを中心に，明治維新とよばれる改革は進んでいきました④。

新1000円札には，（　A　）が描かれます。この人物は，「日本細菌学の父」と称され，日本の医学の発展に大きく貢献しました。破傷風という病気の治療の方法を発見し，日本の医学が世界に認められるきっかけとなりました。1910年～30年代における日本の科学の発展や，国内の近代化を通して，日本は国際的に認められるようになりました⑤。

問1　下線部①に関連して，このころ設立された代表的な官営工場に，八幡製鉄所が挙げられます。八幡製鉄所が設立された都道府県として正しいものを，次のア～エから1つ選び，記号で答えなさい。

ア　群馬県　　イ　東京都　　ウ　大阪府　　エ　福岡県

問2　下線部①に関連して，右のグラフは，日本の工業の発展について，働く人の数と工場の数について示したものです。このグラフについて述べた次の文あ～えについて，正しいものの組み合わせを，下のア～エから1つ選び，記号で答えなさい。

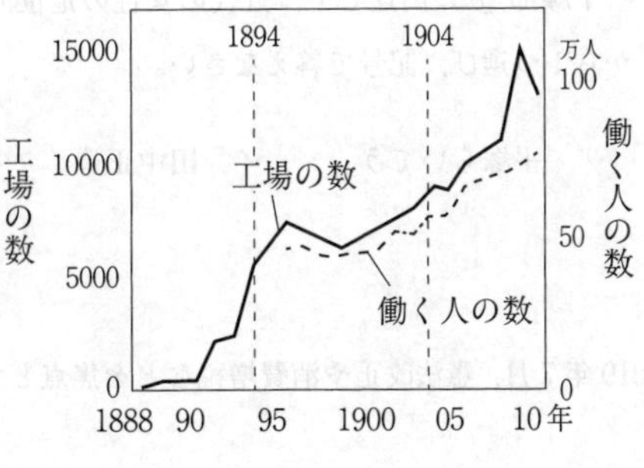

あ　工場の数は1910年になると，1894年と比べて，2倍以上に増えている。

い　働く人の数は，工業化が進むにつれて，減少している。

う　日清戦争が起きた頃，工場の数は初めて5000を超えた。

え　日露戦争が起きた頃，工場の数は初めて5000を超えた。

ア　あ・う　　イ　あ・え　　ウ　い・う　　エ　い・え

問３　下線部②に関連して，交渉した人物あ・いと，改正した内容について述べた文Ｘ・Ｙについて，正しいものの組み合わせを，下のア～エから１つ選び，記号で答えなさい。

あ　陸奥宗光　　　い　福沢諭吉

Ｘ　領事裁判権をなくすことに成功した。
Ｙ　アメリカの占領を終了し，主権を回復した。

ア　あ・Ｘ　　　イ　あ・Ｙ　　　ウ　い・Ｘ　　　エ　い・Ｙ

問４　下線部③に関連して，岩倉使節団を中心とした政府と対立し，士族を率いて西南戦争を主導した人物として正しいものを，次のア～エから１つ選び，記号で答えなさい。

ア　板垣退助　　　イ　伊藤博文　　　ウ　西郷隆盛　　　エ　大久保利通

問５　下線部④に関連して，明治政府の改革に関して述べた次の文ア～ウについて，間違っているものを１つ選び，記号で答えなさい。

ア　近代的な軍隊をもつために，20歳になった男子に３年間の入隊を義務づけた。
イ　満20歳以上の男女に，選挙権が与えられた。
ウ　国の収入を安定させるために，土地に対する税のしくみを改めた。

問６　空らん（　Ａ　）にあてはまる最も適切な人物名を答えなさい。

問７　下線部⑤に関連して，近代の女性の地位向上のために，活動した人物として正しいものを，次のア～エから１つ選び，記号で答えなさい。

ア　平塚らいてう　　　イ　田中正造　　　ウ　北条政子　　　エ　東郷平八郎

5　2019年７月，憲法改正や消費増税などを焦点とする参議院議員選挙が行われました。以下の各問いに答えなさい。

問１　日本の国政選挙の制度として，次のア～エより適当でないものを１つ選び，記号で答えなさい。

ア　海外居住者が在外公館で申請すれば，国政選挙で投票できる。
イ　仕事，事故，妊娠等で投票日に投票所に行けない人でも，投票日前に投票できる。
ウ　自治体の判断により，大型ショッピングモールなどに投票所を設置できる。
エ　住民票のある地方自治体のホームページにアクセスして，マイナンバーでログインすると，インターネット投票ができる。

問２　日本国憲法の改正手続きにおいて，次の日本国憲法第96条の空欄（　①　）～（　④　）にあてはまる語句の組み合わせとして正しいものを，次のア～カより１つ選び，記号で答えなさい。

> この憲法の改正は，各議院の（　①　）の三分の二以上の賛成で，（　②　）が，これを発議し，国民に提案してその承認を経なければならない。この承認には，特別の（　③　）又は国会の定める選挙の際行はれる投票において，その過半数の賛成を必要とする。
>
> 憲法改正について前項の承認を経たときは，天皇は，（　④　）の名で，この憲法と一体を成すものとして，直ちにこれを公布する。

ア　①：出席議員　②：内閣　③：国民審査　④：内閣総理大臣

イ　①：出席議員　②：国会　③：国民投票　④：国民

ウ　①：出席議員　②：国会　③：国民審査　④：国民

エ　①：総議員　②：国会　③：国民投票　④：国民

オ　①：総議員　②：国会　③：国民審査　④：内閣総理大臣

カ　①：総議員　②：内閣　③：国民投票　④：国民

問３　下の図は，「2019年度一般会計歳入額の内訳（総額101兆4,571億円）」です。【　X　】～【　Z　】には，公債金，消費税，法人税のいずれかが入ります。消費税は，【　X　】～【　Z　】のどれに当てはまるでしょうか。また，消費税の説明として適当なものを選び，その組み合わせとして正しいものを，下の選択肢ア～シより１つ選び，記号で答えなさい。

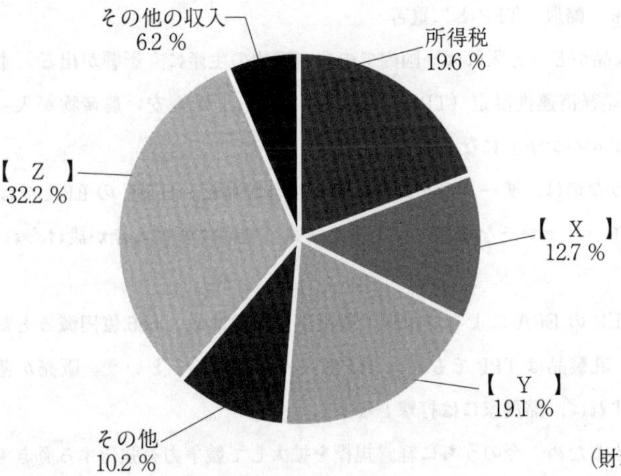

（財務省HPより作成）

【消費税の説明】

①　税金を納めなければならない人と実際に税金を負担する人が一致する直接税である。

②　高所得者ほど多くの税金が徴収され，低所得者ほど税金の徴収が少なくなる累進課税である。

③　消費税の税収は，景気動向の影響を大きく受けない。

④　消費税は1989年に導入して以来，その割合を８％で維持している。

【選択肢】

ア　【 X 】・①	イ　【 X 】・②	ウ　【 X 】・③	エ　【 X 】・④
オ　【 Y 】・①	カ　【 Y 】・②	キ　【 Y 】・③	ク　【 Y 】・④
ケ　【 Z 】・①	コ　【 Z 】・②	サ　【 Z 】・③	シ　【 Z 】・④

6 以下の各問いに答えなさい。

問1　2019年2月1日，日本とEUによる経済連携協定（EPA）が発効しました。次の新聞記事から読み取れることとして，次のア～エより適当でないものを1つ選び，記号で答えなさい。なお記事は一部改訂してあります。

日欧EPA，いよいよ発効　小売業界，需要増に期待／酪農，TPPと二重苦

日本と欧州連合（EU）の経済連携協定（EPA）が2月1日午前0時に発効する。将来的に品目数で日本側約94％，EU側約99％の関税が撤廃される。

■ワイン先取りセール　小売業界，需要増に期待

発効を前に，小売業界では，EUからの輸入品の値下げや販売を強化する動きが広がる。

酒類大手も2月以降，欧州産ワインの値下げに踏み切る。キリンホールディングス傘下のメルシャンは，手頃な中価格帯（1千円～2千円）を中心に最大で約20％引き下げる。同社の社長は「EUとのEPAの発効は，停滞する国内ワイン市場を活性化させるインパクトがある」と期待する。

一方，日本酒はEUへの輸出に追い風が吹く。100リットル当たり最高7.7ユーロ（約960円）かかる関税が即時撤廃されるからだ。新潟県酒造組合で海外戦略の担当者は「フランスなどで日本食への関心は高く，食中酒としてもっと広めたい」と意気込む。

■競争力強化の動きも　酪農，TPPと二重苦

EUからの安い輸入品がどっと入れば，国内での農畜産物の生産にも影響が出る。すでに昨年末，11カ国が加盟する環太平洋経済連携協定（TPP）が発効。豪州などから安い農産物が入ってきており，国内生産者にとって「ダブルパンチ」になりかねない。

特に影響が大きそうなのは，チーズやバターといった乳製品だ。日EUのEPAでは，TPPで対象外だったカマンベールやモッツァレラなどのソフト系チーズに低関税の輸入枠が設けられ，発効16年目に関税がゼロになる。

農林水産省は，日EUのEPAによって国内の農産物生産額は最大686億円減ると試算するが，その約3分の1は乳製品だ。乳製品はTPPでも最大314億円の影響があるという。販売が落ち込み，原料となる生乳の価格が下落すれば，酪農家には打撃となる。

安い輸入品に対抗するため，今のうちに経営規模を拡大して競争力を強化する動きも出ている。

（朝日新聞2019年1月30日一部改訂）

※ 経済連携協定（EPA）：2つ以上の国・地域の間で，貿易や投資，知的財産など幅広い分野で共通のルールを定めて，結びつきを強化する取り決め。

ア　日本の消費者は，欧州産のワインや乳製品をこれまでより安く購入することができる。

イ　日本酒において，日本から欧州への輸出に有利に働き，市場規模の拡大が期待できる。

ウ　欧州から安い輸入品が流入することで，日本国内の生産者に打撃を与えかねない。

エ　品目に関わらず，日欧EPA発効後すぐに関税が撤廃される。

問２　2009年より裁判員制度が導入されました。日本の司法制度として適当でないものを，次のア～エより1つ選び，記号で答えなさい。

ア　裁判員は18歳以上の国民から選ばれ，重大な民事事件の第一審を担当する。

イ　裁判官としてふさわしくない行為をした者を辞めさせるかどうかを判断するために，国会内に弾劾裁判所を設置できる。

ウ　裁判所は，法律が憲法に適合しているかどうかを判断する違憲審査権を有する。

エ　最高裁判所の長官は，内閣の指名にもとづいて天皇が任命する。

問３　1964年の東京オリンピックから半世紀あまりが過ぎ，2020年には再び東京オリンピックが開催されます。次のア～エは，この間の時期における日本の出来事です。これらの出来事をおこった順に並び替え，3番目にくるものとして正しいものを，次のア～エより1つ選び，記号で答えなさい。

ア　「人類の進歩と調和」をテーマにした万国博覧会が大阪で開催された。

イ　東日本大震災が発生し，化石燃料の輸入が急増したことから貿易収支が赤字となった。

ウ　バブル景気が崩壊し，「失われた10年」とよばれる長期の景気低迷を迎えた。

エ　日韓共同開催で，アジア初となるワールドカップが行われた。

問４　2022年4月から，成年年齢が現行の20歳から18歳に引き下げられます。これにより18歳になったときにできることとして適当でないものを，次のア～エより1つ選び，記号で答えなさい。

ア　一人暮らしの部屋を借りることができる。

イ　公認会計士や司法書士などの国家資格を取ることができる。

ウ　飲酒はできないが，喫煙ができるようになる。

エ　クレジットカードを，親の同意なしに作ることができる。

【理　科】〈一般前期試験〉(40分)〈満点：100点〉

1　次の［A］,［B］の問いに答えなさい。

［A］

下の表は，各温度で100ｇの水にとけることができる食塩とミョウバンの最大量をあらわしたものです。これをもとにして，(1)(2)の問いに答えなさい。

	0℃	20℃	40℃	60℃	80℃
食塩（g）	35.7	35.8	36.3	37.1	38.0
ミョウバン（g）	5.7	11.4	23.8	57.3	321.1

(1)　80℃の水100ｇに食塩をとけるだけとかしました。この食塩水のこさは何％ですか。
割り切れない場合は小数第２位を四捨五入して答えなさい。

(2)　60℃の水200ｇにミョウバンを15ｇとかしました。この水よう液にあと何ｇのミョウバンをとかすことができますか。

［B］

うすい塩酸と塩化ナトリウム水よう液と炭酸水があります。次の問い(1)(2)(3)のそれぞれについてア～クより正しいものを１つ選び，記号で答えなさい。

(1)　それぞれの水よう液を加熱して水を完全に蒸発させるとどうなりますか。

ア　どの水よう液の場合も何も残らない。
イ　うすい塩酸のときだけ白い固体が残る。
ウ　塩化ナトリウム水よう液のときだけ白い固体が残る。
エ　炭酸水のときだけ白い固体が残る。
オ　うすい塩酸と塩化ナトリウム水よう液のときだけ白い固体が残る。
カ　塩化ナトリウム水よう液と炭酸水のときだけ白い固体が残る。
キ　うすい塩酸と炭酸水のときだけ白い固体が残る。
ク　どの水よう液の場合も白い固体が残る。

(2) それぞれの水よう液をろ過させるとどうなりますか。

ア　どの水よう液の場合も何も残らない。

イ　うすい塩酸のときだけ白い固体が残る。

ウ　塩化ナトリウム水よう液のときだけ白い固体が残る。

エ　炭酸水のときだけ白い固体が残る。

オ　うすい塩酸と塩化ナトリウム水よう液のときだけ白い固体が残る。

カ　塩化ナトリウム水よう液と炭酸水のときだけ白い固体が残る。

キ　うすい塩酸と炭酸水のときだけ白い固体が残る。

ク　どの水よう液の場合も白い固体が残る。

(3) それぞれの水よう液に青色リトマス紙をひたしてみるとどういう結果になりますか。

ア　どの水よう液の場合も色の変化は見られない。

イ　うすい塩酸のときだけ色が変化する。

ウ　塩化ナトリウム水よう液のときだけ色が変化する。

エ　炭酸水のときだけ色が変化する。

オ　うすい塩酸と塩化ナトリウム水よう液のときだけ色が変化する。

カ　塩化ナトリウム水よう液と炭酸水のときだけ色が変化する。

キ　うすい塩酸と炭酸水のときだけ色が変化する。

ク　どの水よう液の場合も色が変化する。

2　ある量の水を用意して，アルコールランプで一定の熱を加えながら温めました。このときの温度変化を調べると，以下のようなグラフとなりました。これについて次の(1)～(5)の問いに答えなさい。ただし発生する熱は，すべて水の状態変化と温度上昇にのみ使われるものとします。

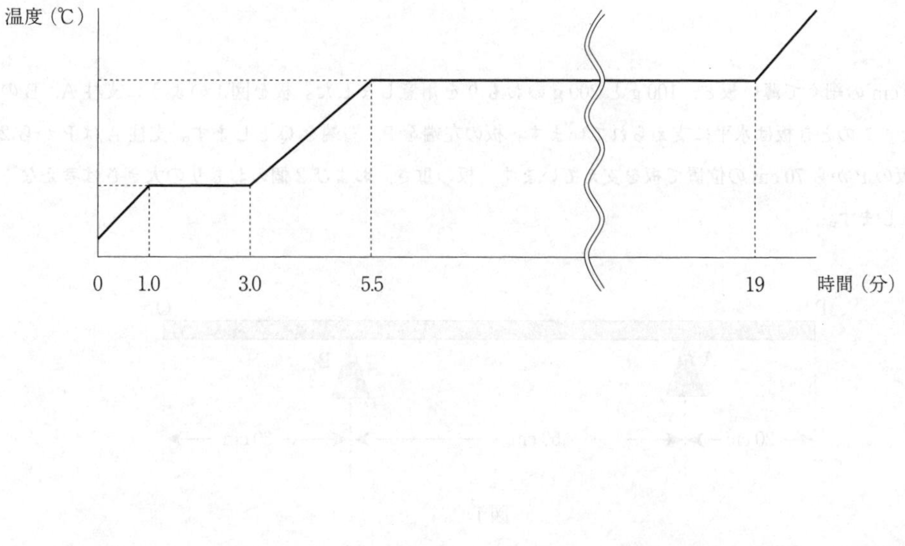

⑴　アルコールランプの使い方として正しいものを次のア～オより１つ選び，記号で答えなさい。

ア　使う前に，もえがら入れとかわいたぞうきんを用意しておく。

イ　長時間使うときは，アルコールをめいっぱい入れておく。

ウ　操作しやすいように，机のはしのほうにアルコールランプを置く。

エ　炎の高さを調整するときは，本などの厚みのあるものの上にアルコールランプを置く。

オ　炎を消すときには，ふたをななめ上からかぶせて，消えたらふたを一度あけ，もう一度ふたをする。

⑵　気体から液体になる温度は何度か。次のア～エより１つ選び，記号で答えなさい。

ア　99℃　　イ　99.9℃　　ウ　100℃　　エ　100.1℃

⑶　①加熱後４分，②加熱後10分，のときの，水の状態として正しいものを次のア～オより１つずつ選び，記号で答えなさい。

ア　すべて固体

イ　すべて液体

ウ　すべて気体

エ　固体と液体がまざっている

オ　液体と気体がまざっている

⑷　はじめに用意する氷の量を２倍にしました。このとき，すべて液体になるまでにかかる時間は何分ですか。

⑸　同じ温度の氷を一定量用意して，ろうそく，アルコールランプ，ガスバーナーを使ってそれぞれ加熱したところ，30℃になるまでの時間がろうそくでは28分，アルコールランプでは４分，ガスバーナーでは30秒でした。この実験でろうそくが一定時間につくりだす熱を１としたとき，アルコールランプ，ガスバーナーがつくりだす熱の量はどのように表すことができますか。必要ならば小数第一位を四捨五入して，整数で答えなさい。

3　長さ100cmの細くて薄い板と，100gと200gのおもりを用意しました。板を図１のように支柱A，Bの上に置きました。このとき板は水平に支えられています。板の左端をP，右端をQとします。支柱AはPから20cm，支柱Bは板のPから70cmの位置で板を支えています。板の重さ，および２個のおもりの大きさは考えなくてもよいものとします。

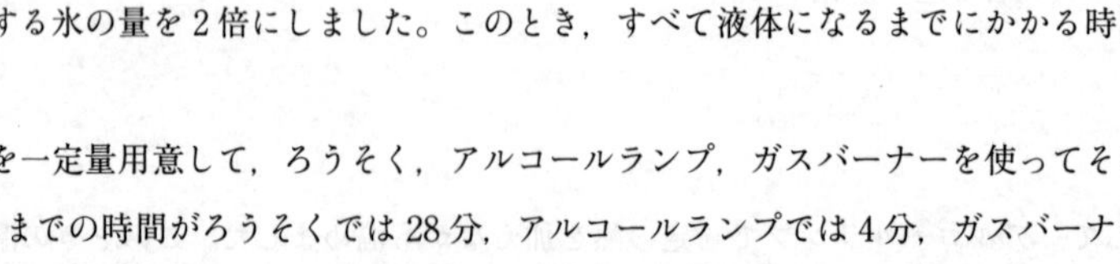

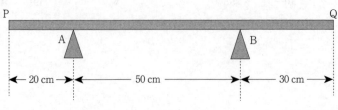

図１

(1) 図２のように，100 g のおもりをＰから 40 cm の位置に置きました。このとき，板は傾くことなく水平のままでした。支柱Ａ，Ｂが板を支える力はそれぞれ何 g ですか。

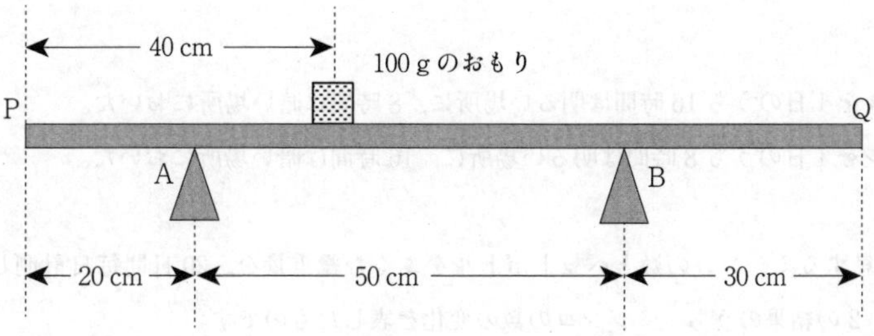

図２

(2) 図３のように 100 g のおもりをＰから 70 cm の位置に置きました。このとき，板は傾くことなく水平のままでした。支柱Ａ，Ｂが板を支える力はそれぞれ何 g ですか。

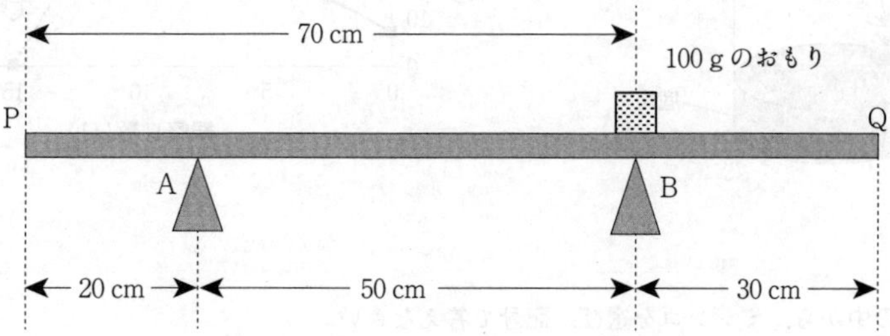

図３

(3) 100 g のおもりを板の左端から右端まで，いろいろな位置に置きました。100 g のおもりを支柱Ａより左側に置いたところ板が傾きました。また，100 g のおもりを支柱Ｂより右側に置いたところ板が傾きました。そこで，図４のように 200 g のおもりを支柱ＡとＢの間のいろいろな位置で，板につるしたところ，図４の位置Ｘから位置Ｙの間であれば，100 g のおもりをＰとＱの間のどの位置に置いても板は傾くことはありませんでした。Ｘ，ＹのＰからの距離はそれぞれ何 cm ですか。

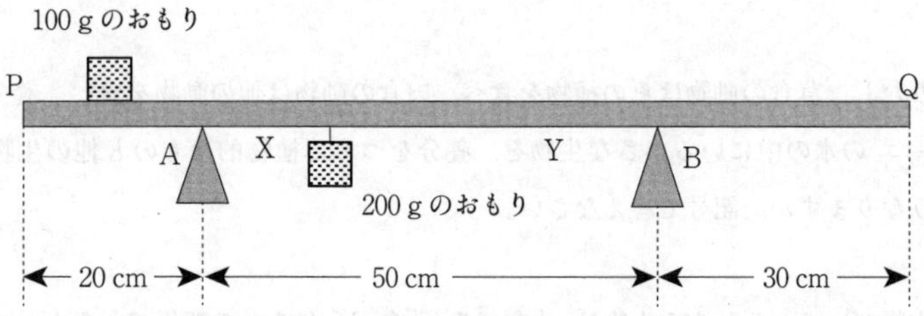

図４

4 空のペットボトルに田んぼの底にあった土と水，空気，オオカナダモ，ミジンコを左下の図のように入れ，口を完全に閉めたものを２本用意し，実験１と２を行いました。ただし，ペットボトルに入れた物の量は，２本とも等しいものとします。

実験１：ペットボトルを１日のうち16時間は明るい場所に，８時間は暗い場所においた。
実験２：ペットボトルを１日のうち８時間は明るい場所に，16時間は暗い場所においた。

そして，その中に生息するミジンコの数とペットボトルをふくむ総重量を，20日間毎日計測し記録しました。右下のグラフは実験１，２の結果のうち，ミジンコの数の変化を表したものです。

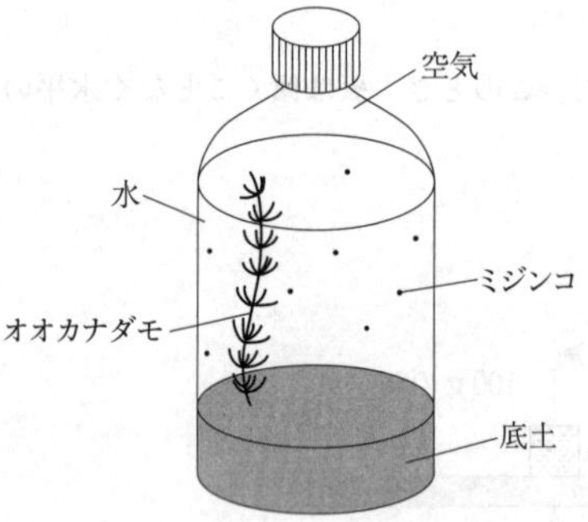

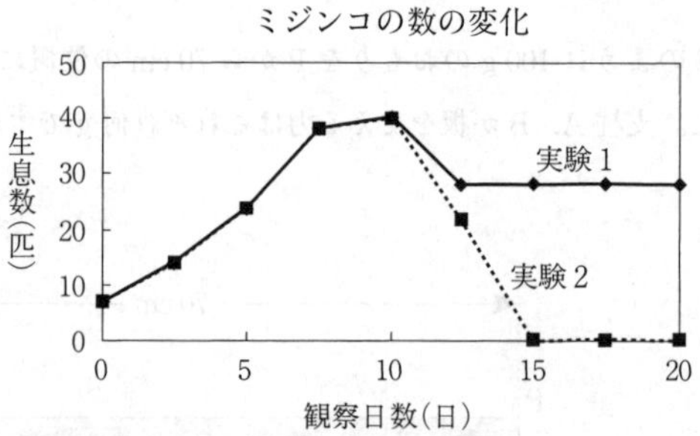

(1) 次のア～エの図の中から，ミジンコを選び，記号で答えなさい。

ア

イ

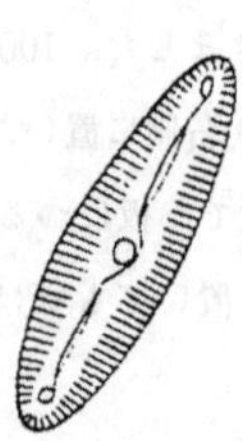

ウ

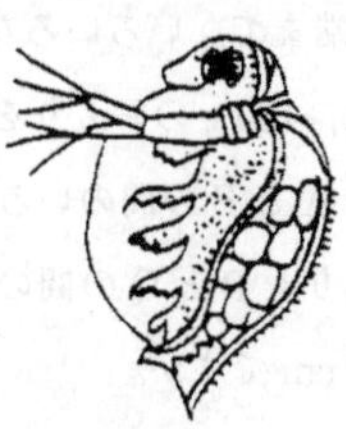

エ

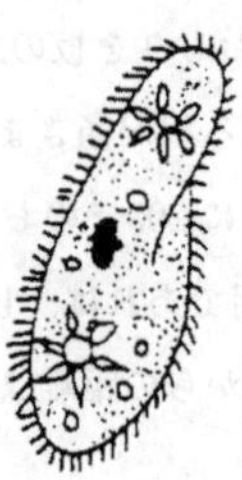

(2) 植物は養分をつくりだし，草食の動物はその植物を食べ，肉食の動物は他の動物を食べ，養分を取り入れています。(1)の図のア～エの水の中にいる小さな生物を，養分をつくる植物的なものと他の生物を食べる動物的なものに分けるとどうなりますか。記号で答えなさい。

(3) 田んぼには多くの生物がいて，それらの生物は，「食べる」「食べられる」の関係でつながっています。このような関係を何というか答えなさい。

(4) オオカナダモのような植物のはたらきについて，次のア～エの中から正しいものを1つ選び，記号で答えなさい。

ア　光が当たっているときに光合成のみを行い，当たっていないときに呼吸を行う。
イ　光が当たっているときに呼吸のみを行い，当たっていないときに光合成を行う。
ウ　光が当たっているときに光合成と呼吸を行い，当たっていないときに呼吸を行う。
エ　光が当たっているときも当たっていないときも光合成と呼吸を行う。

(5) グラフから実験1と実験2の結果を比較《ひかく》すると，実験2では水中にとけていたある気体の量が少なくなったためにミジンコが全滅《ぜんめつ》したと考えられます。その気体は何か答えなさい。また，そのような状況《じょうきょう》になったのは，実験2においてオオカナダモの光合成によって生じた気体の量（Aとする）とペットボトル内の生物の呼吸で消費された気体の量（Bとする）を比べたとき，どのような関係になっていたためと考えられますか。次のア～ウの中から正しいものを1つ選び，記号で答えなさい。

ア　AとBは等しい。
イ　AよりもBが多い。
ウ　BよりもAが多い。

(6) 実験1と実験2のペットボトルをふくむ総重量の変化を表すグラフを次のア～エからそれぞれ1つずつ選び，記号で答えなさい。ただし，同じ記号を繰り返し使ってもかまいません。

ア

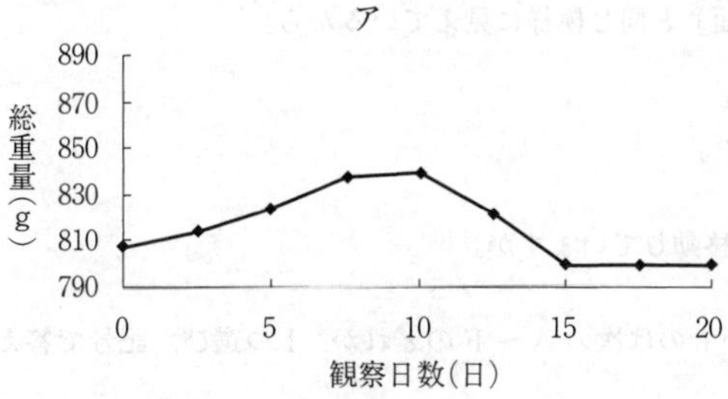

イ

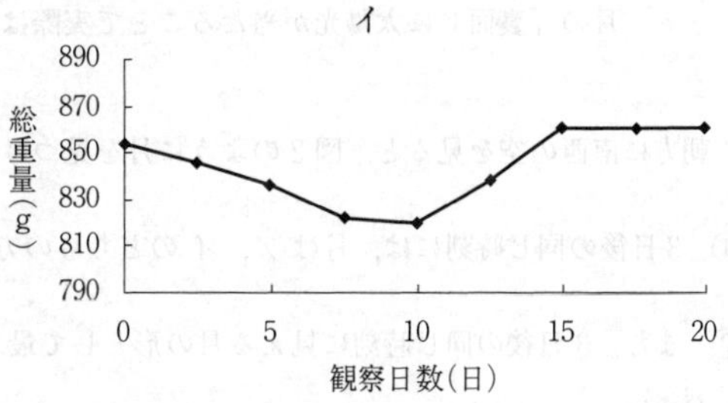

ウ

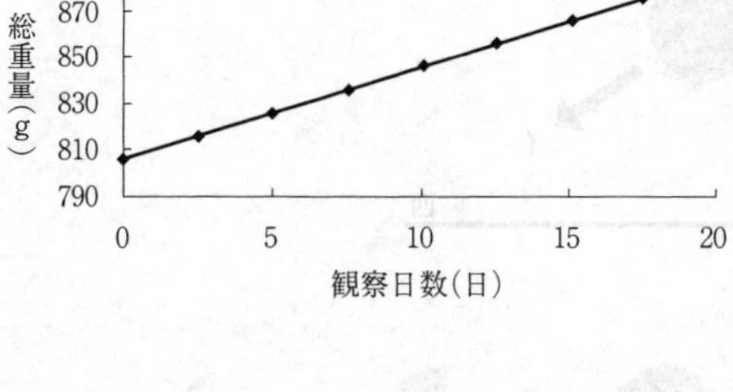

エ

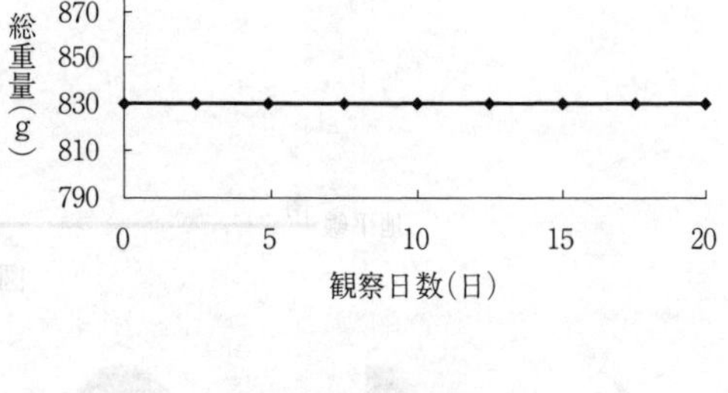

5 およそ50年前，1969年の7月にアメリカのロケットで打ち上げた宇宙船アポロ11号によって，人間は初めて月面着陸を成しとげました。

(1) 地球から月を観察したときに見える面を月の「表面」とすると，アポロ11号は月の「表面」に着陸しました。月の「表面」は図1のAとBのどちらですか。

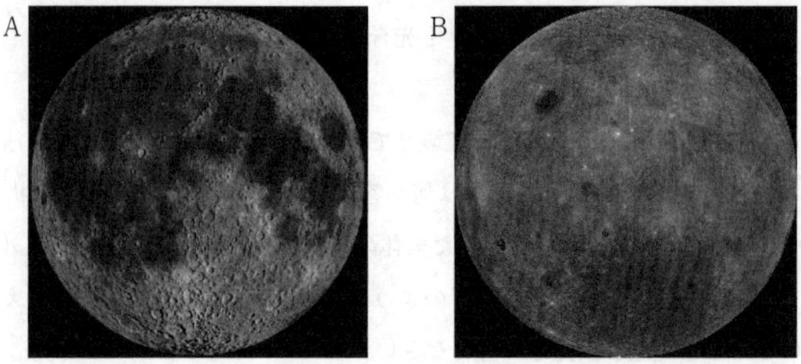

図1

(2) 地球から月を観察すると，どのような季節でも必ず月の「表面」が見え，月の「裏面」を見ることはできません。この理由として正しいものを次のa～eより1つ選び，記号で答えなさい。

a　月は公転しているが，自転はしていないから。

b　月は公転しておらず，常に同じ位置に留まっているから。

c　月の自転1回にかかる時間と月の公転1回にかかる時間が同じだから。

d　月の自転1回にかかる時間と地球の自転1回にかかる時間が同じだから。

e　月の「裏面」に太陽光が当たることで実際は「表面」と同じ模様に見えているから。

(3) 朝方に南西の空を見ると，図2のように月を見つけました。

① 3日後の同じ時刻には，月はア，イのどちらの方向に移動していますか。

② また，3日後の同じ時刻に見える月の形として最も近いものは次のA～Fのどれか，1つ選び，記号で答えなさい。

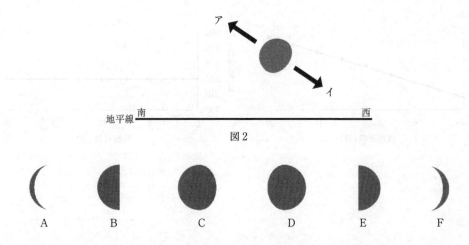

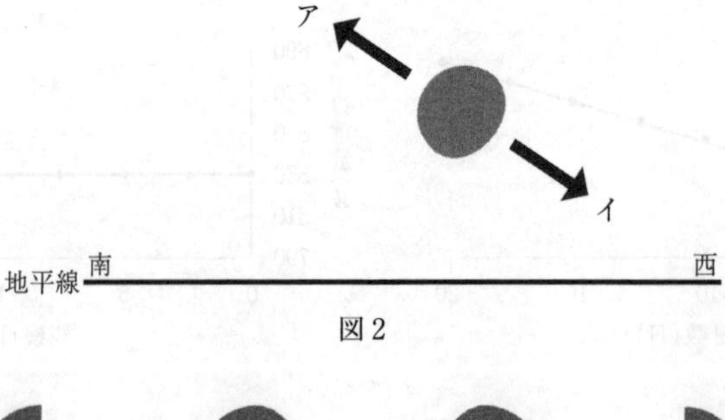

図2

6 虫眼鏡《めがね》でいろいろなものを観察していた三郎君は，ふと，理科の時間に先生が「レンズを通ると光が曲がる」という話をされていたことを思い出しました。不思議に感じたので，先生に質問してみました。次の会話文の中の (1) ～ (4) の空らんにあてはまる数や記号，語句を答えなさい。

三郎：先生，光がレンズを通るときに曲がるのは，なぜですか。空気みたいに透明なのに……。

先生：レンズに入ると光の速さが変わるから，と考えられていますよ。

三郎：そうなんですか。光ってものすごく速いって何かで読んだことがあります。たしか，1秒間に地球を7周半するって……。

先生：そうですね。図1のように，北極から赤道まで1万 km ありますよ。

三郎：そうすると光は1秒間で……，(1) 万 km も進むのですね。

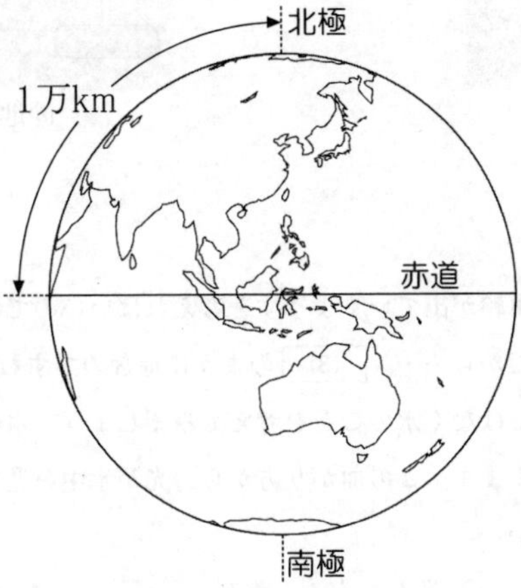

図1

先生：そうです。その速さで空気の中や宇宙空間を伝わっていきます。でもレンズなど，ガラスの中に入ると3分の2の速さになることが知られているんですよ。

三郎：へえ，遅くなるんですね。でも，速さが変わると進む向きが変わってしまうのはどうしてですか。

先生：それでは，考えてみましょう。図2のように光がレンズの中に入っていくようすを，図3のような車輪が舗《ほ》装《そう》道路から砂地に入っていくのだと思ってください。

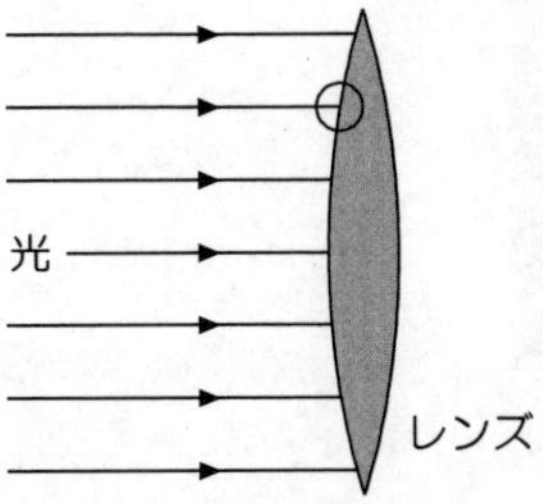

図2

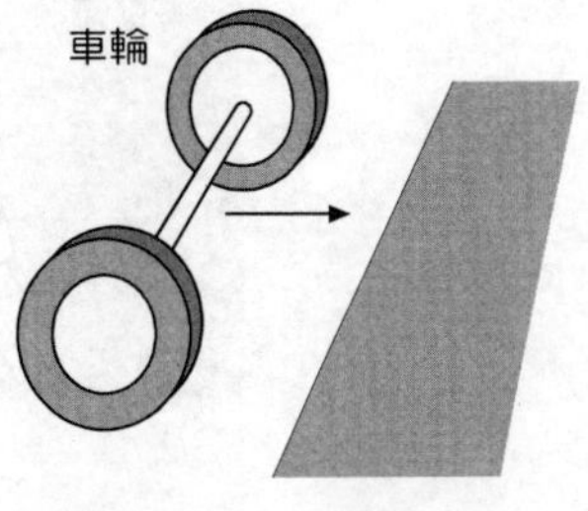

図3

三郎：あっ，砂地は走りにくいから舗装道路より遅くなるのですね。

先生：そうです。それでは図４のように，車輪が砂地に入っていくと，ア 〜 ウ のどちらに向かって進むことになるのでしょうか。

三郎：ええっと，こっちの車輪の方が先に砂地に入って遅くなるのだから……，あっ，(2) ですね。

先生：そのとおりです。これは図２の ◯ の部分にあたった光の進み方だと考えることができます。では，レンズの反対側から光が出ていくときは，どのように進むのでしょう。

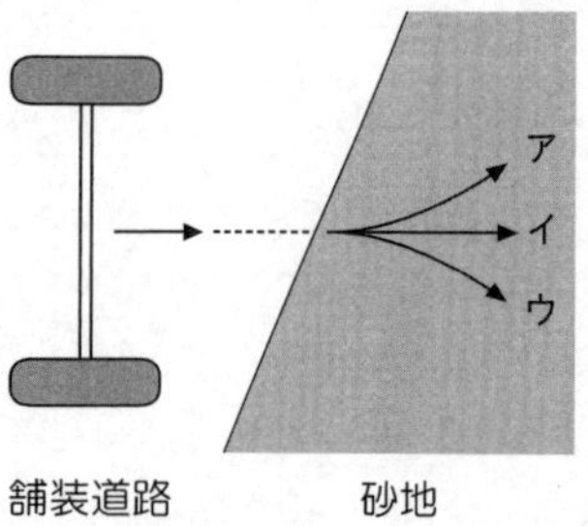

図４

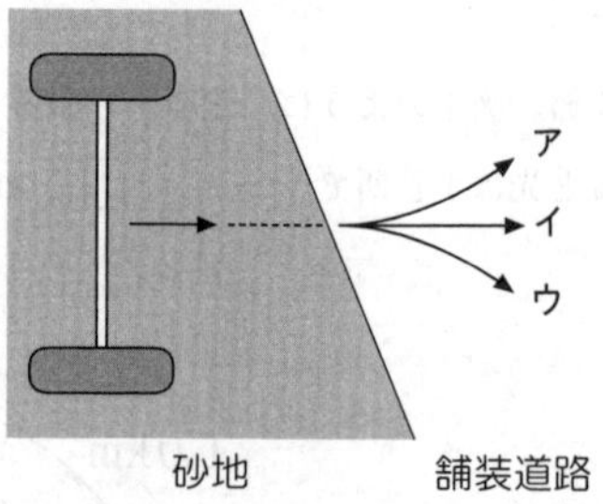

図５

三郎：今度は図５のように，砂地から車輪が出ていくようすを考えればいいのですね。そうすると，こっちの車輪の方が先に砂地から出ていくのだから……，(3) のように進むのですね。

先生：そうですね。ところで，ガラスではなく水のことを考えてみましょう。水中から空気中に光が出ていくとき，光は図６のように進む向きを変えます。この曲がり方から，光が水中を進むときと，空気中を進むときとで，どちらの方が速いかわかりますか。

三郎：えっ，水ですね。車輪がこんなふうに進んでくるんだから……。……あっ，(4) の中の方が速いのですね。だって……。

三郎君はうれしそうに話をつづけました。三郎君と先生はこの後しばらくの間，光の進み方について話し合っていたようです。

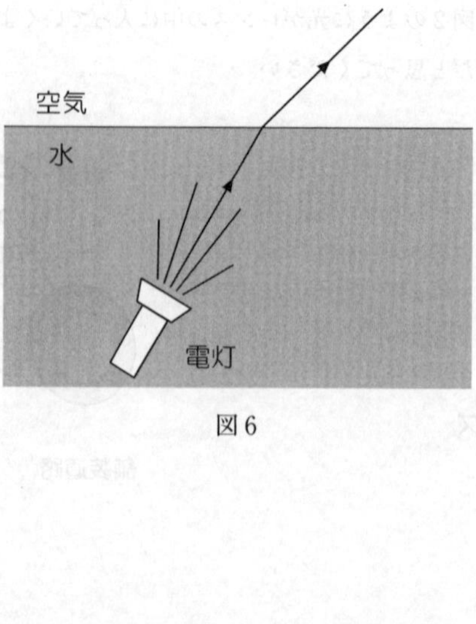

図６

五 次の――線部のカタカナを漢字に直して書きなさい。

① シュクフクの言葉をおくる。
② 妹のクチョウが母に似てきた。
③ 道路がコンザツする。
④ 庭にドウルイの植物を集めて植える。
⑤ ショウトウ時間は夜の十時の決まりだ。
⑥ 駅のシュウヘンを散歩する。
⑦ 県大会出場のジッセキがある部活動。
⑧ 犬の散歩は私のニッカだ。
⑨ 飼い犬を散歩にツれていく。
⑩ 春になるとくわで畑をタガヤす。

問四　――線部③「さんご礁ができるための条件」とは、具体的にはどのようなことですか。二点答えなさい。

問五　空らん［Ｄ］に当てはまる語句を答えなさい。漢字でも、数字でもどちらでもかまいません。

問六　空らん【　Ｉ　】に当てはまる文章として、最もふさわしいものを次のア～エの中から一つ選び、記号で答えなさい。

ア　はっきりと裏付《うらづ》けられたのです

イ　初めて意味づけられたのです

ウ　あらためて価値《かち》づけられたのです

エ　しっかりと押《お》しつけられたのです

四　次の――線部の読みをひらがなで書きなさい。

①　海岸で難破船が見つかった。

②　行動に打算がはたらく。

③　ぜひとも真相をときあかしたい。

④　工場を一日八時間操業する。

⑤　塩の量を加減する。

⑥　事件の次第を説明した。

⑦　投票で可否を決する。

⑧　ピアノの発表会に友人を招く。

⑨　新しい学説を唱える。

⑩　料理に使うネギを刻む。

え？海の底が動くなんて、ですって？

信じられないかもしれませんが、ハワイ島《とう》や、その北西にのびた島々や海山の研究から、これはちゃんとたしかめられていることです。今でも、一年に八センチメートルもの速さで、海底は動いています。

なんだ、それっぽっち、と思いますか。でも地球の歴史は気が遠くなるくらい長いのです。百年で［D］メートル、百万年たてば八〇キロメートル、えりも海山ができてから今までの一億年間には、なんと八〇〇キロメートルも動いたことになります。

地球の南北方向の緯度《いど》は、一度で一一〇キロメートルです。もしこの速さでまっすぐ北上を続ければ、とうに北極圏《ほっきょくけん》まで移動していたでしょう。実際《じっさい》にはまっすぐ北へ向かっていたのではなく、とちゅうで向きを変え、西北西に動いていたので、今のところは日本のちかくにおちついているというわけです。

海底が動いているということは、前からわかっていましたから、えりも海山が熱帯生まれであることは十分に予想《よそう》できることではありませんでした。それが、今回の潜航《せんこう》で、【　　　】。

（小林和男『深海６０００メートルの謎にいどむ』より）

注1　マジックハンド…ノチール号の外側についている、人間の手のように動かすことのできる機械のこと。

問一　——線部①「どうしてこんなところにあるのかな」とありますが、「こんなところ」とは、具体的にどのようなところですか。主な特徴《とくちょう》を二点答えなさい。

問二　空らん［A］～［C］に当てはまる語句として、最もふさわしいものをそれぞれ次のア～カから選び、記号で答えなさい。ただし、同じ記号は一度しか使えません。

ア　とっておき　　イ　あんのじょう　　ウ　おまちかね　　エ　もってこい　　オ　おなじみ　　カ　おあずけ

問三　——線部②「これらのこと」に**当てはまらないもの**を、次のア～エの中から一つ選び、記号で答えなさい。

ア　塩酸をつけるとぶくぶくあわだつということ。
イ　石灰岩はセメントの材料になるということ。
ウ　かつてこの岩には小さな動物が住んでいたということ。
エ　岩石の表面は黒くても、中は白いということ。

「帰ってからの分析《ぶんせき》が楽しみですね。」

石灰岩というのはセメントの材料になる岩ですから、みなさんにも A でしょう。日本の陸上でも、秩父《ちちぶ》や秋吉台《あきよしだい》など、ほうぼうでとれる岩です。

くわしい分析は今は B です。とったばかりの白い岩をたいせつに試料《しりょう》かごに入れ、先に進みます。

母船《ぼせん》にもどってから、私はさっそく、この白い岩石の分析をしてみました。

岩石のはじに、うすい塩酸《えんさん》をつけてみます。すると C 、ぶくぶくとさかんにあわだつではありませんか。これは石灰岩の証拠《しょうこ》です。石灰岩は塩酸と反応《はんのう》し、二酸化炭素《にさんかたんそ》のガスを出すのです。

顕微鏡《けんびきょう》でのぞいてみました。拡大されて見えてきたのは、小さな動物のからです。さんご礁の中に住んでいる動物のものです。②これらのことは、この石がやはり石灰石で、大昔のさんご礁《しょう》でできたものだということをしめします。熱帯《ねったい》の、波のあたらない静かな入江《いりえ》に、生物のからがつもりつもってできた岩です。

でも、これはたいへんふしぎなことです。

みなさんは、熱帯の青い海に浮かぶまっ白いさんご礁を、写真かテレビで見たことがあるでしょう。さんご礁を作る生物は、水温が一八度以下に下がることがない熱帯の海で、太陽の光の十分にあたる二〇メートルよりも浅いところでしか発育《はついく》できません。

ところが、ここえりも海山《かいざん》は青森《あおもり》や函館《はこだて》よりもっと北の海の底です。夏でさえ寒流のためにかなり冷たい海ですし、冬は吹雪《ふぶき》がまうことさえしばしばです。いくら昔と今とは気候《きこう》が変わったとはいっても、こんなところにさんご礁ができるとは考えられません。

しかも約四〇〇〇メートルの深さのところにあったのです。大昔は海水が少なくて、えりも海山は海面すれすれに頭をのぞかせていたのでしょうか。そうすると、その後、海水がどんどんふえ、海面が四〇〇〇メートル近くも上昇《じょうしょう》したということになります。けれどそんな証拠はどこにもありません。

③さんご礁ができるための条件《じょうけん》を考えると、えりも海山ができた一億年前には、えりも海山の山頂《さんちょう》は海面に頭を出していたとしか考えられません。しかもそれは今よりもずっと南の熱帯の海にちがいないのです。

こうして、大昔には、えりも海山は現在のハワイ島のように熱帯の海に浮かぶ火山島だったということがわかってきました。

島のまわりには、今、熱帯の島々に行くと見られるようなさんご礁が発達しました。火山の噴火《ふんか》はまもなくやんで、島は静かに、少しずつ沈みはじめました。

さんご礁はしばらくのあいだは、島の沈降《ちんこう》をおぎなうように、上へ上へとのびたかもしれません。同時に、えりも海山をのせた海底は、北へ北へと動きはじめました。

問五　――線部③「波打ち際」とはどんなところですか。最もわかりやすく説明している部分を、「～ところ。」につながる形で本文中から十三字で抜き出しなさい。

問六　本文の進め方の特徴《とくちょう》を説明したものとして、最もふさわしいものを次のア～エから一つ選び記号で答えなさい。

ア　登場人物の会話表現が多用され、実際に読者が昔の日本にタイムスリップしたかのような感覚を味わうことができる。

イ　昔の日本のどの時代でお化けがいなくなったのかを、歴史に沿って調べることではっきりわかるようにしている。

ウ　昔の人たちがどのようなことを「怖い」と感じていたのかを、具体例をたくさん挙げてわかりやすく説明している。

エ　神様という存在に限定して深く調べていくことで、「怖さ」は現代でも受けつがれていることを強調している。

三　次の文章は、海の中の地底について研究している筆者が、研究用の潜水艇《せんすいてい》ノチール号に乗って海底調査を行ったときの話です。本文を読んで、後の問いに答えなさい。（※設問の都合上、表記を改めた部分があります。）

操縦士《そうじゅうし》のたくみなハンドルさばきで、ノチール号は海底すれすれまでおりました。ま横から見ると、台地の形がよくわかります。

いったいこの台地は何からできているのでしょうか。

「岩石をけずり取ってみましょうか。」

ふたたび注1マジックハンドの出番です。

「そこだ、そこだ。そのすみにでっぱった岩を……。」

ノチール号の器用な左手は、岩をうまくひねって割ることに成功しました。

「ちょっと、その岩を窓に近づけてくれませんか。」

「了解。」

割れたばかりの新しい断面はまっ白です。海水に長いあいださらされている面は、海水のなかにふくまれている物質《ぶっしつ》でよごれて黒くなっているのがふつうです。今、目の前にあるこのまっ白い断面こそ、この岩を作っている本体にちがいありません。

「どうも、この色からすると石灰岩《せっかいがん》らしいぞ。大昔のさんご礁のあとだろうか。①どうしてこんなところにあるのかな。」

注3 催される…会が開かれるということ。
注4…丑三つ時…現在の、深夜二時頃のこと。

問一 本文中の大きな空らん［Ｉ］では、『源氏物語』の中の、怪異に関係するお話が紹介されています。［Ｉ］で紹介されているお話として最もふさわしい内容のものを、空らん［Ｉ］の後の段落を参考にして、次のア～ウから一つ選び記号で答えなさい。

ア 貴族の美青年が、若い女性に恋をした。人気《ひとけ》のない家で二人が会っているとき、青年の夢の中に不気味な女性があらわれた。青年は目を覚ましたが、目覚めた後も夢に現れた女性が幽霊となってそこに立っており、若い女性はついには死んでしまった。

イ 貴族の美青年が、若い女性に恋をした。しかし、別の不気味な女性からやきもちを焼かれ、青年は息を引き取ってしまう。死んだ後もなお若い女性を忘れられない青年は、幽霊となって人気のない家に住み着き、夢の中で若い女性と恋を続けた。

ウ 貴族の美青年が、若い女性に恋をした。人気のない家で二人が会っているとき、そこに住んでいた幽霊たちにおそわれて、青年も幽霊となってしまった。若い女性は、青年が幽霊になってしまったことのつらさのせいで、不気味なほど見た目が変わってしまった。

問二 ――線部①「それが当たり前の感覚でした」とありますが、なぜですか。本文中の言葉を用いて、三十字以内で説明しなさい。

問三 空らん［Ａ］～［Ｃ］に当てはまる言葉として、最もふさわしいものをそれぞれ次のア～エから選び記号で答えなさい。ただし、同じ記号は一度しか使えません。

ア だから　イ さて　ウ また　エ けれど

問四 ――線部②「境目の曖昧な、このふたつの時間帯は、じつは怪談でよく語られる真夜中、つまり『丑三つ時』よりも怖い時間とされていました」について、次の(i)、(ii)の問いに答えなさい。

(i) 「ふたつの時間帯」とは、どのような時間帯のことですか。本文中の二字以上の熟語を用いて二点答えなさい。

(ii) 「『丑三つ時』よりも怖い時間とされていました」とありますが、なぜですか。二十五字以内で答えなさい。

だけど、お化けを見る人は、今でも多くいるようです。人とお化けの世界を分けて、距離を取ってはみたけれど、ふたつの世界はあちこちで、今も混ざり合っている。そんな境界《きょうかい》の曖昧《あいまい》さこそが、「怪」を生む本《もと》のひとつなのです。

昼と夜の間の時間を黄昏時《たそがれどき》と言いますね。「たそがれ」という音のもともとは、「誰（た）そ彼（かれ）」というところから来ています。明《あ》け方《がた》は同じ言葉を逆《ぎゃく》にして、「彼（か）は誰（たれ）」時《どき》と言っていました。夕方や明け方は、影《かげ》も光もはっきりせずに、人の姿が見極《みきわ》めづらい。

……誰《たれ》だろう、あの人は？　あちらから来たあの人は、いったい誰だろう？

そんなふうに目を細くして確認した行為が、時を表す言葉となったのです。

②境目《さかいめ》の曖昧な、このふたつの時間帯は、じつは怪談でよく語られる真夜中、つまり「注4丑三《うしみ》つ時《どき》」よりも怖い時間とされていました。

小さい頃、夕暮《ゆうぐ》れが迫《せま》るとなんとなく悲しくなったり、寂しくなったり、あるいは怖くなった記憶を持つ人もいると思います。その感性はそのまんま、昔の人たちも持っていました。できることなら、昼か夜か、はっきりさせたい。けど、自然の流れに、人間がわがままを言うことはできません。だから、この時間帯は昔も今も変わることなく、ずっと怖いままなのです。

昔の話で「人さらい」が出るのも、黄昏時《たそがれどき》です。そして、人をさらっていくものは、人間だけとは限《かぎ》りませんでした。お化けや神様もまた、人間たちをさらっていきます。夕暮れから夜にかけては、お化けと神様の時間なのです。

ちなみに、夜はお化けではなく、本当は神様の時間になります。［C］、昔重要なお祭りは、夜の夜中《よなか》にあかりを消してやったのです。

でも、夜の前の夕暮れは、本来、神にも人にも所属しない時間です。そのため、神でも人でもない、お化けが出てくるのです。

たとえるならば、③波打ち際《なみうちぎわ》です。ふつうに歩くこともできるけど、気をつけないと波を被《かぶ》ってしまいます。場合によっては大きな波を受け、流されてしまうこともあるでしょう。波はお化けそのものです。そうやって、お化けは人をさらいます。だけど、大きな波ばかりに気を取られていても危険です。波打ち際の砂は濡《ぬ》れていますから、のんびりしていると、靴《くつ》やズボンの裾《すそ》が濡れ、そこからじわっとお化けの気配《けはい》が染《し》み入ってきてしまいます。気づかないうちに、じんわりと……だんだん、足が重くなって……。

あ、怖いですか。ごめんなさい。

そういった海とも陸ともつかないような、はっきりしない、どうにもならない時間帯が「誰そ彼」というものなのです。

（加門七海『「怖い」が、好き！』より）

注1　生霊……生きている人の身体から抜け出した魂（たましい）のこと。
注2　説話集……昔の伝説や民話、仏様の教えなどを書き集めたもののこと。

I

昔の話から始めましょう。

平安《へいあん》時代の作品に『源氏物語《げんじものがたり》』というものがあります。光源氏《ひかるげんじ》という貴族《きぞく》の美青年《びせいねん》がいろいろな女性とつきあうという、今でいう恋愛小説《れんあいしょうせつ》です。とても有名な物語なので、読んだことはなくても、名前と粗筋《あらすじ》くらいは知っているかもしれませんね。話に出てくる不気味《ぶきみ》な女性は、光源氏を愛《あい》しているとある女性の注1生霊《いきりょう》という説《せつ》と、泊《と》まった場所がもともと化《ば》け物屋敷《ものやしき》だったという、ふたつの説があります。が、いずれにせよ、立派《りっぱ》な怪談《かいだん》ですね。

ラブ・ストーリーに、どうしてお化けが……そう思う人もいるでしょう。でも平安時代の人たちにとっては、①それが当たり前の感覚《かんかく》でした。

千年前、お化けと人は、ほぼ同じ世界で暮《く》らしていたのです。『源氏物語』より、少し時代が下《くだ》った頃《ころ》に出た『今昔物語《こんじゃくものがたり》』という注2説話集《せつわしゅう》も同様《どうよう》です。

ここには政治家《せいじか》のエピソードから、殺人事件《さつじんじけん》や町の噂話《うわさばなし》まで、今の週刊誌《しゅうかんし》のような内容《ないよう》がたくさん載《の》っています。そこにもまた、怪談が並列《へいれつ》されて記されています。盗賊《とうぞく》に襲《おそ》われるのも、鬼《おに》に食《く》われるのも、突然《とつぜん》、人に降《ふ》りかかってくる災厄《さいやく》という意味では同じこと。昔の日本人は怪異もまた、現実の一コマだったのです。

もちろん、当時も幽霊《ゆうれい》なんか信じないという人はいました。けど、彼らもまた病気になれば、その病が癒《い》えるよう、神様仏様にお願いしました。神仏の力を信じることは、見えない存在を信じることです。見えない世界を信じるのなら、お化けがいても当然です。それが当時の人たちでした。

お化けの出没《しゅつぼつ》を日常の延長《えんちょう》としなくなったのは、戦国時代を経《へ》て、江戸時代に入ったあたりからのようです。その頃から、怪談のみを集めた本が出るようになり、「百物語《ひゃくものがたり》」という怪談会《かいだんかい》も注3催《もよお》されるようになってきます。

これは一見、怪談に対しての意識《いしき》が高まったようにも見えます。A、「怪談のみ」を集めて、ほかの話と分けて考えるということは、お化けたちを現実とはちょっと違《ちが》う世界のものとして、認識《にんしき》したことにもなるでしょう。

お化けと私たちの間に、溝《みぞ》というか、距離《きょり》ができてしまったのです。

それでも、私たちは完全にお化けを排除《はいじょ》しませんでした。狐《きつね》や狸《たぬき》に化かされた話は、昭和に入ってもたくさんあります。

戦争のときには、外国の戦地で亡《な》くなった兵隊《へいたい》さんが、幽霊になって自分の家に戻《もど》ってきて、お母さんや奥《おく》さんに別れの挨拶《あいさつ》をしたという話がたくさん残っています。B、死にそうになった戦地の兵隊さんを、家族やご先祖様の霊魂《れいこん》が守ってくれたという話も多くあります。

今、日本は一見平和なので、そこまで差《さ》し迫《せま》った状況《じょうきょう》の話は少なくなりました。また、狐や狸も近くにいなくなったので、人が化かされる機会も減りました。

問八　――線部⑤「先生の値打ちはいっぺんに下がります」とありますが、どういう意味ですか。最もふさわしいものを次のア～エから一つ選び、記号で答えなさい。

ア　まだ半人前の女性教師の方がまわりからの評価《ひょうか》が高くなり、立場が逆転してしまうということ。

イ　今までごまかしてきた悪事《あくじ》がいっぺんにばれ、教師をやめなければならなくなるということ。

ウ　きちんと生徒をしつけることができない教師だと思われて、みんなからばかにされるということ。

エ　教師としてのまわりからの信頼《しんらい》を失い、いい先生だとは思われなくなってしまうということ。

二　次の文章を読んで、後の問いに答えなさい。（※設問の都合上、表記を改めた部分があります。）

お化《ば》けなどというものは、いないことにしてしまっても、まったくかまわないものでしょう。けど、どういうわけか、私たちは大昔《おおむかし》からお化けの話をし続けてきました。

昔は文明が発達していなかったから、お化けを信じる人が多かったのでしょうか。今では科学によって合理的《ごうりてき》な説明のつくことも、昔はわからなかったから、お化けのせいにしてきたのでしょうか。私たちのご先祖様《せんぞさま》は、そんなに馬鹿《ばか》だったのでしょうか？

私はそうは思いません。語り続けられるには、それだけの理由があると考えています。世間《せけん》では、お化けが存在《そんざい》するかどうかについて、さまざまなことが言われていますが、ここでは「いる」「いない」の議論《ぎろん》はしません。話題にするのは「お化けはなぜ、怖《こわ》いのか」。馬鹿馬鹿しいと思う人もいるでしょう。

しかし、当たり前のことを疑問に思うと、案外、おもしろい話ができます。当然を当然としないところに、発見は隠《かく》れているのです。ニュートンは「りんごはなぜ、落ちるのか」という疑問から重力を発見しました。最近では、「物質にはなぜ重さがあるのか」という疑問から、物質を形づくる素粒子《そりゅうし》の研究を進めてノーベル物理学賞を受賞した、南部陽一郎博士《なんぶよういちろうはかせ》という方も出ています。

馬鹿馬鹿しいと思うことでも、一度、見直してみませんか。

なぜ、お化けを見る人がいるのか。

どうして、お化けは怖いのか。

そして、なぜ、人にはお化けが必要なのか。

人間がずっとお化けを語ってきたのは、きっと、そこに大切な何かが隠されているから、でしょうから。

問二 ――線部①「見とらんと拾うたれ」という言葉からは、倫太郎のどのような性格がわかりますか。最もふさわしいものを次のア～エから一つ選び、記号で答えなさい。

ア なにごとも頭に浮かんだことをすぐに口に出してしまい、あとで後悔《こうかい》する性格。
イ 他人の気持ちを考えることが苦手で、せっかちに行動をおこしてしまう性格。
ウ みずから行動することが苦手だが、人前では格好《かっこう》いいところを見せたがる性格。
エ 困《こま》っている人に対して親切で、とっさに判断して行動に移《うつ》すことができる性格。

問三 本文中の空らん［1］～［4］には、「マムシ」か「ヤマカガシ」のどちらかが入ります。正しい組み合わせになっているものを、次のア～エから一つ選び、記号で答えなさい。

ア 1：マムシ　2：ヤマカガシ　3：マムシ　4：ヤマカガシ
イ 1：マムシ　2：ヤマカガシ　3：ヤマカガシ　4：マムシ
ウ 1：ヤマカガシ　2：マムシ　3：ヤマカガシ　4：マムシ
エ 1：ヤマカガシ　2：マムシ　3：マムシ　4：ヤマカガシ

問四 ――線部②「とりあえずミキオにお礼をいった」とありますが、「とりあえず」なのはどうしてですか。二十字以内で答えなさい。

問五 次の一文は、本文中の≪ア≫～≪エ≫のどこに入りますか。記号で答えなさい。

「遠くへ投げ捨てるつもりだったのだ。」

問六 ――線部③「こんなことやろと思とった」とありますが、どんなことだと思ったのですか。本文中の言葉を使って、三十字以内で答えなさい。

問七 ――線部④「ヤマゴリラの表情に狼狽《ろうばい》の色が走った」とありますが、なぜですか。次の空らんに当てはまるような形で、二十字前後で答えなさい。

ヤマゴリラは、自分が［（二十字前後）］に気がついたから。

「そやで」

子どもらは青い顔で、口々にいった。

④ヤマゴリラの表情に注6狼狽《ろうばい》の色が走った。

『なんとかなりませんか』と頼《たの》んでも『ヘビおるもん』とたいていの子はいうたのに、この子だけがとりにいってくれたんです。この子が拾うてくれたんやから、そんなに怒《おこ》らんとって」

「………」

ばあさんは、おしまいにきついことをいった。

「こんな子ォをたたいたら、⑤先生の値打ちはいっぺんに下がります」

（灰谷健次郎『天の瞳』より）

注1　U字溝……路面の水を流すための排水溝のこと。断面図がアルファベットの「U」の字のように見える。
注2　巾着……小物などを入れて持ち歩くためのふくろのこと。
注3　卒倒した…その場でたおれてしまったということ。
注4　逆上した…はげしい怒りがこみあげたということ。
注5　気丈夫……心が落ちてついていて、しっかりしていること。
注6　狼狽……うろたえること。あわてふためくこと。

問一　――線部A「兆《きざ》し」、B「ちぐはぐ」の意味として、最もふさわしいものをそれぞれ次のア～オから一つ選び、記号で答えなさい。

A：兆《きざ》し
ア　夢　イ　結果　ウ　前ぶれ　エ　反省　オ　ねがい

B：ちぐはぐ
ア　うわついているさま　イ　取りみだしているさま　ウ　あべこべなさま
エ　いいかげんなさま　オ　くいちがっているさま

「ミキオが人助けをしているのに、それに比べおまえはヘビをとって、また、人を驚《おどろ》かそうとしとるのやな」

頭にきた倫太郎は、右手のヘビと左手のヘビを、ヤマゴリラ目がけて投げた。≪ウ≫

ヤマゴリラはかろうじて、それを避《さ》けたが、無防備《むぼうび》だった女教師の左頬《ひだりほお》から首筋にかけて、投げたヘビがひっかかるように当たった。

「きゃあ！」

と絶叫《ぜっきょう》し、次に

「ヒィ！」

叫《さけ》んで、注3卒倒《そっとう》した。

ヤマゴリラは注4逆上《ぎゃくじょう》した。≪エ≫

溝から上がろうとしている倫太郎のえり首を服ごとつかみ、力まかせに引きずり上げると、左手で倫太郎の頬《ほお》を打った。

乾《かわ》いた音がした。

「なにするんじゃ」

タケやんらが倫太郎を庇《かば》おうとした。その手を払いのけ、倫太郎はヤマゴリラに突進した。

意外な展開に、ばあさんは驚いた。

「違います、違います。あんたさん、それは違います」

ばあさんは注5気丈夫《きじょうぶ》だった。

ふたりの中に割って入り

「止《や》めなさい。わたしの説明をききなさい」

と大きな声を張り上げた。

倫太郎は荒《あら》い息をして、ヤマゴリラを睨《にら》みつけた。

「許さん。とことんやったる」

ヤマゴリラは教師にあるまじきセリフを吐《は》き、じっさい顔も青ざめている。

「この子が、ヘビのそばに落ちていた巾着を拾うてくれたんです。な、みんな、そやね……」

「そや」

「うん、そやな」

「つがいでおったら絶対、襲《おそ》わへん」

「うん」

倫太郎は無造作に、U字溝に下りて、ヘビの横に落ちている巾着を、なんのちゅうちょもなく拾った。≪　ア　≫

同じクラスの岩崎ミキオが、体を伸《の》ばして手を差し出したので、倫太郎は、その、ばあさんの持物を彼に手渡した。ミキオは、それを、ばあさんに渡した。

ばあさんは

「ありがとう」

と、②とりあえずミキオにお礼をいった。

そこへヤマゴリラが、女教師といっしょにやってきたのだ。子どもが群がっていたので、それをヤマゴリラに告げた女教師共々なんだろうとようすを見にきたようだ。

「どうしたんだ」

ヤマゴリラは子どもらにたずねた。

ばあさんが先に

「おたくの子どもさんに、落とし物を拾うてもらいました」

といった。

「おまえらも、たまにはええことをするのやな」

ヤマゴリラは、そういった。

タケやんが小さな声で、あほか、と吐《は》き捨てた。

一方、倫太郎はヘビを処置《しょち》するつもりで、二匹のヘビのしっぽをつかんで両手でぶら下げたばかりのところだった。≪　イ　≫

それをヤマゴリラが見た。

「どうせ、③こんなことやろと思とった」

ヤマゴリラは舌《した》なめずりするようにいったのである。

「ミキオを見習え」

U字溝の倫太郎を見下して、ヤマゴリラは怒鳴《どな》った。

「あきまへん、あきまへん。ぼく、そんなことしたらあきまへん」

ばあさんはあわてて倫太郎の服の裾《すそ》を引っぱった。

「なんでェ?」

「ヘビがいます。あれはマムシです。二匹もいますやろ。毒《どく》ヘビやから咬《か》まれたら大変や」

そういわれて、倫太郎は、溝の中をのぞきこんだ。よく観察した。

「なんや」

と倫太郎はいった。

ばあさんの方を向いて

「あれ、[1]と違う。[2]や」

と教えた。

「マムシと違いまっか。わたしはマムシやと思いまっせ」

「あんな、おばあちゃん、マムシは首が、もっと三角形や。あのヘビはおなかの横に、模様《もよう》みたいなんがついてるやろ。マムシはあんなんあれへんねん」

「そうでっか。ほんまに毒、あらしまへんか」

「牙《きば》に毒はあらへん。でも首のつけ根くらいに毒の出る腺《せん》があって、巻きつくと、首をくっくとなすりつけ毒をつけるの」

「ほら、み。あんた……」

あきまへん、あきまへん、くわばら、くわばらと、ばあさんはいった。

「けどな、[3]は首もたげて襲《おそ》ってくるけど、[4]やシマヘビは腹筋が弱いから、しっぽ持って、ぶら下げるとダラッとしよるんや」

ばあさんは感心した。

「あんた、えらい物識《ものし》りやなあ。どこで、そんな知恵《ちえ》をもろてきたの」

「ウエハラさんいうて、変なオッサンがおるねんけど……」

子どもらが笑った。自分のオヤジのことなのに、タケやんまでにたあとした。

「……学校で教えてくれへんことは、たいていそこからや」

タケやんがいった。

「倫ちゃん、あれ、オスとメスや」

二〇二〇年度
茨城中学校

【国語】〈一般後期試験〉（六〇分）〈満点：一五〇点〉

【注意】字数制限には、句読点が含まれます。

一　次の文章を読んで、後の問いに答えなさい。（※設問の都合上、表記を改めた部分があります。）

倫太郎《りんたろう》と、担任《たんにん》のヤマゴリラとの関係は、よい方向に向かうA兆《きざ》しが見られないまま、五年生時代が過ぎていくようだった。相性が悪い、という言い方があるが、ふたりはたいていのことが、Bちぐはぐになるのである。このときも、そうだった。

学校の運動場沿いに道があり、その道に並行して、注1U字溝《こう》が通っていた。子どもの背丈《せたけ》ほどの深さがある。水は、ほとんど流れていない。草が覆《おお》うようにかぶさっていた。昼休み、そこに子どもたちが群《むら》がっていた。

「なんや」

「なんやろ」

それを倫太郎たちが、見逃《みのが》すはずはない。倫太郎たちは駆《か》けた。

「なんや」

「おばあさんが袋、落としはってん」

四年生くらいの女の子がいった。

「注2巾着《きんちゃく》、落としましてん。お金や老眼鏡が入ってますさかい……」

ばあさんは困っている。

「①見とらんと拾うたれ。あほか」

倫太郎は溝《みぞ》に向かって身を躍《おど》らせようとした。

少林寺拳法《しょうりんじけんぽう》の開祖《かいそ》とあんちゃんのいう、思う前に動け、いいことは無意識のうちに……を、早速、実践《じっせん》している倫太郎である。

2020年度

茨城中学校

▶解説と解答

算　数　＜一般前期試験＞（60分）＜満点：150点＞

解　答

1 (1)　7　(2)　$\frac{1}{24}$　(3)　$1\frac{1}{4}$　(4)　1.01　(5)　$2\frac{3}{4}$　(6)　14.5　(7)　$\frac{1}{4}$　(8)　2550　2 ア　50ｇ　イ　28個　ウ　25cm　エ，オ　4時間40分　3 (1)　3cm　(2)　25mm　(3)　40L　4 (1)　5.7点　(2)　15個　5 (1)　15.7cm　(2)　①　6 (1)　③，⑧　(2)　⑫，⑭，⑯，⑱　(3)　33　7 (1)　台形　(2)　2時30分　(3)　18個

解　説

1　四則計算，計算のくふう，数列

(1)　$14+75\div25-(7\times2-4)=14+3-(14-4)=17-10=7$

(2)　$\left(1.25-\frac{2}{3}\right)\div14=\left(1\frac{1}{4}-\frac{2}{3}\right)\div14=\left(\frac{5}{4}-\frac{2}{3}\right)\div14=\left(\frac{15}{12}-\frac{8}{12}\right)\div14=\frac{7}{12}\times\frac{1}{14}=\frac{1}{24}$

(3)　$\frac{3}{2}\div\frac{6}{5}\times\frac{6}{5}\div\frac{6}{5}=\frac{3}{2}\times\frac{5}{6}\times\frac{6}{5}\times\frac{5}{6}=\frac{5}{4}=1\frac{1}{4}$

(4)　$(0.1+0.01\div0.001)\times0.1=(0.1+10)\times0.1=10.1\times0.1=1.01$

(5)　$2\frac{1}{4}\times\frac{2}{3}+3\frac{1}{2}\div2\frac{4}{5}=\frac{9}{4}\times\frac{2}{3}+\frac{7}{2}\div\frac{14}{5}=\frac{3}{2}+\frac{7}{2}\times\frac{5}{14}=\frac{3}{2}+\frac{5}{4}=\frac{6}{4}+\frac{5}{4}=\frac{11}{4}=2\frac{3}{4}$

(6)　$A\times B+A\times C=A\times(B+C)$となることを利用すると，$1.45\times6.11-4.79\times1.45+1.45\times8.68=1.45\times(6.11-4.79+8.68)=1.45\times(1.32+8.68)=1.45\times10=14.5$

(7)　$\frac{5}{9}\div14\div\frac{5}{21}\div\frac{2}{3}=\frac{5}{9}\times\frac{1}{14}\times\frac{21}{5}\times\frac{3}{2}=\frac{1}{4}$

(8)　2から100までのすべての偶数《ぐうすう》は，初めの数が2，終わりの数が100の等差数列になっていて，その個数は，100÷2＝50(個)である。等差数列の和は，{(初めの数)＋(終わりの数)}×(並ぶ数の個数)÷2で求められるから，2から100までの偶数をすべて足すと，(2＋100)×50÷2＝2550になる。

2　濃度《のうど》，過不足算，体積，仕事算

ア　(食塩の重さ)＝(食塩水の重さ)×(濃度)より，9％の食塩水150ｇに含《ふく》まれていた食塩の重さは，150×0.09＝13.5(ｇ)である。また，食塩水を捨てた後，同じ量の水を加えたので，できた6％の食塩水の重さはもとの重さと同じ150ｇとなる。よって，そこに含まれる食塩の重さは，150×0.06＝9(ｇ)だから，減った食塩の重さは，13.5−9＝4.5(ｇ)とわかる。つまり，捨てた9％の食塩水には食塩が4.5ｇ含まれていたので，その食塩水の重さを□ｇとすると，□×0.09＝4.5(ｇ)と表せる。したがって，□＝4.5÷0.09＝50(ｇ)と求められる。

イ　1人に7個ずつ配ったとき，足りなかった個数は，7×1＝7(個)なので，下の図1のように表せる。図1より，1人当たりの個数を，7−5＝2(個)ずつ増やすために，あと，3＋7＝10

(個)必要とわかるから，配る人数は，10÷２＝５(人)となる。
よって，あめは全部で，５×５＋３＝28(個)ある。

図１

５個，…，５個　→　３個あまる
７個，…，７個　→　７個足りない
２個，…，２個　→　10個

ウ　蛇口《じゃぐち》Ａで水を入れた時間は６分，蛇口Ｂで水を入れた時間は，６－３＝３(分)だから，水そうがいっぱいになるまでに入れた水の量，つまり，水そうの容積は，300×６＋200×３＝2400(mL)となる。これは，１mL＝１cm^3より，2400cm^3だから，水そうの高さは，2400÷(12×８)＝25(cm)と求められる。

エ，オ　１時間で合わせて，３＋６＋２＋２＝13(枚)のレポートが完成するので，60÷13＝４あまり８より，４時間後には，13×４＝52(枚)完成し，残りは８枚となる。また，１枚完成させるのに，「あなた」は，60÷３＝20(分)，啓さんは，60÷６＝10(分)，絵衣さんと愛さんはそれぞれ，60÷２＝30(分)かかると考えられるから，４時間後以降，４人が残り８枚のレポートを完成させていく様子は右の図２のように表せる。よって，４時間40分で完成させることができる。

図２

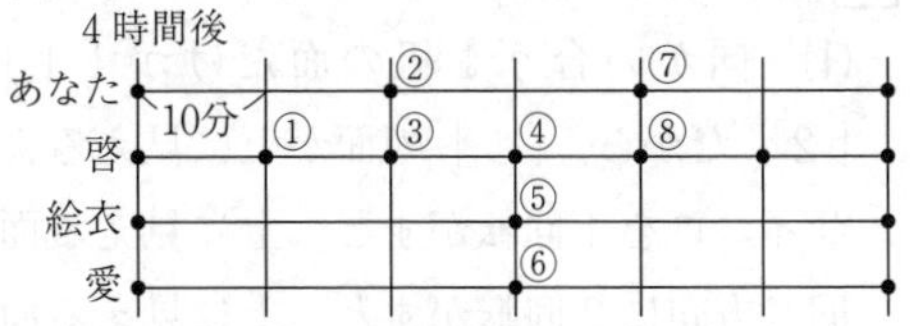

３　正比例，水の深さと体積，単位の計算

(1)　１時間で，20mm＝２cmの雨がたまるから，1.5時間では，２×1.5＝３(cm)の雨がたまる。

(2)　２時間で，５cm＝50mmの雨がたまったから，降水量は１時間当たり，50÷２＝25(mm)となる。

(3)　40分は，40÷60＝$\frac{2}{3}$(時間)なので，降水量が１時間当たり60mmの雨の中に水そうを40分間置くと，60×$\frac{2}{3}$＝40(mm)，つまり，４cmの雨がたまる。また，１m＝100cmより，１m^2＝100cm×100cm＝10000cm^2だから，たまる水の量は，10000×４＝40000(cm^3)となる。１Ｌ＝1000cm^3より，これをＬに直すと，40000÷1000＝40(Ｌ)となる。

４　小数の性質

(1)　難度点による加点は，0.3×25＝7.5(点)，実施《じっし》点による減点は，0.2×９＝1.8(点)だから，得点は，7.5－1.8＝5.7(点)となる。

(2)　技の個数がx個，そのうち減点の技がy個だとすると，得点が4.1点のとき，0.3×x－0.2×y＝4.1(点)と表せる。この式は，等号の両側に10をかけても成り立つので，３×x－２×y＝41となる。よって，y＝０のとき，３×x＝41より，x＝41÷３＝$\frac{41}{3}$となるが，これは，xが整数であるという条件に合わない。同様に，y＝１のとき，３×x－２×１＝41，３×x＝41＋２×１＝43，x＝43÷３＝$\frac{43}{3}$となり，条件に合わない。y＝２のときは，３×x－２×２＝41，３×x＝41＋２×２＝45，x＝45÷３＝15となり，整数なので，条件に合う。よって，減点が最も少ないときの技の個数は15個とわかる。

５　平面図形―長さ，図形の移動

(1)　図形㋐の周の長さは，半径５cm，中心角60度のおうぎ形の弧《こ》３つ分の長さになる。中心角60度のおうぎ形の弧を３つ合わせると中心角が，60×３＝180(度)のおうぎ形，つまり，半円の弧になるので，５×２×3.14÷２＝15.7(cm)と求められる。

(2)　下の図Ｉのように，弧の部分が直線と接しているとき，図形㋐は直線からの距離が５cm以内の部分を通る。また，図Ⅱのように，図形あの中にある正三角形の頂点が直線上にくると，その頂点を中心として60度回転し，その後は，図Ⅰと同じように動く。よって，一回転させたときに図形あの通る部分は，上側が一直線になる。したがって，①である。

図Ⅰ

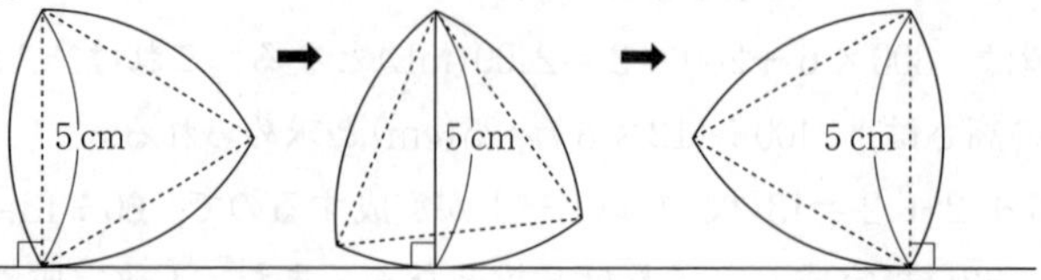

図Ⅱ

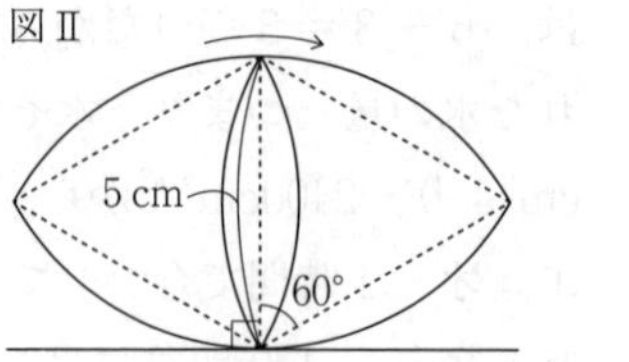

6 立体図形―図形の移動

⑴　向かい合う１組の面だけが「１」で，残りの面は「２」だから，「１」の面が上に見えるように置いたとき，サイコロを１回転がすと，上に見える面は「２」になり，同じ方向に２回転がすと，上に見える面は「１」になる。よって，右の図Ⅰで，③，⑧，⑫，⑯に転がったときは「１」の面が，②，⑤，⑪，⑬，⑳に転がったときは「２」の面が上に見える。また，⑯では「１」の面が上に見えることから，⑭，⑱では「１」の面が，⑮，⑰，⑲では「２」の面が上に見える。さらに，⑤に転がったときの様子は右の図Ⅱのようになる(それぞれの数字の向きは考えないものとする)から，④，⑥，⑦ではいずれも「２」の面が上に見える。⑪に転がったときもサイコロの様子は図Ⅱと同様なので，⑨，⑩でも「２」の面が上に見える。よって，②～⑪のうち，「１」の面が上に見えるのは，③，⑧である。

図Ⅰ

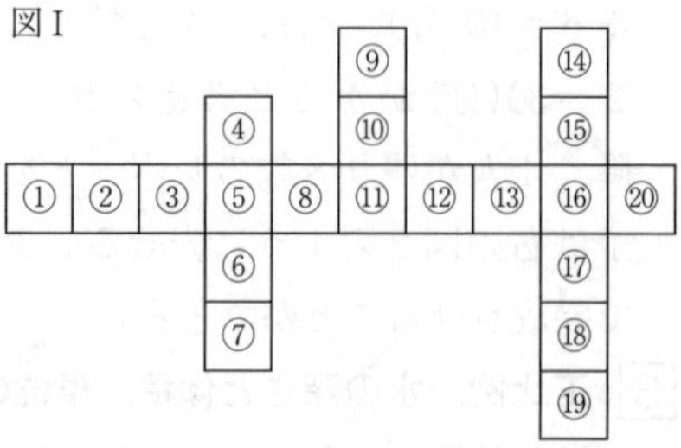

図Ⅱ

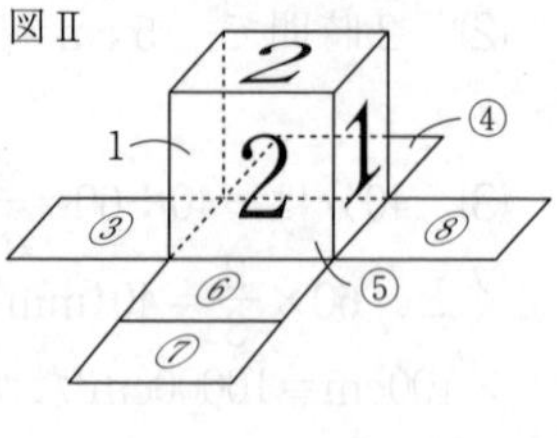

⑵　⑴より，⑫～⑳のうち，「１」の面が上に見えるのは，⑫，⑭，⑯，⑱である。

⑶　①，③，⑧，⑫，⑭，⑯，⑱の７個のタイルでは「１」の面が上に見え，それ以外の，20－７＝13(個)のタイルでは「２」の面が上に見える。よって，①～⑳のタイルで上に見えている面の数字をすべて足すと，１×７＋２×13＝33になる。

7 平面図形―構成

⑴　４時10分のときにできる図形は，右の図Ⅰのように，時計の12と６のところを通る直線を対称《たいしょう》の軸《じく》とする線対称な四角形となる。このとき，ADとBCはどちらも対称の軸と直角に交わるから，ADとBCは平行になる。よって，この図形は台形である。

図Ⅰ

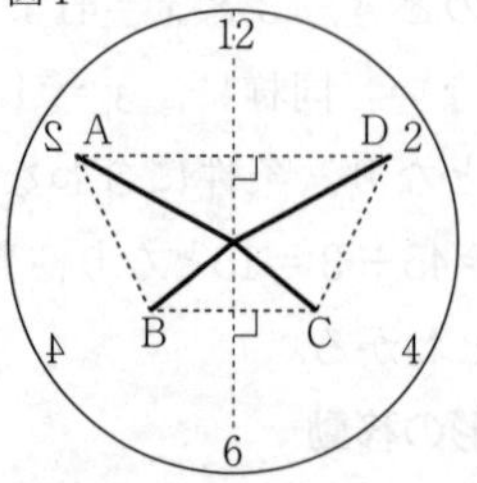

図Ⅱ

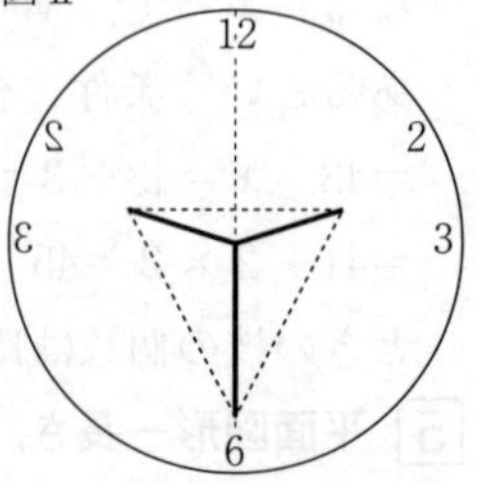

⑵　午後２時30分のときは，右の図Ⅱのように二等辺三角形になるが，それ以外のときは，⑴と同様に台形になる。

⑶　「〇時ちょうど」や「〇時30分」の時間では，図Ⅱと同様に，できる図形は二等辺三角形となるが，12時ちょうどと６時ちょうどでは，長針と短針がどちらも時計の12と６を通る直線と重なってしまうので，できる図形は１つの直線になる。よって，午後１時～午後11時の，午後１時ちょう

どと午後11時ちょうどをのぞいた時間で，できる図形が二等辺三角形になる時間は，午後２時，３時，４時，５時，７時，８時，９時，10時と，午後１時30分，２時30分，３時30分，４時30分，５時30分，６時30分，７時30分，８時30分，９時30分，10時30分の18個ある。

社　会　＜一般前期試験＞（40分）＜満点：100点＞

解　答

1 **問１**　ユーラシア(大陸)　**問２**　お　**問３**　**イ**　キリスト(教)　**カ**　イスラム(教)　**ウ〜オ**　う　**問４**　⑴　スイス　⑵　ドイツ(語)，イタリア(語)，フランス(語)　⑶　ア
2 **問１**　②　**問２**　イ→ア→ウ→エ　**問３**　⑴　南(半球)　⑵　(例)　気温が高い夏が12月〜２月ごろにあるため。　**問４**　ウ　**3** **問１**　ウ　**問２**　エ　**問３**　ウ　**問４**　イ　**問５**　エ　**問６**　古事記　**4** **問１**　エ　**問２**　ア　**問３**　ア　**問４**　ウ　**問５**　イ　**問６**　北里柴三郎　**問７**　ア　**5** **問１**　エ　**問２**　エ　**問３**　キ　**6** **問１**　エ　**問２**　ア　**問３**　エ　**問４**　ウ

解　説

1 **ヨーロッパの言語や宗教，地形についての問題**

問１　ユーラシア大陸は世界最大の大陸で，ロシア西部を南北に縦断するウラル山脈によって，西側のヨーロッパ州と東側のアジア州に分けられている。

問２　図と本文から，スウェーデン語とドイツ語は英語とともにゲルマン系のことばに分類されており，「おはよう」を表す表現は，英語の「Good morning(グッドモーニング)」と「似たような音」になると判断できる。これに対して，フランス語はイタリア語と同じラテン系のことばに分類されているので，イタリア語と「似たような音」になると推測できる。よって，「お」が選べる。なお，「おはよう」を意味するフランス語は「Bonjour(ボンジュール)」である。

問３　ヨーロッパではキリスト教が最も広く信じられており，図からキリスト教の分布を見てみると，イタリアやフランス，スペイン，ポルトガルなどの南部ではカトリック，イギリスやオランダ，ドイツなどの北西部ではプロテスタント，ロシアや東ヨーロッパでは正教会がおもに信じられていることがわかる。また，南東部のバルカン半島の一部では，西アジアや北アフリカに広がっているイスラム教の分布も見られる。

問４　⑴　新聞記事や拡大図から，「この国」はドイツ，フランス，イタリアなどと国境を接し，アルプス山脈の山岳地域をふくむスイスだとわかる。　⑵　新聞記事の初めのほうに，「ロマンシュ語はドイツ語，フランス語，イタリア語に次ぐ，この国が憲法で定める第４の国語」と記されている。　⑶　新聞記事の中ほどに，「ロマンシュ語が日常的に使われるのは東部グラウビュンデン州の一部地域のみだが，州で最も良く使われるのはドイツ語」と書かれている。よって，アがまちがっている。

2 **世界の気候区分についての問題**

問１　「Ａ気候」は，12か月のうち一番寒い月の平均気温が18℃以上とあるので，一番寒い月の平均気温が26.6℃(12月)となっている表のイが選べる。また，「Ｅ気候」は，12か月のうち一番暖か

い月の平均気温が10℃未満とあるので，一番暖かい月の平均気温が6.6℃（７月）となっている表のエがあてはまる。表のアとウのうち，一番寒い月の平均気温が−6.7℃（２月），一番暖かい月の平均気温が19.2℃（７月）となっているウが「Ｄ気候」の条件にあてはまり，残ったアが「Ｃ気候」となる。なお，「Ａ気候」は熱帯，「Ｃ気候」は温帯，「Ｄ気候」は冷帯(亜《あ》寒帯)，「Ｅ気候」は寒帯である。

問２　「標高その他の影響《えいきょう》による気温の変化は考えなくてよい」とあるので，赤道に近いほど気温が高く，北極や南極に近いほど気温が低いことになる。また，本文に「暑い赤道付近から寒い極(北極・南極)に向けて順番にＡ・Ｂ・Ｃ・Ｄ・Ｅの５つの記号で表現しました」とあるので，赤道に近い順にイ(Ａ気候)→ア(Ｃ気候)→ウ(Ｄ気候)→エ(Ｅ気候)となる。

問３　(1)，(2)　アの都市は，12月から２月の気温が高く，６月から８月の気温が低いので，日本が位置する北半球とは季節が反対となる南半球の都市だとわかる。なお，都市名はそれぞれ，アがアルゼンチンの首都ブエノスアイレス，イがタイの首都バンコク，ウがロシアの首都モスクワ，エがグリーンランド(デンマーク領)のアンマサリクである。

問４　各都市の年較《ねんかく》差を計算すると，アが，24.8−11.0＝13.8(℃)，イが，30.9−26.6＝4.3(℃)，ウが，19.2＋6.7＝25.9(℃)，エが，6.6＋7.0＝13.6(℃)となる。よって，ウの都市の年較差が最も大きい。

3　文字や書物を題材とした各時代の歴史的なことがらについての問題

問１　吉野ヶ里遺跡は佐賀県神埼《かんざき》市と吉野ヶ里町にまたがる弥生時代最大級の環濠《かんごう》集落跡で，敵の侵入《しんにゅう》を防ぐため周囲に堀や柵《さく》をめぐらし，物見やぐらなどを備えていた。なお，アは縄文時代，イは奈良時代，エは古墳時代の遺産や遺跡について述べた文。

問２　700年前後は飛鳥時代の後半から奈良時代の前半にあたる。この時代には遣唐使が唐(中国)に派遣され，多くの留学生や学問僧によってさまざまな知識や文物が大陸から日本にもたらされた。よって，エが正しい。なお，明は室町時代から江戸時代初め，元は鎌倉時代から室町時代初め，清は江戸時代から明治時代に中国を支配していた王朝である。

問３　「あ」は大宝律令の制定で701年，「い」の中大兄《なかのおおえの》皇子(のちの天智天皇)と中臣鎌足《なかとみのかまたり》が蘇我氏を倒《たお》したのは645年，「う」の聖武天皇が国分寺建立《こんりゅう》の詔《みことのり》を出したのは741年のことなので，年代の古い順に「い」→「あ」→「う」となる。

問４　足利義満は室町幕府の第３代将軍で，南北に分かれていた朝廷を合一し，将軍の地位を子の義持にゆずって太政《だいじょう》大臣となったが，その後も幕府政治の実権をにぎった。また，京都室町に「花の御所」をつくり，北山には鹿苑《ろくおん》寺金閣を建てるなどして，室町幕府の最盛期を築いた。よって，イが間違っている。

問５　寝殿《しんでん》造は平安時代の貴族の住まいに用いられた建築様式なので，エが間違っている。なお，室町時代には，能や狂言といった北山文化や，御伽《おとぎ》草子，水墨画《すいぼくが》，銀閣に代表される東山文化が栄えた。

問６　「こじき」は漢字で「古事記」と表され，稗田阿礼《ひえだのあれ》が暗記していた国のおこりや系譜，神話，伝承などを太安万侶《おおのやすまろ》が筆録し，712年に元明天皇に献上《けんじょう》した，現存する日本最古の歴史書である。江戸時代の中ごろには，伊勢《いせ》国(三重県)松阪の医者で，儒教《じゅきょう》や仏教の影響を受ける前の日本人のものの考え方を研究して国学を大成した本居宣長《もとおりのりなが》によって，『古事記』の注釈《ちゅうしゃく》書である

『古事記伝』が著された。

4 明治時代から大正時代までの歴史的なことがらについての問題

問1　八幡製鉄所は，日清戦争の講和条約である下関条約によって清(中国)から得た賠償《ばいしょう》金の一部をもとに，多額の政府資金をつぎこんで現在の福岡県北九州市に建設された官営の製鉄所で，1901年に操業を開始した。この場所が選ばれた理由としては，付近に鉄鋼の生産に必要な石炭の産地である筑豊《ちくほう》炭田があったことや，原料の鉄鉱石の輸入先であった中国に近かったことなどがあげられる。

問2　あ　1894年の工場の数は約5500，1910年の工場の数は約13000で，1894年と比べて1910年の工場の数は2倍以上に増えている。よって，正しい。　い　工場の数が増加し，工業化が進むにつれて，働く人の数も増加している。　う，え　工場の数が初めて5000を超《こ》えたのは1894年ごろで，日清戦争(1894～95年)が起きたころにあたる。なお，日露戦争(1904～05年)が起きたころの工場の数は，おおよそ9000である。

問3　江戸時代末に幕府が欧米諸国と結んだ条約は，外国に領事裁判権(治外法権)を認め，日本に関税自主権がないという2つの点で日本に不利な不平等条約だった。このうち，領事裁判権については，日清戦争が起こる直前の1894年7月，外務大臣の陸奥宗光《むつむねみつ》がイギリスと日英通商航海条約を結んだことで，撤廃《てっぱい》することに成功した。よって，アが正しい。なお，「い」の福沢諭吉は明治時代の思想家・教育家で，『学問のすゝめ』を著して人間の自由平等を説いた人物。Yは1951年に日本が連合国48か国との間で結んだサンフランシスコ平和条約の内容。

問4　西郷隆盛は板垣退助らとともに，征韓《せいかん》論(武力を用いてでも朝鮮を開国させようという考え)を主張して敗れ，明治政府を去って故郷の鹿児島に帰っていたが，1877年，鹿児島の不平士族におし立てられる形で西南戦争を起こし，近代的な装備を備えた明治政府軍に敗れて自害した。なお，イの伊藤博文とエの大久保利通《としみち》は，不平等条約改正の交渉《こうしょう》などを目的として派遣された岩倉使節団の一員である。

問5　ア　1873年に出された徴兵令の内容として正しい。　イ　第二次世界大戦後の1945年12月，衆議院議員選挙法が改正され，20歳以上の男女に選挙権が与えられた。明治政府の行った改革ではないので，間違っている。　ウ　1873年から行われた地租改正の内容として正しい。

問6　2024年度から発行される新1000円札の肖像《しょうぞう》には，「日本細菌《さいきん》学の父」と称される北里柴三郎《しばさぶろう》が描かれることになっている。北里柴三郎は，明治時代の中ごろ，ドイツ留学中に結核菌やコレラ菌の発見で知られるローベルト＝コッホのもとで研究中に破傷風の血清療法を発見し，この功績により世界的に知られる研究者となった。帰国後には，伝染病研究所・北里研究所・慶應義塾大学医学部などを創設し，医学や教育の場で広く活躍《かつやく》した。

問7　平塚らいてうは女性解放運動の指導者で，1911年に女子のみの文学団体である青鞜《せいとう》社を結成して雑誌「青鞜」を創刊し，1920年には市川房枝《ふさえ》らとともに女性の参政権運動などを進める新婦人協会を設立した。よって，アが正しい。なお，イの田中正造は明治時代後半，足尾銅山鉱毒事件を解決するために活動した人物，ウの北条政子は鎌倉幕府の初代将軍源頼朝の妻，エの東郷平八郎は日露戦争で連合艦隊を率いて，日本海海戦でロシアのバルチック艦隊を破った軍人である。

5 日本の選挙制度，憲法改正，財政についての問題

問1　2013年からインターネットによる選挙運動が認められるようになったが，インターネットに

よる投票は行われていない。よって，エがふさわしくない。

問2　日本国憲法は第96条で，その改正手続きについて規定している。これによると，まず衆・参各議院の総議員の３分の２以上の賛成によって，国会が憲法改正を発議(国民に提案)する。その後，国民の承認を得るための国民投票が行われ，有効投票の過半数の賛成が得られれば憲法改正が承認される。承認された改正憲法は，ただちに天皇が国民の名で公布する。

問3　2019年度一般会計歳入額の内訳において，所得税について２番目に大きな割合を占《し》めている【Y】には商品やサービスなどにかかる消費税，【X】には会社などの所得にかかる法人税，【Z】には国の借金にあたる公債金が入る。消費税は税を負担する人と税を納める人が異なる間接税の１つで，広く徴収できるが，所得にかかわりなく税率が一定であるため，所得の少ない人ほど負担が大きくなる。1989年に税率３％で導入され，税率は1997年に５％，2014年に８％，2019年10月に10％へと引き上げられた。

6　**国際経済，裁判員制度，戦後の日本，成年年齢についての問題**

問1　新聞記事の後半に，日本とEU(欧州連合)による経済連携《れんけい》協定(EPA)では，「カマンベールやモッツァレラなどのソフト系チーズに低関税の輸入枠《わく》が設けられ，発効16年目に関税がゼロになる」とあるので，日欧EPA発効後すべての品物の関税がすぐに撤廃されるわけではない。よって，エがふさわしくない。

問2　裁判員制度の対象となるのは，殺人などの重大な刑事事件について行われる刑事裁判の第一審(地方裁判所)で，20歳以上の有権者の中から抽選《ちゅうせん》(クジ)で選ばれた６人の裁判員が，３人の裁判官と合議制で裁判を行う。裁判員は有罪か無罪かの判断はもとより，有罪の場合は刑の重さについても判断することになっている。よって，アがふさわしくない。

問3　アの大阪万国博覧会の開催《かいさい》は1970年，イの東日本大震災の発生は2011年，ウのバブル景気の崩壊《ほうかい》は1990年代初め，エのサッカーワールドカップの日韓共同開催は2002年のできごとなので，年代の古い順にア→ウ→エ→イとなる。

問4　2018年６月13日，成年年齢を20歳から18歳に引き下げる改正民法が成立し，2022年４月１日から施行される。これにより，18歳になれば親の同意なく一人暮らしの部屋を借りることや，クレジットカードをつくることができるようになったが，飲酒や喫煙《きつえん》は健康への影響などから20歳のままとされた。よって，ウがふさわしくない。なお，イについて，公認会計士と司法書士にはもともと年齢による受験資格の制限はない。

理　科　＜一般前期試験＞（40分）＜満点：100点＞

解 答

1　［A］(1)　27.5％　(2)　99.6g　［B］(1)　ウ　(2)　ア　(3)　キ　2　(1)　オ　(2)　ウ　(3)　①　イ　②　オ　(4)　６分　(5)　1：7：56　3　(1)　**A**　60g　**B**　40g　(2)　**A**　0g　**B**　100g　(3)　**X**　30cm　**Y**　55cm　4　(1)　ウ　(2)　**植物**…ア，イ　**動物**…ウ，エ　(3)　食物連鎖　(4)　ウ　(5)　酸素，イ　(6)　**実験1**…エ　**実験2**…エ　5　(1)　A　(2)　c　(3)　①　ア　②　B　6　(1)　30万km　(2)　ウ　(3)　ウ　(4)　空気

解　説

1　水よう液のこさと性質についての問題

［A］　⑴　水よう液のこさは，(とけている物質の重さ)÷(水よう液全体の重さ)×100で求めることができる。よって，38÷(38＋100)×100＝27.53…より，27.5％である。

⑵　60℃の水200ｇにとかすことのできるミョウバンの重さは，$57.3\times\frac{200}{100}=114.6$(ｇ)なので，この水よう液にはあと，114.6－15＝99.6(ｇ)のミョウバンをとかすことができる。

［B］　⑴　それぞれの水よう液にとけている物質は，うすい塩酸は気体の塩化水素，塩化ナトリウム水よう液は固体の塩化ナトリウム(食塩)，炭酸水は気体の二酸化炭素である。したがって，それぞれの水よう液を加熱して水を完全に蒸発させると，うすい塩酸と炭酸水では，気体が空気中に出ていってしまうので何も残らず，塩化ナトリウム水よう液の場合だけ，塩化ナトリウムの白い固体が残る。

⑵　水よう液は，物質が小さなつぶになって水に均一に混ざったものである。このつぶはろ紙を通りぬけることができるので，どの水よう液の場合も，ろ紙上には何も残らない。

⑶　うすい塩酸と炭酸水は酸性，塩化ナトリウム水よう液は中性の水よう液である。青色リトマス紙を酸性の水よう液にひたすとリトマス紙が赤色に変化するが，中性やアルカリ性の水よう液にひたしてもリトマス紙の色は変わらない。

2　水の温度変化と状態変化についての問題

⑴　アルコールランプの炎《ほのお》を消すときはふたをななめ上からかぶせる。火が消えたあと一度ふたをあけ，十分に冷えてからもう一度ふたをする。

⑵　加熱を続けている水が液体から気体になる(沸《ふっ》とうする)ときの温度は100℃である。逆に，気体から液体になる温度も，同じ100℃である。

⑶　①　温度が一定になっている１分から３分までの区間では，氷が水に状態変化をしている。グラフより，加熱後３分で氷はすべてとけて液体の水となり，加熱後5.5分までは液体の水の温度が上昇《じょうしょう》し続けるので，加熱後４分では水はすべて液体である。　②　加熱後5.5分で水は沸とうし，液体から気体に状態変化する間，温度は一定である。19分まで液体から気体に変化し続けるので，加熱後10分では液体と気体がまざっている。

⑷　はじめに用意する氷の量を２倍にすると，氷の温度が０℃になるまでの時間も，氷がすべて液体に変わるまでの時間も２倍になるので，すべて液体になるまでにかかる時間は，３×２＝６(分)となる。

⑸　ろうそくが28分間につくりだす熱の量と，アルコールランプが４分間につくりだす熱の量と，ガスバーナーが30秒間，つまり0.5分間につくりだす熱の量が等しい。この熱の量を①とおくと，１分あたりにそれぞれがつくりだす熱の量は，ろうそくが$\textcircled{\tfrac{1}{28}}$，アルコールランプが$\textcircled{\tfrac{1}{4}}$，ガスバーナーが，①÷0.5＝②となる。したがって，一定時間につくりだす熱の量の比は，$\frac{1}{28}:\frac{1}{4}:2=1:7:56$と求められる。

3　てこのつり合いについての問題

⑴　おもりが支柱Ａと支柱Ｂの間にあるので，その重さは支柱Ａ，Ｂのそれぞれにかかる。おもりの位置は，Ａから，40－20＝20(cm)，Ｂから，50－20＝30(cm)なので，おもりから支柱Ａ，Ｂま

での距離《きょり》の比は，20：30＝２：３である。おもりを支柱Ａ，Ｂが支える力の比は，逆比の３：２となるから，支柱Ａが支える力は，100×$\frac{3}{3+2}$＝60(ｇ)，支柱Ｂが支える力は，100－60＝40(ｇ)とわかる。

⑵　支柱Ｂの真上に100ｇのおもりがあるので，100ｇの重さはすべて支柱Ｂにかかる。よって，支柱Ａが板を支える力は０ｇ，支柱Ｂが板を支える力は100ｇである。

⑶　てこを傾《かたむ》けるはたらきの大きさは，(おもりの重さ)×(支点からの距離)で表される。100ｇのおもりが支柱Ａより左にあるときは，支柱Ａを支点として，てこのつり合いを考える。100ｇのおもりが点Ｐにあるとき，板を左に傾けるはたらきが最も大きくなる。そのときの200ｇのおもりの位置を支柱Ａから右に□cmとおくと，100×20＝200×□より，□＝10(cm)のとき，板は水平になる。よって，ＸはＰから，20＋10＝30(cm)の距離である。一方，100ｇのおもりが支柱Ｂより右にあるときは，支柱Ｂを支点として，てこのつり合いを考える。100ｇのおもりが点Ｑにあるとき，板を右に傾けるはたらきが最も大きくなる。そのときの200ｇのおもりの位置を支柱Ｂから左に○cmとおくと，100×30＝200×○より，○＝15(cm)のとき，板は水平になる。よって，ＹはＰから，100－(30＋15)＝55(cm)の距離とわかる。

4　生物の呼吸と光合成の関係についての問題

⑴　ウのミジンコは，エビやカニと同じ甲殻類《こうかくるい》の動物で，体長は１～２mmほどである。

⑵　アはアオミドロ，イはケイソウ，エはゾウリムシである。アオミドロとケイソウは葉緑体を持ち，光合成を行って養分をつくる。また，ミジンコとゾウリムシは養分をつくることができないので，他の生物などを食べる。

⑶　生物どうしの「食べる」「食べられる」の関係を食物連鎖《しょくもつれんさ》という。

⑷　呼吸は生活に必要なエネルギーをとり出すはたらきで，動物も植物も昼夜を問わず行っている。また，植物は光が当たっているときにだけ光合成を行う。

⑸　ミジンコが全滅《ぜんめつ》した実験２は，実験１と比べて，ペットボトルを明るい場所に置く時間(オオカナダモが光合成を行う時間)が短い。ミジンコは光合成によって生じる酸素を消費するので，ミジンコが全滅したのは酸素が不足したためだと考えられる。つまり，オオカナダモの光合成によって生じた酸素の量(Ａ)よりも，ペットボトル内のオオカナダモやミジンコ，その他のび生物の呼吸によって消費された酸素の量(Ｂ)の方が多かったと考えられる。

⑹　ペットボトルの口を完全に閉めているので，物質の出入りはなく，どちらのペットボトルも総重量はまったく変化しない。

5　月の見え方についての問題

⑴　月の表面には多数のクレーター(円形のくぼ地)が観測され，起伏《きふく》の多い部分は陸，平らな部分は海とよばれており，地球からはＡのように見えている。

⑵　月がいつも同じ面を地球に向けているのは，月が１回公転する間に，同じ向きに１回自転しているためである。

⑶　①　月は，北極側から見て反時計回りに公転しているので，毎日同じ時刻に月を観察すると，西から東に移動して見える。よって，月は３日後にはアの向きに移動している。　②　図２の月は，朝方に南西に見えていることから，満月から欠けていく途中の月である。満月から新月までは約15日なので，３日間ではさらに月の約$\frac{1}{5}$が欠けて見え，３日後にはＢのような形(下げんの月)

となる。

6 光の進む速さについての問題

⑴ 図１より，北極から赤道まで１万kmなので，地球１周の距離は，１×４＝４(万km)となる。したがって，光が１秒間に進む距離は，４×7.5＝30(万km)である。

⑵ 先に砂地に入る車輪の進み方は遅《おそ》くなる。図４で，進行方向に対して右側の車輪が砂地に入ってから左側の車輪が砂地に入るまでの間に，それぞれのタイヤが進む距離を比べると，左側の車輪の方が距離が長くなるので，全体ではウの方向に進む。

⑶ ⑵と同じように考える。左側の車輪が砂地から出てから，右側の車輪が砂地から出るまでの間について，先に砂地から出た左側の車輪の進み方が速くなるので，全体ではウの方向に進む。

⑷ 電灯から出た光に車輪と同じような幅《はば》があると考えると，図６で先に空気中に出るのは左側である。このとき光が右寄りに曲がっていることから，左側の方がより速く進んだと考えられるので，光が空気中を進むときの方が，水中を進むときよりも速いことがわかる。

国　語　＜一般後期試験＞（60分）＜満点：150点＞

解答

一 **問1** **A** ウ　**B** オ　**問2** エ　**問3** ア　**問4** （例）本当にお礼を言いたい相手は倫太郎だから。　**問5** イ　**問6** （例）倫太郎が，ヘビをつかまえて人を驚かそうとしているということ。　**問7** （例）（ヤマゴリラは，自分が）倫太郎のことを誤解していたということ（に気がついたから。）　**問8** エ　**二** **問1** ア　**問2** （例）昔の日本人は，怪異も現実の一コマとして受け入れていたから。　**問3** **A** エ　**B** ウ　**C** ア　**問4** (i) 夕暮れ／明け方　(ii) （例）昼か夜かはっきりさせたいのに，できないから。　**問5** 海とも陸ともつかないような(ところ。)　**問6** ウ　**三** **問1** （例）夏でさえ水が冷たい北の方の海の底。／約四〇〇〇メートルの深さがある海の底。　**問2** **A** オ　**B** カ　**C** イ　**問3** イ　**問4** （例）水温が一八度以下に下がることのない熱帯の海であること。／太陽の光が十分にあたる二〇メートルよりも浅い海であること。　**問5** 八　**問6** ア　**四** ① なんぱ　② ださん　③ しんそう　④ そうぎょう　⑤ かげん　⑥ しだい　⑦ かひ　⑧ まね(く)　⑨ とな(える)　⑩ きざ(む)

五 下記を参照のこと。

●漢字の書き取り

五 ① 祝福　② 口調　③ 混雑　④ 同類　⑤ 消灯　⑥ 周辺　⑦ 実績　⑧ 日課　⑨ 連(れて)　⑩ 耕(す)

解説

一 **出典は灰谷健次郎《はいたにけんじろう》の『天の瞳《ひとみ》』による。**倫太郎《りんたろう》は困っているばあさんを助けたが，通りかかった教師のヤマゴリラが，いたずらをしかけようとしたとかんちがいして激しくおこる。

問1 **A** 何かが起きそうな気配。　**B** おたがいの考えやリズムなどが，うまく合わないこと。

問２　倫太郎は，「少林寺拳法《けんぽう》の開祖とあんちゃん」の「思う前に動け，いいことは無意識のうちに」という教えを守り，ばあさんの落とした巾着《きんちゃく》を拾うために早速《さっそく》「溝《みぞ》に向かって身を躍《おど》らせようと」しているのだから，エがふさわしい。

問３　**１，２**　ばあさんから，溝のなかには「マムシ」がいると聞かされたが，実際には違《ちが》ったのだから，「マムシ」ではなく「ヤマカガシ」がいたものとわかる。　**３，４**　「ヤマカガシ」には「首のつけ根くらいに毒の出る腺《せん》」があり，「巻きつくと，首をくっくとなすりつけ毒をつける」が，「腹筋が弱い」ため「首もたげて襲《おそ》ってくる」「マムシ」に比べ，それほど危険ではないという流れである。よって，空らん３には「マムシ」が，空らん４には「ヤマカガシ」が入る。

問４　前の部分から読み取る。ばあさんは，自分の巾着を拾ってくれた倫太郎にお礼が言いたかったが，彼《かれ》はまだU字溝《こう》のなかにいるため，「とりあえず」巾着を手渡《てわた》してくれたミキオに「ありがとう」と言ったのである。

問５　もどす文からは，倫太郎がつかまえたヘビを「投げ捨て」ようとしていることがわかる。《イ》に入れると，倫太郎はヘビを「遠くへ投げ捨てるつもり」で「二匹《ひき》のヘビのしっぽをつかんで両手でぶら下げ」ていたというつながりになり，文意が通る。

問６　本文の最初に，倫太郎とヤマゴリラは「相性《あいしょう》が悪」く，「たいていのことが，ちぐはぐになる」と書かれていることをおさえる。ばあさんの巾着を拾った後，ヘビを処置しようとしている倫太郎のようすを見たヤマゴリラは，人助けをしたミキオに対し，倫太郎が「また，人を驚《おどろ》かそうと」しているのだろうと勘違《かんちが》いして，「どうせ，こんなことやろと思とった」と言ったのである。

問７　「狼狽《ろうばい》」はうろたえるようす。問６で検討したように，ヤマゴリラは，倫太郎が人助けもせずにヘビで人を驚かそうとしていたのだろうと思いこんでいる。しかし，ばあさんから「この子が，ヘビのそばに落ちていた巾着を拾うてくれたんです」と言ったのを聞き，ヤマゴリラは，彼の行動を誤解していたことに気づいた。つまり，ヤマゴリラは，自分がおかしな誤解をしたまま倫太郎をおこっていたという都合の悪い状況《じょうきょう》にあることを理解したため，「狼狽」したのだとわかる。

問８　人助けをした生徒を理由も聞かずにおこるようでは，とてもよい先生とは言えない。ばあさんは，ヤマゴリラが倫太郎をたたかないように釘《くぎ》をさしているのだから，エが選べる。

二　**出典は加門七海《かもんななみ》の『「怖《こわ》い」が，好き！』による。**歴史的なさまざまな例をあげながら，人間が「お化《ば》け」について語るのは，そこに何か大切なことが隠《かく》されているからだと説明している。

問１　直後の部分から，「光源氏《ひかるげんじ》」が「泊《と》まった場所」に「不気味な女性」が現れた話だとわかる。彼女《かのじょ》は「光源氏を愛しているとある女性の生霊《いきりょう》」だという説があると書かれているので，幽霊《ゆうれい》は「女性」であると推測できる。よって，アが正しい。

問２　続く部分に，「お化けと人は，ほぼ同じ世界で暮らしていた」と書かれていることに注目する。つまり，昔の人々は「怪異《かいい》もまた，現実の一コマだ」という感覚を持っていたため，「ラブ・ストーリー」に「お化け」が登場するのは「当たり前」だったのである。

問３　**Ａ**　平安時代のころには，「お化けの出没《しゅつぼつ》を日常の延長」だと考えていたが，江戸《えど》時代に入ってからは，「お化けたちを現実とはちょっと違う世界のものとして」認識《にんしき》するようになったというつながりなので，前のことがらを受けて，それに反する内容を述べるときに用いる「けれど」があてはまる。　**Ｂ**　「戦争のとき」には，亡《な》くなった兵隊さんが別れの挨拶《あいさつ》をしたという話や，兵隊さんを家族や先祖の霊魂《れいこん》が守ったという話が多くあったという文脈なので，ことがらを並べ立てるときに用いる「また」が合う。　**C**　夜は本来「神様の時間」なので，重要なお祭りは「夜中にあかりを消し」て行ったというつながりである。よって，前のことがらを理由・原因として，後にその結果をつなげるときに用いる「だから」が入る。

問4　(i)　前の部分に着目する。「昼と夜の間の時間」は，「誰(た)そ彼(かれ)」というところから「黄昏時《たそがれどき》」といい，「明け方」は同じ言葉を逆にして「彼(か)は誰(たれ)」時とよんでいたとある。つまり，ぼう線部②の「このふたつの時間帯」とは，影《かげ》も光もはっきりせず，人の姿が見極めづらい「夕暮れ」(夕方)と「明け方」を指しているものとわかる。　(ii)　直後に，「昼か夜か，はっきりさせたい」が，「自然の流れに，人間がわがままを言うこと」はできないので，「ずっと怖いまま」だと述べられている。

問5　直前の内容から，「夕暮れ」が「波打ち際《ぎわ》」にたとえられていることがわかる。また，続く部分で，「誰そ彼」，つまり「夕暮れ」は「海とも陸ともつかないような，はっきりしない，どうにもならない時間帯」だと説明されているので，「波打ち際」は「海とも陸ともつかない」場所であると判断できる。

問6　夕暮れの時間帯が「昔も今も変わることなく，ずっと怖いまま」であると書かれた部分から，昔の人が何を怖いと思っていたかが読み取れる。また，『源氏物語』や怪談などの例を多くあげることで，人間がずっとお化けを語ってきた理由がわかりやすく説明されているので，ウが正しい。

三　出典は小《こ》林《ばやし》和《かず》男《お》の『深海6000メートルの謎《なぞ》にいどむ』による。潜水艦《せんすいかん》を使った調査で，筆者は昔さんご礁《しょう》があったことを示す石灰岩を見つけ，えりも海山が熱帯に浮《う》かぶ火山島だったことをつきとめる。

問1　「さんご礁」は，「水温が一八度以下に下がることがない熱帯の海」であることに加え，「太陽の光の十分にあたる二〇メートルよりも浅いところ」でしか発育しないはずだが，筆者が海底調査を行っている「えりも海山」は「かなり冷たい」「北の海の底」であり，「約四〇〇〇メートルの深さ」だと書かれている。「さんご礁」のできる条件とは矛盾《むじゅん》しているため，筆者は疑問に思ったのである。

問2　**A**　「石灰岩」は，セメントの材料なので，「みなさん」にとっても身近な存在だろうという文脈なので，「おなじみ」があてはまる。　**B**　直後に，「とったばかりの白い岩をたいせつに試料かごに入れ，先に進」むとあるので，今はくわしい分析《ぶんせき》ができないことになる。よって，“まだ実行できない”という意味の「おあずけ」がよい。　**C**　白い岩石に塩酸をつける実験の結果，筆者の予測どおり「石灰岩」であることが確認《かくにん》できたのだから，“思ったとおりだ”という意味の「あんのじょう」が入る。

問3　「セメントの材料になる」ことは，石灰岩の一般《いっぱん》的な利用法の説明であり，「えりも海山」で見つかった岩が石灰岩で，「大昔のさんご礁でできたものだ」という証拠《しょうこ》にはならないので，ふさわしくない。

問4　少し前に，さんご礁をつくる生物は，「水温が一八度以下に下がることがない熱帯の海」で，「太陽の光の十分にあたる二〇メートルよりも浅いところ」でしか発育できないと説明されている。

問5　直前に注目する。海底は「一年に八センチメートル」動くのだから，百年では八百センチメートル，つまり，八メートル移動するものとわかる。

問６　石灰岩の発見は，「えりも海山が熱帯生まれである」という「予想」を裏付ける「証拠」になったというのだから，アが正しい。

四　漢字の読み

①　航海のとちゅうで，船がこわれて動けなくなること。　②　どうすれば自分の得になるかを考えること。　③　事件やできごとの本当の事情。　④　機械を働かせて仕事をすること。　⑤　増やしたり減らしたりして調整すること。　⑥　なりゆき。　⑦　賛成と反対。　⑧　自分のところへよびよせること。　⑨　音読みは「ショウ」で，「歌唱」などの熟語がある。　⑩　音読みは「コク」で，「時刻」などの熟語がある。

五　漢字の書き取り

①　お祝いすること。　②　しゃべり方。　③　こみあうようす。　④　同じ種類の仲間。　⑤　電灯《でんとう》を消して暗くすること。　⑥　まわり。　⑦　実際の成果。　⑧　毎日行うと決めていること。　⑨　音読みは「レン」で，「連続」などの熟語がある。　⑩　音読みは「コウ」で，「耕作」などの熟語がある。

出題ベスト10シリーズ

①国語読解ベスト10

②漢字合格の2790題

③計算合格の820題

④図形問題ベスト10

■過去の入試問題から出題例の多い問題を選んで編集・構成。受験関係者の間でも好評です！

有名中学入試問題集

●男子校編

●女子校編

■中学入試の全容をさぐる!!

■首都圏の中学を中心に、全国有名中学の最新入試問題を収録!!

※表紙は昨年度のものです。

算数の過去問25年分

■筑波大学附属駒場

■麻布

■開成

○名門3校に絶対合格したいという気持ちに応えるため過去問実績No.1の声の教育社が出した答えです。

都立中高一貫校 適性検査問題集

■都立一貫校と同じ検査形式で学べる！

●自己採点のしにくい作文には「採点ガイド」を掲載。

●保護者向けのページも充実。

●私立中学の適性検査型・思考力試験対策にもおすすめ！

当社発行物の無断使用は固くお断りいたします。御使用の前はまずご相談ください。

当社発行物には500点余の首都圏中・高過去問をはじめ、６点の学校案内、そのほかいくつかの情報誌などがございます。その多くが年度版で、限られたスタッフが来るべき受験シーズン前に余裕を持って受験生へ届けられるよう、日夜作業にあたり出版を重ねております。

その中で、最近、多くの印刷物やネット上において当社発行物からの無断使用が見受けられ、一部で係争化しているところもございます。事例といたしましては、当社の新刊発行を待ち、それを流用して毎年ネット上に新改訂として掲載していたＡ社、当社過去問から三百箇所をはぎ合わせ「自社制作につき無断転載禁止」とし、集客材としてホームページに掲載していたＢ社、当社版誌面を無断スキャンし、記述式解答は一部殆ど丸取りして動画を制作していた家庭教師グループＣ社、当社発行物の表紙を差し替え、内容を複製し配布していた塾のＤ社などほか数社がございます。

当社発行物の全部もしくは一部を無断使用することは固くお断りいたします。

当社コンテンツの中にはリーズナブルな設定でご提供している事例もたくさんございますので、ご利用されたい方はまずは、お気軽にご相談くださいますようお願いします。同時に、当社発行物を無断で使用している媒体などにつきましての情報もお寄せいただければ幸いです（呈薄謝）。

株式会社 声の教育社

スーパー過去問の **解説執筆・解答作成スタッフ（在宅）募集！** ※募集要項の詳細は、10月に弊社ホームページ上に掲載します。

2025年度用
中学スーパー過去問

■編集人 声の教育社・編集部
■発行所 株式会社 声の教育社
〒162-0814 東京都新宿区新小川町8-15
☎03-5261-5061㈹ FAX03-5261-5062
https://www.koenokyoikusha.co.jp

※本書の内容についての一切の責任は当社にあります。内容・解説・解答・その他は当社ホームページよりお問い合わせ下さい。

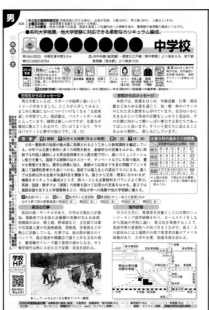

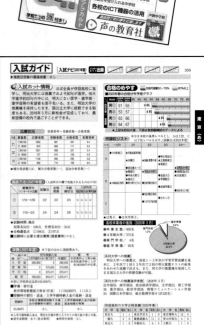

カコを追いかけ
ミライをつかめ

よくある解答用紙のご質問

01

実物のサイズにできない

　拡大率にしたがってコピーすると，「解答欄」が実物大になります。配点などを含むため，用紙は実物よりも大きくなることがあります。

02

A3用紙に収まらない

　拡大率164％以上の解答用紙は実物のサイズ（「出題傾向＆対策」をご覧ください）が大きいために，Ａ３に収まらない場合があります。

03

拡大率が書かれていない

　複数ページにわたる解答用紙は，いずれかのページに拡大率を記載しています。どこにも表記がない場合は，正確な拡大率が不明です。

04

１ページに２つある

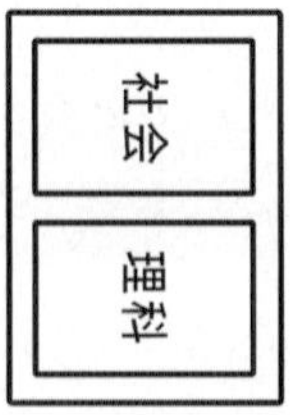

　１ページに２つ解答用紙が掲載されている場合は，正確な拡大率が不明です。ほかの試験回の同じ教科をご参考になさってください。

茨城中学校

【別冊】入試問題解答用紙編

解答用紙は本体からていねいに抜きとり、別冊としてご使用ください。

※　実際の解答欄の大きさで練習するには、指定の倍率で拡大コピーしてください。なお、ページの上下に小社作成の見出しや配点を記載しているため、コピー後の用紙サイズが実物の解答用紙と異なる場合があります。

●入試結果表

— は非公表

年度	回	項目	国語	算数	社会	理科	4科合計	合格者
2024	第1回A	配点(満点)	150	150	100	100	500	最高点
		合格者平均点	112.1	101.4	65.1	68.2	346.8	478
		受験者平均点	105.8	91.7	60.9	63.0	321.4	最低点
		キミの得点						268
	回	項目	適性Ⅰ	適性Ⅱ			適性合計	合格者
	第1回B	配点(満点)	100	100			200	最高点
		合格者平均点	70.4	75.2			145.6	180
		受験者平均点	63.5	70.3			133.8	最低点
		キミの得点						118
年度	回	項目	国語	算数	社会	理科	4科合計	合格者
2023	第1回A	配点(満点)	150	150	100	100	500	最高点
		合格者平均点	90.7	79.9	72.7	67.5	310.8	436
		受験者平均点	83.1	67.7	67.2	60.1	278.1	最低点
		キミの得点						247
	回	項目	適性Ⅰ	適性Ⅱ			適性合計	合格者
	第1回B	配点(満点)	100	100			200	最高点
		合格者平均点	65.9	74.1			140.0	—
		受験者平均点	57.1	69.0			126.1	最低点
		キミの得点						120
年度	回	項目	国語	算数	社会	理科	4科合計	合格者
2022	第1回A	配点(満点)	150	150	100	100	500	最高点
		合格者平均点	109.4	103.1	67.6	65.1	345.2	458
		受験者平均点	97.6	88.6	61.1	59.2	306.5	最低点
		キミの得点						292
	回	項目	適性Ⅰ	適性Ⅱ			適性合計	合格者
	第1回B	配点(満点)	100	100			200	最高点
		合格者平均点	49.5	77.2			126.7	159
		受験者平均点	41.4	67.6			109.0	最低点
		キミの得点						110
年度	回	項目	国語	算数	社会	理科	4科合計	合格者
2021	第1回A	配点(満点)	150	150	100	100	500	最高点
		合格者平均点	102.3	90.4	62.5	66.0	321.2	442
		受験者平均点	96.6	83.1	60.1	62.6	302.4	最低点
		キミの得点						257
	回	項目	適性Ⅰ	適性Ⅱ			適性合計	合格者
	第1回B	配点(満点)	100	100			200	最高点
		合格者平均点	74.4	69.3			143.7	176
		受験者平均点	66.5	60.7			127.2	最低点
		キミの得点						120

〔参考〕満点(合格者最低点)　2020年：一般前期 500(259)

※　表中のデータは学校公表のものです。ただし、4科合計・適性合計は各教科の平均点を合計したものなので、目安としてご覧ください。

声の教育社

２０２４年度　茨城中学校　第１回Ａ

算数解答用紙

番号		氏名		評点	／150

1

(1)	(2)	(3)	(4)	(5)

2

(1)	(2)	(3)	(4)	(5)
	円	%	試合	本

3

ア	イ	ウ	エ	オ	カ

4

辺	頂点

5

(1)		(2)	(3)
最頻値　cm	中央値　cm	cm	cm

6

cm

7

(1)	(2)
通り	通り

8

(1)	(2)

9

(1)	(2)
時速　km	時速　km

10

(1)	(2)
m^3	分

11

%

（注）この解答用紙は実物を縮小してあります。Ｂ５→Ｂ４（141%）に拡大コピーすると、ほぼ実物大の解答欄になります。

〔算　数〕150点（推定配点）

1～11　各６点×25＜2の(1)，3，4，5の(1)は完答＞

２０２４年度　茨城中学校　第１回Ａ

社会解答用紙

番号		氏名		評点	／100

1

問1	問2	問3	問4	問5

2

問1		問2	問3	問4
温泉の源泉数	スキー場の施設数			

問5	問6	
	(1)	(2)

3

問1	問2		問3	問4
	(1)	(2)　→　→		

4

問1	問2	問3	問4	問5

問6	問7	問8

5

問1	問2	問3	問4	問5	問6	問7

（注）この解答用紙は実物を縮小してあります。Ｂ５→Ｂ４（141％）に拡大コピーすると、ほぼ実物大の解答欄になります。

〔社　会〕100点（推定配点）

1　各３点×５　2　問１～問５　各３点×６　問６　(1)　３点　(2)　４点　3～5　各３点×20＜3の問２の(2)は完答＞

２０２４年度　茨城中学校　第１回Ａ

理科解答用紙

番号		氏名		評点	／100

1

(1)	(2)	(3)	(4)

2

(1)	(2)	(3)	(4)
kg	kg	kg	cm

3

(1)	(2)	(3)	(4)	(5)
性		と		

4

(1)	(2)	(3)	(4)
	cm^3	cm^3	cm^3

5

(1)		(2)		
		①	②	③

(3)		
① 生産者	消費者	②

6

(1)			(2)			
			①	② 1	2	3

(3)

7

(1)				(2)
ア	イ	ウ	エ	オ

(2)		(3)	
カ	キ	ク	ケ

（注）この解答用紙は実物を縮小してあります。Ｂ５→Ｂ４（141%）に拡大コピーすると、ほぼ実物大の解答欄になります。

〔理　科〕100点(推定配点)

1～4　各３点×17＜3の(2)は完答＞　5　(1)　各２点×２　(2), (3)　各３点×５＜(3)の①は完答＞　6　(1)　各２点×３　(2)　各３点×２＜②は完答＞　(3)　４点　7　(1)　各２点×３　(2)　エ，オ　各２点×２　カ・キ　２点＜完答＞　(3)　２点＜完答＞

2024年度　茨城中学校　第1回A

国語解答用紙

番号　　氏名　　評点　/150

一
問一　ということ。
問二
問三
問四　から。
問五
問六　(1)　(2)

二
問一　こと。
問二
問三
問四
問五
問六

三
問一
問二　1　2
問三
問四

四
①　②　③　④　⑤
⑥　⑦　⑧　⑨　す　⑩　える

五
①　②　③　④　⑤
⑥　⑦　⑧　⑨　⑩

(注) この解答用紙は実物を縮小してあります。B5→B4(141%)に拡大コピーすると、ほぼ実物大の解答欄になります。

〔国　語〕150点(推定配点)

一　問1　6点　問2　8点　問3, 問4　各6点×2　問5, 問6　各5点×3　二　問1, 問2　各6点×2　問3, 問4　各5点×3　問5, 問6　各8点×2　三　問1, 問2　各4点×3　問3　8点　問4　6点　四, 五　各2点×20

2024年度　茨城中学校　第1回B

適性検査Ⅰ解答用紙

番号		氏名	

評点
/100

1

(1)　(2)

(3)

2

(1)

ア	イ	ウ	エ	オ

(2)

F	G	I	J
g	g	g	g

3

(1)　(2)

(3)

(4)

4

(1)

(2)

(3)

ア	イ

5

(1)

ア	イ	ウ	エ

(2)

ルート　F→　→A

長さ　m

（注）この解答用紙は実物を縮小してあります。189%拡大コピーをすると、ほぼ実物大の解答欄になります。

〔適性検査Ⅰ〕100点(推定配点)

1　(1), (2)　各5点×2　(3)　8点　2　各2点×9　3　(1), (2)　各5点×2　(3)　8点　(4)　5点　4　(1)　5点　(2)　8点　(3)　各4点×2　5　(1)　各2点×4　(2)　各6点×2

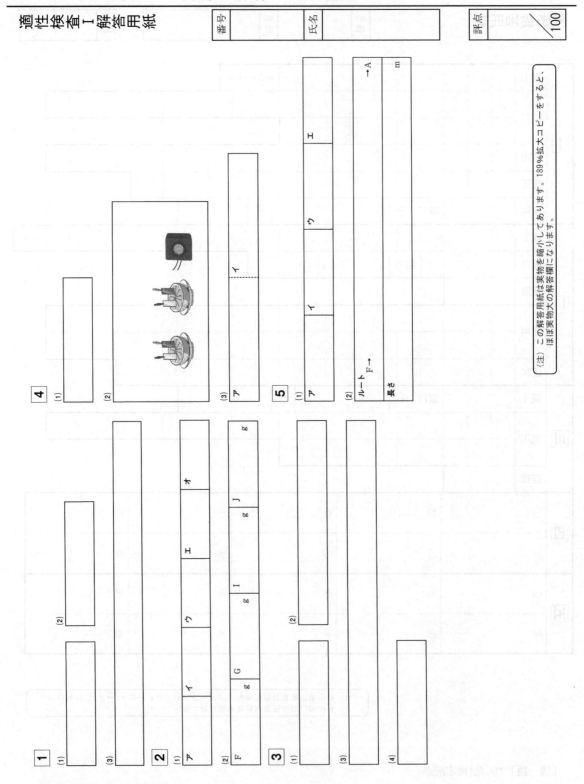

2024年度 茨城中学校 第1回B

適性検査Ⅱ解答用紙

番号		氏名		評点	/100

1

(1)

(2)

まとめ①	まとめ②	まとめ③

(3)

(4)

2

(1)

(2)

(3)

春党	夏党	秋党	冬党
人	人	人	人

(4)

3

(1)

(2)

C	D

(3)

(4) 20 30

4

(1)

(2)

ア	イ	ウ	エ	オ	カ

(3) 100 120

（注）この解答用紙は実物を縮小してあります。192%拡大コピーをすると、ほぼ実物大の解答欄になります。

〔適性検査Ⅱ〕100点(推定配点)

1 (1) 3点 (2) 各2点×3 (3) 3点 (4) 12点 2 (1), (2) 各4点×2 (3) 6点<完答> (4) 10点 3 (1), (2) 各2点×4 (3) 5点 (4) 8点 4 (1), (2) 各2点×8 (3) 15点

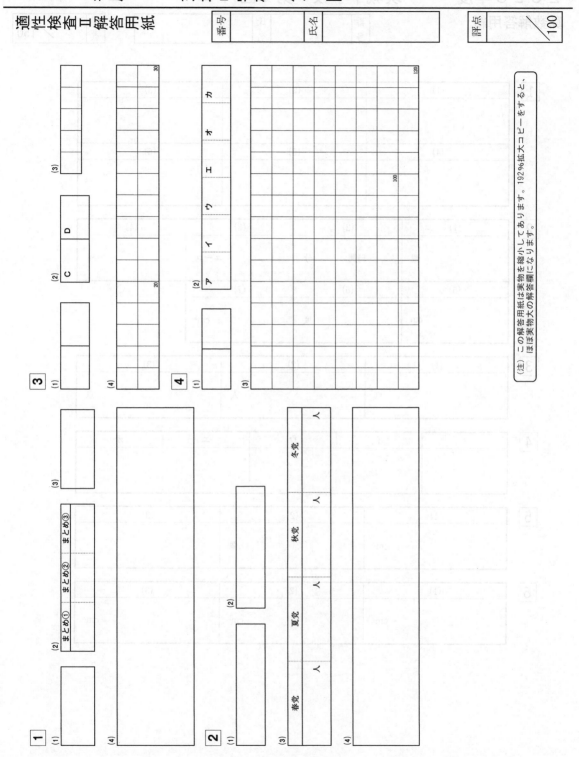

2023年度　茨城中学校　第１回Ａ

算数解答用紙

番号		氏名	

評点	／150

1

(1)	(2)	(3)

(4)	(5)	(6)

2

(1)	(2)	(3)	(4)
個	時間　分	ユーロ	%

(5)	(6)	(7)
cm	度	cm^2

3

(1)	(2)	(3)
点	人	点

4

ア	イ	ウ	エ	オ

5

(1)	(2)	(3)
cm^2	個	

6

(1)	(2)	(3)
cm^3	cm^2	cm^3

（注）この解答用紙は実物を縮小してあります。Ｂ５→Ｂ４（141%）に拡大コピーすると、ほぼ実物大の解答欄になります。

〔算　数〕150点（推定配点）

1～3　各６点×16　4　ア　６点　イ・ウ　６点　エ・オ　６点　5，6　各６点×６

2023年度　茨城中学校　第１回Ａ

社会解答用紙

番号		氏名	

評点	／100

1

問1	問2	問3			問4
		果物1	果物2	果物3	

2

問1			問2	問3	問4
A	B	C			
問5					

3

問1		問2	問3	問4
問5	問6	問7	問8	問9
問10		問11	問12	問13

4

問1	問2	問3	
問4		問5	
(1)	(2)	(1)	(2)

（注）この解答用紙は実物を縮小してあります。Ｂ５→Ｂ４（141%）に拡大コピーすると、ほぼ実物大の解答欄になります。

〔社　会〕100点(推定配点)

1　各３点×６　2　問１～問４　各３点×６　問５　４点　3，4　各３点×20

２０２３年度　　茨城中学校　第１回Ａ

理科解答用紙

番号		氏名		評点	／100

1

(1)	(2)	(3)	(4)
		つなぎ	

2

(1)	(2)	(3)	(4)
g	cm	cm	g

3

(1)	(2)	(3)	(4)	(5)

4

(1)	(2)	(3)	(4)	(5)
g			g	g

5

(1)	(2)	(3)	(4)	
			名称	記号

6

(1)	(2)		
	1	2	3
(3)	(4)		
	1	2	3

7

(1)	(2)			(3)
	ア	イ	ウ	

(4)	(5)	(6)		
		A 植物	B 植物	C 植物

（注）この解答用紙は実物を縮小してあります。Ｂ５→Ｂ４(141%)に拡大コピーすると、ほぼ実物大の解答欄になります。

〔理　科〕100点(推定配点)

[1]〜[4]　各３点×18<[1]の(4)，[4]の(3)は完答>　[5]〜[7]　各２点×23<[6]の(3)は完答>

二〇二三年度　茨城中学校　第１回Ａ

国語解答用紙

番号　氏名　評点　/150

一
問一 (1) (2) (3)
問二
問三
問四 ということ。
問五
問六
問七

二
問一
問二
問三
問四
問五
問六 (一) (二)
問七
問八

三
問一
問二
問三 ○ ○ ○ ○ ○ ○
問四
問五
問六 ⓐ ⓑ ⓒ
問七

四
① げる ② ③ ④ つ ⑤
⑥ ⑦ ⑧ ⑨ ⑩ める

五
① ② ③ ④ ⑤
⑥ ⑦ ⑧ ⑨ ⑩ いて

（注）この解答用紙は実物を縮小してあります。Ｂ５→Ａ３（163％）に拡大コピーすると、ほぼ実物大の解答欄になります。

〔国　語〕150点（推定配点）

一　問１～問３　各３点×５　問４　４点　問５　６点　問６，問７　各４点×２　二　問１～問５　各３点×５　問６　(1)　４点　(2)　６点　問７，問８　各３点×２　三　問１～問３　各３点×８　問４　６点　問５　４点　問６，問７　各３点×４　四，五　各２点×20

2023年度 茨城中学校 第1回B

適性検査Ⅰ解答用紙

番号		氏名		評点	/100

1

(1) 答え cm³

説明

(2) 個

2

(1)

(2)

(3)

理由

3

(1)

(2)

(3) 倍

(4)

4

(1)

(2)

(3)

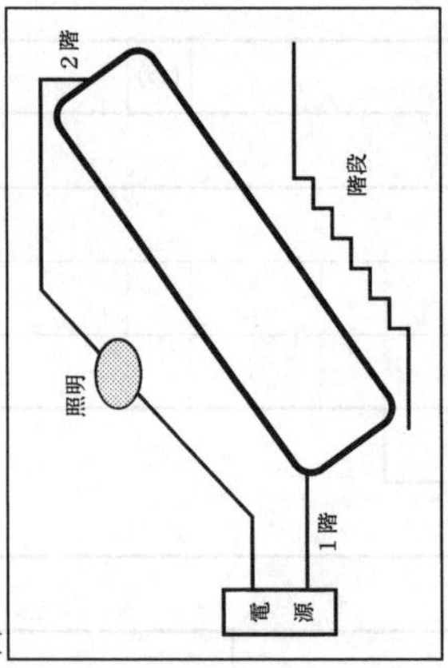

5

(1) ア イ

(2) 通り

（注）この解答用紙は実物を縮小してあります。189％拡大コピーをすると、ほぼ実物大の解答欄になります。

〔適性検査Ⅰ〕100点(推定配点)

1 (1) 答え…6点，説明…8点 (2) 6点 2，3 各6点×7＜2の(3)，3の(2)は完答＞ 4 (1)，(2) 各6点×2＜(2)は完答＞ (3) 8点 5 各6点×3

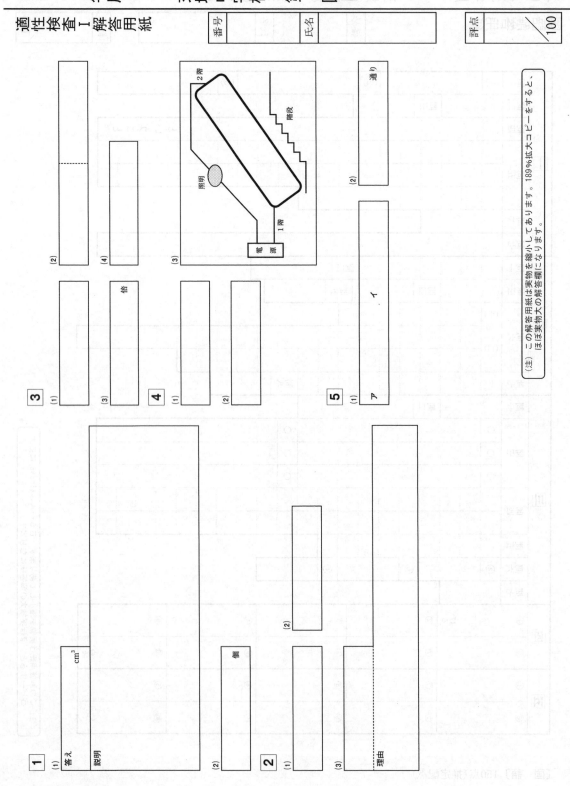

２０２３年度　茨城中学校　第１回Ｂ

適性検査Ⅱ解答用紙

番号		氏名	

評点　/100

（注）この解答用紙は実物を縮小してあります。189%拡大コピーをすると、ほぼ実物大の解答欄になります。

1

(1)

(2) ①　②

(3)

(4)

2

(1) A　B　C　D

(2) ①　②

(3)

3

(1)

(2)

4

(1)

(2)

(3)

〔適性検査Ⅱ〕100点(推定配点)

1　(1)～(3)　各５点×3＜(2)は完答＞　(4)　12点　2　(1)　各２点×4　(2)　各４点×2　(3)　12点　3　(1)　５点　(2)　10点　4　(1)，(2)　各５点×3　(3)　15点

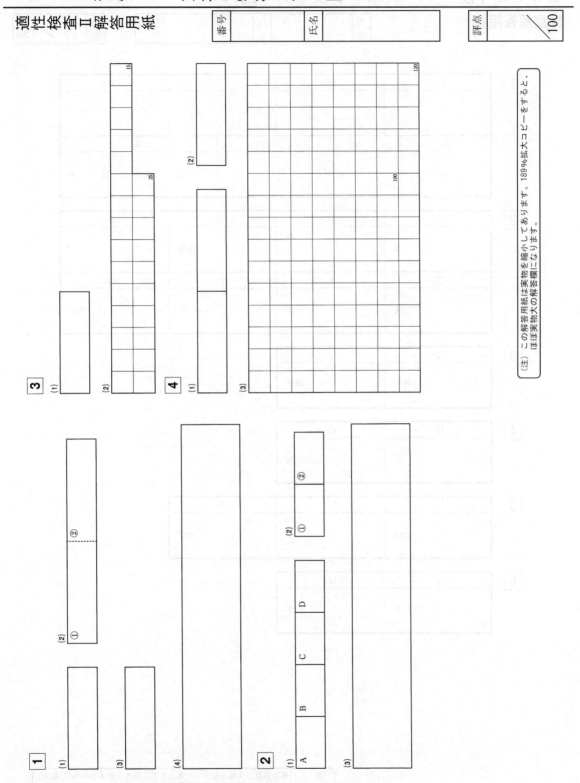

２０２２年度　茨城中学校　第１回Ａ

算数解答用紙

番号		氏名		評点	／150

1

(1)	(2)	(3)	(4)

(5)	(6)	(7)	(8)
			日　時間　分　秒

2

(1)	(2)	(3)	(4)
本		分後	

(5)	(6)	(7)	(8)
度	cm^2	度	cm^2

3

(1)	(2)
通り	通り

4

(1)	(2)
%	%

5

(1)	(2)	(3)
cm^2	cm^3	cm^2

6

(1)	(2)
本	本

（注）この解答用紙は実物を縮小してあります。Ｂ５→Ｂ４（141%）に拡大コピーすると、ほぼ実物大の解答欄になります。

〔算　数〕150点(推定配点)

1～6　各６点×25

２０２２年度　茨城中学校　第１回Ａ

社会解答用紙

番号		氏名		評点	／100

1

問1		問2	
敦賀市	高松市	茨城県	滋賀県
問3		問4	
①　　　県	②　　　県		
問5		問6	
月　日　時　分		A	B

問7			
(1)	日本	(2)	
	中国		

2

問1	問2	問3	問4

問5	問6	問7	問8

問9	問10	問11	問12	問13

3

問1	問2	問3
→　→		

問4	問5	問6	問7

（注）この解答用紙は実物を縮小してあります。Ｂ５→Ｂ４（141%）に拡大コピーすると、ほぼ実物大の解答欄になります。

〔社　会〕100点(推定配点)

1　問1～問6　各3点×10　問7　(1)　各3点×2　(2)　4点　2，3　各3点×20<3の問1は完答>

2022年度　茨城中学校　第1回A

理科解答用紙

番号		氏名		評点	／100

1

(1)	(2)	(3)	(4)

2

(1)			
1	2	3	4

(2)		(3)	(4)	(5)
図1	図2			

(6)	(7)	(8)

3

(1)		
ア	イ	ウ

(2)	(3)	(4)	(5)
			cm^3

(6)	(7)	(8)
	と	手順

4

(1)	(2)		(3)	(4)
cm	糸a g	糸b g	g	g

5

(1)	(2)	(3)	(4)
分	倍		

（注）この解答用紙は実物を縮小してあります。Ｂ５→Ｂ４（141%）に拡大コピーすると、ほぼ実物大の解答欄になります。

〔理　科〕100点(推定配点)

1　各３点×４＜各々完答＞　2　(1)～(6)　各３点×９＜(2)は完答＞　(7)　４点　(8)　３点　3～5　各３点×18＜3の(7)，4の(2)は完答＞

二〇二三年度　茨城中学校　第１回Ａ

国語解答用紙

番号		氏名		評点	/150

一　問一　問二　問三 ③ ④ ⑤　問四　問五 (一) (二)　問六

二　問一 (一) (二)　問二　問三　問四　こと。　問五　問六　できること。　問七　問八

三　問一　問二　問三 A B　問四　問五　問六 (一) (二)

四　① ② ③ ④ ⑤ ⑥ ⑦ ⑧ ⑨ ⑩ い　る

五　① ② ③ ④ ⑤ ⑥ す ⑦ れる ⑧ ⑨ びる ⑩

（注）この解答用紙は実物を縮小してあります。Ｂ５→Ａ３（163％）に拡大コピーすると、ほぼ実物大の解答欄になります。

〔国　語〕150点（推定配点）

一　問１，問２　各４点×２　問３　各３点×３　問４　６点　問５　(1)　４点　(2)　６点　問６　４点　二　問１～問４　各４点×５　問５　６点　問６　４点　問７　６点　問８　４点　三　問１　４点　問２　６点　問３，問４　各４点×３　問５　３点　問６　各４点×２　四，五　各２点×20

2022年度　茨城中学校　第1回B

適性検査Ⅰ解答用紙　No. 1

番号		氏名	

評点
／100

1

(1)

A，Bにあてはまる組み合せ				
①	②	③	④	⑤

(2)

父	母	みさとさん

求め方

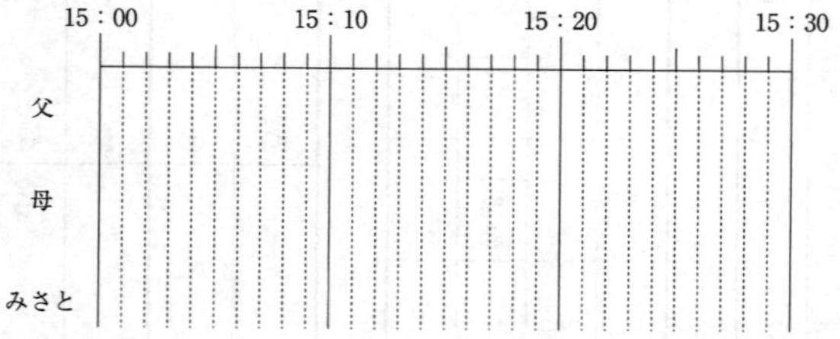

2

(1)

(2)

(3)

記号	理由

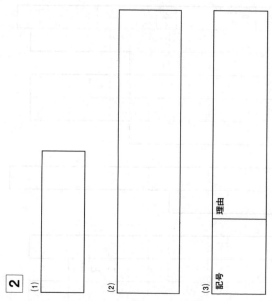

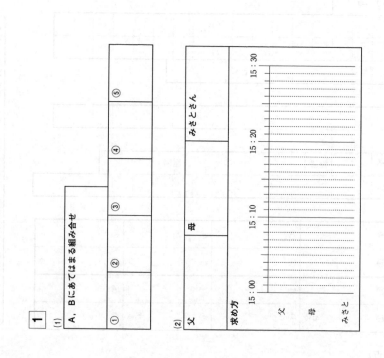

2022年度　茨城中学校　第1回B

適性検査Ⅰ解答用紙　No.2

3
(1) ア　イ
(2)
(3) エ　オ
(4)

4
(1)
(2)
(3)

5
(1)
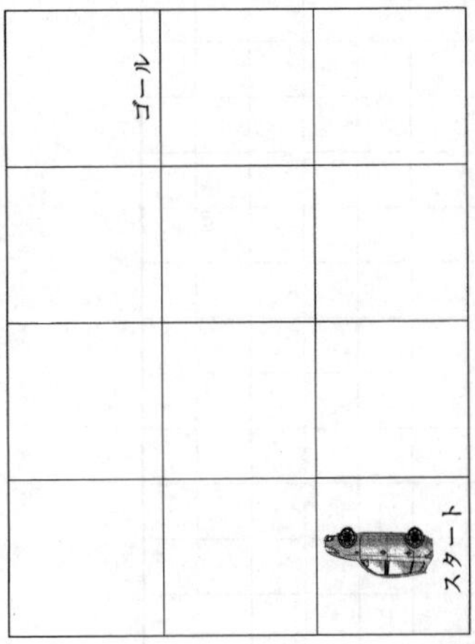

(2) 通り

（注）この解答用紙は実物を縮小してあります。175％拡大コピーをすると、ほぼ実物大の解答欄になります。

〔適性検査Ⅰ〕100点(推定配点)

1 (1) A，Bにあてはまる組み合わせ　4点　①・②　4点　③〜⑤　各4点×3　(2)　答え…各4点×3，求め方…5点　2　(1)　4点　(2)　5点　(3)　各4点×2　3　(1)　各4点×2　(2)〜(4)　各5点×3＜(3)は完答＞　4　(1)　5点　(2)，(3)　各4点×2　5　各5点×2

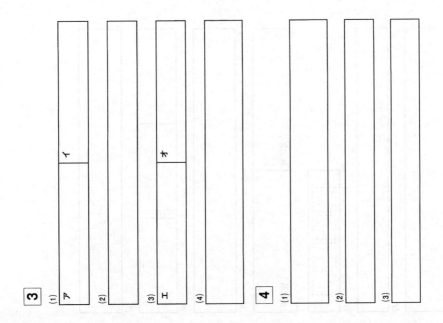

2022年度 茨城中学校 第1回B

適性検査Ⅱ解答用紙 No. 1

番号		氏名		評点	/100

1

(1)

(2)

(3)

(4)

茨城県	鹿児島県

(5)

(6)

①	②	③

(7)

2

(1)

50

70 ものだからなんだね。

(2)

(3)

100

120

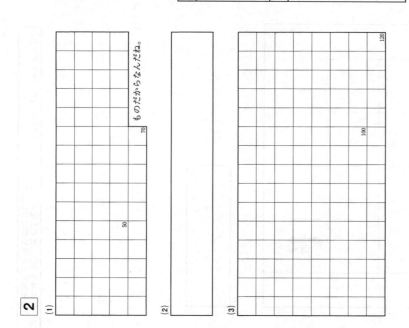

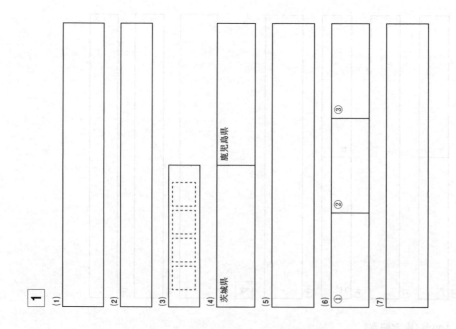

2022年度　茨城中学校　第1回B

適性検査Ⅱ解答用紙　No. 2

3

(1) Ⅰ　Ⅱ　Ⅲ

(2)

(3)

(4)

(5) 選んだ事例の番号：

(6) 選んだメディア：

（注）この解答用紙は実物を縮小してあります。175％拡大コピーをすると、ほぼ実物大の解答欄になります。

〔適性検査Ⅱ〕100点(推定配点)

1 (1)，(2)　各5点×2　(3)　3点　(4)　各4点×2　(5)～(7)　各5点×3＜(6)は完答＞ 2 (1)　10点　(2)　7点　(3)　15点 3 (1)，(2)　各5点×2＜(1)は完答＞　(3)，(4)　各4点×2　(5)，(6)　各7点×2

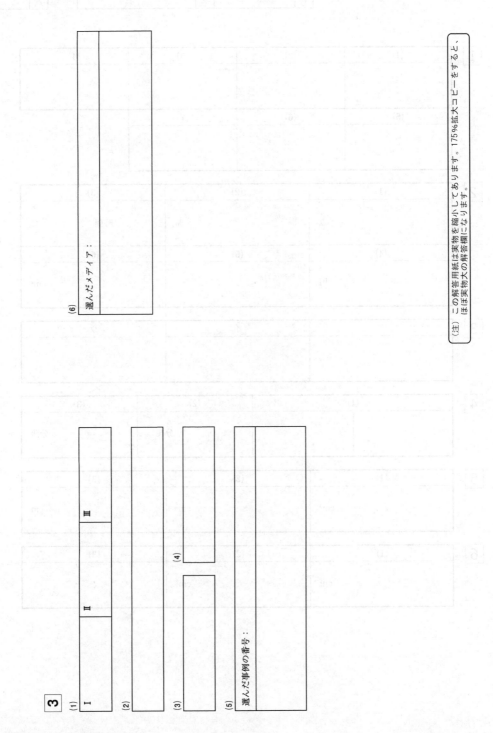

2021年度　　茨城中学校　第1回A

算数解答用紙

番号		氏名	

評点	／150

1

(1)	(2)	(3)	(4)

(5)	(6)	(7)

2

(1)	(2)	(3)
点	%	時間　分

(4)	(5)	(6)
円		cm^2

3

ア	イ	ウ

4

(1)		(2)	(3)
㋐	㋑	分後	分間

5

(1)	(2)	(3)
cm^3	cm^3	cm

6

(1)	(2)	(3)
cm	cm^2	：

（注）この解答用紙は実物を縮小してあります。B５→B４（141％）に拡大コピーすると、ほぼ実物大の解答欄になります。

〔算　数〕150点（推定配点）

1～3　各６点×16　4　(1)　各３点×２　(2)，(3)　各６点×２　5，6　各６点×６

２０２１年度　　茨城中学校　第１回Ａ

社会解答用紙

番号		氏名		評点	／100

1

問1		問2	問3	問4		問5
①	②					

2

問1		問2	
長野県	沖縄県	青森市	松山市

問3	
記号	理由

3

問1	問2	問3	問4
大王			

問5	問6	問7	問8

4

問1	問2	問3	問4	問5

5

問1	問2	問3	
		［1］	［2］

問4	問5	問6				
						制

（注）この解答用紙は実物を縮小してあります。Ｂ５→Ｂ４（141%）に拡大コピーすると、ほぼ実物大の解答欄になります。

〔社　会〕100点（推定配点）

1　各３点×７　2　問１，問２　各３点×４　問３　記号…３点，理由…４点　3〜5　各３点×20

２０２１年度　　茨城中学校 第１回Ａ

理科解答用紙

番号		氏名		評点	／100

1

(1)	(2)	(3)	(4)	(5)
		g		

2

(1)	(2)	(3)	(4)	(5)

3

[A]

(1)	(2)
ア　→　　→　　→　　→	

[B]

(1)			(2)
カイコのしょっ角	ホタルのメス	スズムシのメス	

(3)	(4)	(5)

4

(1)

(2)	(3)	(4)

(5)	(6)	(7)	(8)
秒		秒	cm

5

(1)	(2)	(3)

(4)		
①	②	③

(5)	(6)

（注）この解答用紙は実物を縮小してあります。Ｂ５→Ｂ４(141%)に拡大コピーすると、ほぼ実物大の解答欄になります。

〔理　科〕100点(推定配点)

1　各３点×５　2　各２点×５　3　［A］　各３点×２＜(1)は完答＞　［B］　(1)　各２点×３　(2)～(5)　各３点×４　4　(1)　４点　(2)～(8)　各３点×７＜(2)は完答＞　5　(1)　各２点×２　(2)～(4)　各３点×５　(5)　各２点×２　(6)　３点

二〇二二年度　茨城中学校　第１回A

国語解答用紙

番号		氏名		評点	/150

一
- 問一
- 問二
- 問三　A　B　C　D
- 問四
- 問五
- 問六
- 問七
- 問八

二
- 問一
- 問二　A　B　C
- 問三　〜
- 問四
- 問五　(1)　(2)

三
- 問一
- 問二　i　ii
- 問三　アラームが　こと。
- 問四　A　B
- 問五
- 問六　(1)　(2)　ひとつめ　ふたつめ

四
① ② ③ ④ ⑤ ⑥ ⑦ ⑧ ⑨ ⑩

五
①　いだ　②　える　③　④　⑤　⑥　う　⑦　⑧　⑨　⑩

（注）この解答用紙は実物を縮小してあります。Ｂ５→Ａ３（163%）に拡大コピーすると、ほぼ実物大の解答欄になります。

〔国　語〕150点（推定配点）

一　問１　４点　問２　５点　問３　各３点×４　問４〜問８　各４点×６　二　問１　４点　問２　各３点×３　問３　４点　問４　５点　問５　各４点×２　三　問１　５点　問２　各３点×２　問３　４点　問４　各３点×２　問５　４点　問６　(1)　４点　(2)　各３点×２　四，五　各２点×20

2021年度　茨城中学校　第1回B

適性検査Ⅰ解答用紙　No.1

番号		氏名		評点	/100

1

(1)

cm

(2)

通り

2

(1)

分

(2)

イ	ウ
時	分
説明	

3

(1)

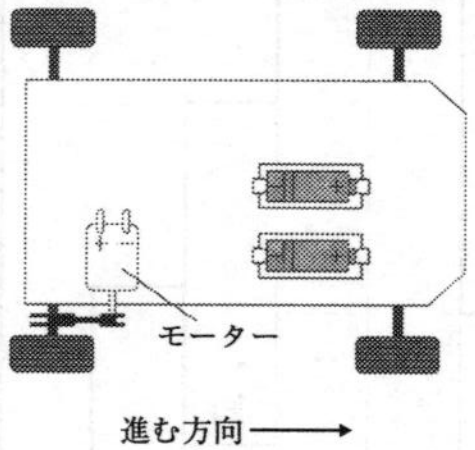

理由

(2)

あ	い	う

(3)

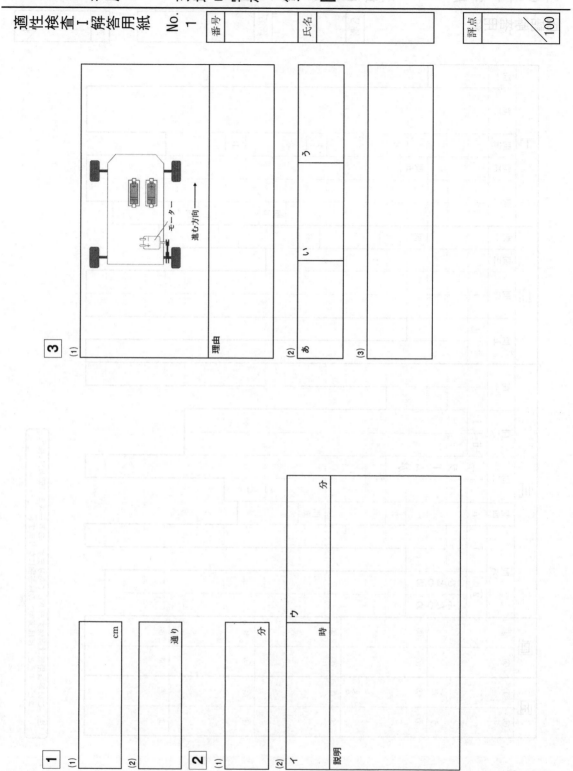

2021年度　茨城中学校　第1回B

適性検査Ⅰ解答用紙　No. 2

5

(1)

(2)

(3)①　%

②　県

③

(注) この解答用紙は実物を縮小してあります。169%拡大コピーをすると、ほぼ実物大の解答欄になります。

4

(1)

晴れの日	雨の日

(2)

(3)

理由

〔適性検査Ⅰ〕100点(推定配点)

1　各5点×2　2　(1)　5点　(2)　イ・ウ…5点，説明…10点　3　(1)　各5点×2　(2)　各3点×3　(3)　5点　4　(1)　各3点×2　(2)，(3)　各5点×3　5　各5点×5

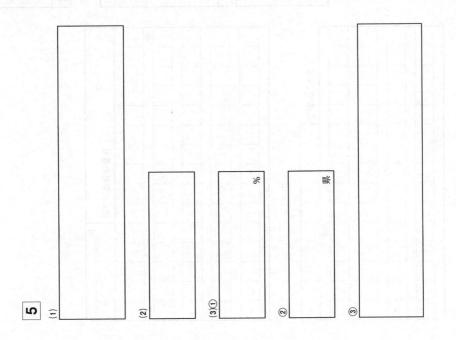

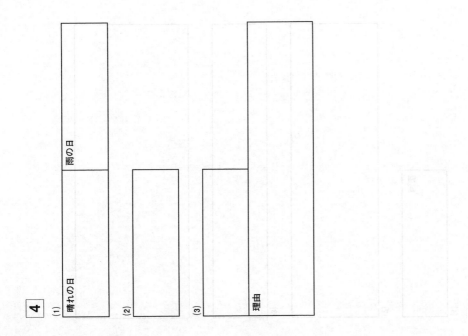

2021年度 茨城中学校 第1回B

適性検査Ⅱ解答用紙 No.1

番号		氏名		評点	/100

2

(1)

50

70

と述べているよ。

(2)

60

80

選んだ資料の番号 と

1

(1) 同盟

(2)

(3)

(4)

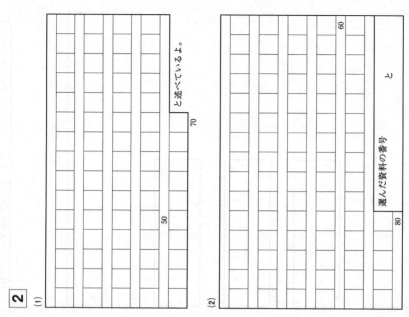

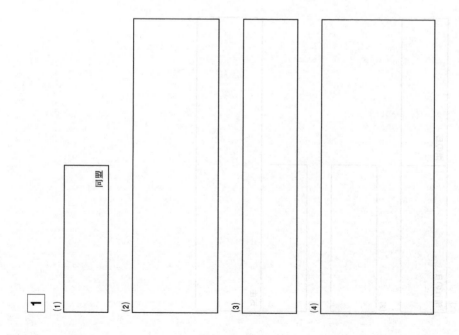

２０２１年度　茨城中学校　第１回B

適性検査Ⅱ解答用紙　No.２

（注）この解答用紙は実物を縮小してあります。169％拡大コピーをすると、ほぼ実物大の解答欄になります。

3

(1)

(2)

(3)

(4)

理由

(5)

〔適性検査Ⅱ〕100点（推定配点）

1　(1)　3点　(2)　12点　(3)　7点　(4)　13点　2　(1)　12点　(2)　13点　3　(1)　3点　(2)，(3)　各8点×2　(4)　地域…3点，理由…10点　(5)　8点

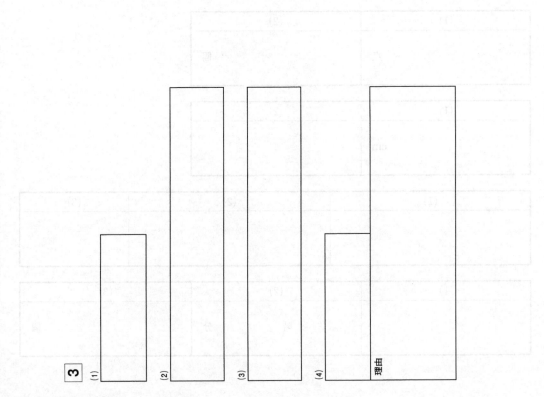

２０２０年度　　茨城中学校

算数解答用紙　一般前期

番号		氏名		評点	／150

1

(1)	(2)	(3)	(4)
(5)	(6)	(7)	(8)

2

ア	イ	ウ	エ	オ
g	個	cm	時間	分

3

(1)	(2)	(3)
cm	mm	L

4

(1)	(2)
点	個

5

(1)	(2)
cm	

6

(1)	(2)	(3)

7

(1)	(2)		(3)
	時	分	個

（注）この解答用紙は実物を縮小してあります。Ａ４用紙に118%拡大コピーすると、ほぼ実物大で使用できます。（タイトルと配点表は含みません）

〔算　数〕150点（推定配点）

1～7　各６点×25＜6の(1)，(2)は完答＞

２０２０年度　茨城中学校

社会解答用紙　一般前期

番号		氏名		評点	／100

1

問1	問2	問3		
大陸		イ　教	カ　教	ウ〜オ

問4 (1)	問4 (2)			問4 (3)
	語	語	語	

2

問1	問2
	→ → →

問3 (1)	問3 (2)	問4
半球	理由	

3

問1	問2	問3	問4	問5	問6

4

問Ⅰ	問2	問3	問4	問5	問6	問7

5

問1	問2	問3

6

問1	問2	問3	問4

〔社　会〕100点(推定配点)

1 各３点×8＜問４の(2)は完答＞ 2 問１，問２ 各３点×2＜問２は完答＞ 問３ (1) ３点 (2) ４点 問４ ３点 3〜6 各３点×20

２０２０年度　茨城中学校

理科解答用紙　一般前期

番号		氏名		評点	／100

1

	(1)	(2)
[A]	%	g

	(1)	(2)	(3)
[B]			

2

(1)	(2)	(3) ①	(3) ②	(4)
				分

(5)
ろうそく：アルコールランプ：ガスバーナー ＝ 1 ：　　：

3

(1) A	(1) B	(2) A	(2) B
g	g	g	g

(3) X	(3) Y
cm	cm

4

(1)	(2) 植物	(2) 動物	(3)

(4)	(5) 気体	(5) 記号	(6) 実験1	(6) 実験2

5

(1)	(2)	(3) ①	(3) ②

6

(1)	(2)	(3)	(4)
万km			

〔理　科〕100点(推定配点)

1 [A] 各４点×2 [B] 各３点×3 2 (1)〜(4) 各３点×5 (5) ４点 3 (1)，(2) 各３点×2＜各々完答＞ (3) 各４点×2 4 (1)，(2) 各３点×2＜(2)は完答＞ (3) ４点 (4)〜(6) 各３点×5 5 各３点×4 6 (1) ４点 (2)〜(4) 各３点×3

二〇二〇年度　茨城中学校

国語解答用紙　一般後期

番号　　氏名　　評点　／150

一

問一　A　B　問二　問三

問四

問五

問六

問七　ヤマゴリラは、自分が　　　　に気がついたから。

問八

二

問一

問二

問三　A　B　C　問四(i)　1　2

問四(ii)

問五　　　　ところ。

問六

三

問一　1　2

問二　A　B　C　問三

問四　1　2

問五　問六

四

①　②　③　④　⑤

⑥　⑦　⑧　く　⑨　える　⑩　む

五

①　②　③　④　⑤

⑥　⑦　⑧　⑨　れて　⑩　す

（注）この解答用紙は実物を縮小してあります。A3用紙に156%拡大コピーすると、ほぼ実物大で使用できます。（タイトルと配点表は含みません）

〔国　語〕150点（推定配点）

一　問1～問3　各3点×4　問4　5点　問5　4点　問6，問7　各5点×2　問8　4点　二　問1　4点　問2　5点　問3　各3点×3　問4　(i)　各3点×2　(ii)　5点　問5　5点　問6　4点　三　問1　各4点×2　問2　各3点×3　問3～問6　各4点×5　四，五　各2点×20